Zedler/Weishaupt (Hrsg.)
Kontinuität und Wandel

Kontinuität und Wandel

Thüringer Schulen im Urteil von Schülern, Lehrern und Eltern

Herausgegeben von
Peter Zedler und Horst Weishaupt

Mit Beiträgen von
Ilona Böttcher, Detlef Fickermann, Gabriele Köhler, Manfred Kuthe, Bernhard Mierswa, Monika Plath, Franz-Peter Schimunek, Horst Weishaupt und Peter Zedler

DEUTSCHER STUDIEN VERLAG
Weinheim 1997

Über die Herausgeber:

Prof. Dr. Peter Zedler, Jg. 45, ist Hochschullehrer
an der Pädagogischen Hochschule Erfurt.

Prof. Dr. Horst Weishaupt, Jg. 47, ist Hochschullehrer
an der Pädagogischen Hochschule Erfurt.

Druck nach Typoskript (DTP)

Druck: Druck Partner Rübelmann, 69502 Hemsbach
Seriengestaltung des Umschlags: Federico Luci, 50674 Köln
Printed in Germany

ISBN 3 89271 785 0

Inhaltsverzeichnis

PETER ZEDLER/HORST WEISHAUPT

Einleitung

Mit dem vorliegenden Bericht ist ein ambitioniertes Forschungsvorhaben zum Abschluß gebracht. In zwei Erhebungsphasen wurden Schulleiter, Lehrer, Schüler und Eltern zunächst an Erfurter Schulen und ein Jahr später in ganz Thüringen befragt. Über die erste Untersuchungsphase, die 1992 an 11 Schulen aller allgemeinbildenden Schulformen (Grundschule, Regelschule und Gymnasium) in Erfurt durchgeführt wurde, liegt bereits ein Ergebnisbericht vor (FORSCHUNGSGRUPPE SCHULSTRUKTURWANDEL 1993). Diese Veröffentlichung bezieht sich auf die Ergebnisse einer schriftlichen Befragung von nahezu 2000 Schülern und über 800 Eltern. Hinzu kamen 50 Interviews mit Lehrern, deren Ergebnisse nicht nur in den ersten Ergebnisbericht Eingang fanden, sondern auch die Grundlage bildeten für die Entwicklung eines Lehrerfragebogens, der in der zweiten Erhebungsphase eingesetzt wurde.

Die zweite Erhebung, deren Ergebnisse hiermit vorgelegt werden, umfaßte Schüler- und Elternbefragungen an 30 Regelschulen und 12 Gymnasien, Elternbefragungen an 47 weiteren Grundschulen und Lehrerbefragungen an insgesamt 244 Schulen, von denen auch die Schulleiter befragt wurden. Insgesamt gingen in diesen Bericht die Antworten von nahezu 13.000 beantworteten Fragebogen ein. Die große Fallzahl war einerseits das Ergebnis eines überraschend guten Rücklaufs, andererseits aber auch beabsichtigt, um Schulstandorte miteinander vergleichen zu können oder um für kleine Teilgruppen noch ausreichende Fallzahlen zu erhalten (z.B. Hauptschüler an Regelschulen in Kursklassen, Lehrer nach Fächergruppen).

Zentrales Anliegen der Untersuchung war die Erfassung des schulstrukturellen Wandels. Dies kann natürlich nur bedeuten, daß die Befragten Angaben zu ihrer gegenwärtigen Lage und Situationseinschätzung machen und im Rückblick die Vergangenheit und insbesondere die Zeit vor der „Wende“ bewerten. Eine Längsschnittstudie, die Veränderungen über mehrere Zeitpunkte hinweg hätte erfassen können, war schon deshalb nicht in Betracht zu ziehen, weil nicht auf Untersuchungsinstrumente und -ergebnisse aus der Zeit vor der „Wende“ zurückgegriffen werden konnte. Nachdem inzwischen die DDR-Schul- und Lehrerforschung in größerem Umfang erschlossen ist, zeigen sich zwar durchaus Anknüpfungspunkte für zeitvergleichende Studien. Zum Zeitpunkt der Konzeption des Projekts Anfang 1992 war dieses

Wissen aber nicht verfügbar. Wichtig erschien es damals, möglichst früh im Prozeß der Transformation Daten zu erheben, um die Einschätzungen der Betroffenen noch mitten in der Umbruchphase zu erfassen. Hinzu kam aus unserer Sicht, daß Grundinformationen über die Einschätzung des schulstrukturellen Wandels unverzichtbar sind für das weitere schulpolitische Handeln und die pädagogische Weiterentwicklung der Schulen. Die öffentliche Resonanz auf die Präsentation erster Ergebnisse unserer Untersuchung hat diese Einschätzung bestätigt.

Bei der Analyse des schulstrukturellen Wandels ist nochmals zu differenzieren zwischen dem inneren Wandel der Schulen, der bereits Ende 1989 einsetzte und der Umstellung der Schulstruktur zum Schuljahr 1991/92. Dadurch wurden die äußeren Bedingungen für den Unterricht radikal verändert. Die Lehrerkollegien der Polytechnischen Oberschulen (POS) wurden zerrissen und auf Grundschule, Regelschule und Gymnasium aufgeteilt. Die Lehrer der Erweiterten Oberschulen (EOS) wurden meist zu den in der Region entstandenen Gymnasien versetzt; nur ein Teil konnte an den zu einem Gymnasium umstrukturierten Erweiterten Oberschulen bleiben. Der Prozeß der inneren Schulreform setzte sich folglich seit diesem Zeitpunkt mit veränderten äußeren Schulstrukturen fort. Oft mußte er unter den neuen schulorganisatorischen Bedingungen erneut und modifiziert in Gang gesetzt werden.

Die Veränderungen des Schulsystems in den neuen Ländern nach 1991 wurden in keiner anderen Untersuchung ähnlich umfangreich untersucht. Zu einzelnen Fragen wurden bereits sehr früh kleinere Untersuchungen bei Schülern und Eltern durchgeführt, so zum Bildungsbegriff und dem Verständnis der Aufgaben der Schule (SCHLÖMERKEMPER 1991a,b) und zum Schulklima (SCHREINER 1991). Etwas umfangreicher sind die Untersuchungen bei Lehrern (HOFFMANN/CHALUPSKY 1991; SCHREINER 1991; GEHRMANN/HÜBNER/WERLE 1995). Nicht zuletzt wurde die von uns durchgeführte Lehrerbefragung mit einer von DÖBERT/RUDOLPH (1995) parallel durchgeführten Erhebung in drei anderen neuen Bundesländern abgestimmt.

Mit der vorliegenden Untersuchung war auch die Absicht verbunden, die Zusammenarbeit in einem neu gegründeten Institut mit Mitarbeitern, die teilweise von der ehemaligen Pädagogischen Hochschule Erfurt/Mühlhausen übernommen worden waren und teilweise neu nach Erfurt kamen, über ein gemeinsames Vorhaben thematisch und methodisch zu intensivieren. Dazu gehörte die Einführung mehrerer Mitarbeiter in Methoden der Datenanalyse und den Gebrauch von Statistik-Software bis hin zur grundlegenden Einführung in Verfahren der quantitativ-empirischen Forschung. Dieser Prozeß hat bei allen Beteiligten zu vielfältigen Lernprozessen geführt. Er hat den Anstoß zu mehreren Folgeprojekten gegeben bzw. Projektideen maßgeblich beeinflußt. Im direkten Anschluß an dieses Projekt zu sehen sind insbesondere die Fallstudien an Regelschulen und Gymnasien (BÖTTCHER/PLATH/WEISHAUPT 1995, 1996).

Auch in der Zusammensetzung der Autoren des Sammelbandes zeigt sich die kooperative Arbeitsform. Mehrere Beiträge wurden von zwei Autoren verfaßt. Alle Texte wurden in der Forschungsgruppe diskutiert und untereinander abgestimmt. Selbstverständlich trägt aber jeder Autor allein die Verantwortung für seinen Text.

Bei der Planung der Beiträge des Bandes waren wir bestrebt, sie auf die den einzelnen Fragestellungen zugrundeliegenden Problemfelder der Schulentwicklung zu beziehen. Dahinter stehen jeweils eigene Forschungstraditionen und theoretische Fragestellungen, die in den jeweiligen Beiträgen herausgearbeitet werden sollten. So entstand ein Band mit in sich abgeschlossenen Beiträgen. Zum Verständnis der Texte ist es aber sinnvoll, einleitend den Beitrag von KUTHE/SCHIMUNEK zur Struktur der gesamten Erhebung, der Konzeption der Fragebogen und der Auswahl der Befragten zu lesen. Für eine detaillierte Information über die Situation des Schulwesens in Thüringen enthält der Band am Schluß einen Beitrag von KUTHE.

Die ersten beiden Beiträge zur Auswertung der Befragung befassen sich mit der Bilanz der Bewertung des schulstrukturellen Wandels bei Eltern und Lehrern (WEISHAUPT) und dem Wandel von Werten und Einstellungen bei allen drei befragten Gruppen (SCHIMUNEK). Gefragt wird in diesen Beiträgen danach, welche Veränderungen sich abzeichnen und wodurch Einstellungen und Einstellungswandel motiviert sind.

Die folgenden Beiträge konzentrieren sich auf Themen, die spezifisch für einzelne der drei befragten Gruppen von Bedeutung sind: das Wohlbefinden der Schüler in der Schule (PLATH), das berufliche Selbstverständnis und die Weiterbildungsbereitschaft der Lehrer (KÖHLER) und die Bildungsaspirationen der Eltern (FICKERMANN).

Spezielle Strukturfragen des Thüringer Schulsystems werden in den anschließenden Beiträgen angesprochen: die Gestaltung und Nutzung des außerunterrichtlichen Bereichs an Schulen (BÖTTCHER) und Probleme der Regelschule als dem „Herzstück" der neuen Schulstruktur (WEISHAUPT).

Der folgende Beitrag von MIERSWA/SCHIMUNEK hat einen methodischen und einen inhaltlichen Aspekt. Durch den Vergleich der Antworten von Schülern und ihren Eltern kann zum einen die Validität der Angaben überprüft werden. Zu mehreren Einstellungsdimensionen lassen sich zum anderen aber auch Übereinstimmungen und Unterschiede von Eltern- und Schülereinstellungen analysieren.

Die beiden abschließenden Beiträge mit den Projektergebnissen sind den Hauptergebnissen der Schulleiterbefragung (WEISHAUPT/KÖHLER) und den Episoden am Rande der Erhebungen an den Schulen (SCHIMUNEK) gewidmet.

Das Forschungsvorhaben wurde durch eine Sachmittelbeihilfe der DFG unterstützt, die die Finanzierung der umfangreichen Erhebungen und der Datenerfassung erst ermöglichte. Die Erstellung des Druckmanuskripts haben Sabine Kirchner, Bernhard Mierswa und Cornelia Rost übernommen, denen wir ebenfalls zu Dank verpflichtet sind.

Literatur

BÖTTCHER, I./PLATH, M./WEISHAUPT, H.: Die Regelschule in Thüringen. Drei Schulporträts. Thüringer Institut für Lehrerfortbildung, Lehrplanentwicklung und Medien, Materialien, Heft 11, Arnstadt 1995.

BÖTTCHER, I./PLATH, M./WEISHAUPT, H.: Zur Profilbildung der Gymnasien in Thüringen. Vier Fallstudien. Erfurt 1996 (unveröff. Manuskript).

DÖBERT, H./RUDOLF, R./SEIDEL, G. (Mitarb.): Lehrerberuf – Schule – Unterricht. Einstellungen, Meinungen und Urteile ostdeutscher Lehrerinnen und Lehrer. Ergebnisse einer empirischen Untersuchung in Berlin-Ost, Brandenburg und Sachsen.: Deutsches Institut für Internationale Pädagogische Forschung (DIPF), Forschungsbericht, Frankfurt a. M. 1995.

FORSCHUNGSGRUPPE SCHULSTRUKTURWANDEL: Schulstrukturwandel in Thüringen. Ergebnisse einer Befragung von Schülern, Eltern und Lehrern in der Stadt Erfurt. Erfurt 1993, S. 33-48.

GEHRMANN, A./HÜBNER, P./WERLE, M.: Die Transformation der Lehrerrolle in den neuen Bundesländern. Vorstudie zu Professionalisierung und Schulentwicklung für eine qualitative wie quantitative Erhebung im Ost-West-Vergleich, Freie Universität Berlin. Berlin 1995 (unveröff. Manuskript)

HOFFMANN, A./CHALUPSKY, J.: Zwischen Apathie und Aufbruchseuphorie. Lehrerinnen in der DDR in der Übergangszeit. Ergebnisse einer empirischen Untersuchung. In: Pädagogik und Schule in Ost und West (1991)2, S. 114-119.

SCHREINER, G.: Undemokratischer Schulalltag? – Vergleichende Erkundungen in Ost- und Westdeutschland. Teil 1: Aus der Sicht der SchülerInnen. In: Zeitschrift für Internationale erziehungs- und sozialwissenschaftliche Forschung 8(1991)1, S. 17-49.

SCHREINER, G.: Undemokratischer Schulalltag? – Vergleichende Erkundungen in Ost- und Westdeutschland. Teil 2: Aus der Sicht der LehrerInnen. In: Zeitschrift für Internationale erziehungs- und sozialwissenschaftliche Forschung 8(1991)2, S. 243-278.

SCHLÖMERKEMPER, J.: Wie wünschen sich Eltern die Schule ihrer Kinder? Ergebnisse einer Befragung in Thüringen und Sachsen. In: Pädagogik und Schulalltag 446(1991)4, S. 449-463 (a).

SCHLÖMERKEMPER, J.: Das Bildungsverständnis in Ost- und Westdeutschland. Ergebnisse einer Befragung in der BRD und der DDR. In: Die Deutsche Schule 83(1991)3, S. 308-325 (b).

MANFRED KUTHE/FRANZ-PETER SCHIMUNEK

Das Forschungsprojekt „Schulstrukturwandel“

Mit der Umstrukturierung des Schulwesens in den neuen Bundesländern wurde ein Prozeß in Gang gesetzt, der einmalig in der Geschichte der Bundesrepublik ist. Da ein solcher Prozeß der landesweiten Umgestaltung eines Schulwesens in seinen unmittelbaren und mittelbaren Auswirkungen nicht ohne Folgen für die Betroffenen – Schulleiter, Lehrer, Schüler und ihre Eltern – bleiben konnte, wurde vor fast fünf Jahren, mit der Einführung des neuen Schulsystems zum Schuljahr 1991/92, die Idee geboren, den Schulstrukturwandel und seine Wirkungen auf Lehrer, Schüler und ihre Eltern zu untersuchen. Dieses Forschungsprojekt „Schulstrukturwandel in Thüringen“ ist in seiner Grundkonzeption in zwei Phasen gegliedert: eine Vorlaufstudie und die Hauptphase.

1 *Anlage und Durchführung der Untersuchung*

Die erste Phase des Forschungsprojekts lief als Pilotstudie in den Jahren 1991/92 ab und beschränkte sich aus personellen und sachlichen Gründen auf die Stadt Erfurt. An 11 typologisch repräsentativ ausgewählten Grundschulen, Regelschulen, Gymnasien und Gesamtschulen wurden im Frühsommer 1992 insgesamt 45 Lehrer, 1.945 Schüler und 765 Eltern befragt.[1]

In der zweiten Phase wurden die Erhebungen auf ganz Thüringen ausgeweitet. Im Sommer 1993 wurden an 244 Schulen Schulleiter, Lehrer, Schüler und Eltern zum Schulstrukturwandel befragt, insgesamt 13.154 Personen: 236 Schulleiter, 1.320 Lehrer, 6.972 Schüler und 4.806 Eltern. Die Stichprobe wurde bewußt so groß angelegt, um auch Schulen untereinander vergleichen zu können.

In die Erhebung einbezogen wurden die drei Thüringer allgemeinbildenden Schularten Grundschule, Regelschule und Gymnasium, allerdings in unterschiedlicher Stärke für die Teilpopulationen der Schüler, Lehrer und Eltern.

---

1 Die Ergebnisse wurden 1993 in Band 1 der Schriftenreihe „Erfurter Studien zur Entwicklung des Bildungswesens“ veröffentlicht (FORSCHUNGSGRUPPE SCHULSTRUKTURWANDEL 1993).

Übersicht 1:
Eckdaten der Befragung zum „Schulstrukturwandel in Thüringen“

	Insgesamt	Grundschulen	Regelschulen	Gymnasien
Schulen	244 Schulen insgesamt	128 von 767 Grundschulen (17%)	80 von 453 Regelschulen (18%)	36 von 109 Gymnasien (33%)
Schulleiter	236	126	77	33
Lehrer	1.320	538	514	268
Schüler	6.792		3.252	3.540
- Kl. 5			1.208	1.169
- Kl. 7			1.194	1.098
- Kl. 9			850	722
- Kl. 11				551
			an 30 Regelschulen (7%)	an 12 Gymnasien (11%)
Eltern	4.806	1.097	1.320	2.389
- Kl. 4		1.097	-	-
- Kl. 5			517	846
- Kl. 7			526	781
- Kl. 9			277	423
- Kl. 11				339
		an 47 Grundschulen (6%)	an 30 Regelschulen (7%)	an 12 Gymnasien (11%)

Grundsätzlich sollten Schüler der Klassenstufen 5, 7, 9 und 11 und Eltern mit Kindern in den Klassenstufen 4, 5, 7, 9 und 11 befragt werden sowie Schulleiter und Lehrer dieser drei allgemeinbildenden Schularten.

Schulleiter- und Lehrerbefragung

An der Schulleiter- und Lehrerbefragung beteiligten sich 128 Grundschulen, 80 Regelschulen und 36 Gymnasien. Das entspricht einem Stichprobenumfang von 17 Prozent aller Thüringer Grundschulen, 18 Prozent aller Thüringer Regelschulen und 33 Prozent aller Thüringer Gymnasien.

Lehrerbefragung

Befragt werden sollten vordringlich Lehrer mit Klassenleiterfunktionen. So konnte die Zahl der Lehrer pro Schule beschränkt werden auf

- 6 Lehrer/innen an den 128 ausgewählten Grundschulen;
- 8 Lehrer/innen an den 80 ausgewählten Regelschulen;
- 12 Lehrer/innen an den 36 ausgewählten Gymnasien.

Da die Fragebogen über die Schulleiter an die Lehrer verteilt wurden, war eine Zufallsauswahl nicht gesichert. Die Verzerrungen der Stichprobe scheinen aber vernachlässigbar zu sein (siehe den Beitrag von KÖHLER in diesem Band).

Schüler- und Elternbefragung

Aus diesen 244 Schulen wurden 47 Grundschulen für die Befragung der Eltern und 30 Regelschulen und 12 Gymnasien für die Befragung von Schülern und Eltern ausgewählt. Das entspricht einem Stichprobenumfang von 6 Prozent (bei den Grundschulen), 7 Prozent (bei den Regelschulen) und 11 Prozent (bei den Gymnasien) (*vgl. dazu auch Übersicht 1; zum Auswahlverfahren siehe den nachfolgenden Abschnitt).*

Rücklaufquoten

Es wurde ein Rücklauf von mindestens 40 Prozent bei den Eltern und mindestens 65 Prozent bei Schulleitern, Lehrern und Schülern angestrebt. Die tatsächlich erreichten Rücklaufquoten lagen deutlich über dem angestrebten Minimum.

2 *Auswahl und Verteilung der befragten Schulen*

Die Auswahl der Schulen erfolgte nach mehreren Gesichtspunkten, wobei die ausgewählten Schulen typologisch repräsentativ die thüringische Schulsituation widerspiegeln sollten *(vgl. dazu auch Übersicht 2)*:

(1) nach der Übergangsquote auf das Gymnasium

1992 lagen die Übergänge von den einzelnen Grundschulen auf das Gymnasium zwischen weniger als 10 und mehr als 60 Prozent. Es wurde davon ausgegangen, daß diese Spannweite in den Übergängen nicht allein auf die Begabung der Schüler zurückzuführen ist, sondern von der sozialen und regionalen Distanz der Eltern zum Gymnasium abhängig ist. Fünf Gruppen von Grundschulen mit Übergängen auf das Gymnasium wurden unterschieden: bis 19 Prozent, 20 bis 29 Prozent, 30 bis 39 Prozent, 40 bis 49 Prozent, 50 und mehr Prozent.

(2) nach der lokalen und/oder regionalen Schulangebotsstruktur

Es wurden drei Hauptgruppen von örtlicher Schulangebotsstruktur unterschieden:

(1) Gemeinden nur mit Grundschule (= G),
(2) Gemeinden mit Grund- und Regelschule (= G + RS),
(3) Gemeinden mit Grundschule, Regelschule und Gymnasium (= G + GY und G + RS + GY).

(3) nach der Größe und Vollständigkeit der Schulen

Grundschulen sollten mindestens 1-zügig, Regelschulen in der Regel 2-zügig, Gymnasien mindestens 3-zügig (möglichst auch in der Oberstufe) sein und alle Jahrgangsstufen der Schulart umfassen.

(4) nach städtischen und ländlichen Regionen

Es sollten gleichermaßen Schulen aus allen Teilen Thüringens in die Erhebungen einbezogen werden. Unterschieden wurden kreisfreie Städte und Kreisstädte mit in der Regel kompletten weiterführendem Schulangebot und den übrigen kreisangehörigen Gemeinden, wo das Schulangebot in der Regel nur aus Grund- und Regelschule bzw. nur aus der Grundschule besteht.

Insgesamt wurden nach den aufgeführten Kriterien 17 Regionen in den 40 Thüringer Kreisen für die Schulleiter- und die Lehrerbefragung ausgewählt. Aus diesen 17 Regionen wurden wiederum 12 Standortnetze für die Befragung bei Schülern und Eltern ausgewählt, die dem unterschiedlichen Wahlverhalten am Ende der Grundschule Rechnung tragen *(die Erhebungsorte sind in Übersicht 2 hervorgehoben)*:

(1) Stadt **Erfurt**;

(2) Landkreis **Erfurt**
mit Schulen in Apfelstädt, Elxleben, Erfurt, Gebesee, Kühnhausen, Neudietendorf, Stotternheim und Walschleben;

(3) Kreisstadt **Gotha**;

(4) **Heiligenstadt**
mit Schulen in Arenshausen, Birkenfelde und Gerbershausen;

(5) **Hildburghausen**
mit Schulen in Beinerstadt, Heßberg, Hildburghausen, Reurieth und Veilsdorf;

(6) **Bad Langensalza**
mit Schulen in Gräfentonna und Großvargula;

(7) **Lobenstein**
mit Schulen in Lobenstein, Ebersdorf, Harra und Remptendorf;

(8) **Meiningen**
mit Schulen in Henneberg, Obermaßfeld und Untermaßfeld;

(9) **Mühlhausen**
mit Schulen in Langula, Niederdorla und Oberdorla;

(10) **Nordhausen**
mit Schulen in Bleicherode, Nohra, Sollstedt und Wipperdorf;

(11) **Schleiz**
mit Schulen in Lössau, Oettersdorf und Schleiz;

(12) **Sömmerda**
mit Schulen in Buttstädt, Großneuhausen, Kölleda und Olbersleben.

Mit diesen Schulstandortnetzen ist eine hinreichende typologische Repräsentativität der Thüringer Schullandschaft gegeben. Sie verteilen sich auf 12 der 40 (Alt-) Kreise und kreisfreien Städte, umfassen im Standortnetz alle drei Schularten von Grundschule, Regelschule und Gymnasium, berücksichtigen das unterschiedliche Übergangsverhalten zum Gymnasium und repräsentieren in ausreichendem Maße städtische wie ländliche Regionen im Land. Die Verteilung nach der örtlichen Schulangebotsstruktur ist der *Karte 1* zu entnehmen.

Übersicht 2:
Erhebungstandorte nach Schulangebotsstruktur und Übergang auf das Gymnasium

Übergang auf GY	*Kreisstädte G+RS+GY*	*kreisangehörige Gemeinden mit der Schulangebotsstruktur ... G+RS+GY*	*G+GY*	*G+RS*	*G*
bis 19 %	-	-	Schwallungen	Bedheim **Großneuhausen** Günterode Heldburg Marisfeld **Oettersdorf** Ottendorf **Reurieth** Schönbrunn Struth Sundhausen	**Beinerstadt** **Gerbershausen** Göritz **Nohra** Schnett
20-29 %	-	Schleusingen Weida	-	**Arenshausen** Bettenhausen Brattendorf Breitungen Eisfeld Gamstädt Ellrich **Henneberg** Heringen Körner Münchenbernsdorf Niedersachsenwerfen Rastenburg **Remptendorf** **Stotternheim** Tambach-Dietharz **Veilsdorf** Walldorf **Wipperdorf** Wurzbach	**Birkenfelde** Dachwig Bad Köstritz Möschlitz **Olbersleben** Pfaffschwende Sonneborn Struth-Helmersdf. Woffleben
30-39 %	Eisenach Gera Mühlhausen Schmalkalden Stadtroda	Gerstungen Hermsdorf **Neudietendorf** Neustadt	**Gebesee**	Bickenriede **Buttstädt** **Ebersdorf** Emleben Ershausen Görsbach Molschleben Roßdorf **Sollstedt** Steinbach-Hallenberg Treffurt Triptis Trusetal Wutha-Farnroda	Biberau Crock Gleichamberg Goldbach Großrembach **Großvargula** **Harra** Haßleben **Kühnhausen** **Obermaßfeld** Vachdorf
40-49 %	**Erfurt** **Gotha** Heiligenstadt **Hildburghausen** Bad Langensalza **Lobenstein** Meiningen Nordhausen Pößneck **Schleiz** Sömmerda Suhl	**Bleicherode** Friedrichroda **Kölleda** Ohrdruf Waltershausen Zella-Mehlis	-	**Elxleben** Ronneburg Seebach **Walschleben** Wasungen Weißensee	**Apfelstädt** Crispendorf Fambach Gangloffsömmern **Gräfentonna** **Heßberg** **Lössau**
50+mehr %	-	-	Großengottern **Oberdorla**	**Langula** **Untermaßfeld**	Mittelstille **Niederdorla**

Karte 1:
Erhebungsgemeinden nach ihrer Schulangebotsstruktur

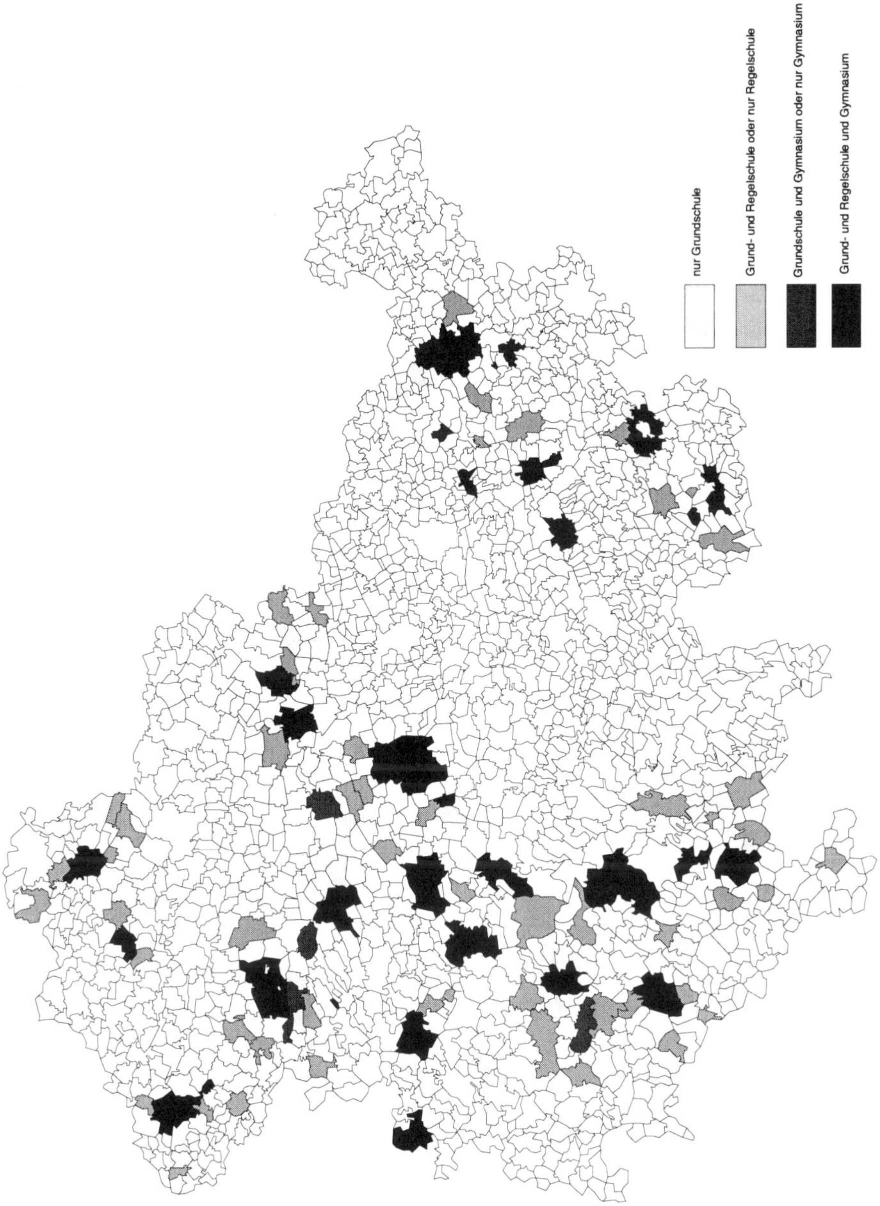

3 *Durchführung der Erhebung und Rücklaufquoten*

Die Erhebung wurde mittels schriftlicher Fragebogen mit in der Regel vorgegebenen Antwortkategorien und nur wenigen offenen Antwortmöglichkeiten für die einzelnen Teilpopulationen durchgeführt. Dazu fanden neun Erhebungsinstrumente Verwendung. Um einen möglichst hohen Rücklauf zu gewährleisten, wurde die Erhebung wie folgt durchgeführt:

- **bei den Lehrern**
  durch gezielte Vergabe der Fragebogen über die Schulleiter an Klassenlehrer und Lehrer mit speziellen Funktionen an der Schule;
- **bei den Schülern aller Klassenstufen**
  durch Gruppenbefragung in einer Schulstunde durch Mitarbeiter der Forschungsgruppe;
- **bei den Eltern aller Klassenstufen**
  durch Ausgabe der Fragebogen über die Klassenlehrer an die Schüler und ihre Rücknahme durch die Klassenlehrer.

Die Fragebogen für die Schüler und Eltern in Regelschulen und Gymnasien waren pro Schule fortlaufend numeriert, wobei jeweils Schüler und dazugehörige Eltern die gleichen Nummern erhielten. Auf diese Weise sollte gewährleistet werden, daß ein Vergleich von Schüler- und Elternantworten in den gemeinsamen Fragekomplexen möglich ist. Bei der Verteilung der Lehrerfragebogen über die Schulleiter konnte nur bedingt Einfluß genommen werden auf die Auswahl der Lehrer. Die Rücklaufkontrolle nach Alter, Geschlecht und Unterrichtsfach zeigt jedoch, daß die so entstandene Auswahl weitgehend die Lehrersituation in den einzelnen Schularten widerspiegelt (siehe den Beitrag von KÖHLER in diesem Band).

Die Teilnahme an der Erhebung war für alle Teilpopulationen freiwillig. Durch die klassenweise Befragung der Schüler und die Verteilung der Lehrer-Fragebogen über die Schulleiter konnte jedoch insgesamt eine relativ hohe Beteiligung erreicht werden. Insgesamt konnte mit 13.154 Fragebogen ein Rücklauf von 61 Prozent erreicht werden. Dabei waren die Rücklaufquoten für die einzelnen Teilpopulationen durchaus unterschiedlich; sie betrugen:

236	von	244	Schulleitern	=	96 %
1.320	von	1.896	Lehrern	=	69 %
6.792	von	8.538	Schülern	=	79 %
4.806	von	10.946	Eltern	=	43 %

Übersicht 3:
Die Teilpopulationen nach Schularten, Klassenstufen und Abschlußart

Untersuchungsgruppe	*Grundschule*	*Regelschule*	*Gymnasium*	*Insgesamt*
Lehrer	**538**	**514**	**268**	**1.320**
Rücklaufquote	*70 %*	*71 %*	*62 %*	*69 %*
Schüler in ...	**-**	**3.252**	**3.540**	**6.792**
Rücklaufquote		*79 %*	*80 %*	*80 %*
- Klasse 5	-	1.208	1.169	2.377
- Klasse 7	-	1.194	1.098	2.292
davon in ...				
- HS-Klassen	-	148	-	148
- RS-Klassen	-	329	-	329
- Integrations-Klassen-HS-Teil	-	154	-	154
- Integrations-Klassen-RS-Teil	-	406	-	406
- Klasse 9	-	850	722	1.572
davon in ...				
- HS-Klassen	-	126	-	126
- RS-Klassen	-	371	-	371
- Integrations-Klassen-HS-Teil	-	54	-	54
- Integrations-Klassen-RS-Teil	-	221	-	221
- Klasse 11	-	-	551	551
Eltern von Schülern in ...	**1.097**	**1.320**	**2.389**	**4.806**
Rücklaufquote	*48 %*	*32 %*	*54 %*	*44 %*
- Klasse 1	14	-	-	14
- Klasse 2	62	-	-	62
- Klasse 3	114	-	-	114
- Klasse 4	907	-	-	907
- Klasse 5	-	517	845	1.362
- Klasse 7	-	526	781	1.307
davon in ...				
- HS-Klassen	-	52	-	52
- RS-Klassen	-	148	-	148
- Integrations-Klassen-HS-Teil	-	46	-	46
- Integrations-Klassen-RS-Teil	-	221	-	221
- Klasse 9	-	277	424	701
davon in ...				
- HS-Klassen	-	41	-	41
- RS-Klassen	-	136	-	136
- Integrations-Klassen-HS-Teil	-	20	-	20
- Integrations-Klassen-RS-Teil	-	51	-	51
- Klasse 11	-	-	339	339

Sie differieren zudem nach den ausgewählten Regionen, der Schulart und den Befragungspopulationen (*vgl. dazu auch Übersicht 3*):

- **bei den Lehrern**
  konnte bei Grund- und Regelschulen ein Rücklauf von 70 Prozent erreicht werden, im Gymnasium nur von 62 Prozent;
- **bei den Schülern**
  betrug der Rücklauf in beiden einbezogenen Schularten (Regelschule und Gymnasium) 79 Prozent;
- **bei den Eltern**
  von Regelschülern war der Rücklauf mit 32 Prozent vergleichsweise niedrig; den höchsten Rücklauf erreichen hier erwartungsgemäß die Eltern von Gymnasiasten (54 %).

Für differenzierte Analysen sind nicht nur die drei Schularten (Grundschule, Regelschule, Gymnasium) unterschieden worden, sondern die Regelschulen zusätzlich nach der Unterrichtsorganisation und die Gymnasien nach den beiden Schulstufen. In der Regelschule besuchten:

- **in Klasse 7**
  148 Kinder eigenständiger Hauptschul- und 329 Kinder eigenständiger Realschulklassen; 560 Kinder waren in integrierten Klassen (davon streben 154 den Hauptschul- und 406 den Realschulabschluß an);
- **in Klasse 9**
  126 Kinder Hauptschul- und 371 Realschulklassen; 279 Kinder waren in integrierten Klassen (54 Hauptschul- und 221 Realschulabschluß).

Die niedrige Besetzung der Kinder in integrierten Klassen mit dem Ziel des Hauptschulabschlusses ergibt sich daraus, daß diese Schüler bis zu 14 Tage vor Schuljahresende bereits die Schule verlassen hatten und deshalb während der Befragung zum Teil nicht mehr erreichbar waren.

Von den 1.097 Grundschuleltern hatten nur 907 Kinder in der 4. Klasse, da Fragebogen – zum Teil wegen zu geringer Schülerzahlen – von den Schulleitern auch an Eltern der Klassen 1 bis 3 abgegeben wurden.

4 *Das Erhebungsinstrumentarium*

Die Fragebogen für Lehrer, Schüler und Eltern sind in weiten Teilen identisch, so daß Vergleichsmöglichkeiten zwischen den einzelnen Schülergruppen, zwischen Schülern und Eltern sowie zwischen Eltern und Lehrern gegeben sind. Die Schülerfragebogen haben eine gemeinsame Grundstruktur und werden mit zunehmendem Alter umfangreicher, denn die Fragebogen sollten in maximal einer Schulstunde ausfüllbar sein. Diese angesetzte Zeitspanne war in der Regel auch ausreichend.[2]

Zu folgenden Bereichen wurden in den Erhebungen Fragen gestellt (*vgl. dazu auch Übersicht 4*):

- **zum Lehrerberuf**
  Hierzu gehören Fragen zu Unterricht und Ausbildung der Lehrer, ihrem Fort- und Weiterbildungsbedarf, der Bewertung der eigenen Unterrichtspraxis und der Zufriedenheit mit dem Lehrerberuf. Darüber hinaus wurde nach den Aktivitäten zur Veränderung der Schule in der Wendezeit gefragt.
- **zur Entwicklung des Schulwesens**
  Hierzu gehören Fragen nach den Notwendigkeiten einer Veränderung des DDR-Schulsystems, der Bewertung der alten und neuen Schularten und von bewährten Elementen im alten Schulsystem. Außerdem wurde nach der Bilanzierung des Schulwandels, dem Informationsbedarf über die neuen Schularten, Aspekten der Entwicklung des Schulwesens sowie der inhaltlichen Schwerpunktsetzung bei dessen Weiterentwicklung gefragt.
- **zur Qualität von Schule**
  Hierzu gehören Fragen über das Wohlbefinden in der Schule und das Verhältnis zwischen Schülern und Lehrern, zu den Lieblingsfächern der Schüler, zu den Leistungskursen in der gymnasialen Oberstufe, zur Zensierung und Bewertung, zu den Hausaufgaben sowie dem Angebot und dem Bedarf nach ergänzenden Angeboten.
- **zu Schule und Familie**
  Hierzu gehören Fragen zu Schul- und Wohnort, Schul- und Berufswahl, zu Eigenschaften und Persönlichkeitsqualitäten, Erziehung und Erziehungszielen, zur Familien- und Berufssituation einschließlich dem Betreuungsbedarf.

---

2 Interessenten können die Fragebögen unter der Anschrift: Pädagogische Hochschule Erfurt, Institut für Allgemeine Erziehungswissenschaft und Empirische Bildungforschung, Postfach 307, 99006 Erfurt kostenlos anfordern.

Übersicht 4:
Inhaltsbereiche der Befragung zum „Schulstrukturwandel in Thüringen“ am Schuljahresende 1992/93

Lehrer	*Schüler*	*Eltern*	*Inhaltlicher Fragebereich*
			Lehrerberuf
x			Unterricht und Ausbildung der Lehrer
x			Fort- und Weiterbildung
x			Bewertung der eigenen Unterrichtspraxis
x			Zusatzangebote zum Unterricht
x			Zufriedenheit mit dem Lehrerberuf
x			Aktivitäten in der Wendezeit zur Veränderung der Schule
			Entwicklung des Schulwesens
x		x	Bewährte Elemente des alten Schulwesens
x		x	Veränderungsnotwendigkeiten
x	x	x	Bewertung der Schulsysteme
x	x	x	Informationsbedarf zu den neuen Schulformen
x	x	x	Bilanzierung des Wandels und Verbesserungsvorschläge
x	x	x	Entwicklung des Schulwesens und der Schulen
x	x	x	Inhaltliche Schwerpunktsetzung bei der Weiterentwicklung
			Qualität von Schule
	x	x	Wohlfühlen in der Schule
x	x		Schüler-Lehrer-Verhältnis
	x	x	Vertrauen zum Lehrer
	x		Lieblingsfächer
	x		Hausaufgaben
	x		Leistungskurse in der gymnasialen Oberstufe
x	x	x	Zensierung und Bewertung
	x	x	Gewünschte ergänzende Angebote innerhalb und außerhalb der Schule
			Schule und Familie
x	x	x	Schul- und Wohnort
	x	x	Familiensituation
x		x	Eltern-Lehrer-Kooperation
x		x	Berufstätigkeit, Betreuung und Förderung, Betreuungsbedarf
x	x	x	Schul- und Berufswahl, Angst vor der beruflichen Zukunft
x	x	x	Wichtigkeit von Eigenschaften
	x		Selbsteinschätzung von Persönlichkeitsqualitäten
x	x	x	Erziehung und Erziehungsziele

Ein Teil der Fragen ist mit der Vorlaufstudie des Forschungsprojektes identisch. Der größere Teil besteht jedoch aus Fragen, die vergleichbar zu anderen Erhebungen der letzten Jahre in den alten wie neuen Bundesländern ist. Zu folgenden Erhebungen lassen sich Vergleiche herstellen:

- **zur Erfurter Erhebung von 1992**,
  der ersten Phase des Forschungsprojekts (Bilanzierung des Wandels, Veränderungsnotwendigkeiten des DDR-Schulsystems, Weiterentwicklung des neuen Schulsystems, Bewertung und Zensierung, Lieblingsfächer und ungeliebte Fächer, ergänzende Angebote innerhalb und außerhalb der Schule, angestrebter Schulabschluß, Wohlfühlen in der Schule, Angst vor der beruflichen Zukunft, s. FORSCHUNGSGRUPPE 1993);
- **zu den IFS-Umfragen seit 1990**
  Bewertung des neuen und Bewährtheit des alten Schulsystems, Vertrauen zum Lehrer (ROLFF u.a. 1992);
- **zur FENDschen Gesamtschuluntersuchung von 1979**
  (schulische Alltagsprobleme, Zufriedenheit mit dem Lehrerberuf, Einschätzung des Lehrer-Schüler- und des Schüler-Schüler-Verhältnisses, Schulangst, KISCHKEL 1979, HELMKE/DREHER 1979);
- **zu verschiedenen ZUMA-Skalen seit 1983**
  (Autoritarismus, Bewertung der eigenen Unterrichtspraxis, Bewertung des Lehrer-Schüler-Verhältnisses, ALLMENDINGER u.a. 1983, LANGFELDT/FINGERHUT 1974, LEDERER/SCHMIDT 1995).
- **zur zweijährlichen ALLBUS-Erhebung**
  (Erziehungsziele, ALLMENDINGER u.a. 1983);
- **zur Leistungskurswahl von 1981**
  in der gymnasialen Oberstufe und ihren Gründen (PÖTZSCH 1982).

Besonders hervorzuheben ist die Vergleichbarkeit der Teilerhebungen untereinander. Dies wurde dadurch gewährleistet, daß ein Großteil der Fragen an alle Teilpopulation der Lehrer, Schüler und Eltern gleichermaßen gestellt wurden. Vor allem die Schülerfragebögen in den vier Klassenstufen sind untereinander weitgehend kompatibel.

Insgesamt stehen 625 Merkmale zur Verfügung. Damit ist ein umfangreicher Datensatz gegeben, der eine Reihe von vergleichenden Analysen über die einbezogenen Teilpopulationen der Lehrer, Schüler und Eltern sowie zu anderen Untersuchungen der letzten Jahre ermöglicht.

5 *Datenergänzungen und neugebildete Variablen*

Für die Analysen wurden, neben umfangreichen Kategorisierungen und Nacherfassungen offener Fragen, eine Reihe von zusätzlichen Daten zum Schul- und Wohnort der Schüler in den Datensatz aufgenommen.

- Einwohner, Größenklasse, Zentralitätsstufe, Schulangebotsstruktur der Schul- und Wohnorte sowie die Entfernungen zur nächsten allgemeinbildenden Schulart (Grundschule, Regelschule, Gymnasium, Gesamtschule);
- Schüler der Grundschulen und örtlicher Übergang aus der Grundschule auf das Gymnasium.

Ferner wurden Indizes zum Schul- und Berufsabschluß und der Berufstätigkeit der Eltern (jeweils Kombination von Vater und Mutter) sowie zur Ausbildungs- und Unterrichtsfachkombination der Lehrer neu gebildet.

Zum Schichtindex

Aus den vier Variablen Schul- und Berufsabschluß der Eltern (jeweils Vater und Mutter) wurde ein Schichtindex über gewichtete Mittelwertscores berechnet, wobei die Mittelwerte mit 100 multipliziert sind.

Der Schulabschluß der Eltern (Vater und Mutter) wurde nach drei Abschlußniveaus erfaßt: (1) weniger als Klasse 10 POS, (2) Klasse 10 POS und (3) Abitur, der Berufsabschluß der Eltern (Vater und Mutter) nach vier Abschlußniveaus: (1) ohne Abschluß/ungelernt, (2) Facharbeiterabschluß, (3) Fachschulabschluß und (4) Hochschulabschluß. Für die Indexbildung wurden daher die Kategorien (1) und (2) des Berufsabschlusses zusammengefaßt, so daß alle vier Variablen die Grenzen 1 bis 3 haben. Über die vorhandenen Angaben wurden Mittelwertscores (mit einer Spannweite von 100 bis 300) berechnet und durch Intervalleinteilung ein Schichtindex gebildet:

1 = Score 100 bis 149	
2 = Score 150 bis 174	5 = Score 225 bis 232
3 = Score 175 bis 199	6 = Score 233 bis 274
4 = Score 200 bis 224	7 = Score 275 bis 300.

Bei der Datenanalyse wurden meist nur drei Schichtgruppen unterschieden, bei denen die Ausprägungen 1+2, 3+4 und 5-7 zusammengefaßt und der Unter-, Mittel- und Oberschicht zugeordnet wurden.

Die Kategorisierung der Lehrer nach ihrer Ausbildung anhand eigener Angaben erwies sich als schwierig, da es in der DDR recht unterschiedliche Ausbildungsformen gab, die mehrfach verändert wurden. Deshalb fügen wir eine kurze Darstellung unterschiedlicher Varianten ein[3].

Zur Ausbildung von Lehrern für die Mittel- und Oberstufe

Die Ausbildungs- und Unterrichtsfächer der Lehrer wurden zu Ausbildungs- und Unterrichtsfachgruppen zusammengefaßt, die nach Schularten differieren. Hierzu ist eine ausführlichere Erläuterung nötig:

Die Ausbildung der Lehrer in der DDR für die Fächer der mittleren und oberen Klassen (5 bis 10 bzw. 12) war vielfältigen Veränderungen unterworfen. Darüber hinaus gab es eine Reihe von Besonderheiten im Verlauf der 40jährigen Geschichte, die zu Schwierigkeiten bei der Kategorisierung führen. Es lassen sich grob drei Phasen unterscheiden:

- **Ende der 40er Jahre bis etwa 1970**
  Nach dem zweiten Weltkrieg wurde mit der Einführung mehrmonatiger „Neulehrerkurse" begonnen, um die Lehrerschaft des 3. Reiches zu ersetzen. Im Schnellverfahren, mit bald einsetzender Tendenz zur Verlängerung, wurden Lehrer für alle damals existierenden Schularten (Volksschulen, Realschulen und Gymnasien) und Fächer ausgebildet. Daneben lief an den Universitäten die traditionelle Gymnasiallehrerausbildung im wesentlichen weiter. Da die Neulehrerkurse, bedingt durch ihre Kürze, keine ausreichende theoretische Fundierung der Ausbildung sichern konnten, ergab sich ein Nachqualifizierungsbedarf, der durch vielfältige Fernstudiengänge an den Universitäten befriedigt wurde.
- **1970 bis 1982**
  Die bestehenden Pädagogischen Institute erhielten sukzessive den Status von Pädagogischen Hochschulen. Gleichzeitig erfolgte die Ausbildung nach einer vereinheitlichten Rahmenkonzeption, die auch von Universitäten übernommen werden mußte. Dadurch wurde die an den Universitäten bestehende 5jährige Ausbildung von Lehrern für die Abiturstufe abgeschafft. Diese Rahmenkonzeption sah eine 4jährige Zweifach-Ausbildung mit einem „Haupt-" und einem „Nebenfach" vor, die sich durch die Schwerpunkt-

[3] Die Darstellung entstand auf der Grundlage einschlägiger GESETZBLÄTTER DER DDR, entsprechenden VERFÜGUNGEN UND MITTEILUNGEN DES MINISTERIUMS FÜR VOLKSBILDUNG DER DDR, den Sammelbänden DIE LEHRERBILDUNG IN DER DDR 1972, 1981, sowie ANWEILER u.a. 1992, RUDOLF/DÖBERT/WEISHAUPT 1996

setzung bei der theoretischen Fundierung der Fächer unterschieden. Eine Ausnahme bildete das Ausbildungsfach „Polytechnik“, für das ohne ein Zweitfach ausgebildet wurde; der spätere Einsatz war in den POS-Fächern „Werken“ (Klasse 5 und 6), „Technisches Zeichnen“, „Einführung in die sozialistische Produktion“ (ESP) und „Produktive Arbeit“ (PA) möglich.

An die 4jährige Ausbildung mit dem Abschluß Diplomlehrer schloß sich eine 3jährige „Einarbeitungsphase“ mit Arbeitsplatzbindung an, in der die Absolventen mit Hilfe eines Mentors in die Schulpraxis eingeführt wurden. In der Regel wurde in der Schulpraxis nicht mehr zwischen Erst- und Zweitfach differenziert. Der Einsatz der Absolventen richtete sich im wesentlichen nach den Bedürfnissen der Schule, so daß diese Differenzierung, zumal im Abschlußzeugnis nicht sichtbar, nicht mehr sinnvoll war.

Die Fächerkombinationen waren von den Studienbewerbern nicht frei wählbar; sie richteten sich nach der bestehenden Angebotsstruktur der Ausbildungseinrichtung, den „Sektionen“. So existierten z.B. an der PH Erfurt/Mühlhausen die Sektionen Chemie/Biologie (Mühlhausen), Mathematik/Physik, Deutsch/Sprachen (nur Russisch) – die Fachkombination konnten auch „umgekehrt“ werden – und in Erfurt eine sektionell übergreifende Ausbildung von Lehrern in den Fächern Mathematik und Kunst. Die Sektionen waren von Einrichtung zu Einrichtung unterschiedlich; so gab es z.B. die Fachkombination Mathematik/Geographie und deren Umkehrung nur an der Universität Greifswald und an der PH Dresden.

– **ab 1982**
wurde an allen Lehrerbildungseinrichtungen das 5jährige Diplomlehrerstudium eingeführt. Es wurde nicht mehr zwischen Erst- und Zweitfach differenziert und die Anteile beider Fächer wurden in den Studienplänen gleich gewichtet. Das 5. Studienjahr war im wesentlichen als praktische Ausbildung konzipiert, womit der endgültige Übergang zu einer einphasigen Ausbildung vollzogen war.

Um allen Spezifika gerecht zu werden, wurden – vor allem wegen der differenzierten Struktur der Ausbildungseinrichtungen – folgende Kategorien für die Ausbildung gebildet:

Lehrer für die Fächer

– **Deutsch** und **Sprachen** sowie nur **Sprachen**
(Beispiele sind die Fachkombinationen Deutsch/Russisch, Englisch/Französisch usw. und ihre Umkehrungen);

- **Deutsch/Gesellschaftswissenschaften/Sprachen**
  (stellvertretend seien genannt: Deutsch/Staatsbürgerkunde, Deutsch/Geschichte, Deutsch/Russisch, Deutsch/Kunst, Deutsch/Musik und andere Kombinationen aus diesen Fächern;
- **Mathematik** und **naturwissenschaftliche Fächer**
  (z.B. Mathematik/Physik, Chemie/Biologie usw.);
- sowohl aus dem **mathematisch-naturwissenschaftlichen** als auch aus dem **gesellschaftswissenschaftlichen** Bereich
  (z.B. Mathematik/Geographie, Mathematik/Kunst – wegen der oben beschriebenen Besonderheiten fallen in diese Gruppe auch eigentlich „unmögliche" Angaben wie Mathematik/Russisch);
- **Sport**, allein oder kombiniert mit einem **zweiten Fach**;
- **Polytechnik** (möglicherweise auch gekoppelt mit einem weiteren Fach).

Zur Ausbildung von Lehrern für die Unterstufe

Die für die Oberstufenlehrerausbildung genannten Phasen (1) und (2) lassen sich auch auf die Unterstufenlehrerausbildung übertragen. Da der Anteil der schulpraktischen Ausbildungsformen bei der Unterstufenausbildung schon immer höher war, bestand hier nicht die so dringende Notwendigkeit eines schulpraktischen Jahres. Insofern ergeben sich grob folgende zwei Phasen:

- **Ende der 40er Jahre bis 1969**
  Die Ausbildung der Grund- und späteren Unterstufenlehrer erfolgte neben und nach den Neulehrerkursen in Lehrerseminaren, aus denen im wesentlichen die späteren Institute für Lehrerbildung hervorgingen, zunächst in 2, dann in 3 Jahren für das **gesamte Fächerspektrum** der Unterstufe. Im Laufe der Zeit wurde der Fächerumfang schrittweise eingeschränkt – so erklären sich die Angaben von Lehrern, sie seien für **alle** Fächer ausgebildet worden.
- **ab 1969**
  wurde an allen Instituten für Lehrerbildung eine 4jährige Ausbildung umgesetzt, die eine Lehrbefähigung für die Hauptfächer Deutsch und Mathematik vorsah sowie für eines der „Nebenfächer" Werken, Schulgarten, Kunsterziehung, Musik oder Sport. Diese Fächer wurden neben der ersten, allgemeinen Kategorie (alle Fächer) zur Grundlage der Ausbildungsfachkategorisierung verwendet. Durch den Bedarf der Praxis (Schulhorte, die strukturell den POS angegliedert waren) gab es in den 70er Jah-

ren zeitweilige Versuche, eine eigenständige Erzieherausbildung einschl. einer Lehrerbefähigung für ein Haupt- bzw. Nebenfach zu installieren. In den 80er Jahren wurde die Ausbildung so gestaltet, daß die Absolventen sowohl als Lehrer als auch als Erzieher eingesetzt werden konnten.

Besonderheiten

Neben diesem Grundgerüst der Ausbildung gab es für Lehrer, die bereits in der Praxis tätig waren, Möglichkeiten, sich weiterzuqualifizieren. Unterstufenlehrer (Fachschulabsolventen) konnten z.B. an der PH Erfurt Diplompädagogen werden. Vor allem in den Fächern Musik und Kunst war es nicht selten, daß ausgebildete Unterstufenlehrer, die ihre Klassen wegen Fachlehrermangel in diesen Fächern in die Mittel- und Oberstufe „begleiteten", Möglichkeiten fanden, einen für die Oberstufe geeigneten Abschluß zu erwerben, so z.B. für das Fach Musik an der PH Potsdam, Sport an der DHfK Leipzig (hier Abitur als Voraussetzung). Lehrer, die – aus welchen Gründen auch immer – mit einer Unterstufenlehrerausbildung in der Oberstufe unterrichteten, wurden über den Weg des Fernstudiums zu Hochschulabsolventen. So erklärt sich die Ausbildungskombination Mathematik/Russisch: für die Unterstufe im Fach Mathematik, im Fernstudium einen Hochschulabschluß für das Fach Russisch. Eine Ausbildung (Lehrbefähigung) im Fach Astronomie war nur auf postgraduellem Weg möglich.

Kategorisierungen der Ausbildungs- und Unterrichtsfächer

Daraus ergeben sich insgesamt 12 Ausbildungs- (je 6) und 10 Unterrichtsfachkombinationen (je 5) für Grundschul- und für Regelschul- und Gymnasiallehrer.

- **Ausbildungsfachkombinationen**
  - nur für Grundschullehrer

    1 = nur Hauptfächer

    2 = Hauptfächer/Kunst und weitere Nebenfächer

    3 = Hauptfächer/Werken und weitere Nebenfächer

    4 = Hauptfächer/Musik und weitere Nebenfächer

    5 = Hauptfächer/Sport und weitere Nebenfächer

    6 = Hauptfächer/Schulgarten

Übersicht 5:
Ausbildungs- und Unterrichtsfächer der Lehrer

	Ausbildungsfach			*Unterrichtsfach*		
Ausbildungsfach	*GSL*	*RSL*	*GYL*	*GSL*	*RSL*	*GYL*
Deutsch	5	107	93	471	123	87
Englisch	1	24	36	10	62	45
Französisch	-	5	11	-	12	20
Russisch	3	90	69	1	59	37
andere Sprachen	-	-	5	-	-	6
Staatsbürgerkunde	-	5	-	-	-	-
Geschichte	-	62	27	-	64	26
Heimat- und Sachkunde	-	-	-	152	4	-
Sozialkunde	-	-	-	-	38	11
Wirtschaft und Recht	-	-	-	-	44	7
Wirtschaft und Technik	-	-	-	-	41	-
Wirtschaft, Umwelt, Europa	-	-	-	-	20	-
Mathematik	4	122	59	434	131	57
Geographie	-	37	20	-	48	22
Physik	-	87	44	-	77	40
Chemie	-	71	24	-	64	20
Astronomie	-	3	3	-	13	4
Biologie	-	69	21	-	69	25
Informatik	-	2	4	-	13	4
Werken	180	35	1	-	-	-
Schulgarten	96	-	-	-	-	-
Werken/Schulgarten	-	-	-	140	3	-
Künstl. Gestalten	-	-	-	14	5	-
Künstl. Gestalten/Werken	-	-	-	97	39	-
ESP	-	-	50	7	-	-
(Technisches) Zeichnen	20	2	2	-	-	-
Kunsterziehung	141	31	29	137	24	24
Musik	142	14	8	106	17	10
Religion	-	4	-	16	8	1
Ethik	-	-	-	50	21	10
Sport	161	38	20	114	43	19
Kombinationen (s. vorstehende Erläuterungen)						
1 Hauptfächer (HF)	-	-	-	76	-	-
2 HF/Kunst und NF	90	-	-	191	-	-
3 HF/Werken(/Schulgarten) und NF	140	-	-	162	-	-
4 HF/Musik und NF	77	-	-	88	-	-
5 HF/Sport und NF	104	-	-	84	-	-
6 HF/Schulgarten	33	-	-	-	-	-
1 Deutsch und/oder Sprachen	-	73	73	-	86	81
2 Deutsch und/oder Sprachen/Geisteswiss.	-	101	66	-	126	74
3 Naturwissenschaften	-	154	67	-	131	73
4 Naturwiss./Geisteswiss.	23	9	-	109	18	-
5 Sport und andere NF	-	37	20	-	43	19
6 Polytechnik und andere Fächer	57	7	-	-	-	-

- nur für Regelschul- und Gymnasiallehrer
  1 = Deutsch und/oder Sprachen
  2 = Deutsch und/oder Sprachen/Geisteswissenschaften
  3 = Naturwissenschaften
  4 = Naturwissenschaften/Geisteswissenschaften
  5 = Sport und andere Fächer
  6 = Polytechnik und andere Fächer.

– Unterrichtsfachkombinationen

Die derzeitigen Unterrichtsfachkombinationen der Grundschullehrer ergeben sich zum einen aus ihren Ausbildungsfächern, zum anderen aus der Anpassung derselben an die Stundentafel für die Grundschule. Diese umfaßt in den Klassenstufen 1 bis 4 insgesamt 100 Stunden in den drei Kernfächern (Hauptfächern) Deutsch, Mathematik, Heimat- und Sachkunde und in den sechs Nebenfächern Werken, Schulgarten, Kunsterziehung, Musik, Religionslehre/Ethik und Sport.

Folgende Kategorisierung wurde vorgenommen:

- nur für Grundschullehrer
  1 = nur Hauptfächer
  2 = Hauptfächer/Kunst und weitere Nebenfächer
  3 = Hauptfächer/Werken/Schulgarten und weitere Nebenfächer
  4 = Hauptfächer/Musik und weitere Nebenfächer
  5 = Hauptfächer/Sport und weitere Nebenfächer

- nur für Regelschul- und Gymnasiallehrer
  1 = Deutsch und/oder Sprachen
  2 = Deutsch und/oder Sprachen/Geisteswissenschaften
  3 = Naturwissenschaften
  4 = Naturwissenschaften/Geisteswissenschaften
  5 = Sport und andere Fächer.

Literatur

ALLMENDIGER, J./SCHMIDT, P./WEGENER, B./EIKELMANN, T./OHLY, P.: ZUMA-Handbuch Sozialwissenschaftlicher Skalen. Teil 1-3. ZUMA Mannheim/Informationszentrum Sozialwissenschaften Bonn 1983.

ANWEILER, O./FUCHS, H.-J./DORNER, M./PETERMANN, E. (HRSG.): Bildungspolitik in Deutschland 1945 - 1990. Bundeszentrale f. polit. Bildung Bonn 1992.

DANN, H./HUMPERT, W./KRAUSE, F./VON KÜGELGEN, T./RIMELE, W./TENNSTAEDT, K.: Arbeits- und Ergebnisbericht des Projekts „Aggression in der Schule", Univ. Konstanz, Forschungsbericht 44 des SFB 23, Konstanz 1985.

FORSCHUNGSGRUPPE SCHULSTRUKTURWANDEL IN THÜRINGEN. In: WEISHAUPT, H./ZEDLER, P. (Hrsg): Erfurter Studien zur Entwicklung des Bildungswesens, Pädag. Hochschule Erfurt, Erfurt 1993.

EDER, F.: Linzer Fragebogen zum Schul- und Klassenklima (LFSK). Linz 1989.

HELMKE, A./DREHER, E.: Gesamtschule und dreigliedriges Schulsystem in Nordrhein-Westfalen - Erzieherische Wirkungen und soziale Umwelt. Paderborn/München/Wien/Zürich 1979.

KISCHKEL, A.: Gesamtschule und dreigliedriges Schulsystem in Nordrhein-Westfalen - Einstellungen, Zufriedenheit und Probleme der Lehrer. Paderborn/München/Wien/Zürich 1979.

LANGFELDT, H.-P./FINGERHUT, W.: Entwicklung eines Lehrer-Einstellungs-Fragebogens (LEF 3), Univ. Marburg, Marburg 1974.

LEDERER, G./SCHMIDT, P. (Hrsg.): Autoritarismus und Gesellschaft. Trendanalysen und vergleichende Jugenduntersuchungen 1945 - 1993. Opladen 1995.

DIE LEHRERBILDUNG IN DER DDR. Volk und Wissen Berlin 1972 u. 1983.

PÖTZSCH, I.: Das Bildungsschicksal von qualifizierten Hauptschülern und Realschülern in der neugestalteten gymnasialen Oberstufe, ein Vergleich mit grundständigen Gymnasiasten. Dissertation (Universität Köln), Köln 1982.

ROLFF, H.-G./BAUER, K.O./KLEMM, K./PFEIFFER, H. (Hrsg.): Jahrbuch der Schulentwicklung. Band 7. Weinheim und München 1992.

RUDOLF, R./DÖBERT, H./WEISHAUPT, H.: Empirische Lehrerforschung in der DDR. Aufarbeitung grauer Literatur und Sicherung der Forschungsinstrumentarien. (Erfurter Studien zur Entwicklung des Bildungswesens, Bd. 3), Erfurt 1996.

Horst Weishaupt

Die Bewertung des schulstrukturellen Wandels durch Lehrer und Eltern

Die Einführung der neuen Schulstruktur in Thüringen war nicht das Ergebnis eines unter Beteiligung der Eltern und Lehrer geführten öffentlichen Diskussionsprozesses. Bereits wenige Monate nach der Konstitution des Thüringer Landtags wurde im März 1991 das „Vorläufige Thüringer Bildungsgesetz" verabschiedet, das bereits die Grundzüge des Schulsystems festschrieb. Es ist kaum beeinflußt von den 1990 an den Schulen geführten Diskussionen um eine Reform des Schulwesens, die überwiegend eine innere Reform des Einheitsschulsystems intendierten (s. Köhler 1993), sondern überwiegend bestimmt von dem Zwang zur Anpassung an die westdeutschen Schulstrukturen.

Deshalb ist anzunehmen, daß die Verarbeitung des strukturellen Wandels des Schulwesens in Thüringen 1991 für Lehrer und Eltern ein langwieriger und vielschichtiger Prozeß ist. Er ist von einer Vielzahl von Faktoren bestimmt. Analytisch ist er dadurch nur schwer zugänglich. Es ist aber eine grundsätzlich interessante Frage, wie Menschen auf einschneidende Veränderungen reagieren, welche Bedingungen dazu führen, daß sie bereit sind, sie zu akzeptieren und sogar an ihrer Ausgestaltung aktiv mitzuwirken. Andererseits interessieren die Bedingungen, die eine Mitgestaltung des Neuen behindern. Kenntnisse darüber können Hinweise geben auf die Gestaltung der Rahmenbedingungen von Innovationen, damit sie bei den Betroffenen besser angenommen werden. Solche Kenntnisse können aber auch Hinweise auf Randbedingungen von Veränderungsprozessen liefern, die strukturell den Erfolg von Innovationen gefährden. Insofern bietet die gegenwärtige Situation in den neuen Ländern mit dem radikalen Wandel von Systemen und Strukturen eine nahezu einmalige soziale Situation zur Analyse der Möglichkeiten und Voraussetzungen sozialen Wandels.

In dem von uns untersuchten Bereich des schulstrukturellen Wandels ist anzunehmen, daß zunächst die Einstellung zum DDR-Schulsystem und die Zufriedenheit damit die Bereitschaft zur Akzeptanz der Veränderungen maßgeblich beeinflussen. Wurden Veränderungen gewünscht, dann stellt sich die Frage, ob diese bei der Umstrukturierung berücksichtigt wurden. Hinter diesen Einstellungen und Wünschen sind allgemeinere Vorstellungen der Eltern und Lehrer über Aufgabe und Funktion der Schule zu vermuten, ob sie beispielsweise vornehmlich Wissen vermitteln soll oder familienergänzende erzieherische Aufgaben mitzuerfüllen hat, ob sie eher Unterrichtsanstalt oder ein Lebensraum für die Kinder sein soll.

Ein weiterer wichtiger Gesichtspunkt für die Bewertung der veränderten Schulstruktur ist sicher die gegenwärtige Situation an den Schulen: welche Mängel weist der Schulbetrieb auf, fühlt sich – aus der Sicht der Eltern – das Kind in der Schule wohl. Nicht zuletzt ist aber auch wichtig, in welcher Schulart ein Lehrer unterrichtet bzw. ein Kind die Schule besucht.

Im Rahmen der Untersuchung zum Schulstrukturwandel in Thüringen wurden Eltern und Lehrer nach ihrer Bewertung des DDR-Schulsystems und nach ihren Reformerwartungen befragt. Sie wurden um Auskunft darüber gebeten, wie sie neue und ehemalige Schularten beurteilen, welche Mängel sie gegenwärtig an den Schulen sehen und welche Schwerpunkte der weiteren schulischen Entwicklung sie sich wünschen. Insofern läßt sich detailliert untersuchen, in welchem Zusammenhang die Bewertung des schulstrukturellen Wandels durch Eltern und Lehrer mit schulpolitischen Orientierungen, Reformerwartungen und aktuellen Einschätzungen der Schulsituation steht.

Zur Einschätzung des schulstrukturellen Wandels wurde Lehrern und Eltern folgende Frage vorgelegt: „Wenn Sie über alles insgesamt nachdenken, bringt das 1991 eingeführte neue Schulsystem Ihnen/Ihrem Kind dann eher Vorteile oder eher Nachteile?“[1] Die Ergebnisse der Antworten auf diese Frage – nachfolgend als Bilanzfrage bezeichnet – zeigt *Abbildung 1*. Danach sehen Lehrer, im Vergleich zwischen Lehrern und Eltern, den schulstrukturellen Wandel positiver und von diesen wiederum die Gymnasiallehrer am positivsten. Sie sehen die Veränderungen zu 70 Prozent als vorteilhaft an. Die Eltern ziehen mehrheitlich keine eindeutig positive Bilanz. Nur 45 Prozent der Eltern sehen im neuen Schulsystem eher Vorteile, 18 Prozent eher Nachteile, 38 Prozent sowohl Vorteile als auch Nachteile; dabei ist die Sicht der Gymnasialeltern am positivsten.

Dieses Ergebnis ist insofern einleuchtend, als für die Lehrer – trotz aller noch bestehenden Unsicherheiten ihrer gegenwärtigen Beschäftigung – deutliche Status- und Einkommensverbesserungen mit dem Schulstrukturwandel ver-

---

1 Obwohl diese Frage auch den Schülern vorgelegt wurde, bleiben sie in diesem Beitrag ausgeklammert, weil ihnen nur wenige der zur Interpretation der Antwort auf die Bilanzfrage analysierten Eltern- und Lehrerfragen gestellt wurden. Zur Auswertung der Schülerergebnisse siehe den Beitrag von PLATH in diesem Band.

Abbildung 1:
Bilanzfrage – „Wenn Sie über alles insgesamt nachdenken, hat das 1991 eingeführte neue Schulsystem Ihnen/Ihrem Kind dann eher Vorteile oder eher Nachteile gebracht?“ (*Vergleich zwischen Lehrern und Eltern*)

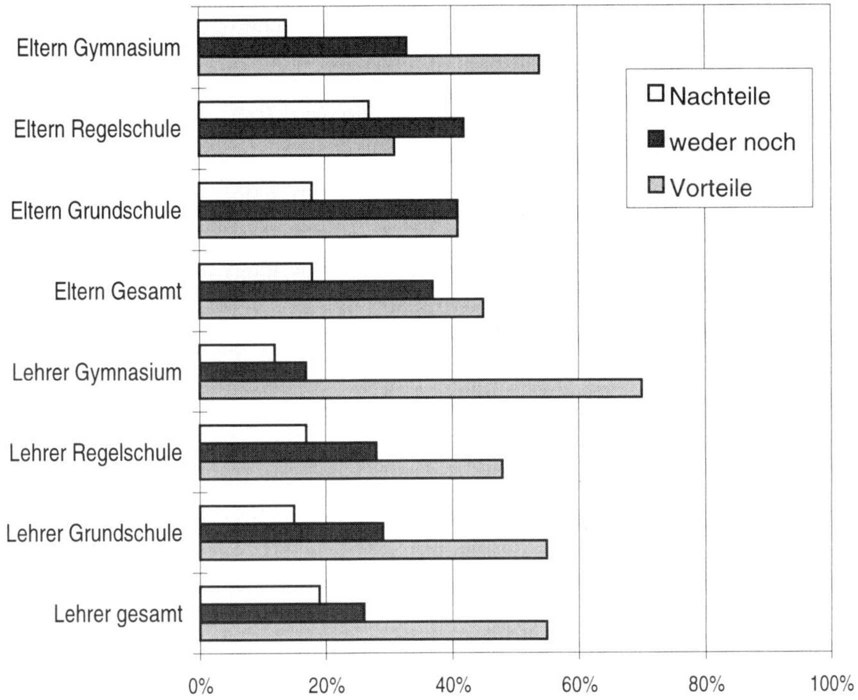

bunden waren. Die Gymnasiallehrer sind unter ihnen nochmals die Gruppe mit den größten Vorteilen, denn in ihrer Ausbildung und früheren Beschäftigung unterscheiden sie sich nicht nennenswert von den Regelschullehrern. Die Eltern sind demgegenüber noch verunsichert und haben Orientierungsprobleme, die sich nicht zuletzt in dem hohen Anteil von Teils-Teils-Antworten ausdrücken.

Nachfolgend soll untersucht werden, in welchem Umfang – über die Schulform hinaus – weitere Einflüsse auf die Bewertung des schulstrukturellen Wandels beobachtbar sind. Als Einflußfaktoren werden Fragenbereiche untersucht, die sich – in einem weiten Verständnis – als Aspekte der gesellschaftspolitischen Orientierung der Befragten interpretieren lassen:

- die Einstellung zur Reform des DDR-Schulsystems,
- schulpolitische Orientierungen,

– die Kritik gegenwärtiger Unzulänglichkeiten an den Schulen und
– die Bewertung der alten und neuen Schulformen.

Anschließend werden die verschiedenen Einflußfaktoren zusammenfassend betrachtet und dabei weitere Aspekte berücksichtigt, um den Stellenwert der gesellschaftspolitischen Orientierung von Lehrern und Eltern für die Bewertung des schulstrukturellen Wandels erfassen zu können.

Zu beachten ist, daß die Zusammensetzung der Elternstichprobe nach Schularten verzerrt ist (s. KUTHE/SCHIMUNEK in diesem Band). Eltern von Gymnasiasten sind mit einem Anteil von 50 Prozent stark überrepräsentiert. Da nur selten innerhalb der Gruppe der Lehrer bzw. der Eltern große Einstellungsdifferenzen nach Schulform auftreten und die Differenzen in den Einstellungen zwischen Eltern und Lehrern nur selten zwischen den Schularten variieren, erscheint es dennoch vertretbar, Lehrer und Eltern insgesamt zu vergleichen.

1 Einschätzung der Notwendigkeit von Reformen des DDR-Schulsystems

Wer bereits zu DDR-Zeiten das Schulwesen für weitgehend reformbedürftig ansah, wird die jetzige Schulstruktur anders bewerten als jemand, der die DDR-Schule überwiegend bejahte. Um die Position der Befragten zum alten Schulsystem zu erfassen, wurden sie erstens danach befragt, welche Elemente des alten Schulsystems sich ihrer Meinung nach bewährt haben. Zweitens wurden Eltern und Lehrer um Angaben darüber gebeten, welche Veränderungen des DDR-Schulwesens sie schon vor der „Wende“ für notwendig hielten. Dann sollten sie angeben, welche dieser Elemente aus ihrer Sicht verwirklicht wurden.[2] Als „bewahrenswert“ (*Abbildung 2*) betrachten Eltern und Lehrer in gleicher Weise die wohnortnahe Schulversorgung, den Hort, die Möglichkeiten der Mittagsversorgung und die Möglichkeiten der Freizeitgestaltung an den Schulen. Schulische Freizeitangebote werden von den Lehrern mehr gewünscht als von den Eltern.

---

2 Einige der von uns den Eltern und Lehrern vorgelegten Antwortvorgaben sind mit dem Fragebogen der IFS-Umfrage vergleichbar (IFS-UMFRAGE 1994, S. 29). Der Vergleich zwischen den Antworten der Schülereltern der IFS-Umfrage aus den neuen Ländern 1993 mit unseren Ergebnissen von Eltern aus Thüringen zeigt nahezu übereinstimmende Ergebnisse.

Abbildung 2:
„Welche Elemente des alten Schulwesens haben sich Ihrer Meinung nach bewährt, welche nicht?“ (*Vergleich zwischen Lehrern und Eltern. Anteil der Antworten „bewährt“*)

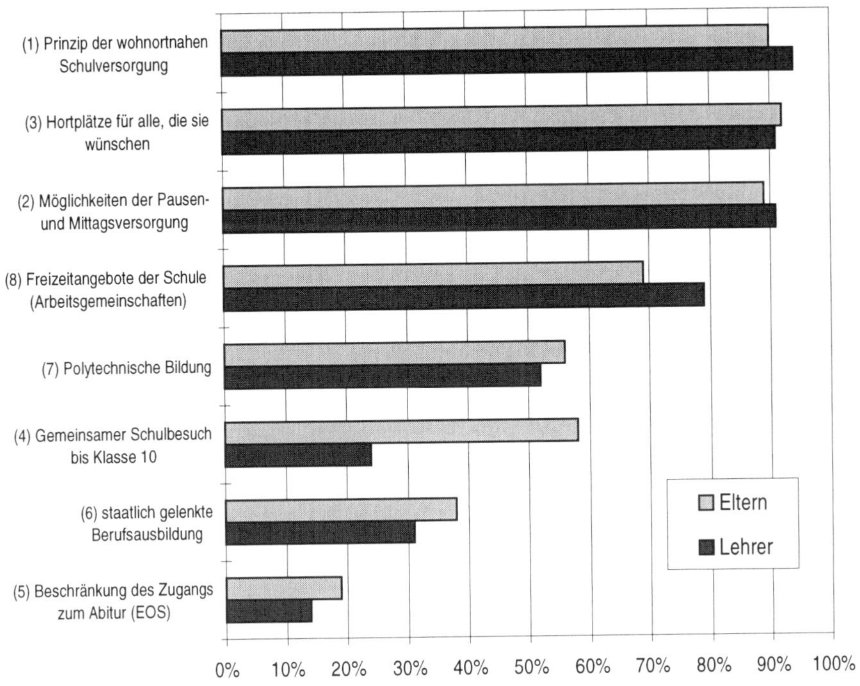

Ein deutlich höheres Interesse als Lehrer haben Eltern am gemeinsamen Schulbesuch der Kinder bis zur 10. Klasse. 58 Prozent der Eltern (24 Prozent bei den Lehrern) betrachten ihn als ein bewährtes Element des alten Schulsystems. Nach besuchter Schulform differenziert, wünschen ihn sich 65 Prozent der Grundschul-, 70 Prozent der Regelschuleltern und immerhin auch 48 Prozent der Eltern von Gymnasiasten. Die Notwendigkeit eines gegliederten Schulsystems nach einer vierjährigen Grundschule ist im Bewußtsein der Eltern – und darauf deuten auch andere Ergebnisse unserer Befragung hin – keineswegs verankert.

Bei den Eltern besteht zwischen jedem der erfragten Elemente des alten Schulsystems und der Bewertung des schulstrukturellen Wandels ein Zusammenhang in der Weise, daß eine positive Bewertung der Elemente des alten Schulsystems mit einer negativen Bewertung des schulstrukturellen Wandels verbunden ist. Bei den Lehrern besteht bei drei Aussagen der gleiche negative Zusammenhang: gemeinsamer Schulbesuch, polytechnische Bildung und staatlich gelenkte Berufsausbildung.

Nach übereinstimmender Meinung von Eltern und Lehrern waren folgende Veränderungen des Schulwesens vor der „Wende" am vordringlichsten (s. *Abbildung 3*): „Meinungsfreiheit für Lehrer und Schüler", „mehr Freiräume zur Gestaltung des Unterrichts" und „Entideologisierung der Schule". Von diesen Wünschen wird nur „größere Gestaltungsfreiheit im Unterricht" von den Lehrern in nennenswertem Umfang als verwirklicht angesehen. Vorrangig verwirklicht wurde die „stärkere äußere Differenzierung (mehr Schularten)" und der „freie Zugang zur EOS", obwohl diese Veränderungen für Lehrer und Eltern nicht vorrangig waren. Diese Ergebnisse stützen die einleitende These, daß Eltern und Lehrer der Strukturreform des Schulwesens eher skeptisch bis ablehnend gegenüberstanden.

Abbildung3:
Als notwendig angesehene und verwirklichte Veränderungen des alten Schulwesens (*Vergleich der Bewertungen von Lehrern und Eltern (in v.H.)*)

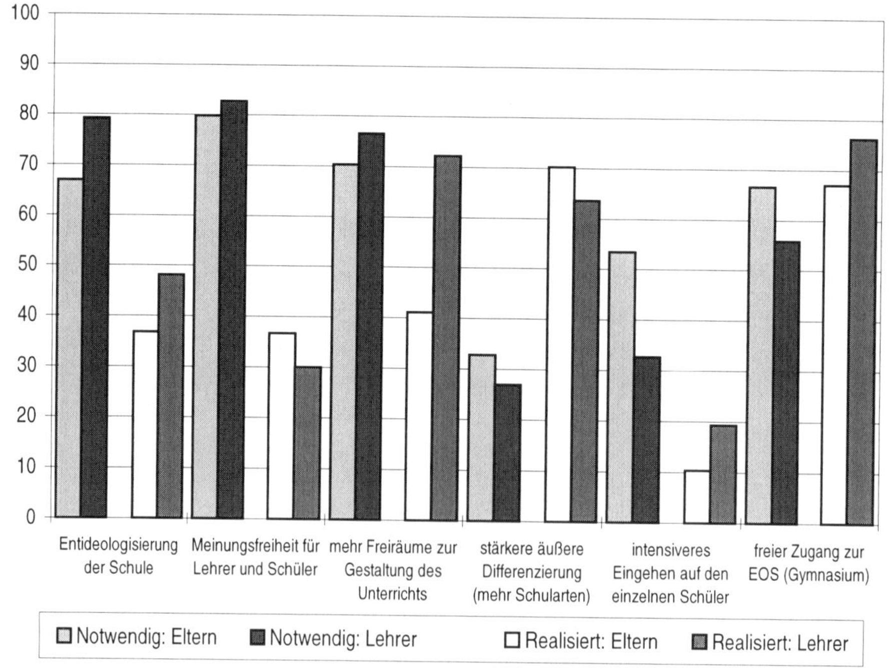

Sämtliche Einstellungen zu den als notwendig angesehenen und verwirklichten Veränderungen des alten Schulsystems wirken sich auf die Bewertung des schulstrukturellen Wandels aus. Besonders eng ist dieser Zusammenhang bei Eltern und Lehrern bezogen auf den Wunsch nach stärkerer äußerer Differenzierung.

Anzunehmen ist, daß bei Eltern und Lehrern mit steigender Zahl der positiv bewerteten Elemente des alten Schulsystems die negative Bewertung des schulstrukturellen Wandels zunimmt. Zugleich ist anzunehmen, daß die Lehrer und Eltern, die viele der genannten Veränderungen für wünschenswert hielten, auch den schulstrukturellen Wandel eher positiv bewerten.

Die Korrelationskoeffizienten, mit denen diese Vermutungen überprüft wurden, enthält *Tabelle 1*. Sie zeigt die erwarteten Zusammenhänge. Auch ist ihr zu entnehmen, daß diejenigen, die viele Elemente des alten Schulsystems als bewährt ansehen, tendenziell weniger Elemente für veränderungsbedürftig halten.

Tabelle 1:
Bewertung des schulstrukturellen Wandels (Bilanzfrage) und Einstellungen zum DDR-Schulsystem (*Korrelationskoeffizienten*)

Zusammenhang zwischen der Bewertung des schulstrukturellen Wandels (Abbildung 1) und...	*Lehrer N=1312*	*Eltern N=4796*
Anzahl bewährter Elemente des alten Schulsystems (*Abbildung 2*)[1]	-.21	-.19
Anzahl zu verändernder Elemente des alten Schulsystems (*Abbildung 3*)[1]	.24	.28
Zusammenhang Anzahl bewährt/Anzahl zu verändern	-.17	-.16

[1] berechnet wurden Mittelwertscores über die Antworten auf die vorgegebenen Statements.

An den Ergebnissen ist abzulesen, daß die Bewertung des schulstrukturellen Wandels in engem Zusammenhang steht mit der Beurteilung des alten Schulsystems: wird es positiv gesehen, dann wird der Wandel eher negativ bewertet. Dies läßt darauf schließen, daß hinter diesen Bewertungen allgemeinere bildungs- und gesellschaftspolitische Orientierungen stehen. Wie verhalten diese sich zur Bewertung der Schulreform in Thüringen?

2 *Schulpolitische Orientierungen*

Schulpolitische Orientierungen der Lehrer und Eltern können aus drei Gruppen von Fragen unserer Erhebung erschlossen werden: den Antworten auf Fragen zu gegenwärtigen schulpolitischen Themen, den Antworten auf Fragen zu curricularen Schwerpunkten des Unterrichts und auf Fragen zur weiteren Entwicklung der Schule und des Schullebens. *Abbildung 4* stellt den Anteil der zustimmenden Lehrer und Eltern zu verschiedenen bildungspolitischen Themen dar.

Meist stimmen die Bewertungen der Eltern und Lehrer überein. Sie wünschen sich eine intensivere Beratung[3], unterstützen vornehmlich die Aussagen zu einer stärkeren Autonomie der einzelnen Schule und sehen die Durchlässigkeit zwischen den Schularten und den freien Zugang zu ihnen als gegeben an. Die geringste Zustimmung bei beiden Gruppen findet die Forderung nach dem Abitur erst nach 13 Schuljahren. Deutliche Differenzen zwischen Lehrern und Eltern gibt es bei zwei Antwortvorgaben: Die Lehrer meinen sehr viel häufiger als die Eltern, daß sie jetzt mehr auf die Schüler eingehen. Diese wiederum meinen sehr viel häufiger als die Lehrer, daß die Anforderungen an die Schüler gegenüber früher gestiegen sind.

Die Antwortvorgaben dieser Gruppe von Fragen lassen sich den Dimensionen „Leistungserwartungen“ (Aussage 9, 12), „Reformoffenheit“ (1, 5, 6, 7) und „Selektionsinteresse“ (2, 4, 8) zuordnen[4]. Zu vermuten ist, daß Lehrer und Eltern, die an früher Selektion und separierten Bildungsgängen interessiert sind, die Reform des Schulwesens besonders positiv bewerten. Die Korrelationskoeffizienten in *Tabelle 2* bestätigen diese Vermutung.

Bei der Dimension „Leistungserwartungen“ differieren deutlich die Beziehungen zur Bewertung des schulstrukturellen Wandels zwischen Lehrern und Eltern. Für Lehrer haben die Leistungserwartungen einen weit höheren Einfluß auf diese Bewertung als bei Eltern. Zwischen „Reformoffenheit“ und der Bewertung des schulstrukturellen Wandels besteht eine negative Beziehung. Sie ergibt sich vermutlich aus der Verbindung von nicht erfüllten Wünschen (Autonomie, Alternativschulen, Ganztagsschule) und ungewünschten Veränderungen (frühe Differenzierung).

---

3 Die Lehrer wurden danach gefragt, ob sie bei der Entscheidung über die Schullaufbahn eines Schülers verstärkt einbezogen werden sollen.

4 Die Dimensionen wurden faktorenanalytisch ermittelt. Die zwei nicht berücksichtigten Items ließen sich keiner Dimension sinnvoll zuordnen und korrelierten im übrigen bei Eltern und Lehrern nur mäßig mit der Bilanzfrage.

Abbildung 4:
Zustimmung zu bildungspolitischen Themen im Vergleich zwischen Lehrern und Eltern (*Anteil der zusammengefaßten Antworten „völlig" und „eher richtig"*)

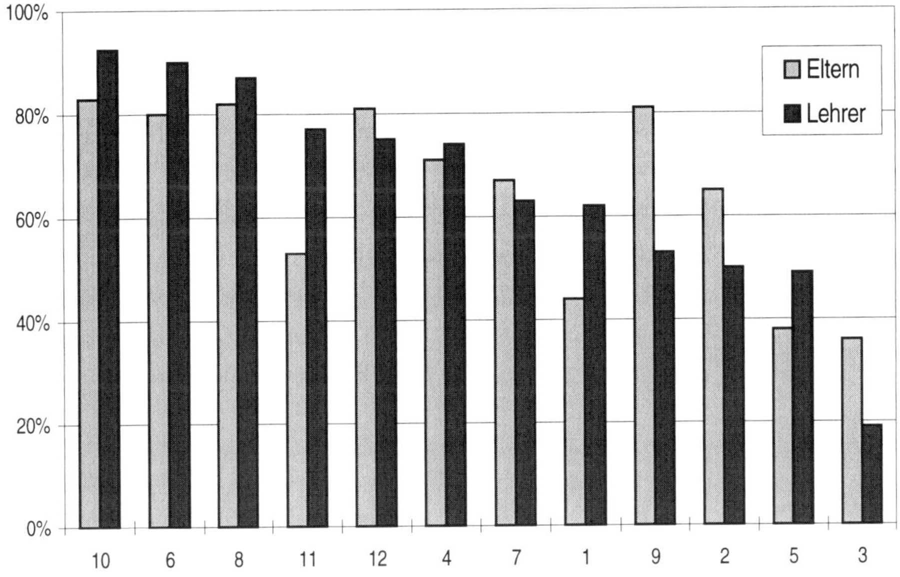

(10) Bei der Entscheidung über die Schullaufbahn ...
... eines Schülers sollte der Lehrer stärker einbezogen werden/
... meines Kindes wünsche ich mir eine stärkere Beratung durch die Lehrer
(6) Schule sollte in allen Fragen eine stärkere Autonomie (Selbständigkeit) besitzen
(8) Der freie Bildungszugang ist für jeden Schüler gegeben
(11) In meiner (ihrer) Unterrichtsgestaltung gehe ich (gehen die Lehrer) jetzt mehr auf die Schüler ein
(12) In meinem Unterricht erwarte ich höhere Leistungen von den Schülern/
Von den Schülern wird jetzt viel mehr Leistung verlangt
(4) Im Thüringer Bildungssystem ist die Durchlässigkeit zwischen den Schularten und Bildungsgängen gegeben
(7) Von alternativen Schulformen halte ich sehr viel
(1) Die Ganztagsschule ist notwendig, damit die Kinder/Jugendlichen von der Straße kommen
(9) Für meine Unterrichtsfächer sind die Anforderungen gegenüber früher gestiegen/
Die Anforderungen an die Schüler sind gegenüber früher gestiegen
(2) Die Differenzierung nach Klasse 4 ist notwendig, weil nur so Schüler optimal gefördert werden können
(5) Ich bin für eine Verlängerung der gemeinsamen Schulzeit, weil es immer Spätentwickler gibt
(3) Wegen der gestiegenen Anforderungen sollte das Abitur nach 13 Schuljahren abgelegt werden

Tabelle 2:
Korrelationskoeffizienten zwischen der Bewertung des schulstrukturellen Wandels und bildungspolitischen Orientierungen

	Lehrer	*Eltern*
Leistungserwartungen	.21	.11
Reformoffenheit	-.10	-.05
Selektionsinteresse	.26	.28
Schülerorientiertes Lehrerverhalten	.23	.22

Ein bedeutsames einzelnes Item stellt die Antwort auf die Frage nach dem schülerorientierten Lehrerverhalten dar („Bei meiner (ihrer) Unterrichtsgestaltung gehe(n) ich (die Lehrer) jetzt mehr auf die Schüler ein"). Lehrer, die sich im Unterricht mehr auf die Schüler einstellen, und Eltern, die den Eindruck haben, daß die Lehrer sich mehr auf die Schüler einstellen, bewerten den schulstrukturellen Wandel deutlich positiver. Deshalb wird diese einzelne Variable ergänzend bei den weiteren Auswertungen berücksichtigt.

Einen anderen Aspekt der schulpolitischen Orientierung von Lehrern und Eltern beleuchten die Antworten auf die Frage, auf welche Inhalte die Schule in Zukunft besonderen Wert legen soll. Deutsch, Fremdsprachen, Mathematik und Naturwissenschaften als Kernfächer des schulischen Curriculums werden von Lehrern wie Eltern am wichtigsten eingeschätzt (*Abbildung 5*).

In den übrigen Lernfeldern differieren die Einschätzungen von Lehrern und Eltern teilweise ganz erheblich. Lehrer scheinen sich in ihren Prioritäten an vorhandenen Fächerstrukturen zu orientieren, während Eltern bei ihrem Urteil eher künftige Lebenssituationen ihrer Kinder antizipieren.

Es ist anzunehmen, daß die Bewertung des schulstrukturellen Wandels unter curricularen Aspekten vornehmlich mit dem Wunsch nach Veränderungen im Fächerkanon in Beziehung steht. Deshalb wurden – wiederum durch eine faktorenanalytische Überprüfung bestätigt – zwei Gruppen neuer Fächer gebildet. Die Themenbereiche Wirtschaft, Technik, handwerkliche Fähigkeiten, Kenntnisse von Verwaltung und Recht wurden in der Gruppe „Wirtschaft-Technik" zusammengefaßt, die Antwortvorgaben Politik und Soziologie (Soziales), Umgang mit anderen Menschen (Psychologie und Pädagogik), Religion in der Gruppe „Soziales Lernen". *Tabelle 3* enthält wiederum die Korrelationen zwischen der Bewertung dieser fächerübergreifenden Lernbereiche und der Einschätzung des schulstrukturellen Wandels.

Abbildung 5:
„Auf welche Inhalte sollte bei der weiteren Entwicklung des Schulwesens besonderer Wert gelegt werden?“ (*Anteil der Antworten „sehr wichtig“ im Vergleich zwischen Lehrern und Eltern*)

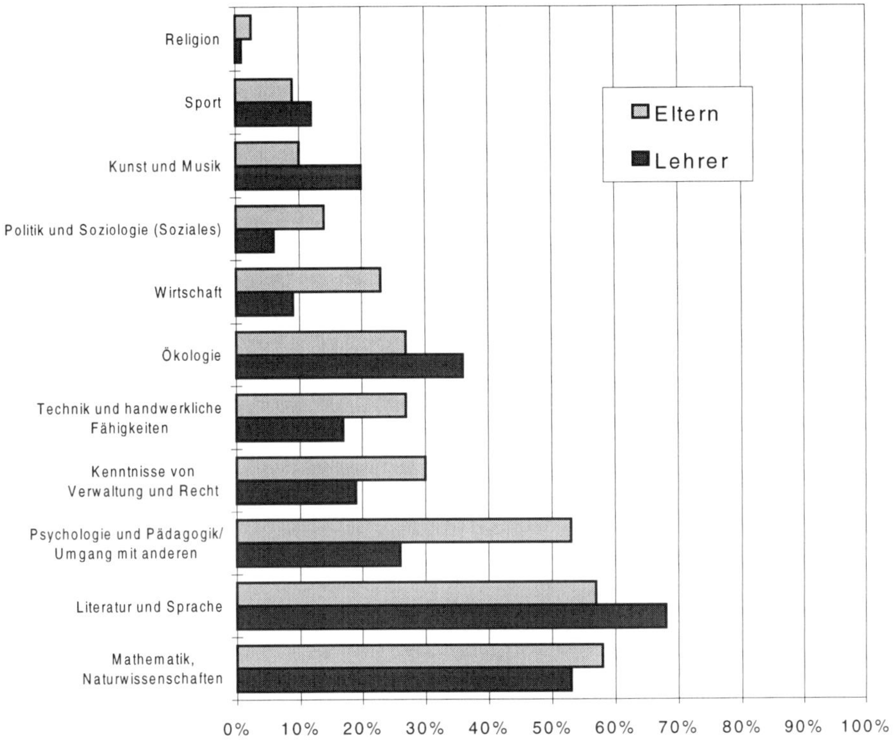

Inhaltlich unbedeutend sind die niedrigen Korrelationen zwischen der Bilanzfrage und dem Themenfeld „Wirtschaft-Technik“. Demgegenüber bewerten Eltern wie Lehrer, die das Themenfeld „soziales Lernen“ im Unterricht verstärkt wünschen, den schulstrukturellen Wandel positiver.

Die *Tabelle 3* enthält ebenfalls die Korrelationen zwischen den Dimensionen „Offene Schule“ und „Leistungsförderung“ und der Bewertung des schulstrukturellen Wandels, die nur bei den Eltern beachtenswert sind. Hergeleitet sind diese Dimensionen aus den Antwortvorgaben auf die Frage: „Worauf sollte Ihrer Ansicht nach bei der weiteren Entwicklung der Schulen generell Wert gelegt werden?“ (*s. Abbildung 6*). Die Antwortvorgaben wurden fast alle von Lehrern und Eltern ähnlich und bis auf zwei Ausnahmen auch als an-

Tabelle 3:
Korrelationskoeffizienten zwischen der Bewertung des schulstrukturellen Wandels und von neuen fächerübergreifenden Lernbereichen bzw. Entwicklungszielen

	Lehrer	*Eltern*
Soziales Lernen	.13	.12
Wirtschaft-Technik	-.04	-.03
Offene Schule	.00	-.06
Leistungsförderung	.01	-.07

nähernd gleich wichtig beurteilt. Lehrer wünschen eher unterrichtsergänzende Angebote, Eltern legen mehr den Akzent auf berufsvorbereitende Inhalte in der Schule und auf Übungen in der Schule statt Hausaufgaben. Die Öffnung der Schule und „Übungen statt Hausaufgaben" werden im Vergleich zu den anderen angesprochenen Bereichen als weniger wichtig eingeschätzt.

Abbildung 6:
Als „sehr wichtig" und als „wichtig" genannte Aspekte für die weitere Schulentwicklung (*Vergleich der Angaben in v. H. zwischen Lehrern und Eltern*)

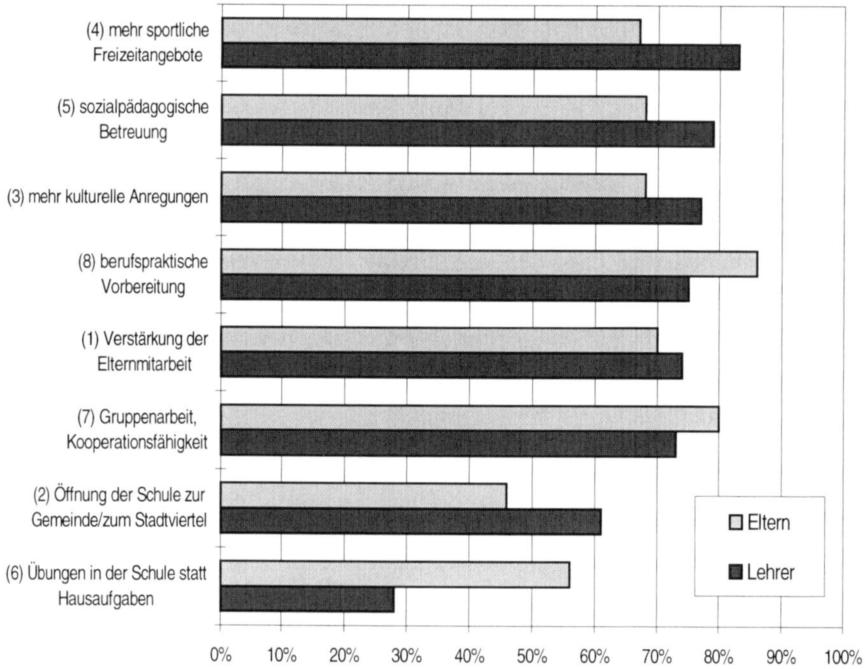

Aus den ersten fünf Antwortwortvorgaben, die unterrichtsergänzende Aktivitäten an den Schulen zum Gegenstand haben, wurde die Dimension „Offene Schule" und aus den letzten drei Antwortvorgaben, die eine Umorientierung des Unterrichts ansprechen, die Dimension „Leistungsförderung" gebildet. Bei den Eltern haben beide Dimensionen eine negative Beziehung zur Beurteilung des schulstrukturellen Wandels. Eltern sehen diese Aspekte im neuen Schulsystem als unvollständig realisiert an. Bei den Lehrern besteht zwischen beiden Dimensionen und der Bewertung des schulstrukturellen Wandels kein Zusammenhang.

Unter den analysierten Indikatoren der schulpolitischen Orientierung von Lehrern und Eltern sind drei bedeutsame Dimensionen für die positive Bewertung des schulstrukturellen Wandels erkennbar: das Selektionsinteresse, das Interesse an „Sozialem Lernen" und die Bewertung des „schülerorientierten Lehrerverhaltens" von Lehrern und Eltern. Hinzu kommen die Leistungserwartungen der Lehrer. Alle anderen Dimensionen haben einen vergleichsweise geringen Einfluß auf den untersuchten Zusammenhang.

3 Gegenwärtige Entwicklungsnotwendigkeiten

Ein weiterer Gesichtspunkt, der die Bewertung des schulstrukturellen Wandels beeinflussen kann, sind die gegenwärtigen Probleme an den Schulen. Den Lehrern und Eltern wurde eine Liste von möglichen Problemen mit der Bitte vorgegeben, diejenigen zu benennen, die eine Belastung für die tägliche schulische Arbeit darstellen.

Abbildung 7 zeigt deutlich, daß materielle Probleme im Vordergrund stehen: zu geringe Finanzen und unzureichende Ausstattung mit Lehrmitteln. In Verbindung mit den Items „schlechter baulicher Zustand des Schulgebäudes" und „zu hohe Klassenfrequenzen" bilden sie die Problemgruppe „materielle Situation". „Fehlende Freizeitangebote nachmittags in der Schule" ist der dann wichtigste Problembereich. Dieses Item bildet mit den Antwortvorgaben „unzureichende Versorgung (am Mittag, in den Pausen)", „Vernachlässigung der musischen Fächer" und „zu geringe Kenntnisse der Lehrer über das Elternhaus und die Herkunft der Schüler" die als „Lebensraum" bezeichnete Dimension.

Die restlichen Antwortvorgaben, die sich auf die Schüler beziehen, deren Verhalten und deren Förderung, werden der Dimension „Fehlende Schülerbeteiligung" zugeordnet. Bei diesen Items unterscheiden sich die Wahrneh-

Abbildung 7:
„Bei einem neuen Schulwesen ließe sich sicherlich noch einiges verbessern. Welche der folgenden Probleme sind eine Belastung der täglichen Arbeit/gibt es an der Schule Ihres Kindes?" (*Vergleich des Anteils der Antworten „großes Problem" (Werte 1 und 2 bei 5 Antwortstufen) zwischen Lehrern und Eltern*)

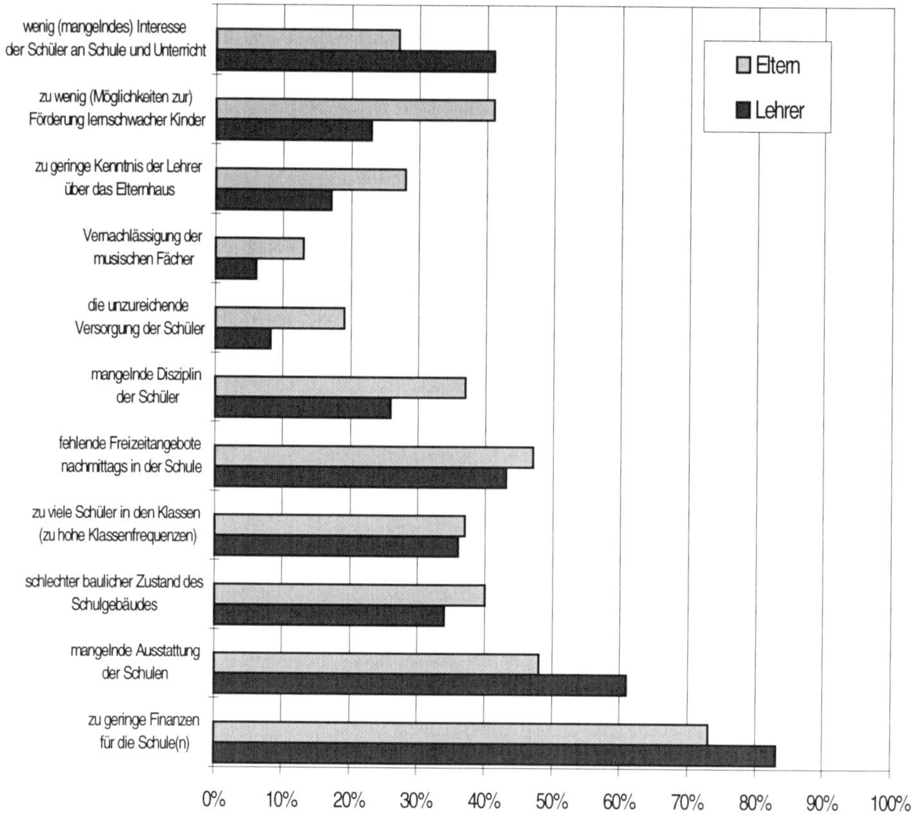

mungen von Eltern und Lehrern ganz gravierend. Lehrer sehen vor allem das geringe Interesse der Schüler an Schule und Unterricht als Problem an, während Eltern vornehmlich die mangelnde Disziplin der Schüler und die unzureichende Förderung lernschwacher Schüler als problematisch ansehen.

Tabelle 4 läßt erkennen, daß alle drei Problemdimensionen negativ mit der Bewertung des schulstrukturellen Wandels in Beziehung stehen. Vor allem die Kritik an der Schülerorientierung des neuen Schulsystems hat einen nachhaltigen negativen Effekt auf diesen Zusammenhang. Auch die Bewertung der aktuellen schulischen Situation ist folglich nicht bedeutungslos für das Urteil über die Schulreform in Thüringen.

Tabelle 4:
Korrelationskoeffizienten zwischen der Bewertung des schulstrukturellen Wandels und von aktuellen Problemen der Schulentwicklung

	Lehrer	*Eltern*
Problem: materielle Situation	-.04	-.05
Problem: Lebensraum	-.10	-.15
Problem: Fehlende Schülerbeteiligung	-.26	-.23

4 *Benotung alter und neuer Schularten und Schulstrukturwandel*

Im Zusammenhang der Bewertung des schulstrukturellen Wandels durch Eltern und Lehrer in Thüringen wurde ebenfalls um eine Benotung alter und neuer Schularten gebeten. Vorgegeben wurde in der Fragebogenerhebung eine Liste der Schularten, die nach der Notenskala zwischen 1 und 6 bewertet werden sollten. *Abbildung 8* zeigt die Ergebnisse.[5] Bei dieser Benotung der alten und neuen Schularten bewerteten Lehrer und Eltern die Unterstufe der POS (Klasse 1 - 4) insgesamt etwas besser als die Grundschule und die Mittel- und Oberstufe der POS besser als die Regelschule. 84 Prozent der Eltern benoten die Unterstufe der POS mit „sehr gut" und „gut", nur 78 Prozent benoten demgegenüber die Grundschule in gleicher Weise. 72 Prozent der Eltern geben der Mittel- und Oberstufe der POS die Noten „sehr gut" oder „gut" und nur 61 Prozent der Regelschule. Vergleichbar hohe Bewertungen wie die Grundschule findet bei Eltern nur das Gymnasium, übertroffen allerdings von den positiven Bewertungen des Beruflichen Gymnasiums und der Berufsschule.

Die Unterschiede in den Elternmeinungen nach besuchter Schulart des Kindes sind relativ gering im Vergleich zu den Urteilen der Lehrer über das alte und neue Schulsystem in Abhängigkeit von der Schulart, in der sie unterrichten. Wichtig ist, daß Grundschullehrer – im Gegensatz zu ihren Lehrerkollegen an Regelschulen und Gymnasien – die neue Grundschule besser bewerten

5 Die Fragestellung wurde an die IFS-Umfrage angeglichen. Unsere Ergebnisse weichen bei dieser Frage teilweise erheblich von den Befunden der IFS-Umfrage ab (s. IFS-UMFRAGE 1994). Dafür sind vermutlich die landesspezifischen Unterschiede in der Schulorganisation verantwortlich.

Abbildung 8:
Benotung der neuen und der alten Schularten (*Anteil der Noten 1 und 2 im Vergleich zwischen Lehrern und Eltern*)

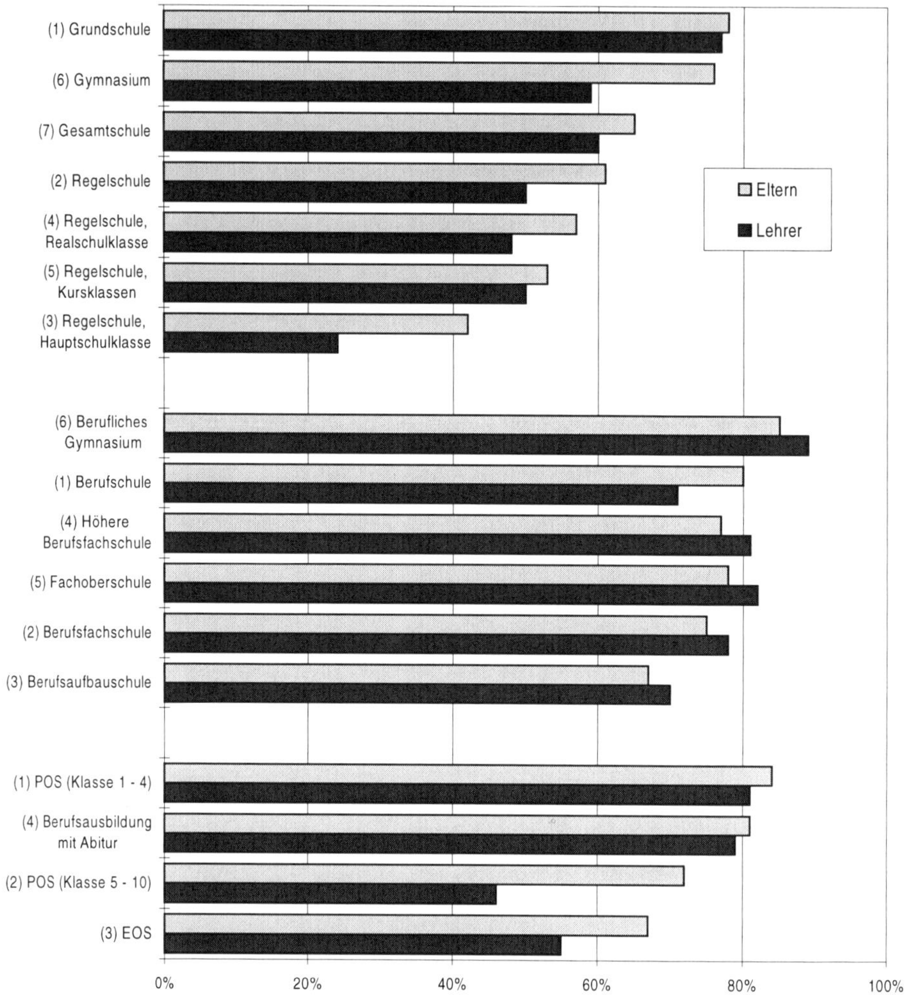

als die Unterstufe der POS. Sie haben vermutlich eher die veränderten Arbeitsbedingungen vor Augen, während die Lehrer der weiterführenden Schulen mehr an das Leistungsniveau der Schüler beim Übergang denken.

Die positive Bewertung der alten Schularten dürfte in hohem Maße mit Elementen des alten Schulsystems zusammenhängen, die von Lehrern und Eltern gleichermaßen als „bewahrenswert" angesehen werden. Insofern ist es naheliegend, zwischen der Benotung der Schularten und der Bewertung des schulstrukturellen Wandels einen engen Zusammenhang anzunehmen. Die in *Tabelle 5* enthaltenen Korrelationen bestätigen diese Annahme. Die vergleichende Auswertung der vergebenen Noten ergab, daß die Benotung der alten Schularten durch Eltern und Lehrer sehr stark übereinstimmte. Deshalb wurden die Noten für die vier DDR-Schularten in einer Note zusammengefaßt. Ebenfalls nahegelegt wurde die Zusammenfassung der Noten für die drei beruflichen Vollzeitschulen (Höhere Berufsfachschule, Fachoberschule und Berufliches Gymnasium), die eine Hochschulzugangsberechtigung vergeben.

Tabelle 5:
Korrelationskoeffizienten zwischen der Bewertung des schulstrukturellen Wandels und der Benotung alter und neuer Schularten

	Lehrer *N=1319*	*Eltern* *N=4790*
Note: Grundschule	.11	.18
Note: Regelschule	.23	.21
Note: Gymnasium	.23	.25
Note: Gesamtschule	-.21	-.08
Benotung Vollzeit-Berufsschulen	.06	.22
Benotung alte Schularten	-.20	-.23

Erwartungsgemäß ist, daß Befürworter des Wandels die neuen Schularten besser und die alten Schularten schlechter bewerten. Gesamtschulbefürworter lehnen eher den schulstrukturellen Wandel ab, was ebenfalls einleuchtend ist, denn die schulstrukturellen Veränderungen bedeuteten die Ablösung eines gesamtschulartigen Systems durch ein gegliedertes Schulsystem.

Nur bei der Bewertung der Gesamtschule und der beruflichen Vollzeitschulen unterscheiden sich die Korrelationen zwischen Eltern und Lehrern nennenswert. Für Lehrer ist die Einstellung zur Gesamtschule bedeutsamer für ihr Urteil über den schulstrukturellen Wandels als bei Eltern. Bei Eltern ist demgegenüber die Benotung der beruflichen Vollzeitschulen bedeutsamer als bei Lehrern.

5 *Zusammenfassende Auswertung der Ergebnisse*

Die beschriebenen Daten ergeben Zusammenhänge zwischen der Bewertung des schulstrukturellen Wandels durch Lehrer und Eltern und

- den Bewertungen des alten Schulsystems,
- den bildungspolitischen Orientierungen,
- der Bewertung der gegenwärtig an den Schulen bestehenden Probleme und
- der Benotung der alten und neuen Schularten.

Um die Bedeutung dieser Faktoren für das Urteil von Lehrern und Eltern über den schulstrukturellen Wandel nicht zu überschätzen, werden in der anschließenden zusammenfassenden Betrachtung noch weitere als wichtig angesehene Variablen berücksichtigt.

Bei den Lehrern erwiesen sich die Zufriedenheit an der Schule und die Angst vor der beruflichen Zukunft als zwei wichtige, ergänzend zu berücksichtigende Merkmale. Bei den Eltern stellte sich als bedeutsam für die Bewertung des schulstrukturellen Wandels heraus, ob das Kind gerne die Schule besucht und gerne in seiner Klasse ist und ob die Eltern Angst haben vor der beruflichen Zukunft des Kindes. Die soziale Lage der Eltern, das Geschlecht des Kindes und des Lehrers und die Dauer der Berufstätigkeit des Lehrers sind für den interessierenden Zusammenhang nicht bedeutsam.

Über multiple Regressionen wurde der simultane Einfluß aller berücksichtigten Variablen auf den schulstrukturellen Wandel erfaßt.[6] Die in den *Tabellen 6 a* und *6 b* enthaltenen Koeffizienten geben den eigenständigen Effekt der Variablen auf das Kriterium der Bewertung des schulstrukturellen Wandels an. Nicht auszuschließen ist, daß mit den Unterschieden im Niveau der Bewertungen nach Schularten auch Unterschiede in der Struktur der Einflüsse verbunden sind. Deshalb wurden multiple Regressionen für alle Schularten gerechnet.

Sowohl zwischen Eltern und Lehrern als auch zwischen den Schularten gibt es große Übereinstimmungen in den Einflüssen auf die Bewertung des schulstrukturellen Wandels. Insbesondere die Benotung der alten Schularten und das Interesse an einer Reform des DDR-Schulsystems beeinflussen dessen Bewertung. Diese Prädiktoren zeigen in allen Analysen deutliche Effekte.

---

6 Alle Datenauswertungen wurden mit dem Programmsystem KOSTAS gerechnet.

Ein ebenfalls in allen Analysen bedeutsames Merkmal ist die individuelle Zufriedenheit (des Lehrers bzw. die für das Kind perzipierte) in der Schule. Nahezu durchgängig wirksam ist von den unter dem Begriff „bildungspolitische Orientierungen“ zusammengefaßten Dimensionen der Einfluß des Wunsches nach einem selektiven Schulsystem („Selektionsinteresse“), die Einschätzung der Schülerorientierung des Lehrerverhaltens und das Problem der fehlenden Schülerorientierung der unterrichtsorganisatorischen Regelungen.

Dennoch ist der Einfluß der erfaßten Aspekte der bildungspolitischen Orientierung auf die Bewertung des schulstrukturellen Wandels insgesamt relativ gering. Dies ist vermutlich darauf zurückzuführen, daß in dem Effekt der Benotung des alten Schulsystems dieser Einfluß enthalten ist. Deshalb wurde für die abschließende Analyse der Haupteffekte in den sechs Gruppen (Eltern und Lehrer nach drei Schularten) eine pfadanalytische Darstellung gewählt (vgl. BRANDSTÄDTER/BERNITZKE 1976), in der die Effekte der verschiedenen Aspekte der bildungspolitischen Orientierung, der Bewährung des alten Schulsystems und der Einschätzung von Reformerfordernissen auf die Benotung der alten Schularten mitberücksichtigt sind. Obwohl die Benotung der Schularten sowohl Folge der Bewertung des schulstrukturellen Wandels als auch deren Grundlage sein kann, wird also nachfolgend unterstellt, daß die Bilanz der Reform eine Folge der Bewertung der Schularten ist.

Die Note für die Gesamtschule wurde bei diesen Analysen als ein Merkmal der bildungspolitischen Orientierung aufgefaßt und entsprechend zugeordnet, denn sie resultiert bei den Befragten nicht aus Erfahrungen mit dieser Schulart, sondern aus der Wertschätzung der mit diesem Schulmodell verbundenen pädagogischen Konzepte.

Tabellen 7 a bis *7 c* stellen die Struktur der bedeutsamen Einflüsse auf die Bewertung des schulstrukturellen Wandels durch Grundschul-, Regelschul- und Gymnasiallehrer dar.

Die Benotung der alten Schularten hat bei allen drei Lehrergruppen einen negativen Effekt auf die Befürwortung des schulstrukturellen Wandels. Daneben sind die Zufriedenheit in der Schule und die berufsbezogene Zukunftsangst zwei weitere bei allen drei Lehrergruppen feststellbare Einflußfaktoren auf die Befürwortung der Schulreform in Thüringen. Lehrer, die mit ihrer gegenwärtigen beruflichen Situation zufrieden sind und keine Zukunftsangst haben, befürworten den Wandel der Schulstruktur. Auf die Benotung des alten Schulsystems hat in allen drei Lehrergruppen die Benotung der Gesamtschule, die Anzahl der als bewährt angesehenen Elemente des DDR-Schul-

Tabelle 6 a:
Zusammenfassende Analyse von Einflüssen auf die Bewertung des schulstrukturellen Wandels durch **Lehrer** nach Schulart (*Ergebnisse multipler Regressionen (beta-Gewichte)*)

Lehrer	*Grundschule* N=536	*Regelschule* N=514	*Gymnasium* N=268	*Insgesamt* N=1318
Bewährung des alten Schulsystems	-.04	.04	**-.20**	-.05
Reformen notwendig	**.11**	**.07**	**.09**	**.09**
Leistungserwartungen	.01	**.07**	.06	**.07**
Reformoffenheit	.00	-.06	**-.08**	-.04
Selektionsinteresse	.04	**.11**	**.15**	**.10**
Schülerorientiertes Lehrerverhalten	**.15**	**.12**	.04	**.10**
Offene Schule	-.00	-.01	.03	-.00
Leistungsförderung	.05	-.06	.03	-.00
Soziales Lernen	.06	.03	**-.07**	.02
Wirtschaft-Technik	**-.08**	-.03	-.05	-.06
Problem: materielle Situation	.01	.00	.00	.03
Problem: Lebensraum	-.03	.06	.00	.02
Problem: Fehlende Schülerbeteiligung	-.06	**-.15**	**-.07**	**-.15**
Note: Grundschule	**.11**	.01	.03	.03
Note: Regelschule	.00	**.17**	**.16**	**.10**
Note: Gymnasium	**.16**	-.03	.04	**.07**
Note: Gesamtschule	-.06	**-.14**	.05	-.06
Benotung Vollzeit-Berufsschulen	-*	**.14**	.02	.05
Benotung alte Schularten	**-.21**	**-.14**	**-.13**	**-.16**
Zufriedenheit insgesamt	**.12**	**.18**	**.13**	**.15**
Angst vor beruflicher Zukunft	**-.11**	**-.12**	**-.10**	**-.11**
R^2=	.279	.352	.334	.297

* wegen zu hoher Korrelation mit der Note Grundschule (.62) unberücksichtigt gelassen. (Problem der Multikollinearität)

Tabelle 6 b:
Zusammenfassende Analyse von Einflüssen auf die Bewertung des schulstrukturellen Wandels durch **Eltern** nach Schulart (*Ergebnisse multipler Regressionen (beta-Gewichte)*)

Eltern	*Grundschule* N=1097	*Regelschule* N=1319	*Gymnasium* N=2388	*Insgesamt* N=4805
Bewährung des alten Schulsystems	**.07**	**-.09**	-.01	-.06
Reformen notwendig	**.08**	**.10**	**.14**	**.12**
Leistungserwartungen	-.01	.01	.00	.02
Reformoffenheit	-.06	-.01	-.01	-.02
Selektionsinteresse	**.10**	**.13**	**.13**	**.12**
Schülerorientiertes Lehrerverhalten	**.15**	.06	**.09**	**.08**
Offene Schule	-.01	-.05	.00	-.04
Leistungsförderung	.01	.01	-.03	-.01
Soziales Lernen	.06	**.09**	.03	.05
Wirtschaft-Technik	-.05	**-.09**	.00	-.04
Problem: materielle Situation	-.04	-.04	-.00	.02
Problem: Lebensraum	-.03	**.09**	**-.07**	.00
Problem: Fehlende Schülerbeteiligung	**-.07**	**-.11**	-.03	**-.12**
Note: Grundschule	.04	.02	.04	.03
Note: Regelschule	**.14**	**.16**	.04	**.09**
Note: Gymnasium	.06	.00	**.12**	**.09**
Note: Gesamtschule	-.02	-.04	-.03	-.05
Benotung Vollzeit-Berufsschulen	**.13**	**.21**	**.14**	**.15**
Benotung alte Schularten	**-.22**	**-.19**	**-.27**	**-.22**
Gefallen des Kindes in der Schule	**.15**	**.08**	**.08**	**.10**
Gefallen des Kindes in der Klasse	.04	.01	**.07**	.05
Angst vor beruflicher Zukunft des Kindes	**-.09**	-.02	**-.09**	**-.09**
R^2=	.339	.271	.327	.309

systems und die Wertschätzung wirtschaftlich-technischer Inhalte im Unterricht einen positiven Einfluß.

Neben diesen allgemeinen Tendenzen der Beurteilung des schulischen Wandels durch die Lehrer gibt es einige Unterschiede zwischen den Lehrergruppen. Grundschullehrer befürworten diese Veränderung eher dann, wenn sie der Grundschule und dem Gymnasium gute Noten geben, viele Reformnotwendigkeiten sehen und meinen, daß sie sich jetzt im Unterricht besser an den Schülerinteressen orientieren können. Bei Regelschullehrern wirkt sich eine positive Bewertung der Regelschule und der beruflichen Vollzeitschulen und eine negative Bewertung der Gesamtschule[7] auf die Bejahung des schulischen Wandels aus.

Lehrer der Regelschule, die sich eine bessere Orientierung des Unterrichts an Problemgruppen unter den Schülern wünschen („Problem: Schülerbeteiligung"), bewerten die schulstrukturellen Veränderungen eher negativ, solche, die hohe Leistungserwartungen an die Schüler haben, eher positiv.

Bei den Gymnasiallehrern ist die Abhängigkeit der Bewertung der Reform von der Benotung der Regelschule, nicht aber von der Bewertung des Gymnasiums, auffällig (*s. Tabelle 7 c*). Die starke Ablehnung von Elementen des DDR-Schulsystems und die Betonung von Reformnotwendigkeiten drückt sich in den direkten Effekten auf die Beurteilung des schulstrukturellen Wandels und in den indirekten Beziehungen über die Benotung der alten Schularten aus.

Deutlich wird an den Ergebnissen, daß sehr vielfältige und unterschiedliche Motive in die Bewertung des schulstrukturellen Wandels durch Lehrer eingehen. Die verschiedenen Aspekte der bildungspolitischen Orientierung beeinflussen teils direkt, teils vermittelt über die Einschätzung des alten Schulsystems die Bewertung des schulstrukturellen Wandels. Immerhin „erklären" die herangezogenen Dimensionen und Variablen ein Viertel bis ein Drittel der Varianz der Lehrerurteile über die Reform.

Die Aussagen für die Lehrer treffen im wesentlichen auch auf die Eltern zu. Die Pfaddiagramme für die drei Elterngruppen (*Tabellen 8 a - 8 c*) zeigen ebenfalls eine differenzierte Struktur der Einflüsse. Insgesamt noch bedeutsamer als bei den Lehrern ist die Benotung der alten Schularten für das Urteil über die Schulreform. Für die Benotung der alten Schularten wiederum

---

[7] Neben diesem direkten Effekt der Gesamtschulnote besteht noch ein indirekter Effekt über die Benotung der alten Schularten.

Tabelle 7:
Pfaddiagramme zum Einfluß ausgewählter Variablen auf die Bewährung des schulstrukturellen Wandels (*berücksichtigt sind Pfadkoeffizienten größer als .07*)

a) durch Grundschullehrer

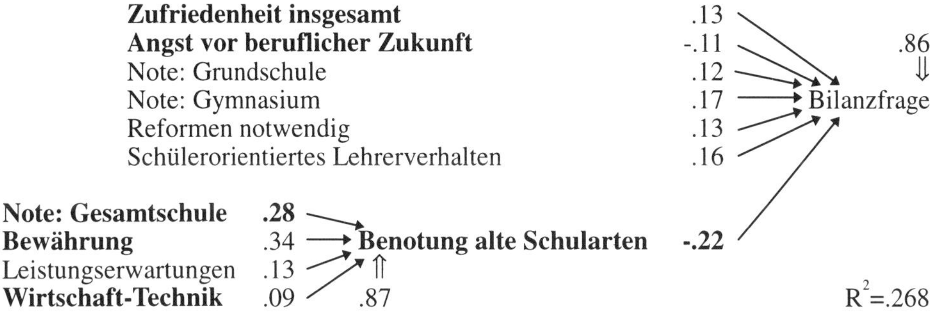

b) durch Regelschullehrer

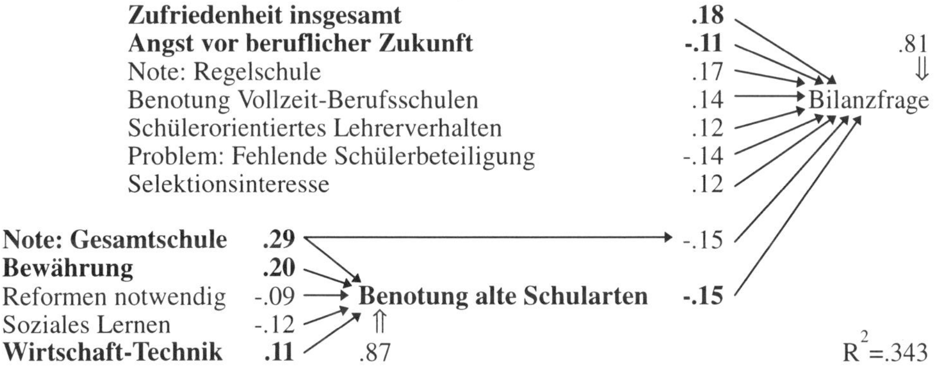

c) durch Gymnasiallehrer

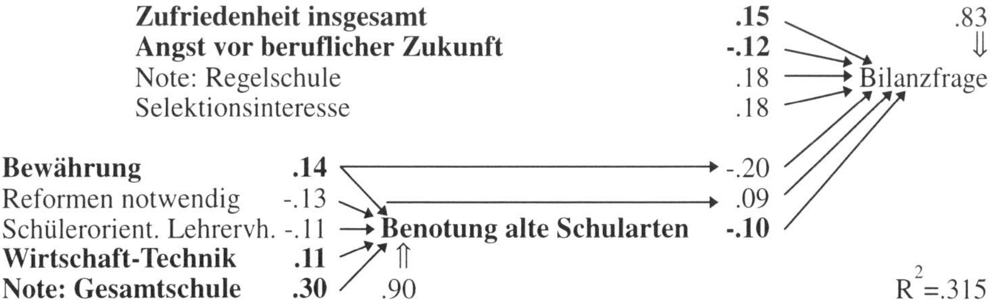

ist in allen drei Gruppen die Benotung der Gesamtschule, die Anzahl bewährter Elemente des alten Systems und die Anzahl zu reformierender Elemente bedeutsam. Wünschten sich die befragten Eltern weitreichende Reformen des alten Systems, dann wirkt sich diese Einstellung in allen drei Elterngruppen auch direkt auf die Bewertung der Vor- und Nachteile der Schulreform aus. Auch das Interesse der Eltern an einer frühen Selektion der Schüler und die Benotung der Vollzeit-Berufsschulen ist in allen drei Gruppen bedeutsam für die Bewertung des schulstrukturellen Wandels. Schließlich ist das Wohlbefinden des Kindes in der Schule in allen Elterngruppen ein weiterer wichtiger Aspekt der Beurteilung der Schulreform.

Bei den Eltern gibt es ebenfalls spezifische Einflüsse, die nur bei einzelnen Elterngruppen beobachtbar sind. Für Eltern von Regelschülern und Gymnasiasten ist die Beurteilung der Schulart, die das Kind besucht *(s. Tabelle 8 b* und *8 c)* von Bedeutung für die Beurteilung des schulstrukturellen Wandels. Bei Grundschuleltern ist statt dessen die Bewertung der Regelschule bedeutsam (*s. Tabelle 8 a*). Eltern von Grundschülern, die die Regelschule positiv bewerten, schätzen den schulstrukturellen Wandel positiver ein.

Bei Eltern von Regelschülern ist das Spektrum von Wirkfaktoren am breitesten. Positiv auf die Bewertung des schulstrukturellen Wandels wirkt sich bei dieser Gruppe von Eltern die Betonung sozialen Lernens, eine geringe Wertschätzung von wirtschaftlichen und technischen Unterrichtsinhalten und eine geringe Einsicht in die Notwendigkeit einer speziellen Förderung von Problemgruppen unter den Schülern aus.

Die Ergebnisse dieser Analysen zeigen recht eindeutig, daß monokausale Erklärungen der Bewertung des schulstrukturellen Wandels in Thüringen – und wohl auch in den anderen neuen Ländern – nicht angebracht sind. Lehrer wie Eltern bilden sich ihr Urteil auf der Grundlage vielfältiger Überlegungen, die zum Teil noch zwischen den unterschiedenen Gruppen unterschiedlich gewichtet werden. Die Bewertung der alten Schularten und die dieser Bewertung zugrundeliegenden bildungspolitischen Orientierungen und Reformerwartungen und die gegenwärtige Zufriedenheit in der Schule als Lehrer oder als Schüler (in der Wahrnehmung der Eltern) bilden dabei die zentralen Bezugspunkte für alle unterschiedenen Gruppen.

Keinen Einfluß auf die Bewertung des schulstrukturellen Wandels hat die materielle Situation an den Schulen. Abgesehen von der Dimension „Selektionsinteresse“ sind die unter dem Begriff der schulpolitischen Orientierungen zusammengefaßten Befragungsergebnisse nur für einzelne Gruppen von

Tabelle 8:
Pfaddiagramme zum Einfluß ausgewählter Variablen auf die Bewährung des schulstrukturellen Wandels durch (*berücksichtigt sind Pfadkoeffizienten größer als .07*)

a) Eltern von Grundschülern

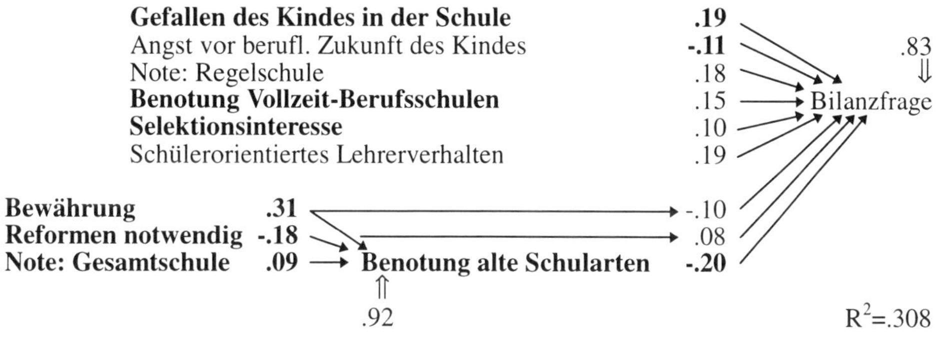

b) Eltern von Regelschülern

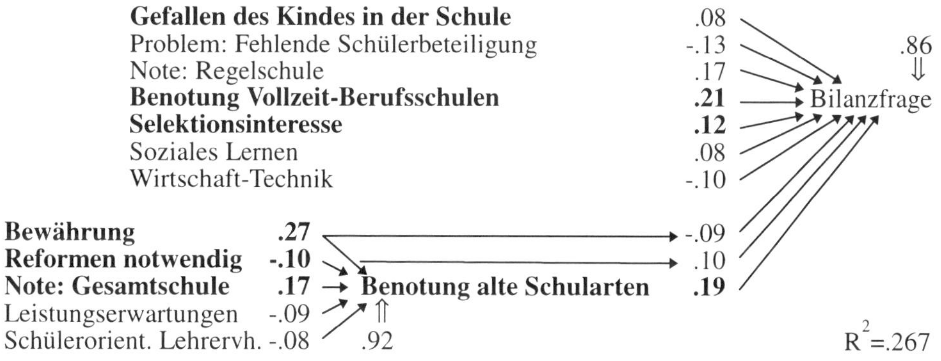

c) Eltern von Gymnasiasten

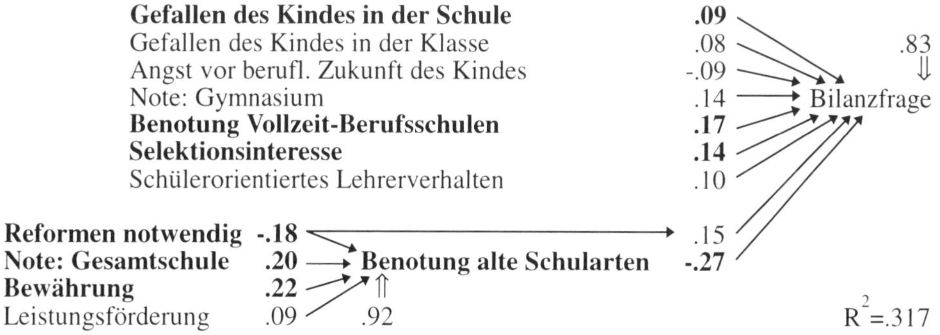

Befragten direkt bedeutsam für ihr Urteil über die Schulreform. Einige der aus den Daten abgeleiteten Dimensionen zu den bildungspolitischen Orientierungen weisen in der multivariaten Betrachtung keinen eigenständigen Einfluß mehr auf (Offene Schule, Leistungsförderung).

Interessiert hat in diesem Beitrag die Analyse der Struktur der Einflüsse auf die Bewertung des schulstrukturellen Wandels. Sie ist über die unterschiedenen Gruppen hinweg überraschend einheitlich. Lehrer und Eltern haben ähnliche Bezugspunkte für ihr Urteil über Vor- und Nachteile des schulstrukturellen Wandels. An den Ergebnissen wird deutlich, daß die positive Bewertung der DDR-Schularten kein Ausdruck von „Nostalgie" ist, sondern sich in dieser Bewertung bildungspolitische Vorstellungen ausdrücken. Probleme der Akzeptanz des neuen Schulsystems müssen deshalb auf diese unterschiedlichen Vorstellungen von der Aufgabe und Funktion des Schulwesens bezogen werden. Sie lassen sich nur überwinden, wenn eine einseitige Anpassung der Betroffenen an veränderte Strukturen aufgegeben wird und den Schulen Spielraum für eine eigenständige Ausgestaltung der neuen Schulstrukturen gegeben wird. Beispiele zeigen (BÖTTCHER/PLATH/WEISHAUPT 1995), daß sich daraus produktive pädagogische Wege ergeben.

Literatur

BRANDSTÄDTER, J./BERNITZKE, F.: Zur Technik der Pfadanalyse. Ein Beitrag zum Problem der nichtexperimentellen Konstruktion von Kausalmodellen. In: Psychologische Beiträge Bd. 18(1976), S.12 - 34.

BÖTTCHER, I./PLATH, M./WEISHAUPT, H.: Die Regelschule in Thüringen – Drei Schulporträts. Arnstadt 1995

IFS-UMFRAGE: Die Schule im Spiegel der öffentlichen Meinung. Ergebnisse der achten IFS-Repräsentativbefragung der bundesdeutschen Bevölkerung. In: ROLFF, H.-G. u.a.: Jahrbuch der Schulentwicklung, Bd. 8. Weinheim 1994, S. 13 - 55.

KÖHLER, G.: Die Umgestaltung des Schulwesens in Thüringen. Anmerkungen zu Verlauf und Ergebnissen des Schulstrukturwandels in der Zeit von 1989 bis 1992. In: FORSCHUNGSGRUPPE SCHULSTRUKTURWANDEL: Schulstrukturwandel in Thüringen. Erfurt 1993, S. 11 - 32.

NAGL W./WALTER, H. - G./STAUD, J. L. (Hrsg.): Statistische Verfahren der empirischen Sozialforschung in einem Programmpaket. Das Konstanzer Statistische Analysesystem KOSTAS. Forschungsbericht 47/1+2 des SFB 23 (Universität Konstanz), Konstanz 1986.

Franz-Peter Schimunek

Wertorientierungen: Kontinuität oder Wandel?

1 Einleitung

Das in der Überschrift eingebaute Fragezeichen ist provokatorisch gemeint: Natürlich hat in Thüringen, hier stellvertretend für die neuen Bundesländer, ein dramatischer Umbruch stattgefunden, der nicht folgenlos für die Wertestruktur bleiben konnte, hat sich ein Wertewandel vollzogen. Insofern ist schnell Konsens zu erreichen.

Differenzierte Anmerkungen sind zum Zeitpunkt dieses Wandels notwendig: Wann (und bei wem) hat dieser Wandel eingesetzt?

Sollte sich herausstellen, daß die Wurzeln für dieses „Ereignis“ weiter in die Vergangenheit reichen als es gemeinhin an dem für jedermann sichtbaren Einschnitt 1989 dingfest gemacht wird, so stellt sich schon die Frage nach einer gewissen „Kontinuität“. Einschränkend sei jedoch auf die vielerorts beklagte unsichere Datenlage hingewiesen, die den Nachweis dieser Kontinuität heute erschwert (Adler 1992, Klages 1993).

Um einigen dieser Entwicklungslinien dennoch Konturen zu verleihen, wurde neben den Daten aus der Erhebung zum Forschungsprojekt „Schulstrukturwandel in Thüringen“ auf weitere, heute mehr oder weniger zugängliche Daten zurückgegriffen (Niemann 1993, Friedrich/Griese 1991, Schimunek 1981 und 1993), deren Einbeziehung im Einzelfall nicht immer einfach ist, da die damals verwendeten Instrumente nicht auf die Untersuchung entsprechender Fragestellungen hin angelegt waren.

Im Rahmen der hier zu diskutierenden Ergebnisse der Erhebung zum Forschungsprojekt „Schulstrukturwandel in Thüringen“ wurden die befragten Lehrer, Eltern und Schüler mit Hilfe von Einstellungsskalen zu ausgewählten Bereichen ihres „Wertesystems“ befragt. Im einzelnen betraf das die folgenden Bereiche:

- Die Prioritäten der Erziehungsziele bei Lehrern, Eltern und Schülern;
- der „Autoritarismus“ von Lehrern und Eltern;
- die Einstellung zum Lehrerberuf bei Lehrern;
- die Einstellung zum Schüler bei Lehrern.

Die Entscheidung für die Bereiche wurde zum einen aus theoretischen Erwägungen heraus, aber auch aus eher pragmatischen Gründen getroffen. Der pragmatische Grund für die Wahl der Erziehungsziele lag darin, daß diese Ziele über mehrere Jahre hinweg Bestandteil der ALLBUS-Erhebungen waren, so daß sich diesbezüglich Vergleichsmöglichkeiten zwischen alten (ALLMENDINGER u.a. 1983) und neuen Bundesländern – allerdings beschränkt auf Thüringen – ergeben.

Da die DDR ein totalitäres Regime mit „ambivalenten" Zügen (SCHMIDT 1992) war, erschien die Frage interessant und wichtig, ob dieses System Spuren im Denken, im Wertesystem in spezifischer Richtung hinterlassen hat. Um diese Frage zu beantworten, wurde bei Eltern und Lehrern eine „Autoritarismus-Skala" eingesetzt. Die Beschränkung auf diesen Personenkreis erfolgte aus der Überlegung heraus, daß nur dieser Kreis im Gegensatz zur Mehrzahl der Schüler nahezu ausschließlich diesem System ausgesetzt war.

Das ebenfalls untersuchte Konstrukt „Einstellung zum Lehrerberuf" bietet die Möglichkeit des Vergleiches der Ergebnisse von 1993 mit Daten, die mit dieser und vergleichbaren Skalen vor und während der Wende gewonnen worden sind, so daß sich hier nicht nur ein Vergleich mit den Ergebnissen aus den alten Bundesländern anbietet, sondern im beschränkten Umfang auch längerfristige Trends analysiert werden können.

Für das Schulklima nicht unwesentlich ist das Bild vom Schüler bei Lehrern, ihre Sicht auf eigene unterrichtliche Verhaltensweisen, wobei diese Sicht vermutlich durch die vorgehend angesprochenen Konstrukte stark mit beeinflußt wird.

Bevor die Ergebnisse referiert werden, erfolgen einige wenige methodische Vorbemerkungen, vor allem zur Reliabilität und zur Faktorenstruktur der ausgewerteten Skalen. *Tabelle 1* zeigt die Reliabilitätskoeffizienten der einbezogenen Skalen. Die berechneten Koeffizienten sind befriedigend. Für die in die Auswertung einbezogenen DDR-Erhebungen betrug die durchschnittliche Konsistenz der dort verwendeten Skalen 0.72.

Die SAL- und UKL-Skalen (DANN et al. 1985) erreichten im Original etwas höhere Werte („wahrgenommene Eignung": 0.85, „Belastungserleben": 0.88, „Schülersicht": 0.94).

In etwa gleich sind die Reliabilitäten für den „Unterrichtsautoritarismus" und die „Emotionale Stabilität". LANGFELDT/FINGERHUT (1974) geben für beide Faktoren 0.78 an. Bedenkt man, daß die Originalskalen im Interesse der

Tabelle 1:
Reliabilitätskoeffizienten der eingesetzten Skalen

	Lehrer	*Eltern*	*Schüler*
ALLBUS	0.81	0.87	0.77
allgemeiner Autoritarismus	0.73	0.74	
Autoritarismus im Unterricht	0.72		
Einstellung zum Lehrerberuf			
– „wahrgenommene Eignung“	0.84		
– „Belastungserleben“	0.70		
Emotionale Stabilität	0.73		
Sicht auf Schüler	0.75		

Durchführbarkeit der Untersuchung generell gekürzt werden mußten – es standen noch andere Themen auf der Tagesordnung der Befragung – können die berechneten Werte befriedigen.

Für die übernommenen Instrumente wurde die Faktorenstruktur ermittelt und mit den Originalangaben verglichen. Während es bei den Lehrerskalen „Wahrgenommene Eignung“ und „Belastungserleben“ nur bei einem Item veränderte Faktorenzuordnungen gab, waren diese Strukturen bei der Skala „Unterrichtsklima“ nicht ganz so eindeutig, so daß für diesen Teilbereich der Vergleich mit vorliegenden Untersuchungen erschwert wird.

2 Im Brennpunkt 1: Werte und Wertewandel

Der gesellschaftliche Umbruch vollzog sich auf dem Gebiet der DDR in einem historisch gesehen relativ kurzen Zeitraum. Er kam wohl für viele überraschend. Die Ursachen für diesen dramatischen Prozeß sind vielfältig, sie reichen von der sich immer mehr zuspitzenden krisenhaften ökonomischen Entwicklung in der DDR bis zum, zumindest zeitweiligen, Abtreten der einen Supermacht. Nicht zuletzt die Entwicklung der „Werte“, d. h. der

> *„... in einer bestimmten Population wirksame Modus der Bevorzugung oder Zurücksetzung von Objekten oder sozialen Zuständen, die in der Motivationsstruktur verankert werden (können) ...“ (REICHARDT 1981, S. 24),*

bereitete den Zusammenbruch der realsozialistischen Gesellschaft, vorsichtig formuliert, mit vor, da

> *„... der Wandlungscharakter von Werten in der Regel 'gradueller' Natur ist, d.h. daß abrupte Werte-Änderungen zumindest* ***oberhalb*** *(Hervorh. v. Verf.) der individuellen 'Mikroebene' normalerweise nicht auffindbar sind" (KLAGES 1993, S. 46).*

Vollzieht man diesen Gedanken nach, so folgt daraus, daß der (noch nachzuweisende) Wertewandel sich schon in der DDR auf individueller Ebene vorbereitete. Insbesondere die Ergebnisse des ehemaligen Zentralinstitutes für Jugendforschung in Leipzig belegen die immer stärkere Abkehr von den „Werten des Sozialismus". Als eine Entwicklungslinie zum Stand 1993 in Thüringen läßt sich dabei wie in anderen entwickelten Industriestaaten als eine immer stärkere Hinwendung zu „Selbstverwirklichung/Selbstbestätigung" ausmachen. Solche Wertvorstellungen kommen in den Erziehungszielen von Eltern und Lehrern zum Ausdruck, aber auch in den von den Heranwachsenden selbst formulierten Zielvorstellungen, welche Eigenschaften sie für wichtig halten. Diese Auffassung knüpft an KLAGES (1993) und BARGEL (1981) an. Nach BARGEL legen

> *„... diese Bestimmungen (von 'Werten', d. Verf.) es nahe, Werte über die 'persönliche Wichtigkeit' abzufragen, wie wir es in den Fragen nach der Wichtigkeit von Erziehungszielen ... getan haben" (BARGEL 1981, S. 147).*

Im einzelnen soll folgenden Fragen nachgegangen werden:

- Welche Prioritäten setzen Lehrer, Eltern und Schüler heute in Thüringen bez. anzustrebender Persönlichkeitsqualitäten?
- Wo liegen Unterschiede zwischen den Personengruppen?
- Durch welche Variablen werden diese möglichen Unterschiede mit verursacht?
- Wo liegen Gemeinsamkeiten und Unterschiede zwischen der Erhebung in Thüringen 1993 und bisherigen ALLBUS-Erhebungen?

Die eingangs angedeutete Entwicklung kumuliert letztlich in dem Ergebnis von 1993 (*s.* Tabelle 2).

Vorbereitend für die Interpretation dieser Tabelle sollen zunächst die Ergebnisse der faktorenanalytischen Untersuchungen hervorgehoben werden. Bei den Erwachsenen (Lehrer, Eltern) ergab sich eine identische Faktorenstruktur mit drei Faktoren, bei den Schülern ist diese Struktur auf zwei Dimensionen

Tabelle 2:
Ausprägung und Rangfolge ausgewählter Erziehungsziele/Persönlichkeitsqualitäten (*Skala: 1 = sehr* wichtig *bis 7 = unwichtig*)

	Lehrer		*Eltern*		*Schüler*	
Eigenschaft	*Auspr.*	*Rang*	*Auspr.*	*Rang*	*Auspr.*	*Rang*
Selbstvertrauen	1.29	2	1.16	2	1.42	1
Selbständigkeit	1.10	1	1.12	1	1.71	2
Verantwortungsbewußtsein	1.31	3	1.28	3	1.83	4.5
Verständnis für andere	1.35	4	1.48	5.5	1.83	4.5
Gute Umgangsformen	1.43	5	1.41	4	2.00	7
Durchsetzungsvermögen	1.75	9	1.48	5.5	1.78	3
Fleiß	1.63	7	1.59	7	2.15	8
Kritikfähigkeit	1.64	8	1.65	8	2.41	10
Kreativität	1.61	6	1.83	10.5	2.37	9
Schulleistungen	2.10	11	1.82	9	1.93	6
Disziplin	1.84	10	1.83	10.5	2.63	11

reduziert. Identisch in allen drei Gruppen ist Faktor 1, der aus den Items „Gute Umgangsformen“, „Schulleistungen“, „Fleiß“ und „Disziplin“ besteht. Dieser Faktor beschreibt von der Zusammensetzung her eher traditionalistische „Law-and-Order“-Werte (Konformität/Konventionalität bei BARGEL 1981, S. 170). Der bei Lehrern und Eltern abweichende dritte Faktor lädt in den Items „Selbständigkeit“, „Selbstvertrauen“ und „Durchsetzungsfähigkeit“ hoch. Es liegt nahe, diesen Faktor mit dem Wert „Selbstverwirklichung“ zu belegen. Der zweite Faktor bei Lehrern und Eltern, bestehend aus „Verantwortungsbewußtsein“, „Verständnis für andere“, „Kritikfähigkeit“ und „Kreativität“ weist auf etwas hin wie „Soziabilität“. Bei den Schülern ist dieser Faktor mit dem dritten der Erwachsenen verbunden, „Selbstverwirklichung“ und „Soziabilität“ bilden bei den Schülern noch eine Einheit. Aus Gründen der Vergleichbarkeit wurden auch bei den Schülern die auf dem Faktor 3 bei Lehrern und Eltern hoch ladenden Items gesondert ausgewiesen. Diese Faktoren erinnern an die Wertehierarchie von ALLANDT (1975): „Having“, „Loving“ (Faktor 2) und „Being“ (Faktor 3), erinnern deshalb, da unsere Struktur nicht hierarchisch ist, die Faktoren also relativ „gleichberechtigt“ nebeneinander stehen (das „Having“ läßt sich wohl nicht automatisch mit „Konformität“ gleichsetzen). In der nächsten *Tabelle 3* wurden die Mittelwerte für die drei Dimensionen für die drei Personengruppen zusammengefaßt:

Tabelle 3:
Ausprägung der Erziehungszielkategorien (*Mittelwerte*)

Eigenschaftsfaktor	*Lehrer Ausprägung*	*Eltern Ausprägung*	*Schüler Ausprägung*
Konformität (Faktor 1)	1.75	1.66	2.18
Soziabilität (Faktor 2)	1.48	1.56	2.11
Selbstverwirklichung (Faktor 3)	1.38	1.25	1.64

Ganz klar kristallisiert sich die Favoritenrolle der „Selbstverwirklichung" heraus, eindeutig im Hintertreffen sind „traditionalistische" Werte, wobei auffällig ist, daß bei Schülern – nicht differenziert nach Altersgruppen – dieser Bruch am deutlichsten ist.

Von der Rangfolge hat sich in Thüringen damit eine Struktur eingestellt, der als „Wertewandel" in den alten Bundesländern Mitte der 60er Jahre durch die Ablösung traditionalistischer Unterordnungswerte wie „Ordnungsliebe"/ „Gehorsam" zugunsten von „Selbständigkeit"/„freier Wille" eingesetzt hat (vgl. KLAGES 1993).

Anhand der inzwischen veröffentlichten Daten des Zentralinstituts für Jugendforschung (FRIEDRICH/GRIESE 1991) läßt sich diese Entwicklung auch für die DDR nachweisen – der Trend hat allerdings mit etwa 10- bis 12-jähriger Verspätung eingesetzt (*Tabelle 4*).

Deutlich wird einerseits die Abnahme der Bedeutung (Wichtigkeit) von Schulerfolg, in unserer Zielvorgabe als „Gute Schulleistungen" dem Faktor „Konformität" zugeordnet, und gleichzeitig das sprunghafte Anwachsen der Wichtigkeit von „Selbstverwirklichung"/„Selbständigkeit".

Tabelle 4:
Die Bedeutsamtkeit ausgewählter Ziele bei Jugendlichen zu verschiedenen Zeitpunkten (*zusammengefaßt nach MÜLLER 1991, Angabe in Prozent für: „Das ist für mich sehr wichtig/wichtig"*)

	1958	*1975/1978*	*1988/ Anfang 1989*
Schulerfolg (Faktor 1)	48	17	9
Selbständigkeit (Faktor 3)	-	-	17
Selbstverwirklichung (Faktor 3)	-	30	40

Macht man sich die gesellschaftlichen Begleitumstände bewußt, die zu dieser Entwicklung geführt haben, so kann man davon ausgehen, daß in den siebziger Jahre bei einem überwiegenden Teil der DDR-Bevölkerung eine Identifikation mit dem Staat, in dem sie lebte (und leben mußte), bestanden hat (s. NIEMANN 1993, dort belegt durch die Ergebnisse des „Institutes für Meinungsforschung der DDR"; es wurde 1979 aufgelöst) – befördert durch die als „Honeckers Konsumsozialismus" plakatierte und von der SED als „Einheit von Wirtschafts- und Sozialpolitik" propagierte „Strategie der gesellschaftlichen Entwicklung in der DDR", die von der DDR-Bevölkerung zu weiten Teilen akzeptiert wurde, verhieß sie doch eine bessere, sich stetig verbessernde Zukunft. Nachdem in den achtziger Jahre durch die sich abzeichnende desolate wirtschaftliche Entwicklung – die „Geschenke der Fürsten" gerieten immer kleiner – dieses Versprechen nicht mehr eingelöst werden konnte (vgl. FÖRSTER 1991), erfolgte durch die SED-Führung der Versuch einer Umorientierung in den „Werten", die „Rückbesinnung auf die ('eigentlichen') Werte des Sozialismus" (HAGER 1983, HAHN 1988): Frieden, Solidarität, Arbeit; Werte, über die man verfügte (Arbeit – auch wenn sie nicht immer Spaß gemacht hat), und solche, die für den einzelnen aufgrund ihrer Abstraktheit nicht mehr faßbar waren und zunehmend weniger akzeptabel wurden, da sie mit einer hohlen Phraseologie („Dein Arbeitsplatz ist dein Kampfplatz für den Frieden.") begleitet waren:

> *„Den gravierenden Werte- und Einstellungswandel in der Gesellschaft, die keimhafte Entstehung einer politischen Gegenkultur und der spürbare Sinnverlust bei größeren Teilen der eigentlichen Träger des Staates wurden durch abhängige Informationssysteme niemals adäquat erfaßt. Und wenn es solche Ansätze gab, drangen sie nie bis nach oben durch." (NIEMANN 1993, S. 56).*

Genährt durch die mit Gorbatschow einsetzende Entwicklung erhielten „Selbstverwirklichungswerte" immer mehr Auftrieb. Die SED-Führung konnte oder wollte diese Entwicklung nicht zur Kenntnis nehmen, es folgte 1989 „die Abstimmung mit den Füßen", die mit zum Zusammenbruch der DDR führte.

Der Vergleich zwischen den Ergebnissen der Thüringer Erhebungen im Jahre 1993 mit den ALLBUS-Daten aus dem Jahre 1982[1] macht Gemeinsamkeiten

[1] Die Entscheidung für die Werte aus dem Jahre 1982 wurde aus Gründen der Vergleichbarkeit getroffen, in nachfolgenden ALLBUS-Erhebungen wurden Rangreihen abgefragt, so daß diese Werte nicht mehr unmittelbar in Beziehung gesetzt werden können. Die ALLBUS-Daten von 1992 für ganz Deutschland bestätigen das Thüringer Ergebnis, wonach sich die Ost- und Westdeutschen bei den Erziehungszielen weitgehend ähneln (BRAUN 1993, S. 18).

und Unterschiede deutlich. Am geringsten (und nicht signifikant) stimmt die ALLBUS-Rangreihe mit der der Lehrer überein, verursacht vor allem durch die extrem unterschiedliche Einstufung der „Durchsetzungsfähigkeit" – sie könnte, so die Vermutung, mit den eigenen Aktivitäten im Unterricht möglicherweise kollidieren. Darauf weist zusätzlich der gegenüber dem ALLBUS ebenfalls wesentlich schlechtere Rangplatz der „Kritikfähigkeit" bei den Lehrern hin, Kritik könnte sich vielleicht gegen die eigene Person richten.

Das akzeptieren die Schüler vermutlich noch weitgehend, auch hier wird der „Kritikfähigkeit" wesentlich weniger Bedeutung beigemessen. Der Vergleich der ALLBUS-Rangreihe mit denen aus Thüringen ergibt bei den Schülern eine signifikante Rangkorrelation von R = **0.62**, hier sind auch die für die drei Faktoren gemittelten Werte am ähnlichsten (ALLBUS ´82, F 1: 2.52; F 2: 2.21; F 3: 1.90 – *vgl. Tabelle 3*). Die entsprechenden Koeffizienten betragen für die Eltern R = 0.55 und für die Lehrer R = 0.37 (beide Koeffizienten nicht signifikant). Bei dem Vergleich fällt außerdem auf, daß die Erzieher noch den Hang in sich tragen, „alles" bzw. „vieles" als besonders wichtig anzusehen. Die zwischen den Rangreihen in *Tabelle 5* berechneten Rangkorrelationen für Thüringen 1993 unterstreichen die Sonderstellung der Schüler, wie die nach der Tabelle folgende Matrix der Zielkorrelationen zwischen Lehrern, Eltern und Schülern zeigt (fettgedruckte Werte signifikant):

	Lehrer	Eltern
Eltern	**0.78**	
Schüler	0.47	**0.80**

Am stärksten fallen die Rangreihen zwischen Lehrern und Schülern auseinander, am engsten korrelieren sie zwischen Eltern und Schülern, aber ohne statistisch signifikanten Unterschieden mit den Rangreihen zwischen Eltern und Lehrern.

Betrachtet man diese Rangreihen, so fällt auf, daß bei den Lehrern „gute Schulleistungen" an letzter Stelle (!) rangieren, während sie für Schüler einen weitaus höheren Stellenwert einnehmen. Ähnlich liegen die Verhältnisse bei der „Durchsetzungsfähigkeit": Auch hier sehen Schüler weitaus höhere Prioritäten (in der Rangreihe!) als etwa Eltern und erst recht die Lehrer (Rangplatz 9). Bei der Kreativität dagegen kehren sich die Verhältnisse um: Lehrer messen ihr weitaus mehr Bedeutung bei (absolut und rangplatzmäßig) als Schüler und Eltern.

Tabelle 5:
Ausprägung und Rangfolge ausgewählter Erziehungsziele/Persönlichkeitsqualitäten im Vergleich (*Mittelwerte; die Rangreihenbildung wurde nur für die in beiden Untersuchungen gemeinsamen Ziele vorgenommen – Skalen angeglichen*)

	Lehrer (TH `93)		*Eltern (TH `93)*		*Schüler (TH `93)*		*Allbus (1982)*	
Eigenschaft	*MW*	*Rang*	*MW*	*Rang*	*MW*	*Rang*	*MW*	*Rang*
Selbstvertrauen	6.71	2	6.84	2	6.58	1	6.07	2
Selbständigkeit	6.90	1	6.88	1	6.29	2	6.22	1
Verantwortungsbewußtsein	6.69	3	6.72	3	6.17	4.5	5.81	5
Verständnis für andere	6.65	4	6.52	5.5	6.17	4.5	5.67	7
Umgangsformen	6.57	5	6.59	4	6.00	6	5.58	8
Durchsetzungsfähigkeit	6.25	9	6.52	5.5	6.22	3	6.01	3
Fleiß	6.37	7	6.41	7	5.85	7	5.39	9
Kritikfähigkeit	6.36	8	6.35	8	5.59	9	5.89	4
Kreativität	6.39	6	6.17	9	5.63	8	5.79	6

Schaut man sich die drei untersuchten Personengruppen etwas genauer an, so sind folgende bemerkenswerte Tendenzen festzuhalten:

Am homogensten ordnen **Lehrer** die „Werte", bez. der vorgegebenen Eigenschaften gibt es von der Einschätzung ihrer Wichtigkeit kaum Unterschiede. Nur bei fünf der vorgegebenen Eigenschaften existieren zwischen Lehrern verschiedener Schularten und unterschiedlichen Geschlechts abweichende Einstufungen.

Eine gewisse „Sonderstellung" nehmen männliche Grundschullehrer mit unterschiedlicher Berufserfahrung ein: Jüngere, männliche Grundschullehrer legen signifikant weniger Wert auf gute Schulleistungen, das Verantwortungsbewußtsein und den Fleiß als die anderen Lehrergruppen. Wie bei „Fleiß" besteht auch bei „Disziplin" die Tendenz, daß neben den Grundschullehrern auch Regelschul- und Gymnasiallehrer mit einer beruflichen Erfahrung bis zu 10 Jahren – also solche mit guten Nerven, verschont vom „Burn-out-Syndrom" (Bart 1992) – diese Eigenschaften als weniger wichtig einstufen. Folgende Beziehungstypen wurden gefunden:

Eigenschaft	
Disziplin:	Grundschullehrer > Regelschullehrer > Gymnasiallehrer
Kreativität:	Grundschullehrer > Regelschullehrer = Gymnasiallehrer
Fleiß:	Grundschullehrer > Regelschullehrer = Gymnasiallehrer
Gute Umgangsformen:	Grundschullehrer > Regelschullehrer = Gymnasiallehrer
Gute Schulleistungen:	Grundschullehrer > Regelschullehrer < Gymnasiallehrer

Die **Eltern** unterscheiden sich deutlich voneinander, wenn der gebildete Schichtindex (KUTHE/SCHIMUNEK in diesem Band) als Trennungskriterium verwendet wird. Bezogen auf die oben dargestellten Faktoren ergibt sich folgendes Bild: Traditionalistische Werte der „Konformität" werden von Unterschichteltern generell als signifikant wichtiger bewertet als von Oberschichteltern. Diese Tendenz ist jedoch auch bei Faktor 3 („Selbstverwirklichung") zu beobachten. Wird hier als Ziel angemahnt, was man selbst noch nicht hat/ nicht mehr verwirklichen kann? Beim Faktor 2 werten alle Eltern relativ gleich, einzige Ausnahme: „Kreativität" ist Oberschichteltern wichtiger als den anderen. Faßt man wiederum die Werte für die einzelnen Eigenschaften der Dimensionen zusammen, so ergeben sich die folgenden Mittelwerte. Auffällig an diesen Werten ist, daß Mittelschichteltern, mit Ausnahme von Faktor 2, den ihnen gebührenden „mittleren Platz" einnehmen (*Tabelle 6*, in der letzten Spalte Angaben zur Signifikanz, wie in den folgenden Tabellen, bedeuten: * = signifikant auf dem 5 %, ** = 1 % und *** = 0,1 % Niveau).

Tabelle 6:
Ausprägung der Erziehungszielkategorien bei unterschiedlichen Elternschichten (*Mittelwerte; letzte Spalte: Angabe des Signifikanzniveaus*)

Eigenschaftsfaktor	*Unterschicht Ausprägung*	*Mittelschicht Ausprägung*	*Oberschicht Ausprägung*	
Konformität	1.56	1.64	1.86	**
Soziabilität	1.58	1.55	1.55	
Selbstverwirklichung	1.22	1.26	1.36	*

Am unterschiedlichsten bewerten **Schüler** die ihnen vorgelegten Zieleigenschaften. Mit einer einzigen Ausnahme werden alle Ziele von Schülern unterschiedlichen Geschlechts, Alters und verschiedener Schularten abweichend bewertet. Nur beim Selbstvertrauen, es rangiert bei den Schülern im Unterschied zu Lehrern und Eltern auf Platz 1, sind sich alle Schüler einig. Braucht man dieses Selbstvertrauen, um in der Schule in Thüringen bestehen zu können?

Während der Faktor „Selbstverwirklichung" für Jungen und Mädchen den **gleichen** (hohen) Stellenwert einnimmt, neigen Mädchen eher zu „Konformität" und „Soziabilität", Gymnasiasten unterscheiden sich signifikant in allen drei Faktoren von Regelschülern, bewerten „Konformität" niedriger, „Soziabilität" und „Selbstverwirklichung" dagegen höher als Regelschüler (*Tabelle 7*).

Tabelle 7:
Ausprägung der Erziehungszielkategorien bei Gymnasiasten und Regelschülern (*Mittelwerte; letzte Spalte: Angabe des Signifikanzniveaus*)

Eigenschaftsfaktor	*Gymnasiasten Ausprägung*	*Regelschüler Ausprägung*	
Konformität	2.28	2.18	**
Soziabilität	1.97	2.24	**
Selbstverwirklichung	1.55	1.70	**

Wie bei den Eltern sind Regelschüler eher traditionalistischen Werten verhaftet. Entwicklungspsychologisch plausibel sind die folgenden Trends:

- Jüngere Schüler sind noch stärker in die traditionalistische Reihe eingebunden, bei ihnen ist der Faktor „Konformität" noch am stärksten ausgeprägt, mit wachsendem Alter „nabeln" sie sich von den stärker konventionalistisch orientierten Forderungen der Eltern ab.
- Schüler streben mit wachsendem Alter nach mehr Selbstverwirklichung (signifikanter Zuwachs bei Faktor 3).
- Gleichzeitig nimmt aber etwas überraschend mit wachsendem Alter die „Soziabilität" (Faktor 2), vermutlich die unmittelbare Bindung an eine Bezugsgruppe, ab.

Fazit: Nach den Ergebnissen des Zentralinstituts für Jugendforschung der DDR in Leipzig hat sich zumindest bei der Jugend in der DDR – andere repräsentative Untersuchungen sind nicht verfügbar – ein Wertewandel vollzogen,

„... in dessen Verlauf Selbstentfaltungswerte an Boden gewannen und der somit grundsätzlich gesehen mit dem Wertewandel in der (alten) Bundesrepublik kompatibel ist" (GENSICKE 1993, S. 222).

Bei weiten Teilen der DDR-Bevölkerung fand ebenfalls schon in den 80er Jahren ein Entidentifikationsprozeß mit den propagierten „Werten" statt, der zur Entstehung einer „Nischengesellschaft" in der DDR geführt hat, in die man sich zurückziehen konnte – man hätte diese „Nischen" nicht gebraucht, wenn die offiziell propagierten Werte angenommen worden wären.

Können heute sich bietende Chancen genutzt werden, erfolgt wohl in der Wertestruktur eine schnelle Angleichung. In Abhängigkeit vom Alter kann dieser Prozeß auch resignative Züge tragen (10 % im mittleren Alter von 53 Jahren – GENSICKE 1993, S. 223 – für diese Personengruppe kam der gesellschaftliche Wandel wohl zu spät), ist es in dieser Altersgruppe sicherlich auch zu „Deformationen" gekommen, wobei derzeit mit Blick auf den Arbeitsmarkt wohl kaum Chancen bestehen, diese Resignation zu überwinden.

Die weitere Werteentwicklung wird damit wohl nicht unwesentlich von der weiteren wirtschaftlichen Entwicklung abhängen. Nachdem ab 1990 recht schnell hedonistische Werte befriedigt worden sind, hierbei der Anschluß, beispielsweise hinsichtlich der Ausstattung der Haushalte mit PKWs, Unterhaltungselektronik usw. nahezu vollzogen ist, kann das damit entstehende Wertevakuum (materielle Werte, die befriedigt wurden, sind keine Werte mehr) in mehreren Richtungen ausschlagen (GENSICKE 1993, S. 228). Die Ausgangslage heute ist dabei interessanterweise im Osten derjenigen in den 60er Jahren sehr ähnlich (*Tabelle 8*).

Tabelle 8:
Auskünfte zur eigenen wirtschaftlichen Lage im Vergleich (*nach NIEMANN 1993, ZUMA-Daten; Angaben in Prozent*)

	1966		*1969*	*1992*	
	Ost (Inst. f. MF)	*West (EMNID)*	*Ost (Inst. f. MF)*	*Ost (ZUMA)*	*West (ZUMA)*
positiv	35	40	51	35	68
teils-teils	48	43	38	45	24
negativ	16	14	11	20	8

Bei aller gebotenen Vorsicht – „positive wirtschaftliche Lage“ kann 1966 etwas ganz anderes gewesen sein als 1992 – fällt die nahezu vollständige Identität der Spalten 1 und 4 sowie die Ähnlichkeit der Spalten 1 und 2 auf. Auffallend sind aber heute die Unterschiede im Empfinden: Der „Zwei-Drittel-Gesellschaft“-West steht die „Ein-Drittel-Gesellschaft“-Ost gegenüber.

Bemerkenswert ist die positive Entwicklung von 1966 bis 1969 (in späteren, von NIEMANN (1993) veröffentlichten Erhebungen ist diese Frage nicht mehr enthalten). Historisch ist dieser Sprung begleitet vom Versuch der damaligen Führung unter Ulbricht, mit dem „Neuen Ökonomischen System“ einen eigenständigen, d. h. von der östlichen Führungsmacht relativ unabhängigen Weg zu beschreiten, der zumindest zeitweilig im Bewußtsein der Bevölkerung gewisse Erfolge zeitigte. Nach dem Sturz Ulbrichts durch Honecker wurde versucht, mit, wie sich im Nachhinein gezeigt hat, untauglichen ökonomischen Mitteln die wirtschaftliche Lage der DDR-Bevölkerung zu verbessern.

3 Im Brennpunkt 2: Vom Autoritär-Sein

Die DDR wurde eingangs als ein totalitäres Regime mit „ambivalenten“ Zügen gekennzeichnet. Welche Spuren hat dieses System hinterlassen? Ist es zu einer „Deformation“ durch „Entmündigung“ bis hin zu einer „Versorgungsmentalität“ (MAAZ 1990, HENRICH 1990) gekommen, zu einem totalitär-autoritaristischen „Geführt-Werden-Wollen“ und zu einem „Führen-Wollen“ in einem Bereich, wo es, wie in der Erziehung Heranwachsender nahezu unumschränkt praktizierbar war und ist, zu einer Bereitschaft der Unterordnung an (reale und vermeintliche) Autoritäten bzw. der Forderung nach Unterordnung an die eigene Autorität?

> *„Ich bin heute nicht mehr so autoritär ...“*

äußerte eine Erfurter Grundschullehrerin in einem Interview in der ersten Phase des Forschungsprojektes „Schulstrukturwandel in Thüringen“. Demgegenüber betonten andere Lehrer, daß sie

> *„... mit den Schülern schon immer demokratisch umgegangen (seien), ... ihre Meinung zu allen Fragen gehört und beachtet (haben) ...“ (SCHIMUNEK 1993, S. 59).*

Ausgehend von diesen Schilderungen ergab sich der Anlaß, der Frage gezielter nachzugehen, ob und inwieweit „Autoritarismus“ als Persönlichkeitskonstrukt bei Eltern und Lehrern tatsächlich ausgeprägt ist. Dahinter steht sicherlich auch das Bemühen, sich mit bestehenden Vorwürfen an das alte System und seine „Repräsentanten" („Der Lehrer ist ein Funktionär der Arbeiterklasse!" – Honecker) auseinanderzusetzen, sie hätten in der Schule die Heranwachsenden „verbogen", ein Vorwurf, der in Wendezeiten erhoben wurde, u. a. von der Schriftstellerin Christa Wolf.

Zudem liegt es nahe, daß ein totalitäres Regime tatsächlich Spuren in der Persönlichkeitsstruktur hinterläßt. Schließlich ist die „Autoritarismus-Forschung" Ende der 40er, Anfang der 50er Jahre entstanden, um aus Sicht der Psychologie/Sozialwissenschaften das Phänomen „Faschismus" zu erklären und nach spezifischen Persönlichkeitsmerkmalen zu suchen, die das Zustandekommen totalitärer Systeme zumindest begünstigen (ADORNO et al. 1950). Tatsächlich wurden Merkmale der autoritären Persönlichkeit nicht nur in Deutschland, sondern auch in anderen entwickelten Industrie-Staaten gefunden (MILGRAM 1974), handelt es sich nicht um ein „typisch deutsches" Phänomen (die autoritäre Persönlichkeit zeichnet sich danach durch **Konventionalismus** (s. o.), **autoritäre Unterwerfung** (unkritische Haltung gegenüber Autoritäten), **autoritäre Aggression** gegenüber Menschen, die die traditionellen Werte verletzen, **Ablehnung der Individualität** (Selbstverwirklichung, s.o.), **stereotypes Verhalten** und **Bevorzugung von Macht und Stärke** ... aus (SCHMIDT-MUMMENDEY 1980).

Das Ambivalente in den Begrifflichkeiten besteht offenbar nun darin, daß der Übergang von „Autoritär-Sein" zu „Autorität-Sein" den „kleinen", aber gewaltigen Unterschied zwischen „gut und böse" auszumachen scheint. „Autorität-Sein" bedeutet „Kompetent-Sein". Pädagogische Kompetenz kann Autorität verleihen – wenn man als Erzieher (Lehrer, Eltern) diese Kompetenz im täglichen Leben immer wieder neu unter Beweis stellt. Zum „Autoritär-Sein" kann das umschlagen, wenn auf den „Beweis" der Kompetenz verzichtet, gegenüber den Heranwachsenden die Unterordnung verlangt wird, ohne pädagogisch kompetent dabei vorzugehen. Allerdings sind auch Situationen denkbar, wo auf vorherige längere erzieherische Dispute im Interesse des zu Erziehenden verzichtet werden muß (sie können „danach" nachgeholt werden).

Diese Ambivalenz bringt im Hinblick auf die Untersuchung einige forschungsmethodische Schwierigkeiten. Deshalb wurde auf vorhandene Instrumente zurückgegriffen (z.B. auf LEDERER 1983: Auswahl aus einer fünfstufigen LIKERT-Skala, deren Original aus 22 Items bestand; auf ROGHMANN 1966: drei Items einer sechsstufigen LIKERT-Skala, die aus der ursprünglichen F-Skala von ADORNO et al. 1950 stammen – nach den aus den Reliabilitätskoeffizienten abgeleiteten Empfehlungen wurden nur „Plus-Items“ ausgewählt – und auf LANGFELDT/FINGERHUT 1974: eine Auswahl von Items des dort identifizierten Faktors 1 „Unterrichtlicher Autoritarismus“). So wurde anhand der veröffentlichten Reliabilitätskoeffizienten der Items eine Skala zusammengestellt, die aus Items der verschiedenen Instrumente bestand. Das erschwert den Vergleich mit den Ergebnissen aus den alten Bundesländern. Er ist nur auf der Ebene der einzelnen Items möglich.

Die differenzierten Fragestellungen, die anhand des Datenmaterials analysiert werden sollen, lauten:

- Wie ausgeprägt ist „Autoritarismus“ bei Lehrern und Eltern?
- Gibt es spezifische Unterschiede in den verschiedenen Altersgruppen, Schulformen und Fachrichtungen bei den Lehrern?
- Gibt es schichtspezifische Unterschiede bei den Eltern?
- Wie fällt der Vergleich mit den vorhandenen Untersuchungen aus den alten Bundesländern aus?

Zunächst werden die Ergebnisse der Skala für den „allgemeinen Autoritarismus“ bei den Untersuchungsgruppen in Thüringen dargestellt. *Tabelle 9* zeigt die absoluten und prozentualen Häufigkeiten.

Tabelle 9:
„Allgemeiner Autoritarismus“ von Lehrern und Eltern (*absolute Häufigkeiten und in Prozent; Mittelwerte; Antwortskala: 1 (überhaupt nicht autoritär)...3 (weder/noch)...5 (sehr autoritär)*)

	Lehrer		*Eltern*	
	abs.	*in %*	*abs.*	*in %*
eher autoritär	357	27.8	1524	32.9
teils-teils	723	56.2	2291	49.6
eher nicht autoritär	206	16.0	808	17.4
Mittelwert	3.08		3.13	

Beide Gruppen pegeln sich im mittleren, „unentschiedenen“ Bereich ein, sind also nicht ausgeprägt autoritär im Sinne des Konstrukts, jedoch sind Eltern signifikant „autoritärer“ als Lehrer. Im Detail ergeben sich bei den **Lehrern** die folgenden bemerkenswerten Tendenzen:

Am autoritärsten sind Regelschullehrer (*s. Tabelle 10*), am wenigsten allgemein autoritär Gymnasiallehrer, insofern läßt sich die Aussage von METZ, wonach

> *„Gymnasiallehrer hochsignifikant über anderen Gruppen (bez. des Autoritarismus) liegen" (METZ 1971, S. 262)*

für Thüringen nicht bestätigen.

Dieser „Autoritarismus" hat bei den Gymnasiallehrern jedoch einen relativ klaren „zeitlichen Verlauf": Mit wachsendem Dienstalter nimmt der Autoritarismus deutlich zu.

Tabelle 10:
„Allgemeiner Autoritarismus" und Dienstalter bei Lehrern in ... (*Mittelwerte*)

Dienstalter	*Grundschulen*	*Regelschulen*	*Gymnasien*	*gesamt*
mehr als 30 J.	3.20	3.30	3.12	3.22
15 – 30 J.	3.00	3.19	2.86	3.05
4 – 14 J.	2.94	3.08	2.98	3.01
bis 3 J.	3.24	3.11	2.86	3.13
Mittelwert	3.10	3.17	2.96	3.08

In der Grundschule dagegen liegen die Verhältnisse etwas anders: Hier sind es die „mittleren Semester", die am wenigsten autoritär zu sein scheinen (*Tabelle 10*).

Unabhängig von der Schulartspezifik scheint es, wenn man nur das Dienstalter betrachtet, eine relativ plausible Erklärung zu geben: Der relativ hohe Wert bei den „Anfängern" im Lehrerberuf weist auf noch fehlende Handlungskompetenz hin, mangelnde „Professionalität" wird vermutlich versucht, durch gespielte „Autorität" zu kompensieren.

Der relative Anstieg von „Autoritarismus" der „sehr erfahrenen" Lehrer könnte zunächst einmal im Sinne der Eingangsdebatte interpretiert werden: Die lange Sozialisation in der DDR-Gesellschaft hat zu einer Übernahme autoritär-totalitärer Denk- und Verhaltensweisen geführt. Eine andere Interpretation im Sinne des „Burn-out-Syndroms" lautet dagegen: Durch die langjährige psychische Belastung geht pädagogische Handlungskompetenz verloren, wird auf „Autoritär-Sein“ zurückgegriffen (vgl. BART 1992, RUDOW 1994 – bedenkt man die wahrscheinlich unterschiedliche Altersstruktur von Ost- und West-Gymnasiallehrern, so klärt sich damit der oben dargestellte Gegensatz zu den Ergebnissen von METZ auf).

Es gibt in der Zusammenfassung aller Lehrer keine geschlechtsspezifischen Unterschiede bez. des Autoritarismus, bei weiblichen und männlichen Regelschul- und Gymnasiallehrern sind die Mittelwerte nahezu identisch. Einzig bei den Grundschullehrern fallen diese Mittelwerte signifikant auseinander: Männliche Grundschullehrer sind signifikant autoritärer als die Kolleginnen. Es scheint sich schon um eine besondere „Spezies“, die an Thüringer Schule jedoch vergleichsweise selten ist, zu handeln, sie hat auch bei den Zielen ihre Sonderstellung unter Beweis gestellt (s. o.).

Bei den **Eltern** gibt es zwei eindeutige Ergebnisse:

„Autoritarismus“ ist schichtabhängig. Unterschichteltern sind signifikant autoritärer als Mittelschichteltern, diese wiederum autoritärer als Oberschichteltern – ein Ergebnis, daß in früheren Untersuchungen auch im Westen ermittelt wurde (vgl. LEDERER/SCHMIDT 1995, *s. Tabelle 11*).

Tabelle 11:
Mittlere Ausprägung von Autoritarismus der Eltern nach Schularten und sozialen Schichten (*Mittelwerte*)

	Unterschicht	*Mittelschicht*	*Oberschicht*	*gesamt*
Grundschule	3.31	3.05	2.94	3.15
Regelschule	3.44	3.18	3.08	3.33
Gymnasium	3.12	3.02	2.92	3.02
gesamt	3.29	3.02	2.94	3.13

Am autoritärsten sind Eltern, deren Kinder die Regelschule besuchen, am niedrigsten ist Autoritarismus bei Eltern ausgeprägt, deren Kinder am Gymnasium sind. Da in der Grundschule vermutlich die schichtspezifische „Entmischung“ noch nicht stattgefunden hat, liegen die Werte dieser Eltern folgerichtig in der Mitte.

In der nächsten *Tabelle 12* soll der etwas gewagte Versuch unternommen werden, auf der Itemebene nicht nur die befragten Thüringer Eltern und Lehrer zu vergleichen, sondern einige der vorliegenden Ergebnisse aus den alten Bundesländern in den Vergleich einzubeziehen. Gewagt ist der Versuch deshalb, da die Ergebnisse der ausgewählten Items 4, 5, 7 von LEDERER (1983) von Jugendlichen stammen, der Vergleich daher unter diesem Blickwinkel gesehen und relativiert werden muß.

Tabelle 12:
Autoritarismus im Vergleich von Lehrern und Eltern sowie mit Ergebnissen aus den alten Bundesländern (*Mittelwerte*)

	Lehrer	*Eltern*	*alte Bundesländer*[2]
Disziplin	**3.6**	3.4	-
Anpassung	2.1	2.1	1.9
Rolle Massenmedien	**3.6**	**3.4**	2.1
Strafe	**2.7**	2.5	-
Gewalt (Kriminalität)	**3.4**	**3.6**	2.8
Gehorsam	2.5	**3.0**	2.4
Liebe zu Eltern	3.6	**3.8**	3.5
Lernen d. Erfahrung	3.9	**4.2**	3.7

Betrachtet man die drei Spalten, so fällt auf, daß der niedrigste Wert im Sinne des Konstrukts „Autoritarismus" in allen drei Spalten, also in Ost und in West, der „Anpassung" zugeordnet wird. Diesbezüglich stimmen nicht nur die Rangplätze überein, auch die absoluten Werte sind nahezu gleich. Damit ist das Maß an Gemeinsamkeit aber schon erschöpft. Im Ost-West-Vergleich gibt es darüber hinaus zwei Grundmuster:

1. Sowohl Lehrer als auch Eltern stufen signifikant höher ein als die Westdeutschen: Das betrifft die (negative) „Rolle der Medien" und die Einschätzung von „Kriminalität".
2. Hinsichtlich von „Gehorsamserwartungen", „Liebe zu den Eltern", und „Lernen (nur) durch Erfahrung" weichen Thüringer Eltern signifikant ab von Lehrern in Thüringen und den Ergebnissen der Stichprobe West, Lehrer sind in etwa mit der Weststichprobe auf gleichem Niveau.

---

[2] Die Items „Disziplin" und „Strafe" entstammen der Untersuchung von LANGFELDT/FINGERHUT (1974), für die in der verwendeten Quelle keine Mittelwerte angegeben sind.

Das erste „Muster“ wird durch Umfrageergebnisse erhärtet, nach denen im Osten die zweifellos gestiegene Kriminalität Anlaß zu Sorgen gibt. Die gleichzeitig hohe Einstufung bez. der negativen Rolle der Medien steht wohl damit im engen Zusammenhang: Dadurch, daß Kriminalität viel stärker als früher in den Medien thematisiert wird, empfindet man Gewalt wohl auch stärker als früher als Bedrohung. Gleichzeitig macht man vermutlich etwas kurzschrittig für diese gestiegene Kriminalität die Darstellungen in den Medien mit verantwortlich.

Die besondere Rolle der Eltern beim zweiten Muster weist auf Widersprüche hin zwischen Eltern und ihren Kindern: Einerseits möchte man seine Kinder noch recht lange an sich binden, während andererseits die „Unabhängigkeitsbestrebungen“ und „Abnabelungstendenzen“ der Heranwachsenden dem zu widersprechen scheinen – eine Entwicklung, die sich schon in der DDR anhand der Ergebnissen des Leipziger Zentralinstituts für Jugendforschung (ZIJ) abzeichnete (KABAT VEL JOB 1991). Gleichzeitig wiesen die Unterschiede zwischen Ost und West darauf hin, daß sich der oben beschriebene Wertewandel in verschiedenen Dimensionen abspielt (vgl. BÜRKLIN/KLEIN/RUSS 1994).

4 *Im Brennpunkt 3: Berufliche Einstellungen von Lehrern*

Die Erforschung von Einstellungen hat eine relativ lange Tradition. Seit Beginn der zwanziger Jahre wurde die Frage interessant, von welchen Konstrukten das Verhalten der Persönlichkeit gesteuert wird, welche „Instanzen“ dafür ausschlaggebend sind. Einen ersten Höhepunkt erreichte diese Entwicklung mit der Konstruktion von Einstellungsskalen in den 30er Jahren nach THURSTONE, THURSTONE/CHAVE, LIKERT (s. DAWES 1977). Entsprechend den persönlichkeitstheoretischen Vorstellungen wurden zu vielen relevanten Bereichen Einstellungsskalen entwickelt, um damit Einstellungen

- meßbar und entsprechend dieser Vorstellung
- Verhalten vorhersagbar zu machen.

Das betraf auch das Lehrerverhalten (SHAW/WRIGHT 1967; erste Versuche, berufliche Einstellungen von Lehrern zu erfassen, stammen aus dem Jahre 1935). Ansatzpunkt war dabei die Überlegung, daß mit Kenntnis dieser Einstellungen bzw. der spezifischen Einstellungsstruktur des Lehrers Aussagen getroffen werden können über das reale Verhalten der Lehrer im Klassenzimmer und darüber hinaus. Dieser Optimismus wurde durch die Ergebnisse der sozialpsychologischen Einstellungsforschung gedämpft: Es gibt keine eindeutigen Beziehungen zwischen Einstellung und Verhalten (TERHART 1989).

Auch in der DDR gab es mit Beginn der sechziger Jahre Versuche, die beruflichen bzw. berufsrelevanten Einstellungen von Lehrern zu untersuchen (HERRMANN 1960, KESSEL 1970), eine Traditionslinie, die entsprechend den vorhandenen Möglichkeiten sporadisch weitergeführt wurde (z.B. SCHIMUNEK 1981), so daß das einbezogene Konstrukt „Einstellung zum Lehrerberuf“ die Möglichkeit des Vergleiches der Ergebnisse von 1993 mit denen liefert, die mit dieser und vergleichbaren Skalen vor und während der Wende gewonnen worden sind. Ein wichtiges Ergebnis bestand damals in dem Nachweis von Unterschieden zwischen Unter- und Oberstufenlehrern:

> *„Die Unterstufenlehrer zeigen eine positivere Einstellung (zum Lehrerberuf) als die Mittelstufenlehrer. Besonders ausgeprägt ist der Unterschied bei den Landschulen ...“ (FUCHS 1970, S. 70).*

Diese Unterschiede haben ihre Wurzeln in der Ausbildung: Differenziert man zwischen Absolventen von Instituten für Lehrerbildung (Unterstufen (Grundschul-)lehrerausbildung), denen der Pädagogischen Hochschulen und Universitäten (Ober(Sekundar-)stufenlehrerausbildung), so wurden diese Unterschiede auch später nachgewiesen, so daß die Frage entsteht, ob sie auch heute noch existieren.

Aus diesem Grunde bieten sich als Fragestellungen an:

- Wie hat sich die Einstellung zum Lehrerberuf gegebenenfalls verändert, in welchen Bereichen und bei welchen Lehrern?
- Wie schneiden Thüringer Lehrer im Vergleich zu den Ergebnissen aus den alten Bundesländern ab?

Zu Beginn der Darstellung erfolgt der zeitliche Vergleich, beginnend mit Ergebnissen aus den siebziger Jahren (LOOS/SCHIMUNEK 1980, SCHIMUNEK 1981), Ergebnissen aus den Wendejahren 1990 und dem derzeitigen Stand (*Tabelle 13*).

Während sich die Lehrer insgesamt kaum unterscheiden, hat sich innerhalb der Lehrerschaft eine Verschiebung vollzogen. Sekundarstufenlehrer haben aufgeholt, allerdings kommt dieses „Aufholen“ ausschließlich durch einen überproportionalen Zuwachs bei den Gymnasiallehrern zustande (*Tabelle 14*).

Tabelle 13:
Die mittlere Ausprägung der Einstellung zum Beruf bei Absolventen unterschiedlicher Ausbildungseinrichtungen im zeitlichen Vergleich (*LIKERT-Skala transformiert in den Bereich von 0 – 100; 100 entspricht einer sehr positiven Einstellung*)

Ausbildungseinrichtung	*mittlerer Punktwert im Jahr 1981*	*1993*
IfL (Unterstufe)	79.0	76.0
PH (Oberstufe)	71.4	72.2
Uni (Oberstufe)	69.0	71.3
Gesamt	74.3	73.7

Tabelle 14:
Die mittlere Ausprägung der Einstellung zum Beruf bei Lehrern unterschiedlicher Schulen im zeitlichen Vergleich (*LIKERT-Skala wie bei Tabelle 13*):

Schule	*mittlerer Punktwert bis 1981*	*1990*	*1993*
Unterstufe/Grundschule	79.0	81.0	76.1
Oberstufe/POS/Regelschule	70.2	71.0	70.5
Gymnasium			75.0

1. Spalte: verschiedene Untersuchungen 1978 – 80 (SCHIMUNEK 1981),
2. Spalte: eigene, unveröffentlichte Erhebungen,
3. Spalte: „Schulstrukturwandel in Thüringen" 1993

Bis 1990 – die Umstrukturierung des Schulsystems hatte noch nicht begonnen – wurden die DDR-Verhältnisse weitgehend konserviert. Der leichte Zuwachs bei **beiden** untersuchten Lehrergruppen bringt vermutlich das Bemühen zum Ausdruck, sich den neuen Anforderungen zu stellen, neue Unterrichtsinhalte und andere Unterrichtsformen auszuprobieren, zu versuchen, „die Ärmel hochzukrempeln" (SCHIMUNEK 1993).

Nach dem Schulstrukturwandel verändert sich das Bild:

Regelschullehrer verharren auf ihrem Niveau, klagen vor allem, wie die Auswertung der offenen Fragen gezeigt hat, über die Schüler. Grundschullehrer sind zunehmend verunsichert (Verunsicherung wegen der Anerkennung ihrer Abschlüsse (wobei es dafür aus Sicht der Einstellungsforschung keinen Grund gibt, den Unterstufenlehrern der DDR mangelnde Qualifikation zu bescheinigen), wegen sinkender Schülerzahlen, die die berufliche Zukunft infolge der fehlenden Verbeamtung in Frage stellt), während Gymnasiallehrer sich eher Gedanken um die Ausstattung der Schulen und ihre Fort- und Weiterbildung machen – Fragen, die weniger an die „Substanz" des Lehrerdaseins gehen (s. KÖHLER in diesem Band).

Alle einzelnen Items der übernommenen Skalen(bestandteile) wurden einer Faktorenanalyse unterzogen. Es ergaben sich drei Faktoren, die den folgenden Inhalten bzw. Teilskalen zugeordnet werden können:

- **Faktor 1**
  lädt hoch auf den UKL-Teilskalen „Sicht auf Schüler", „Klassenklima" und „Disziplin" (SS/KL/DL bei DANN et al. 1985, so daß hier tatsächlich so etwas wie das **Bild vom Schüler** zum Ausdruck kommt.
- **Faktor 2**
  ist ausschließlich von dem „allgemeinen Autoritarismus" und dem „Unterrichtsautoritarismus" besetzt, er beinhaltet **autoritär-konservative Haltungen**.
- **Faktor 3**
  umfaßt die „wahrgenommene Eignung", das „Belastungserleben" und die „emotionale Stabilität/Belastbarkeit", im eigentlichen Sinne die **Berufseinstellung**.

Betrachtet man die drei Bestandteile des aus allen einzelnen Ergebnissen der Skalenitems extrahierten Faktors „Berufseinstellung" und vergleicht sie mit den anderen Faktoren, so ergibt sich folgendes Bild (alle Skalenergebnisse bezogen auf den Bereich 0 (neg.) – 100 (pos. im Sinne des Konstrukts, *s. Tabelle 15*)).

Tabelle 15:
Die Ausprägung von Einstellungen der Lehrer bei drei Faktoren

Faktor 1: Bild vom Schüler		*Faktor 2: Autoritarismus*		*Faktor 3: Berufseinstellung*	
Schülersicht	67.9	allgemeiner Autoritarismus	53.4	Wahrgenommene Eignung	73.7
Klassenklima	63.8	Unterrichts-autoritarismus	46.5	Erlebte Belastung	47.8
Disziplin-verhalten	77.0			Emotionale Stabilität	74.4

Außerdem ist interessant, wie die Zusammenhänge zwischen den einbezogenen Konstrukten und Variablen konkret aussehen.

Das „Bild vom Schüler" ist überwiegend positiv und korreliert mit der Variablen „Wahrgenommene Eignung":

- „Wahrgenommene Eignung" – Schülersicht: 0.29
- „Wahrgenommene Eignung" – Klassenklima: 0.20
- „Wahrgenommene Eignung" – Disziplin: 0.32

Der „allgemeine Autoritarismus" korreliert negativ mit den Variablen „Bild vom Schüler":

- „Allgemeiner Autoritarismus" – Schülersicht: - 0.19
- „Allgemeiner Autoritarismus" – Klassenklima: - 0.19
- „Allgemeiner Autoritarismus" – Disziplin: - 0.15

Der „Allgemeine Autoritarismus" korreliert mit 0.48 relativ hoch mit dem „Unterrichtsautoritarismus", die „Erlebte Belastung" negativ mit der „Wahrgenommenen Eignung": $r = -0.26$. Die „Emotionale Labilität" korreliert mit den einzelnen Variablen des „Bildes vom Schüler":

- „Emotionale Labilität" – Schülersicht: - 0.24
- „Emotionale Labilität" – Klassenklima: - 0.24
- „Emotionale Labilität" – Disziplin: - 0.29

Die „Wahrgenommene Eignung" korreliert mit der „Emotionalen Labilität" negativ: $r = -0.38$.

Diese Ergebnisse können im Sinne der Konstruktvalidität interpretiert werden: Wer seinen Beruf eher als Belastung erlebt, ist emotional nicht so stabil, fühlt sich für diesen Beruf auch nicht so geeignet. „Hauptquelle" dieses „Belastungserlebens" sind, sicherlich nicht überraschend, die Schüler.

Im Detail ergaben sich folgende Ergebnisse:

Die **„wahrgenommene Eignung"** ist nicht nur bei Lehrern mit verschiedenen Ausbildungsstätten und den heute in der Regel damit verbundenen unterschiedlichen Schularten signifikant verschieden, auch das Alter und die Ausbildungsfächer bilden eine Quelle der Varianz:

Die „wahrgenommene Eignung" ist im „Mittelalter" am höchsten ausgeprägt, am niedrigsten bei den „Anfängern", steigt dann immer weiter, um am Ende wieder leicht abzufallen. Dieses Ergebnis ist nicht neu und entspricht den Erfahrungen, daß Anfänger sich vielen Anforderungen – und in der Regel nicht nur im Berufsfeld (der „Einstieg" in das Berufsleben als Lehrer ist in vielen Fällen mit Orts-, Wohnungs-, Bekanntenwechsel verbunden (gewesen)) – stellen müssen, mit denen sie vielleicht nicht immer gerechnet hatten („Praxisschock", der in der DDR vielleicht wegen der einphasigen Lehrerbildung so ausgeprägt war – SCHIMUNEK 1981).

Nicht mit früher vergleichbar dagegen sind die Ausprägungen bezogen auf die Ausbildungsfächer. Heute sind in der Grundschule im Gegensatz zu früher die Lehrer mit dem Wahlfach Sport diejenigen mit der höchsten wahrgenommenen Eignung. Ebenso stufen Lehrer in der Sekundarstufe mit dem Ausbildungsfach Sport ihre Eignung am höchsten ein. (Im Bereich der Unterstufe der DDR waren es die IfL-Studenten und Absolventen mit dem Wahlfach Sport, die relativ schlechter waren bei der Einschätzung ihrer beruflichen Einstellungen als diejenigen mit anderen Wahlfächern (SCHIMUNEK 1981)).

Mit diesem letzten Sachverhalt steht die Tatsache in enger Beziehung, daß diese Lehrer mit dem Fach Sport sowohl in der Grund- als in der Sekundarstufe ihr „**Belastungserleben**" als am niedrigsten empfinden: In diesem Bereich relativ gründlich ausgebildet und vermutlich nun auch nicht mehr mit den im Vergleich zu früher harten Lehrplanforderungen in dem Fach konfrontiert, kann man auf diesem Feld gelassen in die Zukunft blicken.

Die relativ gesehen höchsten Belastungen erleben in der Grundschule Lehrer mit dem Ausbildungswahlfach Kunst und in der Oberstufe die Lehrer der Ausbildungsfächer Deutsch/Sprachen, unmittelbar gefolgt von denen mit sprachlich-geisteswissenschaftlichen Ausbildungsfächern: Sowohl im Fach Kunst der Grundschule als auch in den genannten Fächern der Oberstufe kann man vermutlich am wenigsten von seiner Ausbildung „zehren".

Das Belastungserleben hat im Altersspektrum einen „wellenförmigen" Verlauf: Es ist bei Berufsanfängern deutlich schwächer ausgeprägt (mutet man Anfängern noch nicht so viel zu? – Der „Praxisschock" bezieht sich dann wohl doch eher auf die äußeren Begleitumstände des Berufsanfanges), es steigt danach deutlich an, fällt dann in der Gruppe derjenigen mit mindestens 20jähriger Berufstätigkeit wieder ab – die beruflichen Anforderungen werden mit hinreichender Routine bewältigt. Bei den „alten Hasen", die auf eine über 30jährige berufliche Laufbahn zurückblicken können, nimmt dagegen das Belastungsempfinden wieder zu, die Routine ist ausgereizt, sie reicht vermutlich nicht mehr, um sich „mit links" behaupten zu können (vgl. TERHART et al. 1993).

Nahezu synchron im zeitlichen Gefüge verlaufen „**Unterrichtsautoritarismus**“ und „**Emotionale Labilität**“ (*Tabelle 16*).

Tabelle 16:
Unterrichtsautoritarismus und Emotionale Labilität bei verschiedenen Lehreraltersgruppen (*gleiche Skala wie Tabelle 10*)

Altersgruppe (Lehrer seit...)	*Unterrichts-autoritarismus*	*Emotionale Labilität*
1990	2.67	3.09
1980	2.25	2.92
1965	2.60	3.24
vor 1964	3.29	3.56

Die höchsten Werte finden sich bei beiden Variablen am Anfang und am Ende, womit sich der auf Seite 76 vorgenommene Erklärungsversuch zumindest vorläufig belegen läßt.

Der **Unterrichtsautoritarismus** ist signifikant niedriger bei Grundschullehrern (womit die oben zitierte Grundschullehrerin bestätigt wird), Regelschul- und Gymnasiallehrer unterscheiden sich dagegen nicht. Vergleicht man den „Unterrichtsautoritarismus“ mit der Ausprägung des „allgemeinen Autoritarismus“, so fällt auf, daß der Mittelwert für den „allgemeinen Autoritarismus“ deutlich höher liegt als für den Unterrichtsautoritarismus, was vermutlich mit an der Wahl der Items liegt. Während bei der übergroßen Mehrzahl der ausgewählten Items zum Unterrichtsautoritarismus die Reaktion recht moderat ausfällt, verstehen nur Lehrer in einem Punkt keinen „Spaß“: „Wenn der Lehrer spricht, müssen die Schüler ruhig sein“ (83 % Zustimmung).

Bei der **emotionalen Labilität** liegen Regelschullehrer signifikant höher als die Kollegen in der Grundschule und an Gymnasien, was vermutlich etwas mit ihrer Schülerklientel zu tun hat: Bei der „Sicht auf Schüler“, der Einschätzung des „Klassenklimas“ und der „Disziplin“ schätzen Regelschullehrer die Situation signifikant schlechter ein.

Während es in den Einstellungsbereichen „Beruf“ und „Autoritarismus“ keine geschlechtspezifischen Wertungen gibt, ist das **Bild vom Schüler** bei weiblichen Lehrern in allen Variablen besser als bei ihren Kollegen.

Vergleicht man die Ergebnisse der Skalen „Wahrgenommene Eignung“ und „Belastungserleben“ der Erhebung in Thüringen mit denen in Baden-Württemberg (DANN et al. 1985), so ergibt sich ein mehr weniger eindeutiges Bild (*Tabelle 17*): Während bei der wahrgenommenen Eignung sich die Waagschale eindeutig zugunsten der Thüringer Lehrer neigt – nur im Umgang mit „Problemkindern“ und der Möglichkeit, sich durch Schüler verwirren zu lassen, erreichen sie „nur“ das Niveau ihrer Kollegen in Baden-Württemberg, ist das Bild beim Belastungserleben differenzierter. Das weist daraufhin, daß hier in die Bewertung nicht nur die rein schulischen Aspekte eingeflossen sind. Beispielsweise fällt auf, daß die „Einschränkung der Freizeit“ (durch den Beruf?) als belastender eingestuft wird als die (eigentliche?) „zeitliche Belastung“.

Tabelle 17:
Wahrgenommene Eignung und Belastungserleben im Vergleich
(*Mittelwerte; Skala gleichgepolt von 1: negativ bis 4: positiv; fettgedruckte Werte signifikant positiver; letzte Spalte: Angabe des Signifikanzniveaus*)

Item	*Thüringen 1993*	*Baden-Württemberg 1985*	
Wahrgenommene Eignung:			
keine Disziplinprobleme	**3.31**	3.19	**
keine Schwierigkeiten	**3.25**	2.80	***
erfolgreich	**3.31**	3.07	***
keine Minderwertigkeitskomplexe	**3.55**	3.26	***
Meisterung von Problemen	**3.32**	3.06	***
mangelnde Fähigkeit für Problemkinder	2.63	2.60	
gut gerüstet	**3.27**	2.75	***
Verwirrung durch Schüler	3.23	3.26	
Belastungserleben:			
Einschränkung Freizeit	**2.80**	2.53	***
Belastung Gesundheit	2.44	**2.58**	**
Lehrer nicht mehr Ärger als andere	2.26	2.29	
zeitliche Belastung	1.97	**2.07**	*
Beruf negativ für Privatleben	2.33	2.41	
müde und abgespannt durch Beruf	2.83	2.84	
Lehrerberuf nicht anstrengender	2.46	**2.58**	**

Zieht man eine erste vorsichtige Bilanz unter dem Blickwinkel der eingangs gestellten Frage nach Kontinuität oder Wandel, so läßt sich festhalten:

Auch bei „gelernten DDR-Bürgern" – Lehrern, Eltern und Schülern – hat sich ein Wertewandel vollzogen hin zu mehr Selbstverwirklichung, der vergleichbar ist mit dem Wertewandel in westlichen Industriestaaten. Am deutlichsten zeigt sich die Abkehr von „traditionalistisch-konventionalistischen" Werten bei den Schülern und hier insbesondere bei den Gymnasiasten. Die Wurzeln für diesen Prozeß reichen bis in die DDR-Vergangenheit, ausreichende Indizien legen den Beginn dieser Entwicklung spätestens in die frühen und mittleren 80er Jahre (vgl. für die Lehrer SCHIMUNEK 1993).

Thüringer Erzieher (Eltern, Lehrer) sind weder ausgeprägt autoritär noch antiautoritär. Autoritarismus ist bei den Eltern schichtabhängig, Unterschichteltern sind deutlich autoritärer als Mittel- und Oberschichteltern, bei den Lehrern dienstaltersabhängig, dort aber nicht linear. Am augeprägtesten ist Autoritarismus bei ganz jungen Lehrern und „alten Hasen", was den Zusammenhang dieses Konstrukts mit der „pädagogischen Kompetenz" und dem „Burn-out-Syndrom" nahelegt.

Thüringer Lehrer haben ein ausgeprägtes „pädagogisches Ethos". Bis jetzt zeigen sich nur wenig Veränderungen, wenn man die gesamte Lehrerschaft betrachtet. Verschiebungen haben sich jedoch innerhalb der Lehrerschaft vollzogen, zugunsten von Gymnasiallehrern, zu Ungunsten von Grundschullehrern. Diese Verschiebungen sind mit der derzeitigen unterschiedlichen beruflichen Situation und den damit einhergehenden Zukunftsaussichten der Lehrer zu erklären.

Die eingangs gestellte Frage nach „Kontinuität oder Wandel" läßt sich zusammenfassen auf die Formel: „Kontinuität und Wandel".

Literatur

ADLER, F.: Zur Rekonstruktion des DDR-Realsozialismus. Strukturmerkmale – Erosion – Zusammenbruch. In: THOMAS, M. (Hrsg.): Abbruch und Aufbruch. Berlin 1992, S. 36 - 59.

ADORNO, T. W./FRENKEL-BRUNSWIK, E./LEVINSON, D. J./SANFORD, R. N.: The authoritharian personality. New York 1950.

ALLANDT, E.: About Dimensions of Welfare. Research Group f. Comp. Sociology. Res. Report 1, University of Helsinki. Helsinki 1975.

ALLMENDIGER, J./SCHMIDT, P./WEGENER, B./EIKELMANN, T./OHLY, P.: ZUMA-Handbuch Sozialwissenschaftlicher Skalen. Teil 1-3. ZUMA Mannheim/Informationszentrum Sozialwissenschaften Bonn 1983.

BARGEL, T.: Überlegungen und Materialien zu Wertdisparitäten und Wertwandel in der BRD. In: KLAGES, H./KMIECIAK, P. (Hrsg.): Wertwandel und gesellschaftlicher Wandel. Frankfurt/New York 1981, S. 147 - 184.

BART, A. - R.: Burn out bei Lehrern. Göttingen/Toronto/Zürich 1992.

BRAUN, M.: Ideologie oder objektive Lage? Anmerkungen zur Interpretation von Unterschieden und Ähnlichkeiten in den Einstellungen von Ost- und Westdeutschen. In: ZUMA-Nachrichten 17(1993)1, S. 7 - 21.

BÜRKLIN, W./KLEIN, M./RUß, A.: Dimensionen des Wertewandels. Eine empirische Längsschnittanalyse zur Dimensionalität der Wandlungsdynamik gesellschaftlicher Wertorientierungen. In: Politische Vierteljahresschrift 35(1994)4, S. 579 - 606.

DANN, H./HUMPERT, W./KRAUSE, F./VON KÜGELGEN, T./RIMELE, W./ TENNSTAEDT, K.: Arbeits- und Ergebnisbericht des Projekts "Aggression in der Schule". Forschungsbericht 44 des SFB 23 (Universität Konstanz,), Konstanz 1985.

DAWES, R. M.: Grundlagen der Einstellungsmessung. Weinheim/Basel 1977

FRIEDRICH, W./GRIESE, H. (Hrsg.): Jugend und Jugendforschung in der DDR. Opladen 1991.

FÖRSTER, P.: Weltanschaulich-politisches Bewußtsein. In: FRIEDRICH, W./GRIESE, H. (Hrsg.): Jugend und Jugendforschung in der DDR. Opladen 1991.

FUCHS, R.: Empirische Untersuchungen zur Berufswahl und Berufseinstellungen bei Lehrern an Polytechnischen Oberschulen. Diplomarbeit (Universität Leipzig), Leipzig 1970.

GENSICKE, T.: Wertewandel in den neuen Bundesländern. Fakten und Deutungsmodelle. In: KLAGES, H.: Traditionsbruch als Herausforderung. Frankfurt a.M./New York 1993, S. 215 - 238.

HAGER, K.: Gesetzmäßigkeiten unserer Epoche - Triebkräfte und Werte des Sozialismus. Berlin 1983.

HAHN, E.: Vom Wert, über Werte nachzudenken. In: HÜMMLER, H. (Red.): Sozialismus in der DDR: Gesellschaftstrategie mit dem Blick auf das Jahr 2000. Berlin 1988, S. 24 - 43.

HENRICH, R.: Der vormundschaftliche Staat. Leipzig/Weimar 1990.

HERRMANN, H.: Untersuchungen zur Berufswahl und zur Berufseinstellung künftiger Lehrer, Dissertation (Universität Jena), Jena 1960.

KABAT VEL JOB, O.: Jugend in der Familie. In: FRIEDRICH, W./GRIESE, H. (Hrsg.): Jugend und Jugendforschung in der DDR. Opladen 1991.

KESSEL, W.: Empirische Untersuchungen zu berufsrelevanten Einstellungen künftiger Lehrer und Kindergärtnerinnen. In: Probl. u. Ergebn. d. Psych. (1970)34, S. 55 - 62.

KLAGES, H: Traditionsbruch als Herausforderung. Frankfurt/New York 1993.

LANGFELDT, H.-P./FINGERHUT, W.: Entwicklung eines Lehrer-Einstellungs-Fragebogens (LEF 3). Marburg 1974.

LEDERER, G.: Jugend und Autorität. Opladen 1983.

LEDERER, G./SCHMIDT, P. (Hrsg.): Autoritarismus und Gesellschaft. Trendanalysen und vergleichende Jugenduntersuchungen 1945 - 1993. Opladen 1995.

LOOS, E./SCHIMUNEK, F.-P.: Untersuchungen zu beruflichen Einstellungen bei jungen und erfahrenen Lehrern. Forschungsbericht (Arbeitsstelle für Theorie und Methodik der Lehrerbildung der APW), Potsdam 1980.

MAAZ, H.-J.: Der Gefühlsstau. Berlin 1990.

METZ, G.: Theoretische und empirische Ansätze einer Untersuchung spezieller Einstellungen, Inaugural-Dissertation (Universität München), München 1971.

MILGRAM, S.: Das Milgram-Experiment: Zur Gehorsamsbereitschaft gegenüber Autorität. Reinbek bei Hamburg 1974.

MÜLLER, H.: Lebenswerte und nationale Identität. In: FRIEDRICH, W./GRIESE, H. (Hrsg.): Jugend und Jugendforschung in der DDR. Opladen 1991.

NIEMANN, H.: Meinungsforschung in der DDR. Die geheimen Berichte des Institutes für Meinungsforschungs an das Politbüro der SED. Köln 1993.

REICHARDT, R.: Wertstrukturen und Gesellschaftssystem - Möglichkeiten makrosoziologischer Analysen und Vergleiche. In: KLAGES, H./KMIECIAK, P. (Hrsg.): Wertwandel und gesellschaftlicher Wandel. Frankfurt/New York 1981, S. 23 - 40.

ROGHMANN, K.: Dogmatismus und Autoritarismus: Kritik der theoretischen Ansätze und Ergebnisse dreier westdeutscher Untersuchungen. Meisenheim a. Gl. 1966.

RUDOW, B.: Die Arbeit des Lehrers. Bern/Göttingen/Toronto/Seattle 1994.

SCHIMUNEK, F.-P.: Zum Entwicklungsstand ausgewählter Einstellungen von Lehrerstudenten der IfL. In: Wiss. Zeitschr. d. PH Erfurt/Mühlhausen, gsR. 18(1981)2. S. 77 - 83.

SCHIMUNEK, F.-P.: Wandel durch Annäherung? Zur Sicht Erfurter Lehrer auf den Umbruch im Bildungswesen. In: WEISHAUPT, H./ZEDLER, P. (Hrsg.): Schulstrukturwandel in Thüringen. Erfurt 1993, S. 49 - 72.

SCHMIDT, H.: Ein Kapitel „Dialektik der Aufklärung" Zur Ambivalenz der DDR-Gesellschaft. In: THOMAS, M. (Hrsg.): Abbruch und Aufbruch. Berlin 1992, S. 19 - 35.

SCHMIDT-MUMMENDEY, A.. Autoritarismus. In: ARNOLD, W./EYSENCK, H.-J.:/MEILI, R.: Lexikon der Psychologie. Freiburg/Basel/Wien 1980, S. 213 - 214.

SHAW, M. E./WRIGHT, J. M. (Eds.): Scales for the measurement of attitudes. McGraw-Hill New York 1967.

TERHART, E.: Der Beruf des Lehrers, Lüneburg 1989.

TERHART, E./CZERWINKA, K./EHRICH, K./JORDAN, F./SCHMIDT, H. J.: Berufsbiographien von Lehrern. Abschlußbericht an die DFG (Inst. f. Schul- und Hochschulforschung d. Universität Lüneburg), Lüneburg 1993.

MONIKA PLATH

Wie wohl fühlen sich Schüler? – Ein Beitrag zur Diskussion um die innere Schulreform

Eine Analyse der gegenwärtigen Schulsituation kann nur erfolgen durch die Einbeziehung der Hauptbeteiligten der Schulreform – die Schüler[1]. Darüber, wie Schüler denken und fühlen, gibt es wenige Erkenntnisse; die subjektive Sicht von Schülern kommt in wissenschaftlichen Untersuchungen und Schulkonzepten höchstenfalls am Rande vor (vgl. FROMM 1987). Meist steht der Lehrer im Zentrum der Beobachtung, der als angeblich „intimer Kenner" der Schüler Aussagen über deren Wünsche, Sorgen und Befindlichkeiten trifft.

Ein Grund dafür mag darin liegen, daß Schule vordergründig als Instanz der Lebensplanung gesehen wird, die sie ja zweifelsohne auch ist. Sie eröffnet oder verschließt Berufs- und damit auch Lebensperspektiven. Bildungs- und Erziehungsvorstellungen der Erwachsenen sind häufig das Maß, an dem Qualität von Schule gemessen wird. Diese spezifische Sicht aus der Perspektive von Eltern und Lehrern birgt jedoch die Gefahr in sich, der Schülerwirklichkeit nicht gerecht zu werden. Schule ist auch zentraler Lebensraum für Kinder und Jugendliche. Dort verbringen sie einen großen Teil ihres Tages, dort sammeln sie Sozialisationserfahrungen (z.B. das Leben und Lernen in der Gruppe), die für immer mehr Kinder nur noch in unzureichendem Maße außerhalb der Schule gemacht werden können. Zudem wird soziale Kompetenz im späteren Berufs- bzw. Erwachsenenleben aufgrund der sich wandelnden Arbeitsanforderungen zunehmend erwartet. Die zukunftsbezogene Sinnbedeutung von Schule darf deshalb nicht die gegenwärtige Lebenssituation der Schüler vernachlässigen. Qualität von Schule äußert sich nicht nur in fachlichen Leistungsergebnissen, sondern auch in der gegenwärtigen Lebensqualität der Schüler wie Gesundheit, Gerechtigkeit und ihrem sozialen Wohlbefinden (vgl. u.a. HELMKE/DREHER 1979). Die Einstellung der Schüler gegenüber ihrer Schule hat erhebliche Bedeutung, da sie mit Freude am Lernen allgemein verbunden ist. Gerade diese Dimension kann aber nur von den Schülern selbst eingeschätzt werden.

---

1 Wenn im folgenden von Schülern die Rede ist, sind immer Schülerinnen und Schüler gemeint.

Der Fragestellung, wie wohl sich Schüler in der Schule fühlen und von welchen Faktoren dieses Wohlbefinden maßgeblich beeinflußt wird, wende ich mich deshalb nachfolgend zu. Dabei geben die erhobenen Daten zunächst einen Ist-Stand vom Ende des Schuljahres 1992/93 wieder und machen dabei auf Problemfelder aufmerksam, die bei der weiteren Ausgestaltung von Schule zu beachten sind. Eine detaillierte Beschreibung der Auswahl der Stichprobe und eine Diskussion der Aussagekraft der Ergebnisse findet sich im Beitrag von KUTHE/SCHIMUNEK in diesem Band.

In die nachfolgende Darstellung sind 5.741 Schüler der Sekundarstufe I einbezogen, die sich wie folgt gruppieren:

- Mädchen (3294) und Jungen (2905);
- Schüler der Klassenstufen 5 (2377), 7 (2292), 9 (1572);
- Schüler der Schularten Regelschule (3252), innerhalb der Regelschule in den Klassen 7 und 9 Hauptschüler (482) und Realschüler (1327), und des Gymnasiums (2489).

1 Wovon hängt das Wohlbefinden der Schüler in der Schule ab?

Wir stellten den Schülern die Frage, wie gern sie in die Schule bzw. Klasse gehen. Die Antwort „gern" und „sehr gern" wird nachfolgend als allgemeiner Ausdruck des Wohlbefindens interpretiert. Danach fühlen sich 43% aller befragter Schüler an ihrer Schule wohl bzw. sehr wohl.

Zunächst war interessant, von welchen Faktoren das unterschiedliche Wohlbefinden der Schüler in der Schule beeinflußt wird. Konzeptionell sind diese Zusammenhänge mittels eines Modells möglicher Einflußfaktoren auf das Wohlbefinden der Schüler analysierbar, wie es in *Abbildung 1* dargestellt ist. Orientiert an Ergebnissen der Schulforschung (vgl. u.a. HELMKE/DREHER 1979, CZERWENKA u.a. 1990), wurde das Wohlbefinden der Schüler anhand folgender Kriterien untersucht:

1. Die Bedeutung der **Einschätzung des Lehrerverhaltens** aus der Sicht der Schüler ergibt sich aus der zentralen Funktion, die Lehrer als „Träger" von Schule und damit auch von Schulreform innehaben. Unter der spezifischen historischen Konstellation in den neuen Bundesländern – fast alle Lehrer waren bereits in der DDR-Schule tätig – ist dieses Kriterium von besonderem

Abbildung 1:
Modell untersuchter Einflußfaktoren auf das Wohlbefinden der Schüler in der Schule[2]

(1) Einschätzung der Lehrer

- Die Lehrer ermuntern die Schüler häufig, eigene Gedanken zu äußern, auch wenn sie falsch sein könnten.
- Die Lehrer zensieren gerecht.
- Ruhe und Ordnung sind hier den meisten Lehrern sehr wichtig.
- Im allgemeinen herrscht hier ein freundlicher Umgangston.

Konformitätserwartung

- Vielen Lehrern fällt es schwer, sich mit den Meinungen der Schüler ernsthaft auseinanderzusetzen.
- Die meisten Lehrer hätten es hier am liebsten, wenn ihre Anordnungen von den Schülern widerspruchslos ausgeführt würden.
- Die Lehrer gehen an meiner Schule häufig auf Vorschläge der Schüler ein.

Förderungszentrierung

- Viele Lehrer empfinden schwächere Schüler hier nur als Last.
- Hier wird viel darüber gesprochen, wie man schwächeren Schülern helfen könnte.
- Für die meisten Lehrer zählt nur, was ein Schüler leistet.

Vertrauen zu den Lehrern

- Insgesamt habe ich zu den meisten Lehrern volles Vertrauen.

↓

Wohlbefinden der Schüler

In die Schule gehe ich grundsätzlich gern bzw. sehr gern.

↑ ↑

(2) Verhältnis zu den Mitschülern

- Wenn jemand aus der Klasse Hilfe braucht, helfen ihm die Mitschüler gern.
- In der Klasse ist jeder nur mit sich selbst beschäftigt; für die Probleme der anderen hat kaum einer Interesse.
- Wenn jemand etwas gegen unsere Klasse sagt oder unternimmt, halten alle zusammen.
- Bei uns ist es selbstverständlich, daß die besseren Schüler den schlechteren helfen.
- Ohne sich um den Rest der Klasse zu kümmern, arbeiten einige Schüler in Gruppen zusammen.
- In unserer Klasse ist keiner von der Klassengemeinschaft ausgeschlossen.
- Es gibt häufig Streitereien zwischen den Schülern.
- Bei uns arbeiten die einzelnen Schüler eher gegeneinander als miteinander.

(3) Leistungsangst

- Bei schwierigen Klassenarbeiten gehen mir oft soviele Sachen durch den Kopf, daß ich nicht mehr klar denken kann.
- Wenn ich bei einer Klassenarbeit sehe, daß andere fast fertig sind, ich dagegen noch längst nicht, will ich am liebsten gleich aufgeben.
- Wenn im Unterricht mein Name fällt, habe ich gleich ein ungutes Gefühl.
- Abends im Bett mache ich mir oft Sorgen darüber, wie ich am nächsten Tag in der Schule abschneiden werde.

---

[2] Den von uns analysierten Einflußfaktoren auf das Wohlbefinden der Schüler sind in dieser Abbildung alle entsprechenden Items aus dem Fragebogen zugeordnet, nachfolgend werden jedoch nur Ergebnisse zu den Items beschrieben und interpretiert, die sich bei der Auswertung unserer Daten als bedeutsam erwiesen.

Interesse. Zudem weisen Forschungsergebnisse darauf hin, daß die Einschätzung von Lehrern durch ihre Schüler weit über die Person des Lehrers hinaus weist: Lehrer als Personen transportieren all das, was Schule allgemein ausmacht (vgl. u.a. FURTNER-KALLMÜNZER 1983, S. 44). FEND wies nach, daß positive soziale Beziehungen zwischen Lehrern und Schülern einen großen Einfluß auf das Interesse der Schüler an Lerninhalten und auf ihre momentane gesamte Schulsituation haben (FEND 1977, S. 208 ff.). Die Einschätzung des Lehrerverhaltens scheint ein wesentliches Indiz für das allgemeine Wohlbefinden der Schüler zu sein.

2. Das soziale Klima an den Schulen hängt nicht nur von dem Erleben positiver Beziehungen zwischen Lehrern und Schülern ab, sondern auch von den **sozialen Beziehungen der Schüler** untereinander. Im Vergleich von bislang veröffentlichten Studien zu dieser Problematik werden jedoch unterschiedliche, bezogen auf unsere Annahme, zum Teil sogar widersprüchliche Ergebnisse sichtbar. So stellt z.B. CZERWENKA in seiner Studie „Schülerurteile über die Schule“ fest, daß in den Schüleraufsätzen, die Schule als Ort sozialer Interaktion nicht auffällig häufig thematisiert wird (vgl. CZERWENKA 1990, S. 138). Befunde der ARBEITSGRUPPE SCHULFORSCHUNG (1980) lassen den Schluß zu, daß die soziale Interaktion in der Schule wahrscheinlich nur den Rang von ‘Gesprächen am Arbeitsplatz’ haben.

Nach ALLERBECK/HOAG zieht die zunehmende Mitgliedschaft von Kindern und Jugendlichen in informellen Gruppen eine Verlagerung des sozialen Lernens von der Schule zu außerschulischen Bereichen nach sich (vgl. ALLERBECK/HOAG 1985, S. 181). Nach jüngsten Forschungsergebnissen von KRÜGER scheint es jedoch große Unterschiede zwischen ost- und westdeutschen Schülern zu geben. Danach sind Schüler aus den neuen Bundesländern sehr viel seltener als westdeutsche Schüler Mitglieder in außerschulischen Vereinen etc., ihre Freizeit ist zudem weniger durch feste Termine am Nachmittag verplant (vgl. KRÜGER 1996, S. 260). Ob der Ort „Schule“ für ostdeutsche Kinder und Jugendliche traditionell den zentralen Raum des Beisammenseins mit Gleichaltrigen darstellt und somit die sozialen Beziehungen in der Klasse bzw. Schule für diese Schüler ein stärkeres Gewicht haben, scheint mir eine zusätzlich interessante Fragestellung für unsere Untersuchung zu sein.

3. Als dritten zu untersuchenden Aspekt von Wohlbefinden wählen wir die **Leistungsangst**. Ein Blick in die Forschungsliteratur zeigt weitgehend Übereinstimmung, daß die Ausbildungsplatzkonkurrenz, der Lehrstellenmangel, die Jugendarbeitslosigkeit gestiegen sind. Bedenkt man, daß in den neuen Bundesländern diese Erfahrungen für Eltern und Schüler vollkommen neu

sind, erhält die Leistung in der Schule tatsächlich einen höheren Stellenwert. Erfahrungen von Angst und Versagen in Leistungssituationen bleiben nicht ohne negative Wirkung auf das Selbstkonzept der Schüler und damit auf die allgemeine Wertschätzung ihrer eigenen Person (vgl. u.a. HELMKE/DREHER 1979). Starke Zusammenhänge zum allgemeinen Wohlbefinden der Schüler dürften deshalb zu erwarten sein.

Das in *Abbildung 1* dargestellte Modell bildet die Grundlage für den nachfolgenden Ergebnisbericht.

Im folgenden sollen zunächst die relevanten Einflüsse auf das Wohlbefinden der Schüler unabhängig von einem Vergleich zwischen Teilpopulationen analysiert werden (1.1/1.2/1.3). Auf der Grundlage der dabei gewonnenen Ergebnisse werden dann Unterschiede zwischen Mädchen und Jungen, zwischen Schülern unterschiedlicher Klassenstufen (2.1), zwischen Schülern verschiedener Schularten und Bildungsgänge (2.2) und zwischen Einzelschulen (2.3) diskutiert.

1.1 Der Einfluß der Beziehungen der Schüler zu ihren Lehrern auf ihr Wohlbefinden

Da, wie bereits eingangs erwähnt, die Person des Lehrers für fast alle Bereiche „steht", mit denen Schüler im Schulalltag konfrontiert werden, muß mit der Interpretation der Ergebnisse sehr behutsam umgegangen werden. CZERWENKA weist darauf hin: „Denn in einem sehr negativen Urteil über Lehrkräfte kann sich die gesamte belastende Erfahrung widerspiegeln, die Schüler in ihrem Alltag machen, die Lehrkräfte aber nicht immer zu verantworten haben" (CZERWENKA 1991, S. 123). So können auch wir aus den nachfolgend dargestellten Ergebnissen keine Rückschlüsse auf das tatsächliche Lehrerverhalten ziehen, sondern dieses nur im Spiegel von Schülermeinungen betrachten.

Das Verhältnis der Schüler zu ihren Lehrern wurde über die Bewertung der zwölf, in *Abbildung 1* dargestellten Aussagen bestimmt. Anhand einer fünfstufigen Skala konnten die Schüler jeweils angeben, wie stark sie den betreffenden Äußerungen zustimmen.

Innerhalb der 12 vorgegebenen Items nimmt das den Lehrern entgegengebrachte *Vertrauen* einen besonderen Stellenwert ein. CZERWENKA betont, daß die Funktion der Lehrkräfte nicht ausschließlich darin besteht, den Schülern im Unterricht sachkundig grundlegende Informationen zu vermitteln, sondern auch darin, „als sozial-emotionale Identifikations- und Orientierungspersonen zu dienen“ (CZERWENKA 1992, S. 119). Aus der Sicht der Schüler wird dieser zweiten Funktion ein sehr großes Gewicht beigemessen, wie zahlreiche wissenschaftliche Untersuchungen zum Lehrerwunschbild – also zu den Erwartungen der Schüler an ihre Lehrer – belegen. So stellt z.B. HOFER fest, daß Schüler ihre Erwartungen an die Lehrer in zwei Dimensionen äußern: in der sogenannten „Tüchtigkeitsdimension“ (Fachwissen, Methodenkompetenz, Durchsetzungsfähigkeit ...) und im emotionalen Bereich (Wärme, soziale Kompetenz ...) (vgl. HOFER 1981, S. 54). Die Beliebtheit der Lehrer ist zudem häufig davon abhängig, inwieweit diese von den Schülern als gerecht und verständnisvoll erlebt werden. All dies bündelt sich im Wunsch der Schüler nach einem Vertrauensverhältnis zu ihren Lehrern.

Zu vermuten war deshalb, daß das Maß an Vertrauen zu den Lehrern auch das Wohlbefinden der Schüler in der Schule sehr stark beeinflußt. Insgesamt haben 37 % aller von uns befragten Schüler nach ihren Angaben *„zu den meisten Lehrern volles Vertrauen“*. Die nachfolgende *Abbildung 2* gibt Auskunft über den von uns erwarteten Zusammenhang des Vertrauens zu den Lehrern mit dem Wohlbefinden der Schüler.

Von allen Schülern, die angeben gern bzw. sehr gern in die Schule zu gehen, haben 51 % zu den meisten ihrer Lehrer volles Vertrauen. Dies trifft nur für 26 % der Schüler zu, die nicht gern zu Schule gehen. Die Ergebnisse weisen einen hochsignifikanten Zusammenhang zwischen diesen beiden Kriterien aus, so daß die vorgängig geäußerte Hypothese als bestätigt angesehen werden kann.

Abbildung 2:
Zusammenhang Wohlbefinden – Vertrauen zu den Lehrern
(*Angaben in Prozent*)

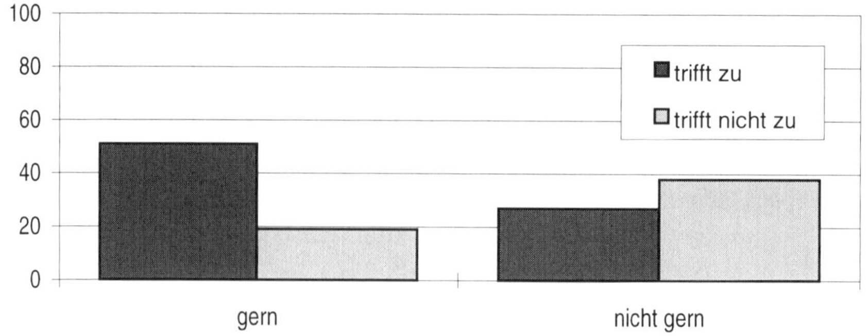

Was genau macht aber das Vertrauen aus? Welche Verhaltensweisen der Lehrer sind förderlich für ein angemessenes Vertrauensverhältnis zwischen Lehrern und Schülern?

Aus Schülersicht wird das Vertrauen vor allem über 'emotionale Wärme', 'Gerechtigkeit', 'Verständnis für Probleme und Schwächen des Einzelnen', die 'individuelle Förderung des Schülers' definiert, über Einstellungs- und Verhaltensweisen also, die sich letztlich in dem Begriff „Schülerorientierung" wiederfinden. Es erscheint daher angebracht, nach solchen Einstellungen und Verhaltensweisen der Lehrer zu fragen, die einen Rückschluß auf den Grad der Schülerorientierung erlauben.

In unserer Untersuchung haben wir die Dimensionen Förderungszentrierung (Zuwendung zum einzelnen Schüler) und Konformitätserwartung (erwarteter Anpassungsdruck) der Lehrer durch die Schüler anhand der in *Abbildung 1* dargestellten Items einschätzen lassen. Diese Dimensionen geben uns Hinweise auf ein schülerorientiertes Verhalten der Lehrer, die auch vor dem Hintergrund des tiefgreifenden Schulwandels interessant sind.[3]

Eine Veränderung der Konformitätserwartung und Förderungszentrierung im Vergleich zur POS kann leider nicht erfaßt werden, da es in der DDR keine vergleichbaren Untersuchungen gab. Es kann lediglich vermutet werden, daß die Einschätzung der Lehrer bezüglich dieser Dimensionen mit dem allgemeinen Wohlbefinden insofern zusammenhängt, als Schüler, die sich in der Schule nicht wohl fühlen, eine höhere Konformitätserwartung und eine niedrigere Förderungszentrierung ihrer Lehrer erleben, als Schüler, die sich in der Schule wohl fühlen.

Die Ergebnisse werden mit Hilfe von Mittelwerten dargestellt. Die Angaben der Schüler konnten zwischen 1 (hohe Zustimmung) und 5 (keine Zustimmung) streuen. Hohe Mittelwerte bei der Konformitätserwartung bedeuten

---

[3] „Schülerorientierung" war insofern ein bestimmendes Element des DDR-Schulwesens, als man darunter hauptsächlich eine Orientierung am zu vermittelnden Stoff verstand. Die dahinter stehende Frage für die Lehrer lautete etwa so: 'Wie kann ich Unterricht so gestalten, daß ich entsprechend den Altersbesonderheiten und dem unterschiedlichen Leistungsstand der Schüler effektiv Wissen vermittle?' Lehrer wurden in einem hohen Maße für die Leistungsentwicklung ihrer Schüler verantwortlich gemacht. Bei der Bewältigung der Anforderung, leistungsschwache Schüler nicht zurückzulassen und die Leistungsspitze entsprechend ihren Begabungen und Stärken zu fördern (und dies in durchgehend leistungsheterogenen Klassen), machten DDR-Lehrer Erfahrungen, die sich heute aus einer anderen Sicht von 'Schülerorientierung' sowohl förderlich als auch hemmend auf die pädagogische Arbeit auswirken können. (vgl. BÖTTCHER/PLATH/WEISHAUPT 1995, S. 63)

einen hohen Anpassungsdruck aus der Sicht der Schüler, hohe Mittelwerte bei der Förderungszentrierung eine hohe Zuwendung der Lehrer, besonders zu leistungsschwächeren Schülern.

Alle befragten Schüler schätzen die Konformitätserwartung ihrer Lehrer mit einem Mittelwert von 3,1 ein, die Förderungszentrierung mit einem Mittelwert von 2,9. Aufschlußreicher stellt sich jedoch das Bild zwischen Schülergruppen mit unterschiedlichem Wohlbefinden dar (*Tabelle 1*).

Tabelle 1:
Konformitätserwartung und Förderungszentrierung nach unterschiedlichem Wohlbefinden der Schüler (*Mittelwerte; Skala 1 = hohe bis 5 = keine Zustimmung*)

	Schüler mit hohem Wohlbefinden	*Schüler mit niedrigem Wohlbefinden*
Konformitätserwartung	2,8	3,3
Förderungszentrierung	3,1	2,7

Das Wohlbefinden der Schüler korreliert, wie erwartet, mit einer hohen Förderungszentrierung und einer niedrigeren Konformitätserwartung ihrer Lehrer. Schüler mit hohem Wohlbefinden erleben nach unseren Befunden einen deutlich niedrigeren Anpassungsdruck ihrer Lehrer als Schüler mit niedrigem Wohlbefinden. Die Förderungszentrierung der Lehrer ist aus der Sicht der Schüler der ersten Gruppe weit aus höher als in der Beurteilung der Schüler der zweiten Gruppe. Dieser Zusammenhang ist bei Regelschülern (Hauptschüler/Realschüler) und Gymnasiasten gleichermaßen hoch.

Die Gestaltung einer schülerorientierten Beziehung gewinnt damit an allen Schulen und Schularten (auch an Gymnasien) an Bedeutung. Die befragten Lehrer bestätigen zwar mit vielen ihrer Aussagen, daß sie darum wissen; so schätzen z.B. 70 % von ihnen die Mitbestimmung der Schüler als sehr wichtig ein. Im Wahrnehmungsurteil vieler Schüler ist Mitbestimmung jedoch längst nicht überall die Praxis.

Die Ergebnisse zeigen, daß auch Thüringer Schüler ihre Zufriedenheit in der Schule sehr stark von ihren Beziehungen zu den Lehrern her definieren. Vielfältig geäußerte Meinungen der Schüler am Ende des Fragebogens wie z.B. „Ihr müßtet viel mehr über die Lehrer fragen – sie sind schließlich das Wichtigste in der Schule“ (Regelschüler Klasse 7) unterstützen diese Befunde.

1.2 Einfluß der sozialen Beziehungen in der Klasse auf das Wohlbefinden der Schüler

Aufgrund des Forschungsstandes zur Bedeutung der sozialen Beziehungen der Schüler untereinander für ihr Wohlbefinden in der Schule gingen wir von folgenden Annahmen aus: Ein gutes soziales Verhältnis der Schüler untereinander hat einen entscheidenden Einfluß auf das Wohlbefinden des einzelnen Schülers in der Schule. Aufgrund der vorgängig dargestellten großen Bedeutung der Förderungszentrierung der Lehrer für das allgemeine Wohlbefinden der Schüler ist ein besonderer Einfluß der Kriterien zu erwarten, die auf Hilfsbereitschaft und gegenseitige Rücksichtnahme innerhalb der Klasse hinweisen.

Die sozialen Beziehungen der Schüler untereinander wurden über acht (in *Abbildung 1* aufgeführten) Aussagen bestimmt, die von den Schülern auf einer fünfstufigen Skala beantwortet wurden. Statistisch bedeutsame Einflüsse zum Wohlbefinden der Schüler weisen dabei nur vier der genannten Kriterien auf, die in *Abbildung 3* dargestellt sind.

Abbildung 3:
Das **soziale Miteinander in der Klasse** im Zusammenhang mit dem Wohlbefinden der Schüler (*Angaben in Prozent*)

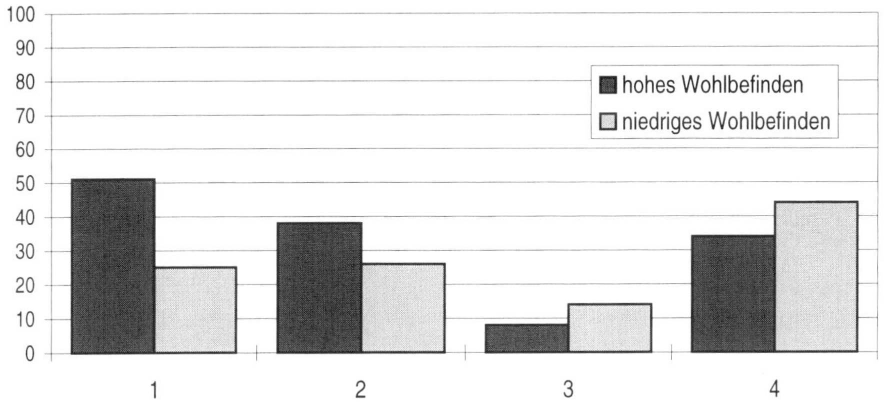

(1) „Wenn jemand aus der Klasse Hilfe braucht, helfen ihm die Mitschüler gern."
(2) „Bei uns ist es selbstverständlich, daß die besseren Schüler den schlechteren helfen."
(3) „Bei uns arbeiten die einzelnen Schüler eher gegeneinander als miteinander."
(4) „Es gibt häufig Streitereien zwischen den Schülern."

Das Wohlbefinden der Schüler wird offenbar in starkem Maße von der Hilfsbereitschaft der Klassenkameraden beeinflußt. Schüler, die sich in der Schule wohl fühlen, schätzen die Hilfsbereitschaft ihrer Mitschüler deutlich besser ein, als die Schüler, die nicht gerne in die Schule gehen. Unsere Erwartungen bestätigen sich damit. Zudem wird die Frage nach *Streitereien* in der Klasse von Schülern mit unterschiedlichem Wohlbefinden auch signifikant unterschiedlich beantwortet.

1.3 Einfluß der Leistungsangst auf das Wohlbefinden der Schüler

Auf der Grundlage bisheriger Forschungen zur Leistungsangst von Schülern erscheint es naheliegend, anzunehmen, daß die von den Schülern empfundene Leistungsangst bzw. der von ihnen empfundene Leistungsdruck einen wesentlichen Einfluß auf das momentane Wohlbefinden der Schüler ausübt.

Anhand der von uns gewählten Items, die sich vor allem auf die gedankliche Vorwegnahme von Mißerfolg, Versagen und die Herabsetzung eigener Kompetenzen durch ungünstige Vergleiche mit anderen beziehen, analysierten wir diesen Einfluß. *Abbildung 4* gibt Aufschluß über die Befunde.

Die Ergebnisse zeigen, daß der empfunde Leistungsdruck bei Schülern, die sich nach eigenen Angaben in der Schule nicht wohl fühlen, stärker ist als bei Schülern mit hohem Wohlbefinden. Bemerkenswert erscheint jedoch, daß der Leistungsdruck in der gegenwärtigen Situation im Unterricht und bei Klassenarbeiten offenbar einen stärkeren Einfluß auf das Wohlbefinden ausübt als die gedankliche Vorwegnahme von Mißerfolg. Bei der Bestätigung zu der Aussage, sich bereits am Vorabend Sorgen über das Abschneiden in der Schule zu machen, gibt es zwischen den Schülergruppen keine Unterschiede.

Das in der *Abbildung 1* dargestellte Modell der Einflußfaktoren auf das momentane Wohlbefinden hat sich im wesentlichen durch unsere Analysen bestätigt.

Die Befunde zum Einfluß der 'Lehrer' und 'Mitschüler' auf das allgemeine Wohlbefinden und die Ergebnisse zur 'Leistungsangst' werden im nachfolgenden Kapitel unter dem Aspekt des Vergleichs zwischen verschiedenen Gruppierungen diskutiert. Diese differenziertere Analyse ist notwendig, um, wie eingangs erklärt, Problemfelder für eine weitere Entwicklung der inneren Reform der Thüringer Schulen abzustecken.

Abbildung 4:
Die von den Schülern **empfundene Leistungsangst** im Zusammenhang mit dem Wohlbefinden der Schüler (*Angaben in Prozent*)

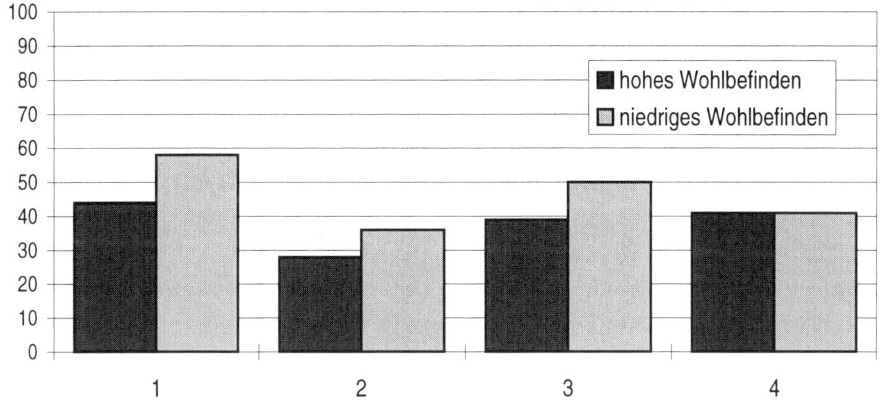

(1) „Bei schwierigen Klassenarbeiten gehen mir oft so viele andere Sachen durch den Kopf, daß ich gar nicht mehr klar denken kann."
(2) „Wenn ich bei einer Klassenarbeit sehe, daß andere fast fertig sind, ich dagegen noch längst nicht, will ich am liebsten gleich aufgeben."
(3) „Wenn im Unterricht mein Name fällt, habe ich gleich ein ungutes Gefühl."
(4) „Abends im Bett mache ich mir oft Sorgen darüber, wie ich am nächsten Tag in der Schule abschneiden werde."

2 Vergleich des Wohlbefindens der Schüler zwischen verschiedenen Gruppen

2.1 Jahrgangsstufen und Geschlecht

Durch zahlreiche Untersuchungen (vgl. u.a. HELMKE/DREHER 1979) wurde bereits belegt, daß Mädchen sehr viel zufriedener mit der Schule sind als Jungen. Zudem wurde in einer jüngst veröffentlichten Studie mit einem Rückgang des Wohlbefindens mit steigendem Alter auch eine zunehmend kritische Einstellung der Schüler zu ihren Lehrern beobachtet (CZERWENKA u.a. 1990).

Dies ist der Ausgangspunkt für folgende Annahmen: Mädchen gehen auch in Thüringen lieber in die Schule als Jungen. Mit steigender Klassenstufe bzw. Alter nimmt das Wohlbefinden in der Schule ab; dies korrelliert mit einer kritischeren Haltung der Schüler gegenüber ihren Lehrern.

Im Einklang mit bisher bekannten Ergebnissen der Schulforschung steht zunächst der geschlechtsspezifische Befund, daß Mädchen (46 %) sich in der Schule wohler fühlen als Jungen (37 %). In allen Klassenstufen und allen Schularten fühlen sich Mädchen wohler als Jungen. Überrascht haben jedoch die Befunde in den einzelnen Klassenstufen (s. *Abbildung 5*).

Abbildung 5:
Wohlbefinden der Schüler nach Geschlecht und Schulart (*Zustimmung in Prozent*)

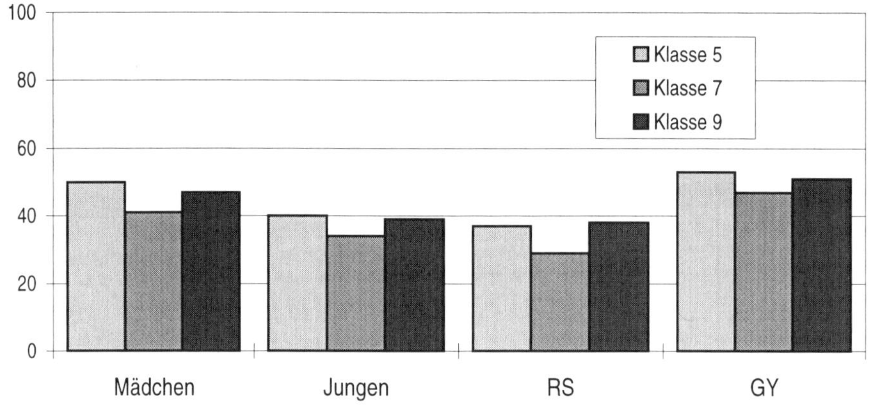

Das Wohlbefinden sinkt nicht, wie in oben genannter Untersuchung ermittelt und wie von uns erwartet, mit steigendem Alter. Es ist zwar in Klasse 5 mit 45 % am höchsten, sinkt dann auch in Klasse 7 erwartungsgemäß ab, steigt aber in Klasse 9 mit 44 % fast wieder auf das Niveau von Klasse 5 an.

Die Annahme, daß mit zunehmendem Alter der Schüler ihr Wohlbefinden in der Schule sinkt, läßt sich durch unsere Ergebnisse nicht bestätigen. Unabhängig davon, ob man nach Mädchen und Jungen, nach Regelschülern und Gymnasiasten unterscheidet – der „Knick" in Klasse 7 bleibt. Folgt man dem bereits in Punkt 1 beschriebenen Zusammenhang von Lehrereinschätzung und Wohlbefinden, liegt die Vermutung nahe, daß Schüler der Klasse 7 ihre Lehrer am kritischsten einschätzen, das Verhältnis zu den Lehrern müßte danach in Klasse 9 wieder besser werden. Um dies zu ermitteln, wählen wir die den Lehrern zugeschriebene Konformitätserwartung (als ein Indiz für Kritik am Lehrer).

Die Konformitätserwartung der Lehrer wird von den Schülern mit zunehmenden Alter zunehmend stärker empfunden. Dabei gibt es keine Unterschiede

Tabelle 2:
Einschätzung der Konformitätserwartung der Lehrer durch die Schüler nach Geschlecht und Klassenstufe (*Mittelwerte; Skala 1 = große bis 5 = keine Zustimmung*)

	Mädchen	*Jungen*	*gesamt*
Klasse 5	2,44	2,52	2,48
Klasse 7	3,40	3,40	3,40
Klasse 9	3,51	3,51	3,51

zwischen Mädchen und Jungen. Die Annahme, daß die Lehrer in Klasse 7 (aufgrund des von uns konstatierten geringsten Wohlbefindens) von den Schülern am kritischsten eingeschätzt werden, hat sich damit nicht bestätigt. Hierin liegt zunächst ein Widerspruch zu den dargestellten signifikanten Zusammenhängen in Punkt 1. Wenn offensichtlich in Klasse 9 das Verhältnis zu den Lehrern nicht ausschlaggebend für das Wohlbefinden der Schüler ist, so sind andere Einflüsse zu prüfen, z.B. der Einfluß der sozialen Beziehungen in der Gruppe bzw. Klasse. Hierbei beschränken wir uns auf die Kriterien, die in einem nachgewiesenen Zusammenhang zum Wohlbefinden der Schüler stehen.

Tabelle 3:
Einschätzung des sozialen Miteinander der Schüler nach Klassenstufen (*Mittelwerte; Skala 1 = große bis 5 = keine Zustimmung*)

	Mitschüler helfen gern	*Bessere helfen Schlechteren*	*Schüler arbeiten eher gegeneinander als miteinander*	*häufige Streitereien in der Klasse*
Klasse 5	2,49	2,80	3,56	2,22
Klasse 7	2,56	3,04	3,92	2,77
Klasse 9	2,39	2,74	4,17	3,43

Auf einer Skala von 1 (= hohe Zustimmung) bis 5 (= keine Zustimmung) konnten die Schüler vorgegebenen Aussagen zustimmen. Daß die *Mitschüler gerne helfen und daß es selbstverständlich ist, daß Bessere den Schlechteren helfen* erfährt die höchste Zustimmung in der Klassenstufe 9. Zudem gibt es nach Ansicht der Schüler in Klasse 9 seltener *Streitereien* und auch seltener den Tatbestand, daß Schüler *eher gegeneinander als miteinander arbeiten*. Diese Befunde legen es nahe, davon auszugehen, daß sich mit zunehmenden Alter die „Gewichte" unterschiedlicher Einflußfaktoren auf das Wohlbefinden der Schüler verlagern. Die zunehmende kritische Einstellung zu den Lehrern muß nicht zwingend eine Beeinträchtigung des Wohlbefinden in der Schule nach sich ziehen, wenn die positiven sozialen Beziehungen in der Klasse „stimmen". Diese gewinnen offensichtlich mit steigendem Alter der Schüler für das Wohlbefinden an der Schule sogar an Bedeutung. Die Förderung sozialer Beziehungen in der Klasse wird damit für den Lehrer eine wichtige Aufgabe.

2.2 Schularten und Bildungsgänge

In die folgende Analyse werden nur die Schüler der Klassenstufe 7 und 9 aus Regelschulen und Gymnasien einbezogen. Regelschulen arbeiten ab Klasse 7 integriert oder additiv. Aus analytischen Erwägungen unterscheiden wir deshalb innerhalb der Regelschule Haupt- und Realschüler in abschlußbezogenen Klassen und Haupt- und Realschüler in Kursklassen.[4]

Forschungsergebnisse weisen darauf hin, daß die Zufriedenheit der Schüler im Vergleich zwischen den einzelnen Schulformen stark variiert. Danach hängt das Wohlbefinden von dem Qualifikationsniveau bzw. der Abschlußprognose der jeweiligen Schulform ab. Eine solche Abhängigkeit wurde auch in Ergebnissen der Gesamtschulforschung konstatiert. Ein niedriges Qualifikationsniveau korelliert mit einer geringeren Zufriedenheit der Schüler an ihrer Schule (vgl. HELMKE/DREHER 1979, S. 47).

Deshalb ist zu vermuteten, daß mit höherem Qualifikationsniveau (Abschlußprognose) ein höheres allgemeines Wohlbefinden einhergeht. Damit verbunden ist eine unterschiedliche Einschätzung der Lehrer und der Mitschüler zu erwarten.

Vergleicht man zunächst das Wohlbefinden der Regelschüler mit dem der Gymnasiasten wird ein deutlicher Unterschied erkennbar: 34 % der Regelschüler, die sich nach eigenen Angaben in ihrer Schule wohlfühlen, stehen 50 % der Gymnasiasten gegenüber (*s. auch Abbildung 5*). Die Befunde deu-

[4] Der Einteilung in Haupt- und Realschüler sind die Abschlußprognosen zugrunde gelegt. Wenn nachfolgend von Haupt- und Realschülern gesprochen wird, so sind immer die Schüler in haupt-und realschulabschlußbezogenen Klassen und potentielle Haupt- und Realschüler in integriert geführten Klassen gemeint.

ten auf eine Schulartabhängigkeit hin und bestätigen die Ausgangsthese vorerst. Die Regelschüler weisen zudem ein sehr differenziertes Bild auf, wenn man die Meinungsäußerungen der Schüler zwischen den Bildungsgänge vergleicht (*s. Abbildung 6*).

Abbildung 6:
Wohlbefinden der Regelschüler nach Bildungsgängen (*Angaben in Prozent*)

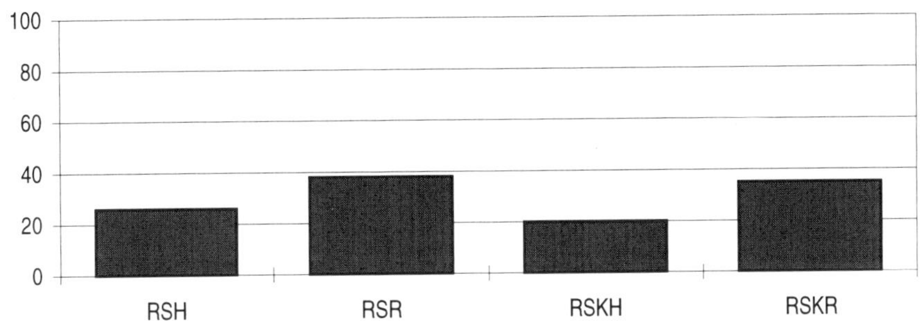

RSH = Schüler in hauptschulabschlußbezogenen Klassen
RSR = Schüler in realschulabschlußbezogenen Klassen
RSKH = Hauptschüler in integrativ geführten Klassen
RSKR = Realschüler in integrativ geführten Klassen

Danach fühlen sich Hauptschüler aus integrativ geführten- oder Kursklassen (20 %) und Schüler aus Hauptschulklassen (26 %) nicht so wohl, wie die Realschüler in abschlußbezogenen Klassen (38 %) und die Realschüler in Kursklassen (35 %). Insgesamt fühlen sich Realschüler wohler als Hauptschüler. Das Qualifikationsniveau hat nach diesen Ergebnissen wie erwartet einen deutlichen Einfluß auf das allgemeine Wohlbefinden der Schüler.

Vergleicht man abschlußbezogene Klassen („reine" Haupt- bzw. Realschulklassen) mit integrativ geführten Klassen, wird jedoch noch ein weiterer Unterschied sichtbar: Das Wohlbefinden der Kursschüler ist deutlich niedriger als das der Schüler in abschlußbezogenen Klassen. Dies gilt sowohl für Hauptschüler als auch für Realschüler. Am wenigsten wohl fühlen sich Hauptschüler aus Kursklassen. Dies weist auf einen Problembereich hin, der nachfolgend tiefer analysiert werden soll. Um die eingangs formulierte These zu belegen, muß die Frage beantwortet werden, ob es von den jeweiligen Schülergruppen eine unterschiedliche Einschätzung der Beziehungen zu ihren Lehrern und zu den Mitschülern gibt. Mit den in der *Tabelle 4* dargestellten Mittelwerten lassen sich zunächst folgende Aussagen treffen:

Die wahrgenommene Konformitätserwartung der Lehrer ist bei Gymnasiasten deutlich niedriger als bei Regelschülern. Innerhalb der Bildungsgänge der Regelschule zeigt sich eine Tendenz zu Lasten der Kursklassen. Insbesondere die Hauptschüler in diesen Klassen geben die kritischsten Einschätzungen.

Tabelle 4:
Einflußfaktoren auf das Wohlbefinden der Schüler unterschiedlicher Schularten und Bildungsgänge (*Mittelwerte; Skala 1 = hohe bis 5 = keine Zustimmung; Abkürzungen s. Abbildung 6*)

	GY	*RSH*	*RSR*	*RSKH*	*RSKR*
Konformitätserwartung	3,00	3,14	3,35	3,68	3,48
Mitschüler helfen gern	2,42	2,59	2,49	2,75	2,65
Bessere helfen Schlechteren	2,93	3,04	2,90	3,25	3,15
Schüler arbeiten eher gegeneinander als miteinander	4,11	3,58	4,05	3,06	3,84
Häufig Streitereien	3,28	2,51	2,99	2,40	2,60

Daß „Mitschüler gerne helfen“ und daß „Bessere den Schlechteren helfen“, bestätigen am deutlichsten die Gymnasiasten, gefolgt von Regelschülern in abschlußbezogenen Klassen, am kritischsten fällt die Einschätzung wieder bei Kursschülern aus und hier wiederum bei den potentiellen Hauptschülern. Zudem gibt es nach der Meinung der Hauptschüler in Kursklassen hier am häufigsten „*Streitereien*“ und den Tatbestand, daß die Schüler „*eher gegeneinander als miteinander*“ arbeiten.

Sowohl die Abschlußperspektiven und die schon stattgefundene Selektion als auch die hier dargestellten sozialen Einflüsse geben erste Hinweise auf die unterschiedliche Zufriedenheit der Schüler, erklären diese aber nur unzureichend. Deshalb sei an dieser Stelle ein weiterer, bislang noch nicht dargestellter Zugang gewählt: Wie bereits eingangs erwähnt, beeinflußt der empfundene Leistungsdruck die soziale Befindlichkeit der Schüler in der Schule nicht unwesentlich (vgl. u.a. HELMKE/DREHER 1979). Im Fragebogen wurden einige wichtige Angaben erfaßt, die auf einen unterschiedlich empfundenen Leistungsdruck schließen lassen und eine weitere mögliche Erklärung für das Wohlbefinden geben können. Aufgrund einer kontinuierlichen Leistungszuordnung in Kursklassen der Regelschule ist bei diesen Schülern mit einem vergleichbar höherem Leistungsdruck zu rechnen.

Tabelle 5:
Zustimmung zu nachfolgenden Aussagen (*in Prozent; Abkürzungen s. Abbildung 6*)

	GY	*RSH*	*RSR*	*RSKH*	*RSKR*
Wenn ich bei Klassenarbeiten sehe, daß andere fast fertig sind, ich dagegen noch längst nicht, will ich am liebsten gleich aufgeben.	**32**	57	49	**70**	50
Bei schwierigen Klassenarbeiten gehen mir oft so viele andere Sachen durch den Kopf, daß ich gar nicht mehr klar denken kann.	**32**	36	34	**42**	36
Wenn im Unterricht mein Name fällt, habe ich gleich ein ungutes Gefühl.	**36**	49	39	**51**	42

Unterstellt man, daß die Zustimmung zu diesen Aussagen Leistungsdruck zum Ausdruck bringt, ist zunächst festzustellen, daß dieser von Regelschülern offensichtlich sehr viel stärker empfunden wird als von Gymnasiasten. Innerhalb der Regelschule sind es vor allem die leistungsschwächeren Schüler (Hauptschüler), die Leistungsdruck am häufigsten bestätigen. Im Vergleich zwischen abschlußbezogenen Klassen und Kursklassen innerhalb der Regelschule gehen die Befunde wiederum zu Lasten der Kursklassen. Die Lage der leistungsschwachen Schüler erweist sich dabei durchweg als problematisch.

Hier deutet sich ein Problemfeld an, daß bei der weiteren Gestaltung der inneren Schulreform beachtet werden muß: Regelschüler und besonders die, die sich in Kursklassen befinden, und hier wiederum insbesondere die Leistungsschwächeren, empfinden in stärkerem Maße Leistungsdruck. Der Gedanke dürfte nicht abwegig sein, daß die bestehenden Regelungen zur Auf- und Abstufung bei Regelschülern (besonders bei Kursschülern) zu einem kontinuierlichem Leistungsdruck führen. Diese Schülergruppe muß sich zudem (vor allem ihre Leistung) am gesamten Schülerjahrgang messen, an dessen leistungsmäßigem Ende sie steht.

Die Frage danach, wie die Regelschule mit ihren „Hauptschülern" umgeht, wird damit zu einem Schlüssel für das Gelingen der inneren Schulreform.

Abschließend soll untersucht werden, ob die vergleichbar schlechteren Werte im sozialen Wohlbefinden von potentiellen Hauptschülern in der Regelschule der Struktur dieser Schulart „anzulasten" sind, oder ob sie aus einer unterschiedlichen Qualität der Einzelschule resultieren. Die Sicht auf die Einzelschule soll deshalb nachfolgend das Bild vom Wohlbefinden Thüringer Schüler erweitern.

2.3 *Einzelschulen*

Forschungen zu Qualität von Schule (vgl. u.a. FEND 1977, STEFFENS/BARGEL 1992), machen deutlich, daß das Profil der Einzelschule und ihr pädagogisches Binnenklima sehr viel mehr Einfluß auf die Schulzufriedenheit der Schüler hat als äußere Rahmenbedingungen. Es gibt danach gute und schlechte Grundschulen, gute und schlechte Gesamtschulen, gute und schlechte Gymnasien und gute und schlechte Real- und Hauptschulen.

Ausgehend von diesen Befunden kann vermutet werden, daß bei einer differenzierten Sicht auf die in die Untersuchung einbezogenen Einzelschulen (die Größe der Stichprobe läßt dies zu) große Unterschiede im Wohlbefinden der Schüler zu verzeichnen sind. Bezüglich der Regelschulen kann erwartet werden, daß im Vergleich von Schulen mit durchschnittlich hohem Wohlbefinden der Schüler und Schulen mit durchschnittlich niedrigem Wohlbefinden der Schüler innerhalb einzelner Bildungsgänge nicht ausschließlich ein Niveau-, sondern vor allem ein Strukturunterschied deutlich wird. Das heißt: Die Differenz zwischen der Zufriedenheit von Haupt- und Realschüler an „guten Schulen“ ist vermutlich geringer als an „weniger guten“ Schulen.

Die folgende *Abbildung 7* zeigt 42 Schulen, an denen die Schüler befragt wurden, davon 30 Regelschulen und 12 Gymnasien.

Abbildung 7:
Wohlbefinden der Schüler nach Einzelschulen (*Angaben in Prozent)*

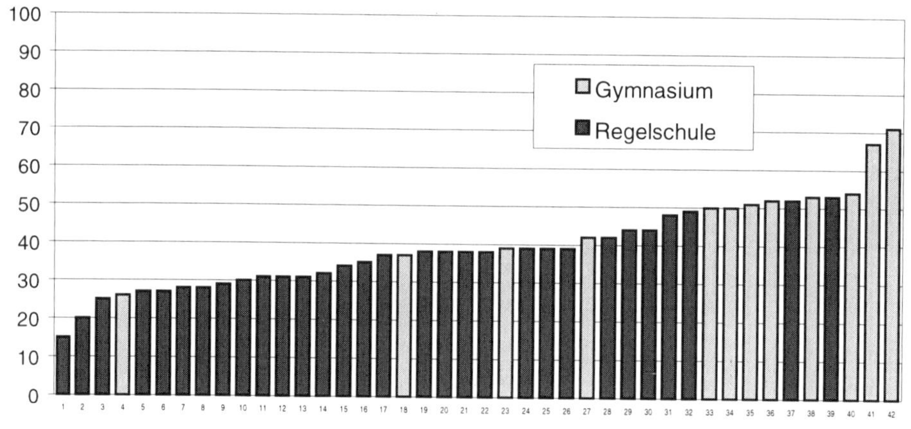

Es gibt danach Schulen, an denen sich 70 % der Schüler wohlfühlen, aber auch Schulen, an denen nur jeder 6. Schüler dieser Meinung ist. Starke Differenzen bestehen diesbezüglich im Vergleich von Regelschulen, als auch im Vergleich von Gymnasien. Die Unterschiede zwischen den einzelnen Schulen sind sehr viel größer als die Unterschiede zwischen Schularten und Bildungsgängen. Dies unterstützt nachdrücklich die Befunde der „Qualität von Schule"-Forschung.

Um die zweite Hypothese zu belegen, wende ich mich nachfolgend nur der Regelschule zu und untersuche „Extremgruppen". Aus den einbezogenen 30 Regelschulen wurden die jeweils 5 „besten" Schulen (sehr hohes Wohlbefinden der Schüler, nachfolgend als „gute" Schulen bezeichnet) und die 5 „schlechtesten" Schulen (niedriges Wohlbefinden der Schüler, nachfolgend als „schlechte" Schulen bezeichnet) in jeweils einer Gruppe zusammengefaßt.

Vergleicht man das Wohlbefinden der Schüler dieser beiden Gruppen, kann man feststellen: An „guten Schulen" sind es annähernd 50 % der Schüler, die gern in die Schule gehen, an „schlechten Schulen" nur 20 %. Das durchschnittliche Wohlbefinden der Hauptschüler an „guten" Schulen ist höher als die Zufriedenheit der Realschüler an „schlechten" Schulen. Der Einfluß der Einzelschule auf die Zufriedenheit ihrer Schüler ist danach sehr groß.

Die *Abbildung 8* zeigt jedoch auch deutlich, daß der von uns vermutete Strukturunterschied zwischen den beiden Gruppen nicht nachweisbar ist. Die Dif-

Abbildung 8:
Wohlbefinden der Schüler nach Bildungsgängen an „guten" und „schlechten" Schulen (*Angaben in Prozent; Abkürzungen s. Abbildung 6*)

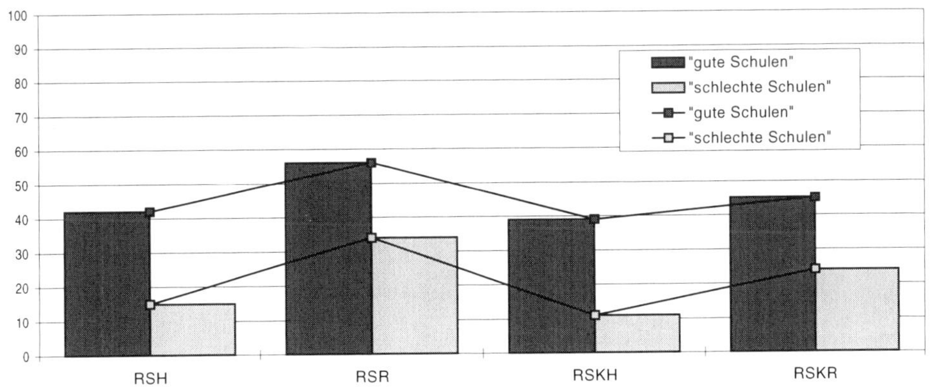

ferenzen zwischen Haupt- und Realschülern sind in beiden Extremgruppen ähnlich hoch.

Das durchschnittlich hohe Wohlbefinden in der ersten Gruppe der Regelschulen ist vor allem auf die vergleichbar größere Zufriedenheit von Haupt- und Realschülern, also auf einen Niveauunterschied zurückzuführen.

Um den Niveauunterschied zu erklären, wurden für die gebildeten Gruppen wiederum die Konformitätserwartung und die Förderungszentrierung der Lehrer analysiert.

Tabelle 6:
Konformitätserwartung im Vergleich zwischen „guten“ und „schlechten“ Regelschulen (*Mittelwerte; Skala 1 = hohe bis 5 = keine Zustimmung; Abkürzungen s. Abbildung 6*)

	„gute“ Schulen	*„schlechte“ Schulen*
RSH	3,32	3,56
RSR	3,27	3,51
RSKH	3,50	3,96
RSKR	3,30	3,57

Der Niveauunterschied im Wohlbefinden der Schüler zwischen beiden Extremgruppen wird, wie erwartet, von der wahrgenommenen Konformitätserwartung der Lehrer stark beeinflußt. Die Konformitätserwartung ist an „guten“ Schulen in jedem einzelnen Bildungsgang deutlich niedriger als an „schlechten“ Schulen. Innerhalb der ‘Extremgruppen’ unterscheiden sich jedoch die Schüler der einzelnen Bildungsgänge genauso wie im Durchschnitt aller Regelschulen (Das Niveau an „guten Schulen“ ist höher als an „schlechten“, die Struktur ist die gleiche!). Gleiches gilt für die von uns erfaßte Förderungszentrierung.

Aus der Sicht der Schüler ist die Förderzentrierung in der Gruppe der „guten Schulen“ deutlich höher als in der Gruppe der „schlechten Schulen“, allerdings sind hierbei die Differenzen der Einschätzung zwischen potentiellen Haupt- und Realschülern statistisch nicht bedeutsam.

Die Ergebnisse verweisen auf die große Bedeutung der Profilierung der Einzelschule für die weitere Ausgestaltung der inneren Schulreform. Jedoch drängt

Tabelle 7:
Förderungszentrierung im Vergleich zwischen „guten" und „schlechten" Regelschulen (*Mittelwerte; Skala 1 = hohe bis 5 = keine Zustimmung; Abkürzungen s. Abbildung 6*)

	„gute" Schulen	*„schlechte" Schulen*
RSH	3,18	2,96
RSR	3,00	2,87
RSKH	2,82	2,57
RSKR	2,97	2,72

sich die Frage auf, warum an „guten" Schulen trotz deutlich höherer Wertschätzung der Lehrer und besserer Einschätzung des sozialen Klimas durch die Schüler die Differenzen zwischen dem Wohlbefinden von Haupt- und Realschülern, wie von uns erwartet, nicht aufgehoben werden. Offensichtlich stoßen hier Möglichkeiten der inneren Schulreform an äußere, durch die Schulstruktur vorgegebene Grenzen.

3 Zusammenfassung

1. Das Wohlbefinden der Schüler Thüringer Schulen ist in starkem Maße von den sozialen Beziehungen der Schüler zu ihren Lehrern und den positiven Beziehungen zu den Mitschülern in der Klasse abhängig. Die von den Schülern eingeschätzte Konformitätserwartung und Förderungszentrierung der Lehrer stehen in einem hochsignifikantem Zusammenhang mit ihrer Zufriedenheit an der Schule.

Mit zunehmender Klassenstufe wird in der Sekundarstufe I der Einfluß einer positiven Schüler-Schüler-Beziehung immer bedeutsamer, verschiebt sich die Gewichtung der Einflußfaktoren auf das Wohlbefinden der Schüler von den „Lehrern" hin zu den „Mitschülern".

Die individuelle Weiterbildung der Lehrer zu Fragen der Schülerorientierung, zu Fragen des demokratischen Umgangs mit den Schülern und zu Fragen der Förderung leistungsschwächerer Schüler gewinnt damit an Bedeutung. Dies umsomehr, da es

2. im Wohlbefinden der Schüler unterschiedlicher Schularten und Bildungsgänge nennenswerte Unterschiede gibt. Potentielle Hauptschüler, und beson-

ders die in Kursklassen, sind bedeutend unzufriedener als Realschüler und Gymnasiasten. Diese Ergebnisse sind nicht als Votum für abschlußbezogene Klassen zu interpretieren – dafür sind sie viel zu punktuell – sie weisen aber wiederholt auf eine schwierige pädagogische Konstellation in Kursklassen hin, die in der Aus- und Weiterbildung der Lehrer besondere Aufmerksamkeit verdient. Regelschüler – und hier wiederum die in Kursklassen – erleben zudem einen wesentlich höheren Leistungsdruck in der Schule als Gymnasiasten der Sekundarstufe I. Dies ist vermutlich auf Regelungen der Auf- und Abstufung in der Regelschule zurückzuführen. Maßnahmen der Binnendifferenzierung erhalten so einen hohen Stellenwert. In der Diskussion sollten besonders solche Fragen eine Rolle spielen, in welchen Fächern, ab welcher Klassenstufe und in wieviel Stufen differenziert werden soll und ob unterschiedliche Varianten realisierbar sind.

3. Die Unterschiede im Wohlbefinden der Schüler zwischen einzelnen Schulen sind sehr viel bedeutsamer als die Unterschiede zwischen Schularten und Bildungsgängen. Mit diesen Ergebnissen rückt die pädagogische Profilierung und Gestaltung der Einzelschule und deren Autonomie in den Mittelpunkt des Interesses.

4. Deutlich gesagt werden muß aber auch, daß selbst gute Regelschulen es nach unseren Befunden nicht vermögen, die Differenzen im Wohlbefinden zwischen Haupt- und Realschülern zu verringern oder gar aufzuheben. So ist das gegenwärtige Wohlbefinden der Schüler vermutlich auch abhängig von der schulischen Selektion und von den Abschlußmöglichkeiten und Zukunftschancen, die die Gesellschaft ihren Schülern bietet. Über die Gestaltung der äußeren Schulstruktur in Thüringen muß deshalb gleichermaßen nachgedacht werden wie über die Fortsetzung der inneren Schulreform.

Literatur

ALLERBECH, K./HOAG, W.: Jugend ohne Zukunft? Einstellungen, Umwelt, Lebensperspektiven. München 1985.

BÖTTCHER, I./PLATH, M./WEISHAUPT, H.: Die Regelschule in Thüringen – Drei Schulporträts. Erfurt 1995

CZERWENKA, K./NÖLLE, K./PAUSE, G./SCHLOTTHAUS, W./SCHMIDT, H. J./ TESSLOFF, I.: Schülerurteile über die Schule. Bericht über eine internationale Untersuchung. Frankfurt a. M. 1990.

FEND, H.: Schulklima. Soziale Einflußprozesse in der Schule. Soziologie der Schule III. Weinheim, Basel 1977.

FROMM, M.: Die Sicht der Schüler in der Pädagogik. Untersuchungen zur Behandlung der Sicht von Schülern in der pädagogischen Theoriebildung und in der quantitativen und qualitativen empirischen Forschung. Weinheim 1987.

FURTNER-KALLMÜNZER, M.: Wenn du später was werden willst. München 1983.

HELMKE, A./DREHER, E.: Gesamtschule und dreigliedriges Schulsystem in Nordrhein-Westfalen – Erzieherische Wirkungen und soziales Umfeld. München 1979.

HOFER, H.: Lehrerverhalten aus der Sicht des Schülers. In: Pädagogische Welt 35 (1981), H.1, S.49-56.

KRÜGER, H.-H.: Strukturwandel des Aufwachsens. Neue Anforderungen für die Schule der Zukunft. In: HESPER. W./KRÜGER, H.-H./WENZEL, H. (Hrsg.): Schule und Gesellschaft im Umbruch, Bd. 1, Weinheim 1996

STEFFENS, U./BARGEL, T. (Hrsg.): Schulentwicklung im Umbruch. Analysen und Perspektiven für die zukünftige inhaltliche Gestaltung von Schule. In: Beiträge aus dem Arbeitskreis „Qualität von Schule", H.6. Wiesbaden, Konstanz 1992.

GABRIELE KÖHLER

Die Sicht der Lehrer auf die Veränderungen im Schulwesen

> *„Wie geht man mit Lehrern um? ... Denkt man an entsprechenden Stellen auch daran, daß wir alle (Lehrer und Schüler) Menschen sind und auch die 'Wende' von uns verarbeitet werden muß?!"*

Eine berechtigte Anmerkung eines Lehrers, mit der er auf unsere Aufforderung reagierte, am Ende des Fragebogens mögliche Probleme in Schule und Unterricht des vergangenen Schuljahres zu markieren. Sie verdeutlicht, daß auch fünf Jahre nach den nunmehr schon als historisch anzusehenden Ereignissen der Wende 1989 in der DDR und vier Jahre nach dem Beitritt der DDR zur BRD, der Vereinigung der beiden deutschen Staaten, noch immer große Herausforderungen für die Menschen in bezug auf die innere Ausgestaltung der deutschen Einheit bestehen. Das betrifft insbesondere auch die innere Reform der künftigen Schulentwicklung. Ihr voraus ging der Schulstrukturwandel in allen neuen Bundesländern. Gewollt und verordnet zugleich, vollzog sich diese äußere, die Schulstrukturen und Institutionen betreffende Reform auch in Thüringen. Es bleibt, der Frage nachzugehen, in welchem Maße der Schulstrukturwandel von den Lehrern[1] gewollt und mit welchen Erwartungen er verbunden wurde. Welche Veränderungen wollten Thüringer Lehrer in bezug auf Schule und Unterricht, wie artikulierten sie ihre Wünsche und Vorstellungen und sind sie bereit, selbst etwas für Reformen zu tun? Wie bilanzieren sie zwei Jahre nach der Einführung der neuen Schulstrukturen den vollzogenen Schulwandel, bewerten sie ihren Beitrag am Zustandekommen der Veränderungen, wie bringen sie sich selbst in die gegenwärtig sich vollziehenden Prozesse der inneren Schulreform ein?

Diese und andere Fragen stellten wir an Thüringer Lehrer (zur Auswahl der Lehrer vgl. KUTHE/SCHIMUNEK in diesem Band) im Rahmen der Untersuchung „Schule in Thüringen im Wandel".

---

[1] Wenn hier und im folgenden von der Berufsgruppe der Lehrer geschrieben wird, so sind stets Lehrerinnen und Lehrer gemeint.

1 Reformengagement Thüringer Lehrer

Befragt nach ihren Überlegungen zur Veränderung des DDR-Schulwesens vor und während der Wende, waren sich die Lehrer aller Schularten in der Feststellung einig, daß „Meinungsfreiheit für Lehrer und Schüler" (83 %) und „Entideologisierung der Schule" (79 %) vorrangige Ziele waren. Dieses Ergebnis kam für uns nicht unerwartet, denn das Anliegen der gesamten basisdemokratischen Bewegung war die geistige Erneuerung der Schule. Angelegt und ausgerichtet an diesem Ziel gingen sowohl die 1989/90 eingerichteten „Runden Tische für Bildung" als auch Lehrer und Eltern in ihren Wünschen und Forderungskatalogen immer wieder von diesen Prämissen aus. Erst im Verlauf der weiteren politischen Entwicklung und der daraus resultierenden Forderung nach Angleichung der Abschlüsse erwiesen sich auch Strukturfragen gegenüber der intendierten „geistigen Erneuerung" für Bildungs- und Schulpolitik als vorrangig (vgl. KÖHLER; ANWEILER 1994). Sowohl Lehrer als auch Eltern (s. WEISHAUPT in diesem Band) sahen eine „stärkere äußere Differenzierung (mehr Schularten)" nicht als das vordringlichste Problem an, denn nur 27 % aller Thüringer Lehrer meinten, daß dies überhaupt notwendig war. Von allen vorgegebenen Items rangierte dieses Problemfeld in der Einschätzung der Lehrer mit Abstand an letzter Stelle. Und letztendlich wird diese Antwort auch von der Tatsache gestützt, daß sich nach eigenen Angaben nur 3 % der Lehrer an der Ausarbeitung von Materialien zur Reform der Schulstruktur beteiligten.

Die zu Wendezeiten vorrangigen Aktivitäten der Lehrer waren nach eigener Einschätzung auf die Diskussionen mit Kollegen zur Umgestaltung der eigenen Schule (84 %) bzw. die Erarbeitung von Vorschlägen zur Verbesserung des Unterrichts (32 %) gerichtet. Dies läßt die Konzentration der Bemühungen erkennen. „Mehr Freiräume zur Gestaltung des Unterrichts" forderten vor allem die Grundschullehrer. Während dieser Freiraum von den Lehrern im neuen Schulsystem als realisiert eingeschätzt wird – wenngleich Grundschullehrer das zu größeren Teilen bejahen als Gymnasiallehrer –, hält nur knapp die Hälfte aller Lehrer die in Wendezeiten geforderte Entideologisierung der Schule für vollständig eingelöst. Fragt man danach, was Lehrer eigentlich unter „Entideologisierung" verstehen, ist der Kommentar einiger Lehrer beachtenswert, die feststellten: *„Die alte Ideologie wurde einfach durch eine neue ersetzt ...".* Die vollständige Realisierung der Meinungsfreiheit für Lehrer und Schüler sieht nicht einmal jeder dritte als gegeben an. Ein Ergebnis, das bemerkenswert erscheint und im Zusammenhang mit den Auswirkungen der Wende in bezug auf die berufliche Sicherheit bzw. Unsicherheit der Lehrer diskutiert werden muß. Ein Grund für die enttäuschten Erwartungen im Hinblick auf „freie Meinungsäußerung für Lehrer" wird auch aus der folgenden Anmerkung eines Lehrers deutlich:

> *„Besonders hoffnungsvoll war man in der Umbruchphase (89/90); vieles wurde ausprobiert, die Schule öffnete sich; sehr freie Lehrbucharbeit; Schüler zogen mit; Demokratie wurde erlebbar. Jetzt: überall Maulkörbe, 'Oben' macht die Pläne – 'Basis' wird nicht gefragt bzw. ignoriert ..."*

Weit auseinander liegen auch die Erwartungen und deren Realisierung in bezug auf die äußere Differenzierung. Hier ist die Relation genau umgekehrt: die Erwartungen lagen hinter deren Verwirklichung, d. h. Thüringer Lehrer hielten Strukturveränderungen nicht in dem Maße für notwendig, wie sie dann schließlich in ihrem Bundesland umgesetzt worden sind (vgl. *Abbildung 1*).

Über die vorgegebenen Items hinaus, baten wir die Lehrer, auch anzugeben, was sie sich damals an Veränderungen noch wünschten. Ein Drittel aller befragten Lehrer äußerte sich dazu. Im Mittelpunkt standen auch hier allgemeine, fächerübergreifende Wünsche, die sich den Oberbegriffen „Entideologisie-

Abbildung 1:
Überlegungen Thüringer Lehrer zur Veränderung des alten Schulwesens
(*Angaben in Prozent*)

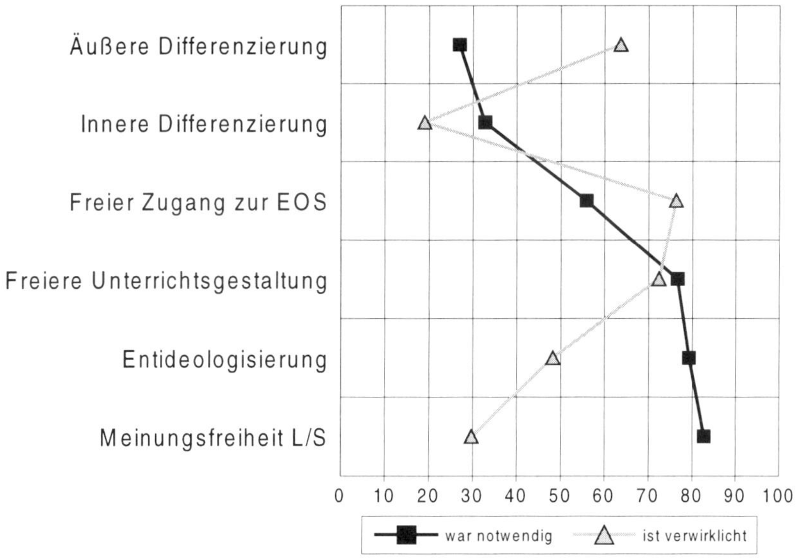

rung" und „Demokratisierung" zuordnen lassen. Daß Lehrer diese Vorstellungen über die vorgegebenen Items hinaus nochmals hervorhoben, macht die vorrangige Bedeutung dieser Inhalte für sie deutlich.

Ausgehend von ihren Antworten konnten wir auf diese Weise erfassen, was Lehrer meinten, wenn sie 1989 „Entideologisierung" forderten.

Entideologisierung war für sie zunächst das Brechen mit der Vorherrschaft einer Partei, der SED, war Parteienunabhängigkeit. Wert wurde darauf gelegt, daß nicht alles von Partei und Staat vorgegeben wird, daß Chancengleichheit aller Lehrer gegenüber den SED-Genossen besteht und daß weniger Kontrolle und damit Druck von seiten der Partei oder Parteileitungen ausgeübt wurde. Damit verbunden wurde vielfach auch die Forderung nach Abschaffung des obligatorischen Parteilehrjahres für Lehrer[2] und anderer „formaler Pflichtversammlungen". Entideologisierung wurde vorrangig auch für den Bereich des Unterrichts eingeklagt: ein weltoffener, freiheitlich-demokratischer Unterricht mit weniger parteipolitischen Themen sollte künftig in der Schule gehalten werden. Ausschließlich das „Kind, nicht das politische Wesen" sollte im Mittelpunkt stehen. Diese Forderung bezog sich nicht nur auf unterrichtliche Prozesse, sondern ebenfalls auf die außerunterrichtliche Tätigkeit. In der Trennung von Schule und Kinder- und Jugendorganisation (FDJ, Junge Pioniere und Thälmann-Pioniere)[3] sahen die Lehrer eine Chance, das Prinzip der Freiwilligkeit solcher Zusammenschlüsse konsequent zu verwirklichen. Gleichzeitig mahnten sie den Wegfall der Pionierarbeit als obligatorischen Arbeitsbereich für die Lehrer an. Ebenso verpflichtend

---

2 Vorrangig für die Berufsgruppe der Lehrer an POS und EOS war es Verpflichtung, am Parteilehrjahr der SED teilzunehmen. Damit wurde eine einheitliche politische Bildung beabsichtigt. Mitgliedschaft oder Nichtmitgliedschaft in der SED spielte dabei keine Rolle. Diese Veranstaltungen fanden unter Leitung der SED einmal monatlich statt. Strukturell anders geregelt war diese Teilnahme beispielsweise im Hochschulbereich. Parteilose Mitglieder waren aufgefordert, an der vom FDGB organisierten Veranstaltung „Schule der sozialistischen Arbeit" teilzunehmen bzw. sich gemeinsam mit den Genossen im Parteilehrjahr „politisch weiterzubilden".

3 Mit der ersten Klasse wurden die Schüler fast automatisch in die Pionierorganisation aufgenommen. Eltern und Schüler, die sich dagegen stellten – dies waren häufig konfessionell gebundene Bürger – hatten zwar nicht mit Repressalien, doch aber mit mehr oder weniger ständigem Druck in Form von „immerwährender ideologischer Beeinflussung" zu rechnen. Der o.g. Automatismus setzte sich fort, als die Kinder in der vierten Klasse in „die Reihen der Thälmann-Pioniere" aufgenommen wurden. Damit verbunden war die Überreichung des roten Halstuches und ein an dieser Stelle noch umfangreicheres „Gelöbnis". Die Mitgliedschaft in der Freien Deutschen Jugend – FDJ –, die oft auch als Kampfreserve der Partei bezeichnet wurde, begann in der achten Klasse. Ihr konnten sich nur wenige Schüler entziehen und ohne diese Mitgliedschaft war es dann schwierig, die Befürwortung für die Zulassung zur EOS zu erhalten.

und für viele Lehrer zu DDR-Zeiten oft belastend war die „militärische Nachwuchsgewinnung". In Extremfällen wurden die Lehrer hauptsächlich daran gemessen, wieviel Offiziersbewerber sie gewinnen und weitermelden konnten; die Qualität ihres Unterrichtes spielte eine nachgeordnete Rolle. Durch diese Praxis frustriert, waren die Forderungen in bezug auf „Entideologisierung" eindeutig: „keine unterrichtlichen und außerunterrichtlichen Aktionen zur militärischen Nachwuchsgewinnung", „keine Werbung für die Armee". „Entideologisierung" hieß für die befragten Lehrer darüber hinaus auch insgesamt „nicht so unter einem politischen Druck arbeiten zu müssen", der sowohl von der SED als auch von staatlicher Seite gleichzeitig ausgeübt worden ist. Damit in engem Zusammenhang stand der Wunsch nach „Toleranz bei christlichem Glauben", „daß die Kinder offen über ihre Religionszugehörigkeit sprechen können", „daß Kinder, die keine Jugendweihe hatten, auch zum Studium zugelassen werden"[4]. Es ging also den Lehrern weniger um Abschaffung der Kinder- und Jugendorganisation, um Vermengung von Staat und Kirche, sondern lediglich um eine gewisse Toleranz bei gleichzeitigem Wegfall der als außerordentlich stark empfundenen ideologischen Ausgerichtetheit.

In engem Zusammenhang damit standen die Forderungen nach „*Demokratie*". Befreit von politisch-ideologischer Bevormundung, machten die Thüringer Lehrer neben ihrem hohen Votum für „Meinungsfreiheit für Lehrer und Schüler" (mit 83 % der höchste Wert) im ersten Teil der Frage auch in ihren Antworten deutlich, welchen Stellenwert diese Wendeforderung für sie hatte.

„*Meinungsfreiheit*" beinhaltete:

- „Achtung aller Weltanschauungen und Meinungen";
- „die Kinder sollten diskutieren lernen, ohne Angst, etwas Falsches zu sagen";
- Kritik sollte als „Anstoß zur Verbesserung des Zusammenlebens aufgefaßt und umgesetzt werden können und nicht als Nörgler oder als ideologisch nicht gefestigt gelten";

---

4 Gleichgelagert wie die Aufnahme und Mitgliedschaft in der Kinder- und Jugendorganisation war auch die Teilnahme an der 'Jugendweihe' politisch-ideologisch ausgerichtet. Meist waren es auch hier konfessionell gebundene Schüler, die statt der Jugendweihe die Konfirmation bevorzugten und dann mit Repressalien in Form von Nichtzulassung zur EOS und zum Studium (die Einsichtnahme in Akten des Volksbildungsministeriums ergab, daß in den Eingaben von Eltern gegen diese Praxis Widerspruch angemeldet worden ist) zu rechnen hatten, eben weil in der Aufnahmeordnung zu Einrichtungen der Abiturstufe 1981 fixiert worden war, daß neben guten Leistungen im Unterricht und hoher Leistungsfähigkeit und -bereitschaft 'politisch-moralische und charakterliche Reife' im Sinne der 'Verbundenheit mit der DDR durch Haltung und gesellschaftliche Aktivität' nachzuweisen waren. Gesellschaftliche Aktivität aber war kaum nachzuweisen, wenn man nicht konform mit der verordneten Parteipolitik handelte.

- „öffentliche Meinungsäußerung, ohne mit Gegenmaßnahmen rechnen zu müssen";
- „Meinungsstreit, der zu optimalen Lösungen führt, ungehindert durch Parteienideologie";
- „ein offenes, sachliches Gespräch unter Kollegen, nicht nur mit Personen, die man genau kannte und denen man vertraute".

Zum Demokratieverständnis gehörten desweiteren allgemeine Forderungen nach „mehr Freiheit", „Ehrlichkeit", „Gerechtigkeit", „freiem Entscheidungsspielraum", aber auch „Mitspracherecht der Eltern und der Lehrer", wobei letzteren „Eigenverantwortlichkeit und Selbständigkeit", „mehr Mitbestimmung bei schulischen Angelegenheiten" besonders wichtig erschien. „Mehr Demokratie bei der Besetzung von Leitungsfunktionen", „weniger Überwachung durch Direktor und Fachberater", aber „mehr Sachkompetenz der Schulämter" waren Anliegen in der Wendezeit. Auch die gewünschte „Reisefreiheit", „ohne Bittgang zum Schulrat"[5], läßt sich in das neue Demokratieverständnis eingruppieren.

Eng im Zusammenhang mit den Forderungen nach Entideologisierung und Demokratie standen die Äußerungen der Thüringer Lehrer, die ihre Berufsgruppe im besonderen betrafen. Vordringlich erschienen hier die „soziale Sicherstellung der Lehrerschaft", die „Anerkennung ihres sozialen Status", eine höhere Wertschätzung der Lehrertätigkeit, der Schule in der Öffentlichkeit" insgesamt (vgl. auch 3.1). Eine Möglichkeit, wie dies zu erreichen ist, sahen die Lehrer selbst in der „Anerkennung der Leistung bzw. der Qualifikation und nicht der politischen Einstellung" und in der „Entfernung von Lehrern mit politischer Vergangenheit aus dem Schuldienst" sowie dem „Wegfall der bisherigen Auszeichnungspraxis". Lehrer wehrten sich dagegen, die „Verantwortung für die Erziehung auf die Lehrer allein bzw. auf die Schule abzuschieben".

Interessant erscheint uns an dieser Stelle, daß Lehrer als Wendeforderungen auch die der „leistungsbezogenen, qualifikationsgerechten Vergütung", der „Gleichstellung zwischen Ost- und Westlehrern" in diesem Bereich und die Anerkennung der Dienstjahre und ihrer Ausbildung ansahen. Wenn man aber den Begriff der „Wende" auf die Ereignisse Ende des Jahres 1989 bezieht, sind diese Äußerungen „Nachwendeforderungen", die dann vor allem im Prozeß der Vereinigung und dem Aufbau der neuen Schulstrukturen in den neu

---

[5] Es war in der DDR gängige Praxis, daß Reisen in das nichtsozialistische Ausland, insbesondere in die BRD, für Lehrer nur mit gesonderter Zustimmung des Schulrates beantragt werden konnten.

entstandenen Bundesländern zum Tragen kommen konnten. Möglich wäre, daß Lehrer – übrigens wie andere Personen auch – an dieser Stelle aufgrund der Vielschichtigkeit und Rasantheit des Prozesses und/oder mit Blick auf die Überlagerung ihrer ursprünglichen Gedanken und Forderungen mit immer wieder neuen Tagesaufgaben und Sorgen drei Jahre nach der Wende nicht mehr detailliert zwischen Wünschen, die sie direkt zum Zeitpunkt der Wende artikulierten und jenen, die zu den „Nachwendeforderungen" gehörten, zu unterscheiden vermögen. Dies ist nicht zuletzt ein Hinweis darauf, daß es sich bei diesem Fragenkomplex um die Erfassung von Retrospektivdaten handelt, d.h. es wurde „heute" von uns danach gefragt, welches der vorgegebenen Elemente die Lehrer vor einem Zeitraum, der einige Jahre zurückliegt, als wünschenswert ansahen.

Die gleiche Problematik war auch erkennbar, wenn die Lehrer innerhalb dieser offenen Frage ihre Gedanken zu „*Schulstrukturen bzw. zur äußeren Differenzierung*" notierten: „viel mehr Gesamtschulen" – das bewegte Lehrer 1989 wohl kaum. Strukturgedanken waren eher undifferenziert und diffus, wenn sie überhaupt geäußert worden sind. Neben der Forderung nach „Gesamtschulen" tauchte die Forderung nach „Integrationsschulen" auf. Ansonsten war in den Antworten lediglich einmal zu lesen, daß eine „Vielzahl von unterschiedlichen Schultypen, die Freiräume für die Gesamtpersönlichkeitsentwicklung schaffen", wünschenswert sei. Quantitativ gesehen insgesamt wenig vertreten, waren Meinungen, die auf die „äußere Differenzierung" Bezug nahmen. Einigkeit gab es im Hinblick darauf, daß sich an der in der DDR bestehenden Differenzierung etwas ändern müsse; Uneinigkeit allerdings herrschte über den Zeitpunkt der Differenzierung. „Keine Gleichmacherei bis Klasse 10", „Differenzierung nicht schon ab Klasse 5 und nicht ab Klasse 11" oder „EOS ab Klasse 8", „EOS ab Klasse 9", „Differenzierung nach Klasse 6" und „Differenzierung nach Klasse 7" – so lauteten die Erwartungen der Thüringer Lehrer zur Wendezeit.

Wiederholt konnten wir Äußerungen der Lehrer zu den bereits erfragten „*Freiräumen für Lehrer zur Planung und Gestaltung des Unterrichts*" registrieren. Die Hauptforderung war hier, „mehr Zeit zu haben für die Unterrichtsvorbereitung, für die Durchführung von fachübergreifendem Unterricht", aber auch „Zeit für die Schüler selbst", für die Entwicklung ihrer „Kreativität". Diese Forderung ist im Zusammenhang zu sehen mit den oben genannten Wünschen, den Unterricht von jeglicher ideologischer Bevormundung und eben solchen Scheinaktivitäten, wie z. B. der Werbung von Offizieren, der Aufforderung zu Solidaritätsbekundungen, des Packens von Weihnachtspäckchen für NVA-Angehörige oder den monatlichen Wettbewerb um den besten „Altstoffsammler" zu entlasten. Zum Teil widersprüchlich waren die Erwartungen der Lehrer im Zusammenhang mit dem Lehrplan: Einer wollte „genauere Zielangaben des Lehrplans", ein anderer kritisierte die „Lehrplanstarre". Einig waren sich die Lehrer allerdings in bezug auf die Unterrichtsmittel: „mehr Anschauungsmaterial", „moderne Unterrichtsmittel" und „Ausstattung", interessante „Lehrbücher und Arbeitsmaterialien" waren die Hauptwünsche.

Eine andere Forderung, die sich vor allem auf die Organisation des Unterrichts bezog und nach der Grenzöffnung 1989 – betrachtet man sowohl die Quantität als auch das Für und Wider – über einige Wochen zur Hauptforderung avancierte, schien in der Erinnerung für Thüringer Lehrer eher verblaßt zu sein: die Durchsetzung des unterrichtsfreien Samstags. Weitaus mehr beschäftigten sich die Lehrer mit Fragen der Leistungsbewertung und Zensierung. Sie wandten sich gegen „festgelegte, starre Kriterien der Leistungsbewertung" und die „Zensierung in Klasse 1", kritisierten die „Gestaltung von Prüfungen" bzw. „Zeugnissen" und die „Versetzungspraxis". Insgesamt sollte es „weniger Druck bei der Bewertung und Erteilung der Noten" geben.

Alle anderen, von den befragten Lehrern geäußerten Wünsche betrafen die Spezifik ihrer Unterrichtsfächer. Hier fanden wir ein breites Spektrum, angefangen von der allgemeinen Forderung nach „mehr Zeit", der „Betonung der Wichtigkeit" für die jeweils eigenen Unterrichtsfächer bis hin zu Auffassungen wie:

- „Abschaffung des Faches Wehrerziehung",
- „Umweltschutz und Sexualerziehung" in der Schule,
- „Ethik in die Hand des Klassenlehrers",
- „freiwillige Teilnahme am Russischunterricht",
  „Russisch nicht als Doktrin",
- „Sprachreisen" und „Schüleraustausch" ins Ausland,
  eine „bessere fremdsprachliche Ausbildung".

Danach gefragt, ob ihre Bemühungen zur Veränderung des alten Schulwesens erfolgreich waren, gaben nur 11 % der Thüringer Lehrer an, daß dies zutrifft.

Die *Tabelle 1* verdeutlicht: 71 % aller befragten Lehrer schätzten ein, daß ihre Bemühungen zur Veränderung des alten Schulwesens teilweise erfolgreich waren und nahezu jeder Fünfte verneinte die Frage. Zwischen den Lehrern verschiedener Schularten und dem Dienstalter der Lehrer gab es dabei kaum Differenzen (die Gymnasiallehrer sind in ihrem Urteil allerdings am skeptischsten). Festzuhalten bleibt hier nur, daß die Bemühungen jener Lehrer, die erst zum September 1989 in den Schuldienst gekommen waren, von ihnen selbst eher erfolgreich eingeschätzt werden, bei Regelschullehrern sogar mit bis zu 36 %.

Tabelle 1:
Erfolg der Wendebemühungen (*Angaben in Prozent*)

	ja	*teilweise*	*nein*
Grundschullehrer	14,5	70,8	14,7
Regelschullehrer	8,6	69,6	21,8
Gymnasiallehrer	7,0	71,5	21,5
Lehrer aller Schularten	10,6	70,5	18,9

Nicht unerwartet ist, daß ein signifikanter Zusammenhang besteht zwischen der Beantwortung der Frage nach den Vor- und Nachteilen des neu eingeführten Schulsystems und der Frage nach dem Erfolg der Wendebemühungen. Lehrer, deren Wendebemühungen nicht erfolgreich waren, neigen in der Gesamteinschätzung auch eher dazu, den Schulwandel negativ zu bilanzieren. Dagegen schätzen Lehrer, die ihre Wendeaktivitäten als erfolgreich ansahen, den Schulstrukturwandel insgesamt positiv ein. Ähnlich verhält es sich bei der Betrachtung der als notwendig erachteten Veränderungen. Lehrer, die heute einschätzen, daß ihre als notwendig erachteten Veränderungen kaum verwirklicht wurden, sehen eher Nachteile im neuen Schulsystem.

Ebenso wie in der Darstellung von REH und TILLMANN wurde auch in unserer Untersuchung die große Vielfalt der Reaktionen von DDR-Lehrern auf die Öffnung der pädagogischen Diskussion zur Wende 1989 deutlich. Der These jener Autoren, die im Engagement der Lehrer einen „deutlichen Phasenverlauf – von der Euphorie der Jahre 1989/90 hin zur zunehmenden Reform-Distanzierung der Jahre 1992/93" (REH/TILLMANN 1994, S. 225) feststellten, findet nicht unsere uneingeschränkte Zustimmung. Einerseits schätzen Thüringer Lehrer das Ergebnis ihrer Wendebemühungen zwar sehr kritisch ein, andererseits erwächst aus dieser Einschätzung nicht geradlinig eine Reform-Distanzierung. Daß dieser Prozeß sehr viel differenzierter zu betrachten ist, zeigt die Auswertung unserer Untersuchungsergebnisse zur Berufszufriedenheit und zu beruflichen Zukunftsängsten sowie zum Fort- und Weiterbildungsbedarf der Thüringer Lehrer.

2 *Lehrer in Thüringer Schulen: Balance zwischen Kontinuität und Wandel*

In diesem Zusammenhang erschien es uns interessant, der Frage nachzugehen, wie sich das Erleben der politischen, schulstrukturellen und curricularen Reformen der Thüringer Lehrer auf ihre eigene berufliche Identität, auf ihre Lehrerrolle und damit letztlich auf ihre Bereitschaft zur Mitwirkung an der inneren Schulreform bzw. an der künftigen Schulentwicklung auswirkt.

Nachfolgend stellen wir deshalb zunächst berufsbiographische Betrachtungen in den Mittelpunkt, um das berufliche Selbstverständnis ostdeutscher Lehrer stärker zu konturieren. Da im Mittelpunkt unserer Untersuchungen nicht vordergründig die Durchführung berufsbiographischer Studien stand, wählten wir folgenden Untersuchungs- bzw. Auswertungsansatz (TERHART et al. 1994, S. 31): Zu einem gegebenen Zeitpunkt – in unserem Fall Frühsommer 1993 – wurden verschiedene Berufsaltersgruppen untersucht. Wir erhielten periodenzentrierte Querschnittsdaten zu diesem Zeitpunkt, die alters-, geschlechts- und schulartbezogene Besonderheiten innerhalb des Spektrums des Lehrerberufs deutlich werden lassen (vgl. *Tabelle 2: Zusammensetzung der Stichprobe: Ist-Werte*) und nach denen dann jeweils bei der Auswertung der Ergebnisse differenziert werden kann.

Wir gehen in Anlehnung an TERHART (1994, S. 34 ff.) davon aus, daß Lehrer im Laufe ihres gesamten Berufslebens unterschiedliche Einstellungen zu ihrem Beruf entwickeln. Die Dynamik dieser Entwicklung ergibt sich aus der Spannung zwischen Engagement und Distanz eines Lehrers zu seinem Beruf bzw. Berufsleben, wobei die Verbindung zum privaten Lebenslauf eine entscheidende Rolle spielt. Aus diesem Blickwinkel betrachtet, ohne den Einfluß der Wendeereignisse auf den Lehrerberuf zu beachten, ist nach einer belastenden Anfangsphase sowie einer sich anschließenden gewissen Routinephase (incl. Krisenerfahrungen) zum Ende des Berufslebens eine zunehmende Distanzierung vom Beruf zu erwarten, die sowohl Züge von Gelassenheit als auch von Enttäuschung und Verbitterung in sich trägt. Zu beantworten bleibt deshalb bei der Interpretation der Ergebnisse jeweils die Frage, ob die festgestellten Differenzen im Antwortverhalten ihre Ursache in der dargestellten Berufsdynamik haben oder eher in den einschneidenden Ereignissen der Wende begründet liegen. Unseres Erachtens treten beide Effekte zusammen auf; ihre Gesamtwirkung läßt sich mit Hilfe unseres Erhebungsinstrumentariums nicht in Einzelwirkungen zerlegen. Fest steht aber auch, daß gerade die Berufsgruppe der Lehrer, zunächst gleich welchen Dienstalters, mit der

Tabelle 2:
Zusammensetzung der Stichprobe 1993 (*Angaben in Prozent*)

befragte Lehrer	*Grundschule*	*Regelschule*	*Gymnasium*	*Summe*
absolut	538	514	268	1320
in v. H.	40,8	38,9	20,3	100
nach Geschlecht				
weiblich	92,1	69,2	62,6	77,1
männlich	7,9	30,8	37,4	22,9
nach Dienstalter (Lehrer seit...)				
bis 1954	2,8	2,9	3,7	3,0
1954-59	6,9	3,9	4,1	5,2
1960-64	21,7	13,6	7,8	15,8
1965-69	16,5	12,6	10,4	13,8
1970-74	14,9	16,5	16,4	15,8
1975-79	13,6	18,3	20,9	16,9
1980-84	9,1	16,3	22,8	14,7
1985-89	9,7	10,1	11,2	10,2
1990 ff.	4,8	5,6	2,6	4,7

politischen Wende auch einen Wandel im beruflichen Selbstverständnis durchlebte. HARMS schilderte die Lage der ostdeutschen Lehrerschaft 1992 folgendermaßen:

> *„Viele Lehrerinnen und Lehrer sind verbittert. Sie sehen sich als Opfer – belogen durch das SED-Regime, in der Wendezeit grundsätzlich in Frage gestellt und betrogen um jahrelange Arbeit, nun in höchstem Maße gefordert durch eine atemberaubende Reform des Schulwesens und gleichzeitig zurückgesetzt durch niedrigere Gehälter und nichtkompatible Studienabschlüsse" (HARMS 1992, S.15).*

Die Mehrzahl der von uns befragten Thüringer Lehrer begann ihren Dienst zwischen 1960 und 1979. Mehr als die Hälfte aller Lehrer gaben als Schulabschluß das Abitur an, für 46 % war die Ausgangsbasis, um ein Lehrerstudium aufnehmen zu können, der Abschluß der Klasse 10. Daß zu dieser Gruppe vor allem die späteren Unterstufenlehrer (heute: Grundschullehrer) zählen, wird aus den Angaben deutlich: 97 % aller heute in der Grundschule tätigen Lehrer gaben als Schulabschluß Klasse 10 der POS an. Nur 3 % legten das Abitur ab, das aber in der DDR keine Zulassungsvoraussetzung für das später zu absolvierende Fachschulstudium war. Im Gegenteil: Die gängige Praxis war, daß Abiturienten nicht aufgrund ihrer höheren Qualifikation zum Studium angenommen worden sind – wie das unter heutigen Bedingungen häufig der Fall ist –, sondern eher wegen „Überqualifizierung" von den Instituten für Lehrerbildung abgelehnt oder in ein Hochschullehrerstudium umgeleitet worden sind. Wer zu DDR-Zeiten Unterstufenlehrer werden wollte, absolvierte von vornherein die POS, ansonsten kam der „sozialistische Planungsdirigismus durcheinander", der jedem, der das Abitur ablegte, ein Hochschulstudium und anschließend auch einen Arbeitsplatz (bei Lehrern allerdings nicht immer nach freier Wahl des gewünschten Einsatzortes) garantierte. Diese Kopplung des Bildungs- und Beschäftigungssystems in der DDR findet seinen Ausdruck in den Ergebnissen unserer Untersuchung: 42 % der befragten Thüringer Lehrer gaben an, an einem Institut für Lehrerbildung ihre Ausbildung absolviert zu haben. Aus den Zahlenangaben der Grundschullehrer, die jeweils knapp über 40 % liegen, wird ersichtlich, wie vorgezeichnet und vorherbestimmt der Berufsverlauf der Lehrer in der DDR war, ohne daß dieser Umstand von dem einzelnen beeinflußt werden konnte. Für den Berufsstatus bzw. die gehaltliche Eingruppierung der Grundschullehrer aber ist heute dieser Fachschulabschluß eine ebenso entscheidende Größe wie die Ausübung ihres Berufes als Lehrer, als Erzieher im Hort oder in der außerunterrichtlichen Tätigkeit. Nicht zu unterschätzen ist deshalb die Anmerkung einer Grundschullehrerin, die in diesem Zusammenhang konstatierte:

> *„Die Nichtanerkennung der Dienstzeit ausgebildeter Lehrer im Hort ist ein großes Problem bei allen Betroffenen."*

In der DDR war bereits die multifunktionale Ausbildung als Unterstufenlehrer mit der des Erziehers oder des Pionierleiters gekoppelt. Die anschließende Berufsausübung sah dann entweder den Einsatz als Lehrer, Erzieher oder Pionierleiter vor, wobei dies vom regionalen Bedarf, nicht vom Wunsch des einzelnen Absolventen abhängig war. So gaben auch 38 % der von uns befragten Grundschullehrer an, als Erzieher tätig gewesen zu sein (die Fragestellung indes ließ keine Analyse zu, wieviel Prozent als Pionierleiter eingesetzt waren). Interessant erscheint an dieser Stelle eine Betrachtung im Hinblick auf das Dienstalter und das Geschlecht: Je niedriger das Dienstalter bei den Erzieherinnen ist, um so häufiger waren sie als Erzieherin im Hort tätig. Fast die Hälfte aller, die auf die Frage nach der Dauer dieser Erziehertätigkeit antworteten, gaben an, ein bis zwei Jahre als Erzieher gearbeitet zu haben, 15 % waren drei oder vier Jahre in diesem Bereich tätig. Mit zunehmendem Dienstalter nimmt die Anzahl der im Hort tätigen Erzieher ab, so daß der Schluß naheliegt, daß die meisten ausgebildeten Unterstufenlehrer nach einer kürzeren Erziehertätigkeit den Beruf des Lehrers ausübten.[6]

Probleme, die deshalb die Grundschullehrer heute bewegen und sich vor allem auch auf ihre Vorstellungen von ihrer beruflichen Zukunft und somit auf die Bereitschaft zur Gestaltung der inneren Schulreform eher hemmend auswirken (vgl. dazu 3.1), stehen daher in engem Zusammenhang mit der Anerkennung ihrer beruflichen Abschlüsse.

> *„Wichtig in meinen Augen ist, daß unsere Ausbildung endlich offiziell anerkannt wird und man sich dann als vollwertiger Lehrer fühlen kann."*

und

> *„Mich bedrückt die noch nicht vollständige Anerkennung unserer Ausbildung und Abschlüsse. Nach mehr als 30jähriger, erfolgreicher Arbeit in der Unterstufe fühle ich mich diskriminiert."*

Diese Aussagen von Grundschullehrern verdeutlichen ein spezifisches Problem der neuen Bundesländer, vor der die Bildungspolitik der Länder und des Bundes auch fünf Jahre nach der Wende steht.

Gemessen an den Lehrern der anderen befragten Schularten sind weniger Grundschullehrer im Besitz eines unbefristeten Arbeitsvertrages (von allen befragten Grundschullehrern: 83 %, von den befragten Regelschul- und Gymnasiallehrern: 97 %). 76 % aller befragten Grundschullehrer sind Angestellte mit voller Stundenzahl im unbefristeten Arbeitsverhältnis, 2 % sind befristet. 15 % aller befragten Grundschullehrer sind Angestellte mit reduzierter Stundenzahl und befristet eingestellt, 8 % sind unbefristet angestellt, arbeiten mit reduzierter Stundenzahl. Verglichen mit ihren Kollegen an Regelschulen und Gymnasien sind die befragten Thüringer Grundschullehrer dienstälter, aber an Jahren aufgrund der kürzeren Schul- und Ausbildungszeit jünger als ihre Kollegen. Diese Feststellung zum Dienstalter war unter anderen Kriterien ausschlaggebend für ein vom Thüringer Kultusministerium zugrundegelegtes Punktesystem, das zur Zeit unserer empirischen Untersuchungen den Empfehlungen für Teilzeitbeschäftigungen der Grundschulleh-

---

[6] Die Unterstufenlehrer der DDR gingen je nach Bedarf zu Beginn ihres Absolventen-Einsatzes die Verpflichtung ein, drei Jahre als Erzieher an einer bestimmten Schule zu arbeiten. Jene Lehrer, die nach diesen drei Jahren nicht mehr als Erzieher arbeiten wollten, konnten – zwar unter großem bürokratischen Aufwand – in den Lehrerberuf wechseln. Das gleiche galt für den Einsatzort.

rer zugrundegelegt worden ist und viel Unruhe in den Schulen hervorrief. Ein Lehrer merkte dazu an:

> *„... besonders die Wertung nach dem Punktesystem war sehr belastend, die Angst und Unsicherheit vor der Zukunft ist zermürbend ..."*

Dies betraf in erster Linie die Grundschullehrer, weniger die Regelschul- und die Gymnasiallehrer. Zwischen den beiden letztgenannten Lehrämtern gab es in der DDR kaum historisch gewachsene Unterschiede, denn für POS- und EOS-Lehrer wurde die gleiche Lehrbefähigung für die Oberstufe für ein (das trifft ausschließlich auf die Lehrer für Polytechnik zu) oder für zwei Fächer erteilt. Sie berechtigten die Lehrer zum Unterricht an einer POS (Klassen 5 bis 10) oder an einer EOS (bis 1982: Klassen 9 bis 12, dann: Klassen 11/12). Die Ausbildung erfolgte seit der „Hochschulreform" 1969 einheitlich nach einem fixierten Rahmenprogramm wahlweise an einer Pädagogischen Hochschule oder Universität. Wesentliche Inhalte, Ausbildungsdauer und Abschluß glichen einander ebenso wie der Absolventeneinsatz und die Bezahlung im Beruf selbst. Innerhalb unserer Stichprobe gaben bei den Regelschullehrern über zwei Drittel aller Befragten an, ihre Ausbildung an einer Pädagogischen Hochschule absolviert zu haben, bei den Gymnasiallehrern war dieser Anteil mit 56 % geringer.

Interessant ist auch die Beantwortung der Frage nach den Schularten, an denen die jetzigen Regelschul- und Gymnasiallehrer überwiegend tätig waren. Ein Viertel aller Gymnasiallehrer unterrichteten bereits früher an der EOS, 86 % an der Oberstufe der POS und 37 % an der dortigen Mittelstufe (Mehrfachnennungen waren möglich). Anders gestaltet sich das Bild bei den Regelschullehrern. Von ihnen waren bisher nur 3 % an einer EOS tätig, aber 93 % in der Oberstufe der POS und 57 % in der Mittelstufe.

Wenn bisher häufig nur von „Lehrern" die Rede war, so geschah das aus Gründen der Vereinfachung und allgemeinen Betrachtung der Berufsgruppe. In der Sache selbst ist diese Undifferenziertheit allerdings nicht angebracht, denn Thüringer Lehrer sind meist Lehrerinnen. Zwar gilt auch für Thüringen, daß in den höheren Stufen des Bildungswesens der Frauenanteil abnimmt. In den befragten Regelschulen beträgt er 69 % und in den Gymnasien auch noch 63 %. Dieser Anteil ist im Vergleich mit Daten aus den Altbundesländern – der Frauenanteil am Gymnasium betrug im Jahre 1992 hier 39 % – sehr hoch (vgl. WEISHAUPT/ZEDLER 1994, S. 424), entspricht aber den Daten für das Land Thüringen insgesamt und denen der neuen Bundesländer (vgl. *Tabelle 3*).

Tabelle 3:
Anteil der Lehrerinnen im Vergleich ausgewählter Länder der BRD
(*Angaben in Prozent*)

Schulart/-form	*alte Bundesländer*	*neue Bundesländer*	*Thüringen*	*Befragte Thüringer Lehrer*
Grundschulen	76,1	91,6	90,0	92,1
Haupt- und Realschulen (Regelschule in Thür.)	52,6	70,3	67,5	69,2
Gymnasien	38,6	66,6	65,8	62,6

(Quelle: WEISHAUPT/ZEDLER 1994, S. 424)

Betrachtet man den in der DDR historisch gewachsenen großen Anteil von berufstätigen Frauen, der auch durch umfangreiche sozialpolitische Maßnahmen gestützt und gefördert wurde, so kann man der These von TERHART, daß es Unterschiede zwischen der beruflichen Entwicklung von Lehrerinnen und Lehrern in größerem Umfang gibt, für die neuen Bundesländer nicht uneingeschränkt zustimmen. Studienwahlmotive, Studienverlauf und Karriereinteressen unterschieden sich hinsichtlich der Geschlechterspezifik weniger; bei der Betrachtung der Koordination von Berufs- und Privatleben ist dem eher zuzustimmen. Denn, obwohl die Gleichberechtigung der Frau von Partei- und Staatsführung der DDR häufig proklamiert und auch als „Aushängeschild" genutzt wurde, war die Verwirklichung einer Koordination von Berufs- und Privatleben im Alltag der Frauen mitunter schwierig und ging nicht selten zu Lasten der Frauen selbst.

3 Thüringer Lehrer – Gewinner oder Verlierer der Wende?

Es ist unstrittig, daß die Lehrertätigkeit mit einer Vielzahl von objektiven und subjektiven Belastungen verbunden ist. In einer gesellschaftlichen Umbruchssituation jedoch wird dem bisherigen gewohnten Handeln die objektive Grundlage entzogen, Tangenten des Denkens brechen zusammen, weil auch die Gesellschaft zusammenbricht. Vielfältigste Belastungen erwuchsen deshalb für die Berufsgruppe der Lehrer in dieser Übergangszeit. Einerseits wurde ihnen häufig die Schuld an gesellschaftlichen Fehlleistungen in der DDR zugeschrieben, was nicht selten zu Identitätskonflikten führte (HOFFMANN/CHALUPSKY 1991, S. 115), fühlten und fühlen sich viele Lehrer in bezug auf ihre berufliche Zukunft persönlich stark verunsichert. Andererseits aber waren zur gleichen Zeit gerade Lehrer herausgefordert, Schule neu zu denken und damit ihre eigenen Vorstellungen vom Beruf verwirklichen zu können.

Trotzdem, so allgemein wie die Frage gestellt wurde, läßt sie sich kaum beantworten: weder für Lehrerinnen noch für Lehrer der verschiedenen Thüringer Schularten und auch kaum für die Lehrer aller Ausbildungs- und Unterrichtsfächer jeglicher Dienstalterszugehörigkeit. In der Analyse ausgewählter empirischer Daten wenden wir uns deshalb differenzierter den verschiedenen Lehrergruppen zu.

3.1 Berufszufriedenheit

Wir baten die Lehrer, ihre aktuelle Befindlichkeit auf einer vierstufigen Skala mit vorgegebenen Items einzuschätzen. Bei der Auswahl der Items konzentrierten wir uns auf jene Merkmale von Berufszufriedenheit, die sich infolge der Umstrukturierungen im Bildungssystem gravierend änderten: auf den Schulleiter (nahezu alle Schulleiter wurden nach der Wende neu berufen), auf die neu zusammengesetzten Lehrerkollegien, auf den veränderten Stellenwert der Zusammenarbeit mit den Eltern, die Arbeitsbedingungen sowie die Bezahlung. Die beiden letztgenannten Elemente werden von den Lehrern häufig in ihrer Kontrastierung gegenüber den West-Kollegen bewertet. Auf die eigentlich zentrale Berufsaufgabe, das pädagogische Handeln, wurde innerhalb anderer Fragenkomplexe differenzierter eingegangen (vgl. SCHIMUNEK in diesem Band). Die Ergebnisse für alle befragten Thüringer Lehrer verdeutlicht *Abbildung 2.*

Entgegen unseren Erwartungen und gemessen an dem, was die befragten Lehrer verbal an Kritik an ihrer Berufssituation äußerten, sind sie erstaunlich zufrieden.

Vor allem mit dem sozialen Klima an der eigenen Schule sind Lehrer überwiegend zufrieden. Am zufriedensten sind sie mit ihrem Schulleiter – er kam in den Antworten der Lehrer und Lehrerinnen aller Schularten übereinstimmend auf Rangplatz 1 – ein Ergebnis, das überrascht. Fast gleichauf folgen auf den nächsten Plätzen die Kollegen, auch die Fachkollegen und jene, mit denen die Lehrer in einer Klasse bzw. Klassenstufe unterrichten. Ein ebenso einheitliches und insofern interessantes Bild ergibt sich beim Blick auf die Verteilung der Antworten auf unsere Frage nach den Belastungen für die tägliche schulische Arbeit. „Mangelnder Konsens im Kollegium in didaktischen und methodischen Fragen", „mangelnde Zusammenarbeit der Lehrer untereinander" werden ebensowenig belastend empfunden wie „Konflikte zwischen

Abbildung 2:
„Wie zufrieden sind Sie mit Ihrer gegenwärtigen Arbeit an der Schule?"
(*Angaben in Prozent für Anteil der Antworten „zufrieden"*)

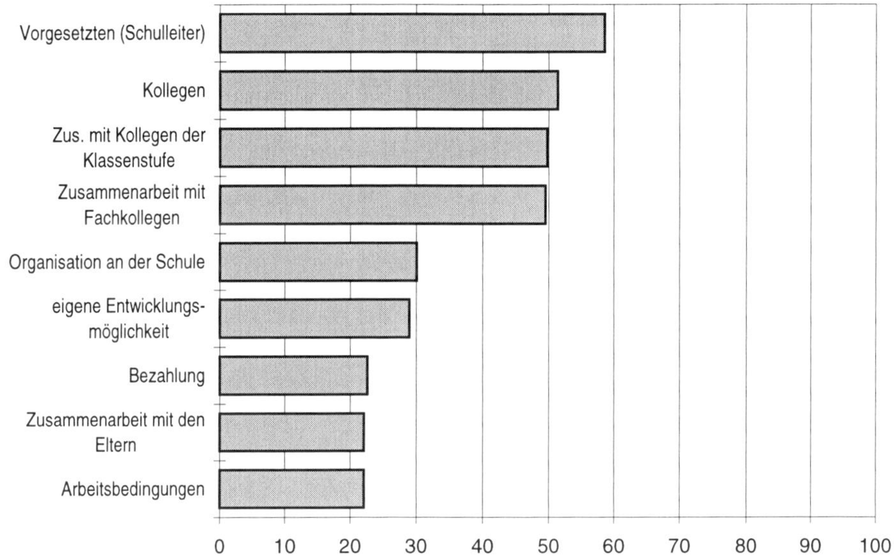

Mitgliedern des Kollegiums". In einer Auswahl von 24 vorgegebenen Items nahmen diese Probleme hintere Rangplätze ein und lagen zum Teil in den Angaben unter 10 %. Hier bestätigt sich unsere Annahme, daß es innerhalb der Kollegien ein für die Verwirklichung der inneren Schulreform günstiges Arbeitsklima zu geben scheint. Denn „die einzelne Schule braucht einen gewissen Gestaltungsspielraum, um ein je spezifisches Profil zu entwickeln; sie braucht eine Schulleitung, die nicht nur optimal verwaltet, sondern pädagogische Aktivitäten initiiert, ermöglicht oder wenigstens nicht behindert; sie braucht ein Kollegium, das kooperiert und die Gestaltung der Schule als eine gemeinsame Aufgabe sieht" (IPFLING/PEEZ/GAMSJÄGER 1995, S. 79).

Betrachtet man alle Aspekte der Berufszufriedenheit zugleich, so ist insgesamt gesehen die Zufriedenheit bei den Thüringer Lehrern an Grundschulen am größten. Das verwundert zunächst, wenn man die Probleme, die Grundschullehrer immer wieder artikulieren, ernst nimmt. Bei genauerer Betrachtung allerdings fällt auf, daß die Bedenken dieser Berufsgruppe weniger im sozialen Miteinander an ihrer Schule liegen, sondern vielmehr mit der Anerkennung ihrer Abschlüsse zusammenhängen. Ein Indikator dafür könnte die Zufriedenheit mit der Bezahlung sein, denn mit ihr sind nur 14 % aller Grundschullehrer zufrieden (vgl. dazu auch *Tabelle 4*).

Tabelle 4:
Zufriedenheit mit dem Beruf
(*Mittelwerte; Skala von 1 = zufrieden bis 4 = unzufrieden*)

Zufriedenheit mit	*Lehrer aller Schularten*	*Grundschul-lehrer*		*Regelschul-lehrer*		*Gymnasial-lehrer*	
		männl.	*weibl.*	*männl.*	*weibl.*	*männl.*	*weibl.*
Vorgesetzten (Schulleiter)	1,52	1,51	1,46	1,47	1,60	1,44	1,58
Kollegen	1,56	1,73	1,50	1,60	1,56	1,66	1,57
Kollegen der Klassenstufe	1,60	1,50	1,47	1,74	1,62	1,75	1,65
Fachkollegen	1,60	1,58	1,56	1,70	1,59	1,65	1,58
Organisation an der Schule	1,87	1,82	1,72	1,89	1,94	1,89	2,12
eigene Entwicklungsmöglichkeit	1,97	2,31	1,90	2,10	1,97	2,11	1,86
Zusammenarbeit mit Eltern	2,11	1,78	1,87	2,47	2,24	2,31	2,16
Arbeitsbedingungen	2,12	2,10	1,98	2,12	2,18	2,23	2,35
Bezahlung	2,26	2,79	2,52	1,97	1,90	2,32	2,40

Auffällig ist weiterhin, daß Lehrerinnen – betrachtet man zunächst wiederum die Zufriedenheit insgesamt – zufriedener sind als ihre männlichen Berufskollegen.[7] Das trifft insbesondere für Gymnasiallehrerinnen, weniger ausgeprägt für die anderen Lehrämter zu. Mit dem Verhältnis zu ihren Kolleginnen und Kollegen sind die „sozialeren" Frauen zufriedener als die Männer. Deutlich ausgeprägt ist das vor allem bei Grundschul- und Regelschullehrerinnen. Zu ähnlichen Ergebnissen gelangte TERHART (1994, S. 127), der in diesem Zusammenhang sogar behauptete, Männer seien häufiger konkurrenzorientiert. Eine solche Interpretation aus unserem Datenmaterial zu schlußfolgern,

[7] Zu ähnlichen Ergebnissen gelangt MERZ (1979). Bezieht man noch andere Untersuchungen in die Betrachtung mit ein, läßt sich folgendes feststellen: die Ergebnisse im Hinblick auf das Geschlecht sind uneinheitlich. Teils ist von einer höheren Berufszufriedenheit der Frauen die Rede (STOLLBERG 1968, CHASE 1951), teils wird kein Zusammenhang gefunden (KRATZSCH u.a. 1967; von ENGELHARDT 1972; ROTH 1972; HINSCH 1978; vgl. insgesamt dazu IPFLING u.a. 1995, S. 18). Ebenso wie die letztgenannten Autoren hält KISCHKEL (1979, S. 118) fest: „Beim beruflichen Engagement und der Arbeitszufriedenheit hatten wir keine nennenswerten Geschlechtsunterschiede feststellen können. Die Bedeutung, die der Beruf im Leben von Lehrerinnen einnimmt, und die Zufriedenheit damit unterscheidet sich nicht von der ihrer männlichen Kollegen."

wäre spekulativ. Fest steht allerdings, daß Frauen unabhängig davon, an welcher Schulart sie arbeiten, signifikant zufriedener sind als ihre männlichen Kollegen, wenn es darum geht, ihre eigenen Entwicklungsmöglichkeiten einzuschätzen.

Bleibt zu fragen, ob auch Unterschiede im Antwortverhalten der Lehrer mit verschiedenen Ausbildungs- und Unterrichtsfächern auftraten. Da es eine Vielzahl von Möglichkeiten zur Kombination sowohl der Ausbildungs- als auch der Unterrichtsfächer gibt, haben wir zum Zweck der besseren Übersichtlichkeit die Lehrer je nach den von ihnen angegebenen Fächern, in denen sie z. Zt. der Erhebung unterrichteten, verschiedenen Fachgruppen zugeordnet (vgl. dazu KUTHE/SCHIMUNEK in diesem Band).

Bei den Grundschullehrern ist die Zufriedenheit ausgeglichen. Nur geringfügige Unterschiede gibt es zwischen den verschiedenen Fachvertretern im Hinblick auf die Zusammenarbeit mit den Eltern (sie spielt insgesamt gesehen eine untergeordnete Rolle in der Lehrerbewertung): Zwangsläufig haben Grundschullehrer, die Hauptfächer vertreten, aufgrund der umfangreicheren Stundenanzahl, die sie in einer Klasse unterrichten, hier weniger Probleme als Kunst- oder Sportlehrer. Kunst- und Sportlehrer sind es auch, die weniger mit ihren eigenen Entwicklungsmöglichkeiten zufrieden sind.

Auch bei den Regelschul- und Gymnasiallehrern ist kaum ein unterrichtsfächerbezogener Effekt nachweisbar. Sportlehrer beider Schularten sahen eher Mängel in ihren Arbeitsbedingungen, dagegen waren sie geneigt, mit der Bezahlung zufriedener zu sein als ihre Fachkollegen. Insgesamt nicht ganz so zufrieden sind Fachlehrer, die Natur- und Geisteswissenschaften in Kombination unterrichten. Das betrifft auch die Einschätzung ihrer Entwicklungsmöglichkeiten und der Arbeitsbedingungen an der Schule sowie die Zusammenarbeit mit ihren Kolleginnen und Kollegen.

Sucht man mögliche Gründe für die Beeinträchtigung der Berufszufriedenheit, dann ist zu vermuten, daß sie in den überwiegend als wenig günstig empfundenen Arbeitsbedingungen an den Schulen lagen. Befragt nach Problemen, die an ihrer Schule auftreten und so zu einer Belastung für die tägliche schulische Arbeit führen, äußerten sich die Lehrer. Der Problemkatalog wird angeführt von den zu geringen Finanzen für die Schulen (83 %) und der mangelnden Ausstattung der Schulen mit Lehr- und Lernmitteln (61 %). Als problematisch werden desweiteren angesehen:

- das nach Meinung der Lehrer schlechte Lehrerbild in den Medien (58 %), das meinen vor allem Regelschul- und Gymnasiallehrer, sowie

– die mit dem Schulstrukturwandel einhergehenden persönlichen Unsicherheiten, vor allem bei Grundschullehrern, weniger bei Gymnasiallehrern.

Ein Zusammenhang zwischen der Berufszufriedenheit und dem Anstellungsverhältnis ist aus unserer Untersuchung nicht nachweisbar. Interessant erscheint allerdings, daß Lehrer aller Schularten, die mit ihrem Beruf zufrieden sind, Vorteile in der Gesamteinschätzung des Schulwandels sehen. Das trifft insbesondere für Gymnasiallehrer zu.

3.2 Berufliche Zukunftsängste

Die Einschätzung der Berufszufriedenheit macht nicht allein gegenwärtige Befindlichkeiten Thüringer Lehrer aus, auch wenn ein Lehrer dazu bemerkt:

> *„Die ständige Angst um den Verlust meines Arbeitsplatzes ist unerträglich. Sie hemmt meine Freude an der Arbeit und macht mich unzufrieden."*

Wir befragten deshalb die Lehrer, wie sie die möglicherweise mit dem Schulwandel einhergehende persönliche Unsicherheit reflektieren. Auf die Frage „Haben Sie Angst vor Ihrer beruflichen Zukunft?" antworteten auf einer siebenstufigen Skala 33 % der Lehrer insgesamt mit *„ja, sehr"* , 10 % gaben an, gar keine Angst zu haben.

Die *Tabelle 5* verdeutlicht: Die größte Angst vor der beruflichen Zukunft haben Grundschullehrer (47 %), weniger Angst haben Gymnasiallehrer (18 %). Auffällig ist darüber hinaus, daß Lehrerinnen insgesamt mehr berufliche Zukunftsangst haben als ihre männlichen Kollegen – und das trifft für alle Schularten zu.

Signifikante Unterschiede sind zwischen den verschiedenen Dienstaltersgruppen erkennbar. Um so länger Grundschullehrer im Dienst sind, desto größer ist auch ihre Zukunftsangst. Dies kann man bei Lehrerinnen an der Grundschule nicht behaupten: Hier fällt auf, daß vor allem jene Lehrerinnen Angst vor ihrer beruflichen Zukunft haben, die sich „gewissermaßen auf dem Normalplateau der beruflichen Entwicklung befinden und die vermutlich häufig nicht mehr mit einschneidenden beruflichen Veränderungen" (TERHART 1994, S. 36) rechneten. Mit der Wende aber gab es auch für sie einschneidende berufliche Veränderungen, die ihnen sichtbar Angst machten. *„Allein solche Stichworte wie Erhöhung der Pflichtstunden, größere Klassenfrequenzen und Teilzeitarbeit ohne gesicherte Vereinbarungen lassen mich ängstlich in meine berufliche Zukunft sehen"*, meinte eine Grundschullehrerin in ihrem Kommentar dazu. Aber auch jene Grundschullehrer, die in den Jahren unmit-

Tabelle 5:
Angst vor beruflicher Zukunft (*Angaben in Prozent für zusammengefaßte Ausprägungen 1 + 2: „ja, sehr"*)

Schulart	*Grundschule*	*Regelschule*	*Gymnasium*
insgesamt	47	26	18
weiblich	48	28	22
Dienstbeginn			
vor 1959	49	30	33
1960 bis 1969	48	29	12
1970 bis 1979	48	24	21
1980 bis 1984	19	36	30
1985 bis 1989	69	25	25
ab 1990	58	30	0
männlich	35	21	11
Dienstbeginn			
vor 1959	83	9	13
1960 bis 1969	35	25	9
1970 bis 1979	17	22	13
1980 bis 1984	20	12	13
1985 bis 1989	0	31	0
ab 1990	0	11	25

mittelbar vor der Wende ihren Dienst aufnahmen und demzufolge noch als „Newcomer" gelten, haben erhöhte Zukunftsangst. Als eine mögliche Ursache dafür könnte der im Frühsommer angelegte „Sozialkriterienkatalog" gelten, nachdem es besonders jene nichtfamiliär gebundenen jungen Lehrerinnen schwer hatten, einen unbefristeten Arbeitsvertrag zu erhalten. *„Ich finde die Art, wie zu Beginn des Schuljahres mit den Bedarfskündigungen vorgegangen wurde, nicht gerecht. Lehrer, deren Vorteil nur darin lag, daß sie auf mehr Lebensjahre zurückblicken können, durften bleiben, während jüngere Lehrer von vornherein viel weniger Punkte bekommen konnten"* war der Kommentar eines Lehrers zu diesem Vorgehen der Schulverwaltung.

Auch unsere Ergebnisse weisen darauf hin, daß die berufliche Zukunftsangst in gewissem Maße vom Anstellungsverhältnis abhängig ist. Während 31 % der Lehrer mit voller Stundenzahl und unbefristeten Arbeitsverträgen und 37 % bei reduzierter Stundenzahl und unbefristeten Arbeitsverträgen diese Zukunftsangst verspüren, meinen das Lehrer mit befristeten Arbeitsverträgen zu 47 % (mit voller Stundenzahl) bzw. 57 % (mit reduzierter Stundenzahl). Die Grundschullehrerinnen mit befristetem Arbeitsvertrag und reduzierter Stundenzahl artikulieren am häufigsten ihre Zukunftsängste (61 %).

Desweiteren läßt sich ein hochsignifikanter Zusammenhang zwischen der Beantwortung der Bilanzfrage und der Feststellung zur Angst vor der beruflichen Zukunft nachweisen. Zum Beispiel beantworten 83 % der Gymnasiallehrer, die keine Zukunftsangst haben, die Frage nach den Vor- und Nachteilen des Schulwandels für sich positiv, ebenso 81 % der Grundschullehrer. Demgegenüber stehen nur 48 % der Grundschullehrer, die Vorteile im neuen Schulsystem sehen, gleichzeitig aber eine Zukunftsangst zugestehen.

Fragt man nach weiteren Ursachen für die geäußerte berufliche Zukunftsangst, dann gaben vorrangig auch die Äußerungen der Lehrer auf die offene Frage nach ihren größten Problemen Aufschluß darüber, was sie in diesem Zusammenhang bewegte. Uns gelang es auf diese Weise, die gewonnenen Prospektivdaten mit aktuellen Meinungen und Empfindungen der Lehrer zu koppeln. Zur inhaltlichen Veranschaulichung der möglichen Ursachen für Zukunftsängste sollen einige Antworten zitiert werden, die für sich sprechen und keines weiteren Kommentars bedürfen:

> *„Seit der Wende entstehen immer wieder neue Ängste, was unsere berufliche Zukunft betrifft: Einmal bleibst du an deiner Schule; ein Jahr später – reichen die ‘Punkte’, um weiter Lehrer bleiben zu dürfen oder bleibt die Schule erhalten? ...”*
>
> *„ 1991 Bleibt man Lehrer und im Dienst? Welche Schule?*
> *1992 Ist man bei den Bedarfskündigungen dabei?*
> *1993 Was wird, wenn die geburtenschwachen Jahrgänge kommen, mit uns?*
> *Diese Ungewißheiten zu jedem Schuljahresende sind doch sehr belastend und man wünscht sich, daß auch in unserem Beruf Sicherheit und Ruhe einkehrt. Somit ist auch eine erfolgreiche Arbeit mit den Kindern abgesichert.”*
>
> *„Ich bin gerne Lehrerin. Zur Zeit habe ich eine Teilzeitbeschäftigung (3/4 Stelle) mit Arbeitsvertrag über 10 Jahre. Aber was kommt danach? Die Belastungen über die eigene Zukunft sind schlimmer als jegliche Belastungen in der täglichen Arbeit.”*
>
> *„Wichtig finde ich, daß Ruhe in die Schulen einkehren muß. Umstrukturierungen, Zusammenlegungen, Angst vor der beruflichen Zukunft lenken von inhaltlichen und fachlichen Fragen ab. Das Umfeld sollte geklärt sein, damit die Kinder im Mittelpunkt stehen.”*

Resümierend läßt sich festhalten: Mit Blick auf die innere Schulreform erscheinen die Anerkennung der Abschlüsse der Grundschullehrer und die Absicherung der Beschäftigungsverhältnisse eine entscheidende Voraussetzung zu sein, damit sich Thüringer Lehrer künftig unbelasteter von äußeren Zwängen und Einflüssen auf ihre pädagogische Arbeit konzentrieren können. Daß dieses Bemühen der Lehrer um eine gute Arbeit in der Schule, um die Stärkung ihrer beruflichen Kompetenzen trotz dieser Hemmnisse auch 1993 vorhanden war, wurde durch die Angaben zum Fort- und Weiterbildungsbedarf bestätigt.

3.3 Bedarf Thüringer Lehrer nach Fort- und Weiterbildung

Die Innovation der Schulen in den neuen Bundesländern kann in den kommenden Jahren infolge des zu erwartenden demographischen Zusammenbruchs und des daraus resultierenden geringeren Lehrerbedarfs nicht über die Einstellung neu ausgebildeter Lehrer gesichert werden. Fest steht aber auch, daß die Unterrichtsfächer der Lehrenden, für die sie einst in der DDR ausgebildet worden sind, in wichtigen Bereichen nicht mehr dem aktuellen und auch nicht dem erwartbaren Bedarf entsprechen (vgl. KLEMM 1995, S. 12).

Deshalb kommt der Lehrerfort- und -weiterbildung[8] für die Verwirklichung der erst begonnenen inneren Schulreform eine überaus große Bedeutung zu. Das sahen und sehen Thüringer Lehrer wohl ähnlich, denn über ein Drittel nahm zum Zeitpunkt der Befragung an einer der angebotenen weiterbildenden Ausbildungsformen teil. 21 % der Lehrer absolvierten eine weiterbildende Ausbildungsform für die Lehrbefähigung in einem anderen Fach. An erster Stelle stand dabei das Fach Ethik, gefolgt von Englisch und Religion sowie Wirtschaft und Recht.

Zwei Drittel der Befragten sahen für sich einen ***Fort- und Weiterbildungsbedarf***. Dabei gab es lediglich geringfügige Unterschiede zwischen den Lehrern der verschiedenen Schularten (63 % bei Grundschullehrern, 69 % bei Regelschullehrern, 70 % bei Gymnasiallehrern). Die Ausdifferenzierung nach dem Dienstalter brachte kaum Unterschiede zutage; bei Grund- und Regelschullehrern bewegten sich die Differenzen innerhalb einer Spannweite von 5%. Lediglich bei Gymnasiallehrern hatten jene Lehrer, die zwischen 1965 und 1969 ihren Dienst begannen, mit 89 % einen erhöhten Fort- und Weiterbildungsbedarf. Aus unserer Untersuchung läßt sich als Gesamttendenz feststellen, daß Lehrer aller Dienstaltersgruppen gleichermaßen einen hohen Fort- und Weiterbildungsbedarf haben.

---

8 Unter Lehrer*fortbildung* fassen wir im folgenden alle Maßnahmen zum Erhalt des Qualifikationsniveaus zusammen, u.a. auch die schulinterne Fortbildung. Lehrer*weiterbildung* orientiert darüberhinaus auf ein höheres Qualifikationsniveau, z.B. auf das Erreichen einer Lehrbefähigung für eine andere Schulart oder ein anderes Unterrichtsfach.

Interessant erschien ein Blick auf die Lehrer unterschiedlicher Fachrichtungen, denn wir gingen von der Annahme aus, daß sowohl der Bedarf an Fort- und Weiterbildung als auch die Formen und Inhalte dieser Veranstaltungen nicht nur schulartabhängig waren, sondern auch von den Ausbildungs- und Unterrichtsfächern abhingen. Eine eindeutige fachspezifische Zuordnung in bezug auf das einzelne Unterrichtsfach war innerhalb unserer Erhebung nicht möglich; deshalb beziehen wir uns in der Ergebnisdarstellung zunächst wiederum auf die Fachkombinationen.

Bei den Grundschullehrern gab es hier kaum eine Differenzierung nach den Ausbildungs- und/oder nach den Unterrichtsfächern. Die einzige, insgesamt geringe Ausnahme bildeten hier Lehrer, die für das Fach Schulgarten ausgebildet worden waren und deren Bedarf an Fort- und Weiterbildung mit 53 % geringer ausfiel. Über diese Lehrergruppe hinaus war der Fort- und Weiterbildungsbedarf bei Lehrern mit einem geisteswissenschaftlichen Zweitfach erwartungsgemäß sehr hoch: er lag bei 80 % und war bei Gymnasiallehrern am höchsten.

Einen erwartet hohen Bedarf in bezug auf Fort- und Weiterbildungsveranstaltungen hatten die ausgebildeten Polytechniklehrer, denn ihr Haupttätigkeitsfeld – der ESP- und TZ-Unterricht[9] entfiel als Unterrichtsfach nach der Umstrukturierung des Schulwesens, so daß sie in der Thüringer Regelschule noch den Werkunterricht bis Klasse 6 bzw. die neuen Unterrichtsfächer „Wirtschaft und Recht" (Klasse 8 bis 10 als zusätzliches Pflichtfach für den Realschulabschluß), „Wirtschaft und Technik" (Klasse 7 bis 9 als Profilfach für den Hauptschulabschluß) sowie „Wirtschaft-Umwelt-Europa" (Klasse 7 bis 10 als ein von vier Wahlpflichtfächern für den Realschulabschluß), im

---

9 ESP-Unterricht: Einführung in die sozialistische Produktion, Unterrichtsfach ab Klasse 7 an der POS, ein Teilgebiet dessen war der TZ-Unterricht, d.h. Technisches Zeichnen. Beide Unterrichtsfächer waren Hauptbestandteil der polytechnischen Ausbildung an der POS und wechselten sich in 14tägigem Rhythmus mit dem PA-Unterricht ab. Das Stundenvolumen für die „Produktive Arbeit" bzw. den ESP-Unterricht betrug vier Wochenstunden. Die Ausbildung wurde zumeist in volkseigenen Betrieben oder in polytechnischen Zentren, die diesen Betrieben angegliedert waren, absolviert. Während der Unterricht in ESP und TZ von ausgebildeten Polytechnik-Lehrern durchgeführt wurde, übernahmen den praktischen PA-Unterricht überwiegend Lehrmeister in den Betrieben. Die Inhalte und Durchführung und damit auch die Qualität der Ausbildung in der „Produktiven Arbeit" war von Betrieb zu Betrieb sehr unterschiedlich, hing zunächst vom Engagement und den finanziellen Möglichkeiten des Betriebes für diese Form der schulischen Ausbildung ab. Ebenso gab es Unterschiede in der Organisation: sie reichten im besten Fall von der Übernahme eines abgeschlossenen, selbständigen kleinen Produktionsbereiches durch Lehrmeister und Schüler über die Einordnung der Schüler in den direkten Produktionsbereich bis hin zu Hilfstätigkeiten wie Kehren und Putzen.

Thüringer Gymnasium aber nur noch das Fach „Wirtschaft und Recht" (Klasse 8 bis 10), allenfalls den 28-Stunden-Kurs „Informationstechnische Grundbildung" für die Schüler der Klassenstufe 7 übernehmen konnten. Hinzu kam, daß dieses Fach Polytechnik fortan nur als Einfachausbildung anerkannt worden ist und deshalb für jene Lehrer eine Weiterbildung unabdingbare Voraussetzung für ihren Verbleib im Schuldienst war.

Insgesamt gingen wir von der Hypothese aus, daß das Fort- und Weiterbildungsverhalten der Lehrer insbesondere dadurch entscheidend beeinflußt wird, ob ihre Ausbildungssfächer nach der Umstrukturierung des Schulwesens als Unterrichtsfächer weiter existierten. Demzufolge nahmen wir an, daß Lehrer, deren Ausbildungsfächer beide weiter existieren, einen weitaus geringeren Weiterbildungsbedarf haben als ihre Kollegen, die für Fächer ausgebildet worden sind, von denen heute nur noch das eine oder keines von beiden in Thüringen als Unterrichtsfach zugelassen ist.

Also gingen wir zunächst der Frage nach, für welche Lehrergruppen das zutraf und stellten fest, daß es sich bei unserer Stichprobe vor allem um Lehrer handelte, die für das Fach Staatsbürgerkunde und ESP/TZ ausgebildet worden sind und demzufolge einen erhöhten Weiterbildungsbedarf haben müßten. Wie die *Tabelle 6* ausweist, bestätigte sich diese Annahme jedoch nicht. Es gab zwar Unterschiede zwischen den Lehrergruppen, die sich aber nur dann signifikant auf den Weiterbildungsbedarf auswirkten, wenn – wie im Falle der ESP/TZ-Lehrer deutlich wurde – die Ausbildungsfächer nicht mehr als Unterrichtsfächer zugelassen sind.

Tabelle 6:
Fort- und Weiterbildungsbedarf Thüringer Regelschul- und Gymnasiallehrer
(Antworten „ja")

Fachkombinationen	*Regelschullehrer* *N*	*in %*	*Gymnasiallehrer* *N*	*in %*
nur ***ESP***	13	100.0	2	100.0
ESP und ein anderes Fach	28	80.0	4	80.0
andere Fachkombinationen	302	67.7	176	69.8
nur ***Staatsbürgerkunde***	-	-	-	-
Staatsbürgerkunde und ein anderes Fach	5	100.0	-	-
andere Fachkombinationen	338	69.1	182	70.3

In diesem Zusammenhang waren für unsere Untersuchung nicht nur der Bedarf, sondern auch die ***Formen der Fort- und Weiterbildung*** von Interesse. Wir fragten deshalb, welche Fort- und Weiterbildungsformen sich die Lehrer wünschen, und gaben für die Antwort eine dreistufige Skala vor. Die Ergebnisse verdeutlichen, daß Lehrer interessiert waren an:

- qualifizierten, schulbezogenen Veranstaltungen zu 76 % (84 % der Grundschullehrer, 69 % der Regelschullehrer, 72 % der Gymnasiallehrer);
- Erfahrungsaustausch mit anderen Fachkollegen zu 71% (Gymnasiallehrer hier nur 62 %, darauf legen vor allem die älteren Kollegen Wert);
- Fortbildungsveranstaltungen des ThILLM[10] zu 65 % (70 % der Grundschullehrer, 58 % der Regelschullehrer, 69 % der Gymnasiallehrer).

Der hohe Stellenwert ortsnaher Fort- und Weiterbildungsmöglichkeiten wurde auch in den Lehrerantworten auf die offene Frage „nach Problemen, die im vergangen Schuljahr in Schule und Unterricht aufgetreten sind" sichtbar:

> *„Wünschenswert wären ortsnahe Weiterbildungsmöglichkeiten (Zusatzstudium – weiterführende Studien), weil junge Lehrerinnen mit Kindern den langen Anfahrtsweg (z.B. Erfurt) nicht realisieren können (evtl. auf Landkreisebene)."*
> *„Fortbildungsveranstaltungen des ThILLM sind für mich oft wegen der räumlichen Entfernung nicht nutzbar (alleinstehend, kein verläßliches Fahrzeug). Ihre Themen sind vielversprechend und es ist bedauerlich, wenn deshalb die Teilnahme nicht möglich ist."*

Die von uns gleichfalls erfragte Weiterbildungsform „Studium mit anerkanntem Abschluß" präferierten insgesamt nur 36 % aller befragten Lehrer, wobei Gymnasiallehrer noch am ehesten dazu bereit waren (42 %). Nicht unerwartet war, daß jüngere Lehrer eine solche Weiterbildungsmaßnahme eher auf sich nehmen würden als ältere Kollegen. Überrascht hat allerdings die Tatsache, daß sich die dienstältesten Lehrer (in unserer Stichprobe betrifft das insgesamt 40 Lehrer, die ihren Dienst bis 1954 antraten) in hohem Maße einer solchen Weiterbildungsform stellen würden. Für Gymnasiallehrer dieser Dienstaltersgruppe traf das mit 83 % zu.

Dieses Ergebnis läßt den Schluß zu, daß die befragten Thüringer Lehrer nicht ausnahmslos dem von HUBERMANN (1989) entwickelten Modell entsprechen,

---

[10] ThILLM: Thüringer Institut für Lehrerfortildung, Lehrplanentwicklung und Medien

wonach nach 31 bis 40 Berufsjahren eine Phase von „Desengagement, Gelassenheit oder Bitterkeit" (vgl. TERHART 1994, S. 26) eintritt. Thüringer Lehrer streben auch in diesem Alter noch keine „Hinaus-Entwicklung aus dem Berufsleben" an; die „großen spektakulären Dinge" überlassen sie keinesfalls den jüngeren (TERHART 1994, S. 26).

Darüber hinaus gingen wir von der Hypothese aus, daß es auch in bezug auf die Fort- und Weiterbildungsformen „umlernbedarf-produzierende" Fächer bzw. bestimmte Fachgruppen geben wird. Die *Tabelle 7* verdeutlicht, daß diese Annahme durch unsere Untersuchung bestätigt wurde.

Tabelle 7:
Ein Studium mit anerkanntem Abschluß als Weiterbildungsform wünschen sich Regelschul- und Gymnasiallehrer (*Angaben in Prozent*)

Ausbildung für die Fachkombination	*Regelschullehrer*	*Gymnasiallehrer*
Deutsch/Fremdsprachen	48,9	53,7
Deutsch/Geisteswissenschaften	43,6	45,7
Naturwissenschaften	23,5	18,2
Natur-/Geisteswissenschaften	44,4	14,3
Sport	13,6	38,5
Polytechnik	42,9	100,0

Jene Lehrer, die in der DDR für das Fach Polytechnik ausgebildet worden sind, müssen eine Weiterbildungsform wählen, die ihnen einen anerkannten Abschluß für ein weiteres Unterrichtsfach gewährleistet. Das traf aus oben bereits angeführten Gründen (vgl. S. 138) insbesondere für Gymnasiallehrer zu, auch wenn insgesamt nur sehr wenige Gymnasiallehrer mit dem Ausbildungsfach Polytechnik in unsere Untersuchung einbezogen waren. Diese im Vergleich zur Regelschule geringe Anzahl ließ vermuten, daß die in der DDR ausgebildeten Polytechnik-Lehrer ihr Betätigungsfeld nach dem Schulstrukturwandel eher in der Thüringer Regelschule als am Gymnasium sahen. Auch die Fächerkombinationen mit Fremdsprachen oder Geisteswissenschaften in der DDR-Ausbildung ließen erkennen, daß Lehrer eine Weiterbildung mit anerkanntem Abschluß anstrebten.

Unsere Untersuchung zeigte, daß dies vor allem Lehrer mit dem Fach Staatsbürgerkunde betraf. Für das Fach Russisch ließ sich das aus unseren Ergebnissen nicht zweifelsfrei nachweisen. Es ist jedoch zu vermuten, da von jenen Lehrern, die Russisch als Ausbildungsfach angaben, nur noch knapp zwei Drittel diese Fremdsprache auch 1993 unterrichteten. Diese Anzahl wird sich künftig noch verringern, da Russisch als Fremdsprache am Gymnasium und an der Regelschule von Schülern kaum gewählt wird.

Wie wichtig für die Lehrer ***einzelne Bereiche der Fort- und Weiterbildung*** waren, erfragten wir innerhalb einer dreistufigen Skala. Die Ergebnisse im Hinblick auf die Lehrer aller Schularten verdeutlicht die *Abbildung 3*:

Abbildung 3:
Wichtige Gebiete für die Fort- und Weiterbildung (*Angaben in Prozent*)

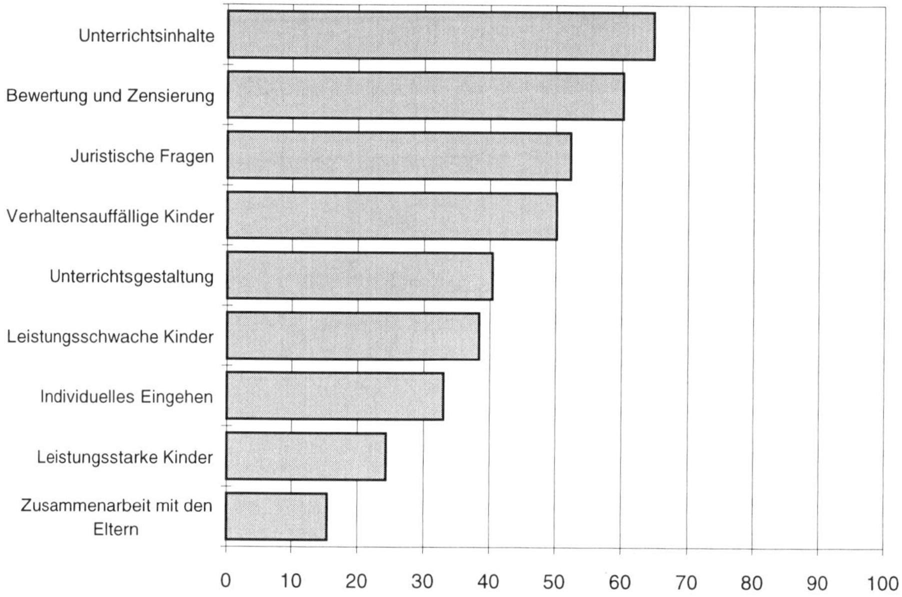

Signifikante Unterschiede in der Betrachtung der Wichtigkeit einzelner Gebiete der Fort- und Weiterbildung zwischen den Lehrern verschiedener Schularten verdeutlicht *Tabelle 8*.

Die in der *Tabelle 8* ausgewiesenen Ergebnisse deuten auf schulartspezifische und schulartübergreifende Probleme in der Lehrertätigkeit hin, die für das Selbstverständnis der Lehrer von Bedeutung sind. Während Lehrer aller Schularten den Bedarf an Fort- und Weiterbildung im Bereich fachdidaktischer Fragen der Unterrichtsgestaltung und juristischer Fragen des Lehreralltags ähnlich einschätzten, gab es deutliche schulartspezifische Differenzen in bezug auf Aspekte der Förderungszentrierung (Zuwendung zum einzelnen/verhaltensauffälligen/leistungsstarken/leistungsschwachen Schüler).

Tabelle 8:
Gebiete der Fort- und Weiterbildung für die Lehrer an Grund- und Regelschulen sowie an Gymnasien (*Angaben in Prozent für die Antwort „sehr wichtig"*)

Gebiete der Fort- und Weiterbildung	*Lehrer aller Schularten*	*Grund-schullehrer*	*Regel-schullehrer*	*Gymnasial-lehrer*
Unterrichtsinhalte	64,8	60,2	60,4	81,8
Bewertung und Zensierung	60,2	71,0	49,6	58,2
juristische Fragen des Lehreralltags	52,3	54,2	53,3	46,6
Umgang mit verhaltens-auffälligen Kindern	50,2	59,0	60,3	10,5
fachdidaktische Fragen der Unterrichtsgestaltung	40,4	43,0	36,7	42,6
Umgang mit leistungs-schwachen Kindern	38,4	50,3	40,4	8,6
individuelles Eingehen auf die Schüler	33,0	36,5	34,2	23,5
Umgang mit leistungs-starken Kindern	24,4	30,6	14,3	31,1
Zusammenarbeit mit den Eltern	15,4	17,6	17,2	7,4

Gegenwärtig zeichnet sich in den Präferenzstrukturen der Lehrer für die Fort- und Weiterbildung eindeutig ein Trend zu fachlichen Fortbildungsangeboten ab, während fachübergreifende pädagogische und psychologische Veranstaltungen erheblich weniger bevorzugt werden (vgl. dazu auch OLBERG u.a. 1993, S. 343).

In bezug auf die „neuen Unterrichtsinhalte" war der Fort- und Weiterbildungsbedarf bei den Gymnasiallehrern mit 82 % am höchsten. Das traf wiederum – betrachtet man die Fächer, für die die Lehrer ausgebildet worden sind – für die Fachlehrer mit einer Fächerkombination mit den Geisteswissenschaften zu (89 %). Weniger Nachqualifizierung – so schätzten es die Lehrer selbst ein – benötigten die Naturwissenschaftler unter ihnen. Bei Grund- und Regelschullehrern lag der Bedarf hier nur bei 60 %. Naturwissenschaftler bildeten auch bei Regelschullehrern eine Ausnahme (50 %). Ähnliche Aussagen lassen sich treffen, wenn man die derzeitigen Unterrichtsfächer betrachtet.

Vergleicht man bei diesen Antworten die Lehrer unterschiedlicher Dienstaltersgruppen, so läßt sich kein eindeutiger Alterstrend feststellen.

„Bewertung und Zensierung" als Aufgabe der Fortbildung hat bei den Lehrern verschiedener Schularten unterschiedliche Bedeutung. Auffällig war, daß Regelschullehrer insgesamt einen geringeren Fortbildungsbedarf auf diesem Gebiet für sich sahen. Das galt allerdings nicht für die Regelschullehrer mit den Fächerkombinationen Deutsch/Fremdsprachen (hier sind es 68 %) und Deutsch/Geisteswissenschaften (mit 52 %). Noch höher war der Fortbildungsbedarf auf diesem Gebiet für Gymnasiallehrer, aber auch hier meinten mit 71 % die Deutsch/Fremdsprachen-Lehrer und mit 62 % die Gymnasiallehrer mit der Fächerkombination Deutsch/Geisteswissenschaften, daß Fortbildung auf dem Gebiet der „Bewertung und Zensierung" für sie sehr wichtig ist. Kaum Differenzen gab es in der Einschätzung verschiedener Fachvertreter bei den Grundschullehrern.

4 Resümee

Unsere Untersuchungen verdeutlichen: Thüringer Lehrer waren und sind reformorientiert und reformbereit. Strukturveränderungen wollten sie allerdings nicht in dem Maße, wie sie mit dem „Vorläufigen Bildungsgesetz" 1991 eingeführt und mit dem „Thüringer Schulgesetz" 1993 konsolidiert wurden. Im neuen Schulsystem wurden ihre Erwartungen im Hinblick auf die Realisierung von Meinungsfreiheit und Entideologisierung jedoch noch nicht erfüllt, so daß letztendlich nur ein geringer Teil der Lehrer die eigenen Reformbemühungen der Wendezeit als erfolgreich erachtet.

Unabhängig davon haben sich Thüringer Lehrer den neuen pädagogischen und curricularen Anforderungen positiv gestellt. Das bedeutete für sie vor allem ein verstärktes Engagement in der Fort- und Weiterbildung. Einen erwartet hohen Fort- und Weiterbildungsbedarf hatten jene Lehrer, deren Ausbildungsfächer nach der Umstrukturierung des Schulwesens als Unterrichtsfächer nicht weiterexistierten. Deshalb präferierten vor allem Polytechnik-Lehrer die Weiterbildungsform „Studium mit anerkanntem Abschluß".

Aber auch Lehrer anderer Fachrichtungen sahen in einer solchen Weiterbildungsform eine Chance zur Vertiefung und Erweiterung persönlich-beruflicher Handlungskompetenzen, die den „Prestige- und Marktwert ihrer Tätigkeit" (vgl. MÜLLER/TENORTH 1984, S. 154) und damit ihre Professionalität erhöhen. In den Präferenzstrukturen der Grund-, Regelschul- und Gymnasiallehrer aller Fachrichtungen erkennbar ist ein Trend zu fachlichen Fortbildungsangeboten, während fachübergreifende pädagogische und psychologische Veranstaltungen erheblich weniger gewünscht wurden.

Mit der Neugestaltung der Schulstrukturen und der Curricula ist im Selbstverständnis der Lehrer ein Wandel ihrer Berufsrolle verbunden. Hohe Berufszufriedenheit sowie Engagement in der Fort- und Weiterbildung sowie für die innere Weiterentwicklung der Schule einerseits, Angst vor der beruflichen Zukunft aufgrund des demographischen Zusammenbruchs und des drohenden Abbaus von Lehrerstellen andererseits sind Facetten dieses veränderten Berufsverständnisses.

Literatur

ANWEILER, O.: Bildungspolitik in Deutschland 1945 – 1965. Aspekte und Probleme eines Vergleichs zwischen der Bundesrepublik Deutschland und der Deutschen Demokratischen Republik in historischer und aktueller Sicht. In: HOFFMANN, D. /NEUMANN, K. (Hrsg.): Erziehung und Erziehungswissenschaft in der BRD und der DDR. Weinheim 1994, S. 15 – 40.

CHASE,F. S.: Factors for satisfaction in teaching. Phi Delta Kappa 1951/H. 33, S. 127-132.

ENGELHARDT, G. VON: Aspekte der Arbeitszufriedenheit von Lehrern verschiedener Schultypen. Unveröffentlichte Diplomarbeit. Universität Köln 1992.

HARMS, G.: Lehrerinnen und Lehrer zwischen Verunsicherung und Reformzuversicht. In: PÄDAGOGISCHES LANDESINSTITUT BRANDENBURG (Hrsg.), Schulreform und deutscher Einigungsprozeß. Bericht über eine Fachtagung im Pädagogischen Landesinstitut Brandenburg am 9./10. September 1992, S. 11 – 19.

HINSCH, R.: Bedingungen des Einstellwandels von Lehrern beim Eintritt in die Berufspraxis. Eine empirsche Längschnittuntersuchung. Dissertation. Hamburg 1978

HOFFMANN, A./CHALUPSKY, J.: Zwischen Apathie und Aufbruchseuphorie. LehrerInnen der DDR in der Übergangszeit. Ergebnisse einer empirischen Untersuchung. In: Pädagogik und Schule in Ost und West 2/1991, S. 114 – 119.

HUBERMANN, M. u.a.: La Vie des Enseignants. Neuchâtel/Paris 1989.

IPFLING, H.J./PEEZ, H./GAMSJÄGER, E.: Wie zufrieden sind die Lehrer? Empirische Untersuchungen zur Berufs(un)zufriedenheit von Lehrern/Lehrerinnen der Primar- und Sekundarstufe im deutschsprachigen Raum. Bad Heilbrunn 1995.

KISCHKEL. H: Gesamtschule und dreigliedriges Schulsystem in Nordrhein-Westfalen – Einstellungen, Zufriedenheit und Probleme der Lehrer. (Arbeitsmaterialien und Berichte zur Sekundarstufe I, Bd. 5) Paderborn 1979.

KLEMM, K.: Arbeitsverdichtung im Westen und Durchwursteln im Osten. Die Zukunft der Lehrerbeschäftigung in Deutschland: Vorschläge zur Personalpolitik und zur Sicherung der Qualität von pädagogischer Arbeit. In: Frankfurter Rundschau Nr. 57/ 1995, S. 12.

KÖHLER, G.: Die Umgestaltung des Schulwesens in den neuen Bundesländern am Beispiel Thüringens. In: ZEDLER, P. (Hrsg.): Schulentwicklung. Probleme, Herausforderungen, Perspektiven. Weinheim (inVorbereitung).

KRATSCH, E.A. u.a.: Studien zur Soziologie des Volksschullehrers. Weinheim 1967.

MERZ, J.: Berufszufriedenheit von Lehrern. Eine empirische Untersuchung. Weinheim/ Basel 1979

MÜLLER, S. F./TENORTH, H.-E.: Professionalisierung der Lehrertätigkeit. In: LENZEN, D. (Hrsg.): Enzyklopädie Erziehungswissenschaft, Bd. 5: Organisation, Recht und Ökonomie des Bildungswesens. Stuttgart 1984. S. 153 – 171.

OLBERG, H.-J./PRIEBE, B./WENZEL, H.: Lehrerrolle und Lehreridentität in Wendezeiten: Herausforderungen und Aufgaben der Lehrerfort- und Lehrerweiterbildung in den ostdeutschen Bundesländern. In: Gruppendynamik 4/1993, S. 339 – 357.

REH, S./TILLMANN, K.-J.: Zwischen Verunsicherung und Stabilitäts-Suche. Der Wandel der Lehrerrolle in den neuen Bundesländern. In: Die Deutsche Schule 86(1994), H. 2, S. 224 – 241.

ROTH, W.: Berufszufriedenheit im Lehrerberuf. Westermanns Pädagogische Beiträge 1972, H. 24, S. 640 - 646.

STOLLBERG, R.: Arbeitszufriedenheit - theoretische und praktische Probleme. Schriftenreihe Soziologie. Berlin 1968

TERHART, E. et al.: Berufsbiographien von Lehrern und Lehrerinnen. Frankfurt a. M.; Berlin/Bern/New York 1994.

WEISHAUPT, H./ZEDLER, P.: Aspekte der aktuellen Schulentwicklung in den neuen Bundesländern. In: Jahrbuch der Schulentwicklung, Bd. 8. Weinheim/München 1994, S. 395 – 429.

DETLEF FICKERMANN

Soziale Aspekte der Bildungsbeteiligung

Die Qualität eines (neuen) Bildungssystems mißt sich nicht zuletzt daran, ob und in welchem Umfang regionale und soziale Disparitäten auftreten. Im Mittelpunkt dieses Beitrages stehen deshalb Fragen nach den Schul- und Berufsabschlußwünschen der Eltern für ihre Kinder, nach der Übereinstimmung bzw. den Unterschieden zwischen den Abschlußwünschen der Eltern und denen ihrer Kinder und nach Faktoren, die die Schulwahl möglicherweise beeinflussen. Dabei wird insbesondere nach dem Geschlecht der Kinder, der Schul- und Berufsausbildung der Eltern (zusammengefaßt in einer dreistufigen Konstruktvariable 'Bildungsstatus'[1]), der derzeit besuchten Schulform sowie nach siedlungsräumlichen und die Schulstruktur betreffenden Faktoren differenziert und somit versucht, einen Bezug zu Ergebnissen der altbundesrepublikanischen Ungleichheitsforschung herzustellen (vgl. exemplarisch u.a. BOFINGER 1994; DITTON 1992 und 1995; FICKERMANN 1990; MEUSBURGER 1992; SCHORB 1980).

Insgesamt 4806 beantwortete Fragebögen von Eltern aus Grund- und Regelschulen und Gymnasien liegen vor; davon 3598, die den jeweiligen Fragebögen ihrer Kinder zu Vergleichszwecken zugeordnet werden können.

Der Beitrag ist in vier Teile gliedert. Zunächst stehen die Übergangswünsche der befragten Grundschuleltern im Mittelpunkt des Interesses (1.). Ferner werden die elterlichen Schulabschlußwünsche näher analysiert (2.) und anschließend mit denen ihrer Kinder verglichen (3.). In der abschließenden Zusammenfassung (4.) werden mit Bezug auf Untersuchungen zur Bildungsbeteiligung in der DDR erste Überlegungen zu systemunabhängigen Einflußfaktoren auf die Bildungsaspiration der Eltern diskutiert.

1 Welche Pläne haben Grundschuleltern für ihre Kinder?

Wir befragten insgesamt 1097 Grundschuleltern nach der gewünschten weiterführenden Schule für ihre Kinder: 58 % wünschen sich die Regelschule, 39 % das Gymnasium und 3 % eine andere Schule.

---

[1] Zu Einzelheiten bezüglich der Bestimmung des Bildungsstatus wie auch zu weiteren Einzelheiten der Stichprobe siehe den Artikel von KUTHE/SCHIMUNEK in diesem Band.

Hinter diesen Durchschnittswerten verbergen sich jedoch große Unterschiede, wenn man nach dem Bildungsstatus der Eltern und dem Geschlecht des Kindes differenziert. Grundschuleltern mit hohem Bildungsstatus wünschen zu 71 % (Jungen: 67 %; Mädchen: 77 %) das Gymnasium als weiterführende Schule für ihr Kind, Grundschuleltern mit mittlerem Status zu 42 % (Jungen: 36 %; Mädchen: 49 %) und Grundschuleltern mit niedrigem Status nur zu 23 % (Jungen: 20 %; Mädchen: 25 %) (vgl. *Abbildung 1*).

Abbildung 1:
Gymnasium als gewünschte weiterführende Schule nach der Grundschule. Elternbefragung nach Bildungsstatus und Geschlecht des Kindes (N = 1054)

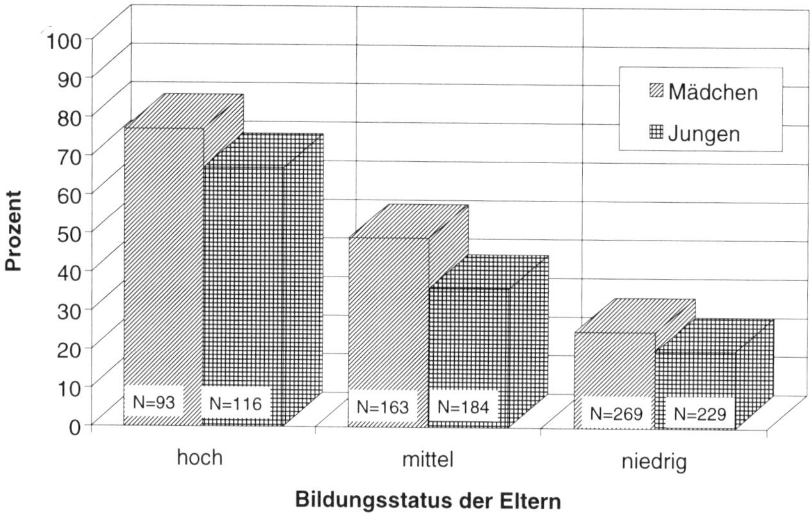

Daß mit steigendem Bildungsstatus der Wunsch nach dem Gymnasium als weiterführender Schulart steigt, überrascht dabei nicht. Die deutlich unterschiedlichen Schulwahlwünsche für Jungen und Mädchen sind jedoch in den alten Bundesländern in dieser Größenordnung nicht feststellbar.

Keinen signifikanten Einfluß auf das Schulwahlverhalten hat der Familienstatus. Eltern, die die Regelschule als weiterführende Schule für ihr Kind wünschen, sind zu 87 % verheiratet und zu 13 % alleinerziehend. Eltern, die das Gymnasium wählen wollen, sind zu 89 % verheiratet und zu 11 % alleinerziehend. Bei einer weiteren Ausdifferenzierung nach dem Bildungsstatus der

Eltern bzw. nach dem des alleinerziehenden Elternteils sind bei hohem Bildungsstatus die Aspirationswünsche verheirateter Eltern etwas höher als die Alleinerziehender. Die Unterschiede sind jedoch auch hier nicht signifikant[2].

Zur Untersuchung des Einflusses der Erreichbarkeit weiterführender Schulangebote auf das Schulwahlverhalten wurden über Gemeindemittelpunktkoordinaten die Entfernungen zwischen den Wohnorten der Schülerinnen und Schüler und den jeweils nächstgelegenen Gemeinden mit einem Regelschulangebot bzw. mit einem Gymnasialangebot bestimmt und als Maß für die Erreichbarkeit verwendet. Stimmen Wohnort und Schulort überein, ist die Entfernung definitionsbedingt gleich Null.

Die folgende *Tabelle 1* zeigt den Wunsch der Grundschuleltern nach einem Gymnasium als weiterführende Schulform in Abhängigkeit von der Erreichbarkeit und dem Bildungsstatus.

Tabelle 1:
Gymnasium als gewünschte Schulform nach der Grundschule in Abhängigkeit von der Erreichbarkeit und dem Bildungstatus der Eltern (*N = 1054, Angaben in Prozent*)

Bildungsstatus	*Entfernung zum nächsten Gymnasium (km Luftlinie)*[3]				
	0	*0 – 5*	*5 – 10*	*> 10*	*insgesamt*
Niedrig	25,7	26,4	19,4	8,0	22,8
mittel	47,5	46,3	33,7	16,7	42,2
hoch	77,1	74,1	40,0	-	71,1
gesamt	46,3	41,8	26,6	15,4	38,9

Während sich an Gymnasialstandorten (Entfernung = 0) 46 % der Grundschuleltern eine gymnasiale Bildung für ihr Kind wünschen, nimmt dieser Wert auf 15 % ab, wenn Wohnort und Schulstandort mehr als 10 km Luftlinie voneinander entfernt sind. Diese Abnahme des Elternwunsches 'Gymnasium' findet sich in der Tendenz in allen betrachteten sozialen Gruppen;

[2] Zur Dokumentation des Forschungsstandes zum Zusammenhang von Familiensituation und Schulbesuch vergleiche BOFINGER 1994.

[3] Von den 1667 Städten und Gemeinden Thüringens sind 67 Gymnasialstandorte, 363 sind bis zu 5 km, 944 zwischen 5 und 10 km und 283 mehr als 10 km Luftlinie vom nächsten Gymnasialstandort entfernt.

die Niveauunterschiede resultieren aus der unterschiedlichen Bildungsaspiration der Gruppen.

Interessant ist noch der Vergleich der Aspirationswünsche in Abhängigkeit vom Schulangebot am Wohnort. Ist keine Schule am Wohnort vorhanden, wünschen sich 36 % der Eltern ein Gymnasium als weiterführende Schule für ihr Kind. Ist nur eine Grundschule oder sind eine Grundschule und eine Regelschule vorhanden, sind es 28 %. Ist das Schulangebot jedoch vollständig, d.h. sind Grundschule, Regelschule und Gymnasium am Wohnort vorhanden, sind es 46 %. Die geringfügig andere Zusammensetzung der befragten Elterngruppe (bezogen auf den Bildungstatus) in Orten ohne Schulangebot im Vergleich zu denen aus Orten mit Grund- bzw. mit Grund- und Regelschulangebot kann die unterschiedlichen Elternwünsche nur zum Teil erklären. Es ist eher zu vermuten, daß der notwendige Weg in eine andere Gemeinde für den Besuch der Grundschule die Bereitschaft erhöht, auch einen längeren Weg zum Gymnasium zurückzulegen.

Die Ergebnisse der *Tabelle 1* werden durch Analysen des tatsächlichen Übergangsverhaltens bestätigt. So zeigte SELL, daß die Übergangsquote in Gymnasialstandorten im Schuljahr 1992/93 in Thüringen um rund 10 % höher lag, als in den anderen Gemeinden (SELL 1993)[4]. Ähnliche Unterschiede hinsichtlich der gewünschten weiterführenden Schulformen finden sich, wenn nicht die Entfernung bzw. die Erreichbarkeit als Indikator verwendet wird, sondern die Einwohnerzahl des Wohnortes oder die Zentralitätsstufe gemäß Landesentwicklungsplan.

Ferner unterstreichen die Antworten auf unsere Fragen nach den Gründen für die Wahl einer Schulart die Bedeutung der Dichte des Schulnetzes für das Entstehen von sozialen und regionalen Disparitäten. Während für 67 % der Grundschuleltern mit hohem Bildungsstatus die Entfernung der Schule vom Wohnort bzw. für 76 % von ihnen die Erreichbarkeit mit Nahverkehrsmitteln sehr wichtig bzw. wichtig sind, gilt dies für 83 bzw. 90 % der Grundschuleltern mit niedrigem Bildungsstatus. Wie nicht anders zu erwarten, sind auch die finanziellen Belastungen durch den Schulbesuch ein relevantes Kriterium für die Bildungsbeteiligung. Für 57 % der Grundschuleltern mit niedrigem Status ist dies ein wichtiges Kriterium, aber nur für 23 % der Eltern mit hohem Status.

---

4 In Mecklenburg-Vorpommern betrug die Differenz im Schuljahr 1994/95 ebenfalls rund 10 % (FICKERMANN 1996, S. 327).

Zur Klärung von Einflußstrukturen der verschiedenen sozioökonomischen und siedlungsstrukturellen Variablen in Verbindung mit den Einstellungsvariablen wurde neben den bisher dargestellten bivariaten Zusammenhängen ein Pfadmodell gerechnet. Dabei wurde folgende Vorgehensweise gewählt:

Zunächst wurden die erhobenen Einstellungsvariablen, die theoretisch einen Einfluß auf die Schulwahlentscheidung haben könnten, einer Faktoranalyse unterzogen. Ferner wurden ihre Mittelwerte in Bezug auf die Schulwahl Regelschule oder Gymnasium verglichen. Untersucht wurden insgesamt 51 Variablen des Elternfragebogens

- zu pädogogischen und bildungspolitischen Grundeinstellungen,
- zu Einstellungen zu Zensuren und zur Bewertung von Schulleistungen,
- zu Gründen für die Wahl einer Schulart und
- zu allgemeinen Zielen bezüglich der Ausbildung ihrer Kinder.

Die Variablen bildeten insgesamt 14 Faktoren. Für die weiteren Analysen wurden für jeden Faktor stellvertretend die Variablen ausgewählt, die einerseits eine hohe Faktorladung aufwiesen und andererseits signifikante Einflüsse auf die Bildungsaspiration zeigten. Mittels einer multivariaten Regressionsanalyse wurde dann der eigenständige Einfluß dieser Variablen auf die Schulwahl bestimmt. Für weitere Analysen wurden nur Variablen mit signifikanten Beta-Koeffizienten berücksichtigt. Analog wurden diejenigen Variablen bestimmt, die einen Einfluß auf das Ziel ‘Erwerb einer Studienberechtigung’ haben.

Dieses Variablenset wurde dann um die sozioökonomische Variablen zur Berufstätigkeit und zum Bildungsstatus der Eltern, zur Geschwisteranzahl, zum Familienstand, zum Geschlecht des Kindes und um die siedlungsstrukturelle Variable ‘Erreichbarkeit eines Gymnasiums’ (ausgedrückt als Differenz der Strecken Wohnort/nächstgelegene Regelschule und Wohnort/nächstgelegenes Gymnasium) ergänzt und als Gesamtmodell gerechnet.

Abbildung 2 zeigt das als Ergebnis der Analysen erhaltene Pfaddiagramm. Berücksichtigt sind nur Pfadkoeffizienten mit einem Wert größer als .07. Entscheidenden Einfluß auf die Schulwahl hat das Ziel der Eltern, daß ihr Kind eine Studienberechtigung erwirbt (.43). Der Bildungsstatus der Eltern wirkt einerseits direkt auf die Schulwahl (.20) und andererseits indirekt über das Ziel ‘Berechtigung zum Studium’ (.25 × .43 = .11), so daß sich ein Gesamteffekt von .31 ergibt. Überraschend ist der vergleichsweise geringe Einfluß (.07 + (.08 × .43) = .10), wenn es sich um Mädchen handelt. Eine Vergröße-

Abbildung 2:
Pfaddiagramm zum Einfluß ausgewählter Variablen auf die Schulwahl nach der Grundschule (*berücksichtigt sind Pfadkoeffizienten größer als .07*)

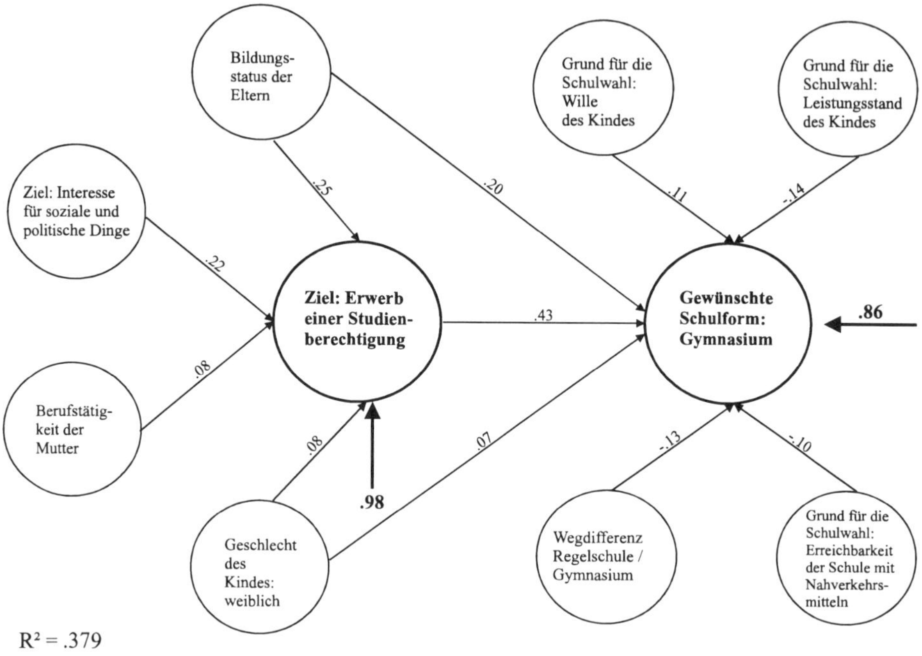

rung der Streckendifferenz Wohnort/Regelschule und Wohnort/Gymnasium führt zu einem Absinken des Elternwunsches 'Gymnasium' (-.13) und je wichtiger den Eltern die 'Erreichbarkeit mit Nahverkehrsmitteln'als Grund für die Schulwahl ist, um so niedriger ist ihr Gymnasialwunsch (-.10). Interessant ist die unterschiedliche Richtung der Einflüsse der Variablen 'Grund für die Schulwahl: Wille des Kindes' und 'Grund für die Schulwahl: Leistungsstand des Kindes'. Während der Wille des Kindes für die Eltern mit dem Wunsch Gymnasium bei der Wahl der weiterführenden Schule wichtig ist und somit einen positiven Koeffizienten aufweist (.11), korrelliert der Leistungsstand des Kindes negativ (-.14), d.h. er ist für Eltern, die für ihr Kind die Regelschule wünschen wichtiger für die Entscheidung als für Eltern mit dem Wunsch Gymnasium. Bei der Interpretation des Einflusses der Variable 'Ziel: Soziale und politische Interessen' auf das Ziel 'Berechtigung zum Studium' ist insofern Vorsicht geboten, als sie nur stellvertretend für einen ohne Zusatzuntersuchungen kaum interpretierbaren Einstellungsfaktor steht[5].

Um nicht nur die Richtung sondern zusätzlich auch die Struktur der Einflüsse kombinierter Variablen abschätzen und darstellen zu können, wurde zusätzlich ein Verfahren angewendet, das einer Kontrastgruppenanalyse nachempfunden ist[6]. Bei einer Kontrastgruppenanalyse (tree analysis) wird errechnet, welche Kombinationen von Merkmalsausprägungen die abhängige (dichotomisierte) Variable – in diesem Fall den Übergangswunsch 'Gymnasium' – am besten erklären können (zur Kontrastgruppenanalyse vgl. zum Beispiel MAYNTZ/HOLM/HÜBNER 1978, S. 219ff.). „Zu diesem Zweck wird die Gesamtheit der Untersuchungseinheiten zunächst vollständig in zwei Teilgruppen zerlegt, die durch verschiedene Merkmalsausprägungen einer (dichotomisierten) unabhängigen Variablen charakterisiert sind; diese Teilgruppen werden ihrerseits nach den (dichotomisierten) Ausprägungen einer weiteren unabhängigen Variablen zerlegt usw. bis bestimmte Stoppregeln noch weitere Zerlegungen verbieten. Bei jeder Zerlegung wird gefordert, daß

1. jede Teilgruppe in bezug auf die unabhängige Variable in sich homogener ist als die Anfangsgruppe
2 die einzelnen Teilgruppen untereinander möglichst heterogen sind. (edb., S. 219)

Abbildung 3 zeigt das Ergebnis dieser Berechnungen. Die ausgewiesenen Prozentangaben geben den Übergangswunsch Gymnasium an. Die Zerlegungen sind auf jeder Stufe signifikant, ebenso wie auch das Gesamtmodell.

Die jeweiligen Merkmalskombinationen ergeben sich aus den Verzweigungen der „Äste" des (Baum)-Diagramms. So wünschen sich zum Beispiel Eltern, denen der Erwerb einer Studienberechtigung nicht wichtig ist, die ferner einen niedrigen Bildungsstatus aufweisen und für die zudem der Wille des Kindes bei der Schulwahl nicht wichtig ist, zu 6,8 % ein Gymnasium als weiterführende Schule für ihr Kind. Eltern, denen der Erwerb einer Studienberechtigung wichtig, aber der Leistungsstand des Kindes unwichtig ist, wünschen sich stattdessen zu 84,5 % ein Gymnasium.

---

[5] Weiterhin gehören zu diesem Faktor die Variablen: 'Ziel: Kritisches Denken' und 'Ziel: Praktische Fähigkeiten'.

[6] Wärend bei einer Kontrastgruppenanalyse, wie sie zum Beispiel von MAYNTZ/HOLM/HÜBNER (1978, S. 219ff.) beschrieben wird, schrittweise vorgegangen wird, wurde im vorliegenden Fall ein Gesamtmodell mit der SAS-Prozedur CATMOD gerechnet.

Abbildung 3:
Kontrastgruppenspezifische Auswertung der Einflüsse auf die Übergangsentscheidung der Eltern von Grundschülern
(*die Prozentangaben beziehen sich auf den Übergangswunsch 'Gymnasium'*)

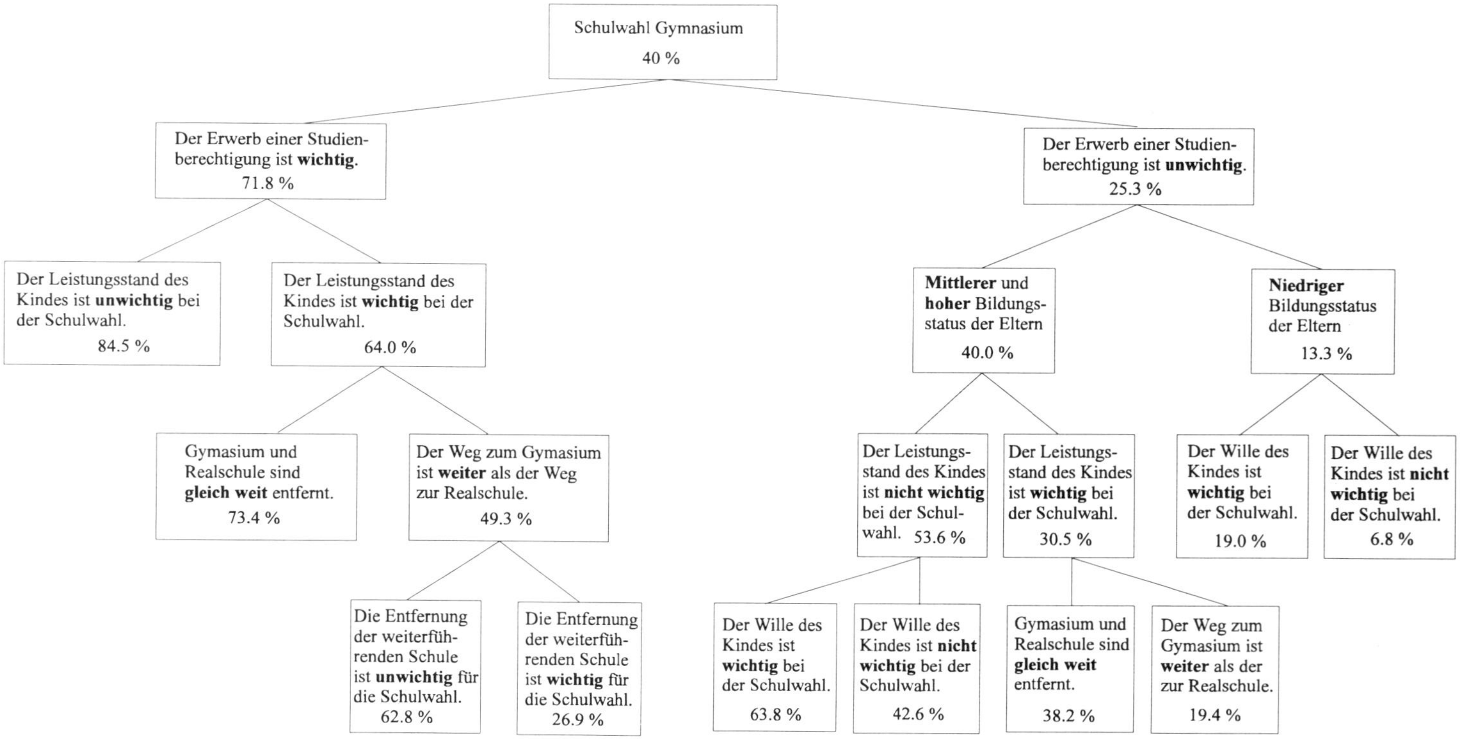

Maximum-Likelihood Analysis-of-Variance Table

Source	*DF*	*Chi-Square*	*Prob*
INTERCEPT	1	1.11	0.2920
V6	1	129.34	0.0000
V2(V6=2)	1	47.51	0.0000
V10(V6=1)	1	19.04	0.0000
V16(V6=1 V10=1)	1	14.03	0.0002
V9(V6=2 V2=1)	1	10.24	0.0014
V10(V6=2 V2=2)	1	16.50	0.0000
V8(V6=1 V10=1 V16=1)	1	8.38	0.0038
V16(V6=2 V2=2 V10=1)	1	5.13	0.0235
V9(V6=2 V2=2 V10=2)	1	4.97	0.0257
LIKELIHOOD RATIO	51	68.97	0.0475

Die Analyse zeigt ferner die unterschiedliche Bedeutung einzelner Variablen für den Übergangswunsch ‘Gymnasium’. Der Bildungsstatus hat bei Eltern, denen der Erwerb einer Studienberechtigung wichtig ist, keinen wesentlichen weiteren Einfluß mehr. Wichtiger sind der Leistungsstand des Kindes und die Erreichbarkeit des Gymnasiums. Das Verhältnis der Schulwege zum Gymnasium und zur Regelschule ist zudem als erklärende Variable bedeutsamer als die von den Eltern angegebene Bedeutung der Entfernung für die Schulwahl. Anders bei den Eltern, denen der Erwerb einer Studienberechtigung unwichtig ist: Bedeutsamer als der Leistungsstand des Kindes ist in diesem Fall der elterliche Bildungsstatus. Für Eltern mit mittlerem und hohem Bildungsstatus rangiert dann der Leistungsstand des Kindes vor dem Willen des Kindes bzw. vor der Erreichbarkeit. Stattdessen hat bei Eltern mit niedrigem Bildungsstatus der Wille des Kindes die höchste Erklärungskraft.

Anmerkungen zu Abbildung 3:

Liste der (dichotomisierten) Variablen:

V2: Bildungsstatus der Eltern (niedrig = 1, mittel oder hoch = 2)

V6: Berechtigung zum Studium (wichtig = 1, unwichtig = 2)

V8: Grund für die Schulwahl: Entfernung vom Wohnort (wichtig = 1, unwichtig = 2)

V9: Grund für die Schulwahl: Wille des Kindes (wichtig = 1, unwichtig = 2)

V10: Grund für die Schulwahl: Leistungsstand des Kindes (wichtig = 1, unwichtig = 2)

V16: Schulweglänge Gymnasium und Regelschule (Gym. weiter = 1; gleich weit = 2)

2 *Welche Schulabschlüsse wünschen sich die Eltern für ihre Kinder?*

Wir befragten nicht nur die Grundschuleltern nach der gewünschten weiterführenden Schulart, sondern auch alle in die Erhebung einbezogenen Eltern nach dem gewünschten Schulabschluß und zwar unabhängig von der zur Zeit von ihren Kindern besuchten Schulform. Ferner befragten wir sie nach dem gewünschten weiteren Bildungsweg nach der Klasse 9. Die Ergebnisse überraschen nicht. Nur 5 % wünschen einen Hauptschulabschluß (Hauptschulabschluß nach Klasse 9 und qualifizierter Hauptschulabschluß zusammengefaßt), jedoch 31 % einen Realschulabschluß und 64 % eine Studienberechtigung (Fachhochschulreife 9 %, Abitur 55 %) für ihr Kind. Diese Werte liegen noch über denen, die das Institut für Schulentwicklungsforschung (IFS Dortmund) im Rahmen seiner 1991 und 1993 durchgeführten Repräsentativbefragungen ermittelt hat (Stichprobe Ost 1993: 13 % Hauptschulabschluß, 42 % Mittlere Reife und 45 % Abitur; IFS-UMFRAGE 1994, S. 16). Die „Gymnasiallastigkeit" unserer Elternstichprobe ist als eine mögliche Ursache für diese Unterschiede zu vermuten.

In Bezug auf Grundschuleltern ist jedoch ein unmittelbarer Vergleich der beiden Erhebungen möglich. Während in der IFS-Umfrage 13 % der Grundschuleltern für einen Hauptschulabschluß, 42 % für einen Realschulabschluß und 45 % für eine Studienberechtigung (Abitur/Hochschulreife) optierten (ebd., S. 18), liegen diese Werte in unserer Erhebung bei 5, 46 und 49 Prozent.

Die Schulabschlußwünsche differieren (ebenso wie auch die IFS-Ergebnisse) stark nach der zur Zeit besuchten Schulform, dem Bildungsstatus der Eltern und dem Geschlecht des Kindes, wie *Tabelle 2* zeigt. Das IFS ermittelte für Mädchen (Stichprobe Ost mit einem Kind in einer allgemeinbildenden Schule) einen Elternwunsch 'Abitur/Hochschulberechtigung' von 50 % und für Jungen von 40 % (ebd., S. 19). Die von uns befragten Eltern wünschen sich stattdessen für ihre Töchter zu 69 % und für ihre Söhne zu 59 % eine Studienberechtigung[7].

---

[7] Weitere Vergleiche der beiden Umfragen sind aus methodischen Gründen nicht möglich. Das IFS verwendet aus Gründen der Vergleichbarkeit mit seiner Stichprobe West weitere Differenzierungsmerkmale (Stellung im Beruf: Angestellte/Arbeiter; Schulabschluß: bis Hauptschulabschluß/Mittlere Reife, FOR/FHR, Abitur), die von uns als nur begrenzt für die Situation in den neuen Bundesländer anwendbar angesehen und folglich so auch nicht erhoben wurden.

Tabelle 2:
Von den Eltern gewünschter Schulabschluß für ihre Kinder nach derzeit besuchter Schulform, Bildungsstatus und Geschlecht

Bildungs-status	*Summe (absolut)*		*gewünschter Schulabschluß(in Prozent)* *HS+QHS*		*RS*		*FHR+ABI*	
	Jungen	*Mädchen*	*Jungen*	*Mädchen*	*Jungen*	*Mädchen*	*Jungen*	*Mädchen*
derzeit besuchte Schulform: **Grundschule**								
niedrig	229	269	11,8	6,5	62,7	61,7	25,5	31,8
mittel	184	163	5,1	1,3	46,9	35,4	48,0	63,3
hoch	116	93	0,9	-	18,4	12,4	80,7	87,6
gesamt*	**546**	**541**	**7,1**	**3,7**	**47,5**	**44,8**	**45,4**	**51,5**
derzeit besuchte Schulform: **Regelschule**								
niedrig	346	401	18,9	14,8	71,9	68,5	9,2	16,6
mittel	205	198	11,7	4,8	68,4	73,5	19,9	21,7
hoch	69	57	7,7	7,5	43,1	50,9	49,2	41,5
gesamt*	**634**	**674**	**15,3**	**11,1**	**67,8**	**68,7**	**16,8**	**20,2**
derzeit besuchte Schulform: **Gymnasium**								
niedrig	240	506	1,3	-	3,0	5,3	95,8	94,7
mittel	249	469	0,8	-	4,1	4,0	95,1	96,0
hoch	359	504	-	-	1,7	0,8	98,3	99,2
gesamt*	**863**	**1509**	**0,6**	-	**2,7**	**3,3**	**96,7**	**96,7**

* In den Summen sind auch diejenigen Eltern enthalten, die keine Angaben zu ihrer Schul- und Berufsausbildung gemacht haben und für die folglich kein Bildungsstatus berechnet werden konnte

Legende: HS = Hauptschulabschluß, QHS = Qualifizierter Hauptschulabschluß, RS = Realschulabschluß, FHR = Fachhochschulreife, ABI = Abitur

Hervorzuheben ist der vergleichsweise hohe Anteil von Regelschuleltern, die sich Schulabschlüsse für ihre Kinder wünschen, die eine Studienberechtigung umfassen (Fachhochschulreife und Abitur). Immerhin 10 % der von uns befragten Regelschuleltern wünschen die Fachhochschulreife und 9 % die allgemeine Hochschulreife für ihr Kind. Dies unterstreicht die Notwendigkeit weiterführender Schulangebote nach der Regelschule (siehe hierzu auch den Beitrag von WEISHAUPT zur Situation der Regelschule in diesem Band). Mit steigendem Bildungsstatus der Eltern steigt ihr Wunsch nach einem Schulabschluß mit Studienberechtigung für ihre Töchter auf 42 und für ihre Söhne gar auf 50 %. Insbesondere für ihre Söhne wünschen sich also Eltern von Regelschülern mit hohem Bildungsstatus eine Fortsetzung der schulischen Ausbildung nach der Regelschule.

Tabelle 3:
Von den Eltern gewünschte Schulformen in der Sekundarstufe II für ihre Kinder nach derzeit besuchter Schule (Klassenstufe 5, 7 und 9), Bildungsstatus und Geschlecht (*Angaben in Prozent*)

Bildungs-status	*Ge-schlecht*	*N*	*gewünschte Schulform in der Sekundarstufe II*						
			BS	*BFS*	*BAS*	*HBFS*	*FOS*	*GO*	*BG*
derzeit besuchte Schulform: **Regelschule**									
niedrig	m	157	58,6	19,7	9,6	3,2	0,6	3,8	4,5
	w	202	51,0	20,3	9,4	7,9	2,5	3,0	5,9
mittel	m	105	44,9	19,0	7,6	11,4	3,8	3,8	9,5
	w	109	40,4	23,9	3,7	12,8	1,8	3,7	13,8
hoch	m	30	33,3	10,0	10,0	16,7	10,0	-	20,0
	w	30	36,7	10,0	3,3	6,7	6,7	10,0	26,7
derzeit besuchte Schulform: **Gymnasium**									
niedrig	m	158	1,3	1,8	0,6	3,2	5,7	65,8	22,8
	w	341	2,1	0,5	0,3	2,1	3,5	73,0	17,3
mittel	m	183	0,5	0,6	-	4,9	3,8	70,5	19,7
	w	348	0,9	-0,9	0,9	3,2	4,6	74,1	15,8
hoch	m	266	0,4	-	-	1,5	1,5	79,7	16,9
	w	372	-	0,5	-	0,5	2,2	84,7	12,1

Legende: m = männlich, w = weiblich, o.A. = ohne Angabe, BS = Berufsschule, BFS = Berufsfachschule, BAS = Berufsaufbauschule, HBFS = Höhere Berufsfachschule, FOS = Fachoberschule, GO = Gymnasiale Oberstufe, BG = Berufliches Gymnasium

Interessant ist, welche weiterführenden Schulen in der Sekundarstufe II von den Eltern für ihre Kinder gewünscht werden (vgl. *Tabelle 3*). Eine hohe Präferenz der Regelschuleltern liegt auf einer Verbindung von allgemeiner und beruflicher Bildung. Dies äußert sich bei den Regelschuleltern insbesondere in den Wünschen nach beruflichen Vollzeitbildungsgängen. Während Eltern mit niedrigem Bildungsstatus sich zu 59 % für ihren Sohn und zu 51 % für ihre Tochter eine Berufsausbildung im dualen System wünschen, sinkt dieser Anteil mit steigendem Status auf 33 % bzw. 37 %. Gleichzeitig nehmen die

Wünsche nach höheren Berufsfachschulen, Fachoberschulen und beruflichen Gymnasien mit steigendem Status zu. Inwieweit hierfür auch fehlende Ausbildungsplätze und nicht nur Aufstiegsinteressen ursächlich verantwortlich sind, kann mit den von uns erhobenen Daten allerdings nicht beantwortet werden.

97 % der Gymnasialeltern wünschen sich eine Fortsetzung der schulischen Ausbildung ihrer Kinder in einem gymnasialen Bildungsgang (gymnasiale Oberstufe und berufliches Gymnasium zusammengefaßt). Erstaunlich ist auch hier der vergleichsweise hohe Anteil derjenigen, die sich ein berufliches Gymnasium für ihre Kinder in der Sekundarstufe II wünschen (Mädchen: 12 %, Jungen: 17 %).

Die hohe Präferenz für eine Verbindung allgemeiner und beruflicher Bildung sowohl bei Regelschul-, als auch bei Gymnasialeltern wird zusätzlich gestützt durch die vergleichsweise gute Benotung der beruflichen Gymnasien und der anderen beruflichen Schulen, die eine berufliche Qualifikation und allgemeinbildende Schulabschlüsse verbinden (siehe hierzu den Beitrag von WEISHAUPT zur Bewertung des schulstrukturellen Wandels in diesem Band). Dabei ist allerdings darauf hinzuweisen, daß diese Schulformen wahrscheinlich noch relativ unbekannt bei den Eltern sind, wie aus dem hohen Anteil fehlender Antworten (Benotungen) geschlossen werden kann.

Interessant sind im Zusammenhang mit der von den Eltern gewünschten Ausbildung ihrer Kinder auch die Antworten auf die Frage: 'Möchten Sie, daß Ihr Kind nach der Schule eine Lehre aufnimmt oder studiert?'. 40 % aller befragten Eltern sprachen sich dabei für eine Lehre, 22 % für ein Studium, aber 39 % für Berufsausbildung und Studium aus[8]. Wie bei allen anderen Aussagen zur Bildungsbeteiligung differieren auch hier die Ergebnisse stark nach der derzeit besuchten Schulform, dem Bildungsstatus der Eltern und dem Geschlecht des Kindes (vgl. *Tabelle 4*).

Die sich bei der Frage nach der gewünschten weiterführenden Schulform in der Sekundarstufe II andeutende Tendenz des Sicherns von Optionen (Erlangung einer Studienberechtigung in Verbindung mit beruflichen Ausbildungsinhalten) zeigt sich verstärkt bei der Frage 'Studium oder Lehre'. Sowohl bei den Regelschuleltern als auch bei den Gymnasialeltern überrascht der hohe

---

8 Ein Vergleich mit der bereits zitierten IFS-Umfrage ist nur begrenz möglich. Das IFS fragte alternativ nach Studium oder Lehre (Stichprobe Ost mit einem Kind in einer allgemeinbildenden Schule: 45 % Studium, 55 % Berufsausbildung). Die Antwortmöglichkeit beides, also der Erwerb einer Doppelqualifikation, war nicht vorgesehen (IFS-UMFRAGE 1994, S. 25).

Tabelle 4:
Lehre oder Studium nach der Schule nach derzeit besuchter Schule, Bildungsstatus und Geschlecht des Kindes (*Angaben in Prozent*)

Bildungs-status	*Summe (absolut)*		*Lehre*		*Studium*		*beides*	
	Jungen	*Mädchen*	*Jungen*	*Mädchen*	*Jungen*	*Mädchen*	*Jungen*	*Mädchen*
derzeit besuchte Schulform: **Regelschule**								
niedrig	346	401	87,3	77,7	1,5	3,4	11,1	18,8
mittel	205	198	71,8	71,9	3,1	5,9	25,1	22,2
hoch	69	57	43,8	60,0	4,7	5,5	51,6	34,5
gesamt*	**634**	**674**	**77,4**	**74,5**	**2,4**	**4,4**	**20,2**	**21,1**
derzeit besuchte Schulform: **Gymnasium**								
niedrig	240	506	19,0	28,0	30,3	29,0	50,7	43,0
mittel	249	469	12,5	17,0	26,3	30,5	61,2	52,5
hoch	359	504	6,9	9,3	45,5	45,7	47,6	45,1
gesamt*	**863**	**1509**	**11,8**	**18,2**	**35,7**	**35,2**	**52,5**	**46,6**

* In der Summe sind auch diejenigen Eltern enthalten, die keine Angaben zu ihrer Schul- und Berufsausbildung gemacht haben und für die folglich kein Bildungsstatus berechnet werden konnte

Anteil derjenigen, die sich beides für ihre Kinder wünschen. Über 20 % der Regelschuleltern wünschen sich für ihr Kind eine Lehre und ein Studium. Dies kann als Ausdruck einer Aufstiegsorientierung bei Eltern mit niedrigem Bildungsstatus und als Wunsch nach Statussicherung (durch Nachholen bisher durch den Besuch der Regelschule verpaßter Bildungschancen) bei Eltern mit hohem Bildungsstatus interpretiert werden. Die außerordentlich hohe Zahl von Gymnasialeltern, die für Lehre und Studium optieren – und zwar unabhängig von ihrem Bildungsstatus – läßt sich dagegen wahrscheinlich nur vor dem Hintergrund des gesellschaftlichen Umbruchs erklären. Einerseits dürfte insbesondere bei Eltern mit niedrigerem Status ebenfalls die oben schon angedeutete Sicherung von Optionen angesichts noch nicht stabilisierter wirtschaftlicher Verhältnisse im Vordergrund stehen. Bei Gymnasialeltern mit hohem Bildungsstatus muß zumindest auch daran gedacht werden, daß ihnen im Zusammenhang mit den in der Nachwende erfahrenen Abwertungen akademischer Ausbildungen eine Doppelqualifikation möglicherweise als besonders erstrebenswert erscheint.

3 *Welche Schulabschlüsse wünschen sich die Eltern und welche ihre Kinder?*

Durch die Möglichkeit der eindeutigen Zuordnung des Fragebogens der Eltern zu dem Ihres Kindes lassen sich Übereinstimmungen und Unterschiede im Antwortverhalten zum Beispiel bei den Schulabschlußwünschen näher untersuchen (vgl. hierzu auch den Artikel von MIERSWA/SCHIMUNEK in diesem Band). In 79,5 % der Fälle stimmen die Schulabschlußwünsche von Eltern und Kindern überein. Der Grad der Übereinstimmung ist von der besuchten Schulform (Regelschule 67 %, Gymnasium 87 %), vom Bildungsstatus (niedriger Status = 76 %, mittlerer = 78 % und hoher = 87 %), von der Klassenstufe (5. Klasse = 77 %, 7. Klasse = 79 % und 9. Klasse = 85 % und vom Geschlecht (Mädchen = 81 % und Jungen = 77 %) abhängig.

Abbildung 4 zeigt die Abhängigkeit der übereinstimmenden Abschlußwünsche von miteinander kombinierten Einflußfaktoren. Besonders hoch ist die Übereinstimmung bei Gymnasialeltern und -schülern mit hohem Bildungsta-

Abbildung 4:
Übereinstimmende Schulabschlußwünsche zwischen Eltern und ihren Kindern nach derzeit besuchter Schulform, Bildungsstatus der Eltern und Klassenstufe (*Angaben in Prozent*)

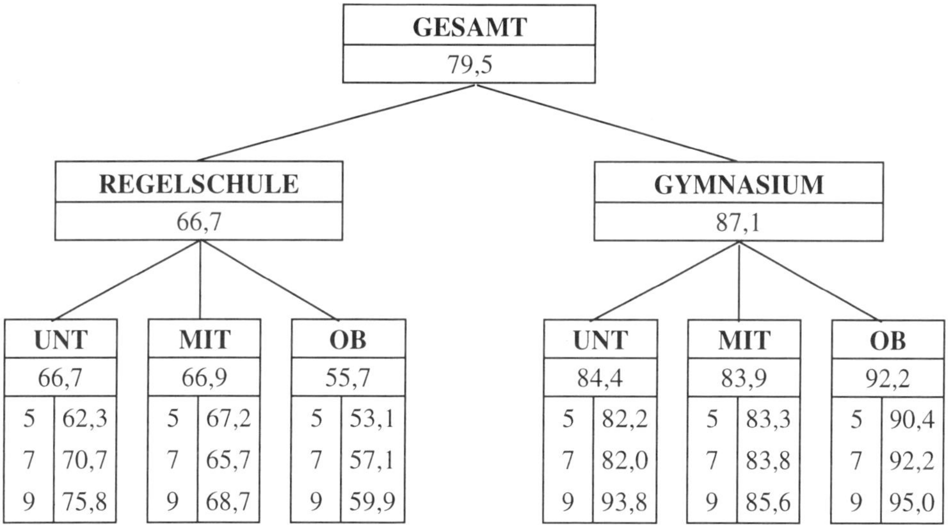

Legende: UNT = unterer Bildungsstatuts
MIT = mittlerer Bildungsstatus
OB = oberer Bildungsstatus

5 = Klassenstufe 5
7 = Klassenstufe 7
9 = Klassenstufe 9

tus. Dies war auch nicht anders zu erwarten, da für die sogenannte „Intelligenzschicht" der Besuch des Gymnasiums natürlich mit dem Abschlußwunsch Abitur verbunden ist und auch die Kinder entsprechend sozialisiert sind. Besonders niedrig ist die Übereinstimmung bei Regelschuleltern und -schülern mit hohem Bildungsstatus. Es stellt sich hier die Frage, welcher Art die Abweichungen der Abschlußwünsche sind. Hierzu sind in der *Tabelle 5* die möglichen Kombinationen der Schulabschlußwünsche von Eltern und ihren Kindern nach dem Grad und der Richtung der Abweichung und nach der besuchten Schulform und dem Bildungsstatus der Eltern differenziert dargestellt.

Besonders hervorgehoben seien die im traditionellen bildungssoziologischen Sinn „extremen" Teilpopulationen Regelschüler mit hohem und Gymnasiasten mit niedrigem Bildungsstatus der Eltern. Während im ersten Fall die Abweichungen „höherer Aspirationswunsch der Eltern" mit 21,7 % und „höherer Aspirationswunsch der Schüler" mit 22,5 % nahezu ausgeglichen sind, dominieren im anderen Fall mit 13,2 % zu 2,4 % die Abweichungen „höherer Aspirationswunsch der Schüler".

Erwähnt sei ferner noch, daß bei Regelschülern mit steigendem Bildungsstatus der übereinstimmende Wunsch nach dem Abitur als Schulabschlußwunsch zunimmt. Bei Gymnasiasten finden sich dagegen kaum andere übereinstimmende Wünsche als das Abitur. Die Unterschiede in der Höhe der Übereinstimmungsrate resultieren aus den niedrigeren Aspirationswünschen der Eltern.

In *Tabelle 6* sind die möglichen Antwortkombinationen von Eltern und ihren Kindern auf unsere Frage „Studium oder Lehre?" wiederum nach der besuchten Schulform und dem Bildungsstatus der Eltern differenziert dargestellt.

Bei den Regelschülern nimmt mit steigendem Bildungsstatus der Anteil der Kombination Lehre/Lehre ab und gleichermaßen der Anteil der Kombination Studium/Studium zu. Bei Gymnasiasten ist der Grad der übereinstimmenden Wünsche deutlich niedriger. Die Kombination Studium/Studium nimmt erwartungsgemäß mit steigendem Status zu, die Kombination Lehre/Lehre ab. Bei den abweichenden Wünschen dominieren die Fälle beides/Studium bzw. Studium/beides.

Tabelle 5:
Schulabschlußwünsche von Eltern und ihren Kindern nach derzeit besuchter Schulform und Bildungsstatus (*Angaben in Prozent*)

Schulabschluß-wunsch			*Regelschule*			*Gymnasium*		
			niedrig	*mittel*	*hoch*	*niedrig*	*mittel*	*hoch*
Diff.	*Eltern*	*Schüler*	*N=639*	*N=332*	*N=106*	*N=574*	*N=571*	*N=666*
E >> S	RS	HA	4,4	3,3				
	FHR	HA						
	ABI	HA	0,2			0,2		
	FHR	QHA		0,3				
	ABI	QHA						
	ABI	RS	2,2	2,7	6,6	0,7	0,9	1,1
	Summe		**6,8**	**6,3**	**6,6**	**0,9**	**0,9**	**1,1**
E > S	QHA	HA	1,7	1,8	1,9			
	RS	QHA	2,7	2,4				
	FHR	RS	3,9	4,2	11,3	0,5	0,9	0,2
	ABI	FHR	0,2	0,3	1,9	1,0	1,1	0,5
	Summe		**8,5**	**8,7**	**15,1**	**1,5**	**2,0**	**0,7**
E = S	HA+QHA		9,1	2,7	3,8			
	RS		54,3	54,8	37,7	1,0	0,5	
	FHR+ABI		5,0	9,3	14,1	83,4	83,4	92,2
E < S	HA	QHS	1,1	0,3	0.9			
	QHS	RS	1,7	1,5				
	RS	FHR	0,8	2,7	0,9	0,2	0,4	
	FHR	ABI	2,5	3,9	12,3	9,0	9,1	5,3
	Summe		**6,1**	**8,4**	**14,1**	**9,2**	**9,5**	**5,3**
E << S	HS	RS	0,6	0,6	0,9			
	HS	FHR					0,2	
	HS	ABI	0,3	0,3		0,2		
	QHS	FHR						
	QHS	ABI	0,3	0,3		0,2		
	RS	ABI	9,1	8,4	7,5	3,6	3,7	0,9
	Summe		**10,3**	**9,6**	**8,4**	**4,0**	**3,9**	**0,9**

Legende:
E >> S sehr viel höherer Schulabschlußwunsch der Eltern
E > S höherer Schulabschlußwunsch der Eltern
E = S gleiche Schulabschlußwünsche
E < S niedriger Schulabschlußwunsch der Eltern
E << S sehr viel niedriger Schulabschlußwunsch der Eltern

HA = Hauptschulabschluß, QHA = qualifizierter Hauptschulabschluß RS = Realschulabschluß, FHR = Fachhochschulreife, ABI = Abitur; niedrig = niedriger Bildungsstatus, mittel = mittlerer Bildungsstatus, hoch = hoher Bildungsstatus

Tabelle 6:
Antworten von Eltern und ihren Kindern auf die Frage: „Lehre oder Studium?" nach besuchter Schulform und Bildungsstatus (*Angaben in Prozent*)

Wunsch der Eltern	*Summe (absolut)*		*Wunsch der Schüler*					
			Lehre		*Studium*		*beides*	
	RS	*GY*	*RS*	*GY*	*RS*	*GY*	*RS*	*GY*
unterer Bildungsstatus der Eltern								
Lehre	322	113	**89,1**	**69,9**	3,7	10,6	7,1	19,5
Studium	11	111	27,3	10,8	**36,4**	**69,4**	36,4	19,8
beides	55	194	52,7	27,3	21,8	32,0	**25,5**	**40,7**
mittlerer Bildungsstatus der Eltern								
Lehre	151	77	**88,7**	**62,3**	4,6	10,4	6,6	27,3
Studium	6	115	(50,0)	13,0	**(50,0)**	**60,9**	(-)	26,1
beides	54	206	46,3	27,7	18,5	28,6	**35,2**	**43,7**
hoher Bildungsstatus der Eltern								
Lehre	38	43	**89,5**	**58,1**	2,6	14,0	7,9	27,9
Studium	2	256	(50,0)	6,6	**(50,0)**	**73,0**	(-)	20,3
beides	21	227	28,6	24,1	23,8	35,2	**47,6**	**40,5**

4 *Zusammenfassung*

Die Tatsache, daß Eltern mit höherem Bildungs- und Berufsabschluß für ihre Kinder einen höheren allgemeinbildenden Schulabschluß wünschen als die übrigen Eltern, überrascht an sich nicht. Überraschend ist jedoch, daß dieser in den alten Bundesländern bekannte Sachverhalt in so kurzer Zeit und in diesem Umfang auch in den neuen Bundesländern bzw. im Schulsystem Thüringens feststellbar ist. Daß dafür nicht nur allein das neue Schulsystem bzw. die neue Gesellschaftsordnung die Ursache sein können, weisen die bisher bekanntgewordenen Untersuchungen zur sozialen Zusammensetzung der Schülerschaft der EOS in den achtziger Jahren mit einer ebenfalls festgestellten eindeutigen Überrepräsentanz der sogenannten „Intelligenzschicht" aus. So zitieren KÖHLER/SCHREIER eine Erhebung des Zentralinstitutes für Jugendforschung in Leipzig (ZIJ) aus dem Jahre 1984, nach der nur 31 % der Studienanfänger im Direktstudium keinen Elternteil mit Fach- bzw. Hochschulstudium gehabt haben. Für die von uns befragten Gymnasiasten trifft dies auf 22 % zu. Unlängst stellte BATHKE eine umfangreiche Reanalyse der Datenbestände des ehemaligen ZIJ vor und bestätigte die soziale Selektivität des DDR-Schulsystems in den achtziger Jahren (BATHKE 1996).

Auch die festgestellte außerordentlich hohe geschlechtsspezifische Selektivität läßt nach systemunabhängigen Einflußfaktoren suchen. Analysen bisher unveröffentlichter Schulstatistiken der DDR zeigen, daß auch die Zusammensetzung der Schülerschaft der EOS nicht paritätisch war. So bestand die Schülerschaft der EOS im heutigen Mecklenburg-Vorpommern im Schuljahr 1989/90, also noch vor der Wende, zu 57 % aus Mädchen. Zwei mögliche Erklärungsansätze bieten sich hierfür an. Zum einen bot aufgrund der Arbeits- und Lohnstruktur der DDR ein Studium für männliche Jugendliche nicht unbedingt finanzielle Vorteile. So betrugen zum Beispiel die durchschnittlichen Einkommen nach einer Erhebung in der Industrie und im Bauwesen im Jahr 1988 für Facharbeiter 1110 M, für Meister 1370 M und für Hoch- und Fachschulkader 1477 M. Die zuletzt genannte Gruppe hatte zudem die geringsten Lohnzuwächse aller Hauptbeschäftigtengruppen in den Jahren 1984 bis 1988. Für Mädchen und Frauen sah die Situation anders aus. Sie wurden innerhalb der einzelnen Lohngruppen etwa 10 - 12 % geringer entlohnt und gehörten überproportional den unteren Lohngruppen an (WINKLER 1990)[9]. Ein Studium bot also durchaus auch finanzielle Anreize.

Im übrigen weisen Erhebungen der schulischen Noten, erhebliche Vorteile für die Mädchen aus. So stellten BERTRAM u.a. fest: „Sie (die Mädchen) erhalten in allen Klassenstufen in fast allen Schulfächern durchschnittlich die besseren Zensuren,..." (BERTRAM u.a. 1988). Das gleiche Ergebnis hatten eigene Analysen von Halbjahreszeugnissen in den vierten Klassen Bochumer Grundschulen in den Schuljahren 1989/90 und 1991/92 (FICKERMANN 1990 und 1997). Bestätigt werden diese Ergebnisse auch mit einer Erhebung aus dem Jahr 1992 in Erfurt[10] (*s. Tabelle 7*).

Auch die Beantwortung der Frage „Studium, Lehre oder beides" ist unter Berücksichtigung von DDR-Erhebungen zur Berufsperspektive Jugendlicher nicht überraschend. Die geschlechtsspezifischen Unterschiede finden sich auch dort (vgl. z.B. KABAT VEL JOB 1979; KLAUS 1984 und 1987; BERTRAM u.a. 1988 und zusammenfassend KÜHN/METZ 1989). Ferner zeigt die Schulstatistik, daß die Möglichkeit, Abitur und Berufsausbildung miteinander zu verbinden, überproportional von jungen Männern in Anspruch genommen

---

9 Zu Einkommensunterschieden zwischen männlichen und weiblichen Erwerbstätigen in der DDR vergleiche auch ROLOFF 1991.

10 In der vorliegenden Erhebung wurden keine Noten erhoben.

Tabelle 7:
Durchschnittsnoten im 4. Schuljahr (Erfurt, Schuljahr 1991/92)

Fach	*Mädchen*	*Jungen*
Deutsch	1,90	2,43
Mathematik	2,37	2,33
Heimatkunde	1,99	2,09

Quelle: FORSCHUNGSGRUPPE SCHULSTRUKTURWANDEL 1993, eigene Berechnungen.

worden ist (etwa 65 % der Schüler der entsprechenden Klassen waren junge Männer). Zudem gab es in den von jungen Frauen stark besetzten Lehrberufen diese Möglichkeit nur in geringerem Umfang.

Diese wenigen Hinweise machen deutlich, daß eine Analyse des Schulwandels nicht ohne die Einbeziehung relevanter Daten und Ergebnisse aus der DDR auskommen kann. Bewertungen der heutigen Schulsituation und sich daraus ergebende Hinweise auf mögliche Entwicklungslinien haben ihre Ursache in sozio-kulturell verankerten Einstellungen und Wertvorstellungen, die noch genauer zu analysieren und zu beschreiben sind. Der Aspirationsvergleich wirft zudem die bildungspolitisch außerordentlich interessante Frage nach der Bedeutung des sogenannten „kulturellen Erbes" neu auf (BOURDIEU 1983). In diesem Zusammenhang sei auf die Studie der von MERKENS geleiteten Forschungsgruppe hingewiesen, die in einer Längsschnittuntersuchung in den Städten (Ost)Berlin, Frankfurt (Oder) und Cottbus diesem Faktor nachgeht (ROST/WESSEL 1994; MERKENS/DOHLE/WESSEL 1996; DOHLE/WESSEL 1996).

Unsere Untersuchungen zur Bildungsaspiration haben noch eher explorativen Charakter. Beabsichtigt ist ergänzend noch eine Mehrebenenanalyse des Datensatzes (zur Mehrebenenanalyse vgl. z.B. DITTON 1992). Explorativen Charakter haben auch noch die Untersuchungen zur Übereinstimmung bzw. zur Differenz der Aspirationswünsche der Eltern und der ihrer Kinder. Muster diesbezüglicher innerfamilialer Entscheidungsfindungsprozesse sind bisher kaum bekannt. Ferner wird die soziologische Bedeutung der verwendeten Konstruktvariable „Bildungsstatus der Eltern" im Kontext der aktuellen Ungleichheitsforschung und im Hinblick auf Ungleichheit in der DDR noch näher zu bestimmen sein (vgl. hierzu u.a. MERKENS/DOHLE/WESSEL 1996).

Den besonderen Bedingungen der neuen Bundesländer gerecht werdende Untersuchungen zur Bildungsbeteiligung werden jedoch weder auf die Berücksichtigung aktueller regionaler Wirtschaftsentwicklungen noch – zumindest für eine Zeit lang – auf die Einbeziehung relevanter Daten, Ereignisse und Traditionen der DDR verzichten können.

Literatur

BATHKE, G.W.: Bildungspartizipation, Schulabschlüsse und neue soziale Ungleichheiten. In: KRÜGER, H.H./HELSPER, W./WENZEL, H. (HRSG.): Schule und Gesellschaft im Umbruch. Band 2: Trends und Perspektiven der Schulentwicklung in Ostdeutschland. Weinheim 1996, S. 70-89.

BERTRAM, B./KABAT VEL JOB, O./FRIEDRICH , W.: Adam und Eva heute. Leipzig: Verlag für die Frau 1988.

BOFINGER, J.: Familiensituation und Schulbesuch. Dokumentation des Forschungsstandes. Staatsinstitut für Schulpädagogik und Bildungsforschung, Wissenschaftliche Reihe. München 1994.

BOURDIEU, P.: Ökonomisches Kapital, kulturelles Kapital, soziales Kapital. In: KRECKEL, R. (Hrsg.): Soziale Welt. Sonderband 2. Göttingen 1983.

DITTON, H.: Ungleichheit und Mobilität durch Bildung. Theorie und empirische Untersuchung über sozialräumliche Aspekte von Bildungsentscheidungen. Weinheim und München 1992.

DITTON, H.: Ungleichheitsforschung. In: ROLFF, H.G. (Hrsg.): Zukunftsfelder der Schulforschung. Weinheim 1995, S. 89-124.

DOHLE, K./WESSEL, A.: Familiale Voraussetzungen für Bildungsaspiration von Eltern in den neuen Bundesländern. In: MÖLLER, R./ABEL, J./NEUBAUER, G./TREUMANN, K.-P. (Hrsg.): Familie und Jugend. Ergebnisse empirischer Forschung. Münster, New York: Waxmann 1996.

FICKERMANN, D.: Der Übergang in die Sekundarstufe I. Sozialräumliche Analyse des Schulwahlverhaltens und seiner Einflußgrößen als Grundlage der Schulentwicklungsplanung. (Unveröffentlichte Magisterarbeit im Fach Erziehungswissenschaft der Fernuniversität Hagen). Kamen/Hagen 1990.

FICKERMANN, D.: Konsequenzen der demographischen Entwicklung Ostdeutschlands für das Gymnasium. In: MAROTZKI, W./MEYER, M.A./WENZEL, H. (Hrsg.): Erziehungswissenschaft für Gymnasiallehrer. Weinheim 1996, S. 320 - 349.

FICKERMANN, D.: Grundschulzeugnis und Schulformwahlverhalten. Untersuchungen zur Leistungsselektivität beim Übergang in die Sekundarstufe I. In: ZEDLER, P. (Hrsg.): Schulentwicklung – Probleme, Herausforderungen, Perspektiven. Weinheim 1997 (im Erscheinen).

FORSCHUNGSGRUPPE SCHULSTRUKTURWANDEL: Schulstrukturwandel in Thüringen. Ergebnisse einer Befragung von Schülern, Eltern und Lehrern. (Erfurter Studien zur Entwicklung des Bildungswesens, Band 1). Erfurt 1993.

IFS-UMFRAGE: Die Schule im Spiegel der öffentlichen Meinung. Ergebnisse der achten IFS-Repräsentativumfrage der bundesdeutschen Bevölkerung. In: ROLFF, H.G. u.a. (Hrsg.): Jahrbuch der Schulentwicklungsforschung. Band 8. Weinheim 1994, S. 13-55.

KABAT VEL JOB, O.: Geschlechtstypische Einstellungen und Verhaltensweisen Jugendlicher. (Beiträge zur Psychologie , Band 3). Berlin: Volk und Wissen 1979.

KLAUS, A.: Untersuchungen zur Ontogenese von Lebensplänen und Zukunftsvorstellungen Schuljugendlicher. Diss. B. Pädagogische Hochschule Erfurt/Mühlhausen. Erfurt 1984.

KLAUS, A.: Die Fähigkeit zur Lebensplanung Schuljugendlicher. In: Psychologie für die Praxis, Ergänzungsband 1987.

KÖHLER, H./SCHREIER, G.: Statistische Grunddaten zum Bildungswesen. In: Bundesministerium für innerdeutsche Beziehungen (Hrsg.): Vergleich von Bildung und Erziehung in der Bundesrepublik Deutschland und in der Deutschen Demokratischen Republik. Materialien zur Lage der Nation. Köln 1990, S. 112-155.

KÜHN, H./METZ, E.: Geschlechtsspezifische psychische Entwicklungsunterschiede zwischen Jungen und Mädchen. In: Pädagogik 44(1989)12, S. 922-935.

MAYNTZ, R./HOLM, K./HÜBNER, P.: Einführung in die Methoden der empirischen Soziologie. Opladen [5]1978.

MERKENS, H./DOHLE, K./WESSEL, A.: Zur Rekonstruktion von Sozialschichten in der ehemaligen DDR. In: BENNER, D./MERKENS, H./SCHMIDT, F. (Hrsg.): Bildung und Schule im Transformationsprozeß von SBZ, DDR und neuen Ländern – Untersuchungen zu Kontinuität und Wandel. Erste Ergebnisse aus der an der Freien Universität Berlin und der Humboldt-Universität zu Berlin eingerichteten DFG-Forschergruppe. Berlin 1996, S.137-160.

MEUSBURGER, P.: die Aufgaben und Forschungsschwerpunkte einer Geographie des Bildungs- und Qualifikationswesens. In: Education et recherche, 14° Année (1992)3, S. 259-283.

ROLOFF, J.: Probleme und Ursachen der Einkommensunterschiede zwischen männlichen und weiblichen Erwerbstätigen in der ehemaligen DDR. In: Zeitschrift für Bevölkerungswissenschaft 17(1991)2, S. 135-147.

ROST, P./WESSEL, A.: „Mein Kind soll es einmal besser haben..." – Zum Schulwahlverhalten von Eltern und Schülern. In: Pädagogik und Schulalltag 49(1994)2, S. 218-224.

SCHORB, A. O.: Entwicklungen im Schulwesen eines Flächenstaates am Beispiel Bayerns. In: Max-Planck-Institut für Bildungsforschung, Projektgruppe Bildungsbericht (Hrsg.): Bildung in der Bundesrepublik Deutschland. Daten und Analysen. Band 2: Gegenwärtige Probleme. Reinbek bei Hamburg: Rowohlt 1980.

SCHREIER, G.: Zur Entwicklung der regionalen Bildungsbeteiligung in der DDR. In: Bildung und Erziehung 43(1990)1, S. 79-96.

SELL, J.: Veränderungen der Schullandschaft in Thüringen – Schulangebot, Schulstruktur und Schulwahl. (unveröffentlichte Wissenschaftliche Hausarbeit zur Ersten Staatsprüfung für das Lehramt an Grundschulen). Erfurt: Pädagogische Hochschule 1993.

STEINER, I./WENZKE,G.: Der Zusammenhang von sozialer Herkunft und Schulerfolg am Beispiel der Schule der DDR. In: ZEDLER, P. (Hrsg.): Schulentwicklung – Probleme, Herausforderungen, Perspektiven. Weinheim 1997 (im Erscheinen).

WINKLER, G. (Hrsg.): Sozialreport '90. Daten und Fakten zur sozialen Lage in der DDR. Berlin: Verlag Die Wirtschaft 1990.

Ilona Böttcher

Außerunterrichtliche Angebote aus der Sicht von Eltern, Schülern und Lehrern

Die Betätigung von Schülern außerhalb ihres Unterrichts stellte einen wichtigen Bestandteil der kommunistischen Erziehung junger Menschen in der ehemaligen DDR dar. Ihren Ursprung bildeten u.a. Beschlüsse von 1958 und 1961 zum Ausbau der außerunterrichtlichen Tätigkeit und Anordnungen über die Feriengestaltung von 1960 und 1963 sowie die Organisation erster Spezialistenlager im Jahre 1965. „Eine einheitliche Bildung sollte gleichzeitig mit einer fakultativen, differenzierenden verbunden werden. Eine Besonderheit, die in den heutigen Diskussionen um die Bildungsreform keine angemessene Rolle spielt, war, daß sich bereits seit Beginn der 70er Jahre eine Vielzahl schulnaher bzw. -interner Tätigkeitsformen (Arbeitsgemeinschaften, fakultative Kurse) und vor allem schulübergreifender überregionaler Förderungsformen – geprägt von den jeweiligen Möglichkeiten des Territoriums – entwickelten (z.B. Spezialistenlager, Schülergemeinschaften, Schülerakademien, Freizeitzentren in Stadtbezirken)“ (Chalupsky/Hoffmann 1991, S. 149). Für zahlreiche dieser Aktivitäten waren die Pionier- und FDJ-Organisation die Träger. Bis Ende der 80er Jahre wurden entsprechende Angebote mit dem Anspruch erweitert, flächendeckend zu sein. „Während in den bisherigen Wendejahren die Bemühungen zuerst darauf konzentriert wurden, mit modifizierendem Rückgriff auf parteipolitisch unterschiedlich akzentuierte Altländerkonzepte die Schule als Unterrichtsstätte umzugestalten, wurde das Netz der außerunterrichtlichen Angebote für Kinder und Jugendliche insgesamt weitgehend dem Zerfall überlassen“ (Schmidt/Weishaupt 1993, S. 107). Außerschulische Freizeiteinrichtungen, die ehemals staatlich finanziert wurden, mußten sich nach neuen Trägern umsehen, was nur zu einem Teil gelang.

Aus retrospektiver Sicht heben Chalupsky und Hoffmann (1991) u.a. zwei Gründe für die besondere Bedeutung entsprechender außerunterrichtlicher Angebote für Kinder und Jugendliche in der DDR hervor: Die in hohem Maße institutionalisierte Freizeitgestaltung erleichterte einerseits die Kontrolle und Lenkung der Entwicklung junger Menschen. Andererseits verdeutlichten auftretende Probleme innerhalb des obligatorischen Unterrichts, daß begabte Kinder und Jugendliche nicht genügend gefördert wurden. „Wichtig erscheint die generelle Wertung, daß außerunterrichtliche Angebote oft als 'Nachbesserung' mehr oder weniger deutlich bewußt werdender Lücken im Bildungssystem aufgefaßt werden können" (CHALUPSKY/HOFFMANN 1991, S. 151). Die an den Schulen existierenden Arbeitsgemeinschaften (u.a. solche mit einem festen Rahmenprogramm) sowie die Angebote auf der Ebene des Kreises (z.B. Förderzirkel Mathematik, sportliche Trainingszentren) dienten der gezielten Förderung begabter und interessierter Schüler. In entsprechenden Wettbewerben erfolgreiche Mädchen und Jungen hatten die Möglichkeit zum Besuch einer Spezialschule.

Exemplarische Auskunft über die Nutzung entsprechender Freizeitangebote gibt eine Untersuchung in der Stadt Leipzig: „Beispielsweise nahmen 1988 in den 6. Klassen Leipziger Schulen 41 % aller Schüler an Arbeitsgemeinschaften sportlichen Charakters teil sowie 33 % an künstlerischen und wissenschaftlichen Arbeitsgemeinschaften. 12 % gaben eine Mehrfachteilnahme in mindestens zwei Arbeitsgemeinschaften an" (HOFFMANN 1991, S. 57). Eine eigene Erhebung vom Frühjahr 1991 im Bereich der Unterstufe belegt, daß von 30 untersuchten Zweitkläßlern 64 % mindestens ein außerunterrichtliches Angebot wahrnehmen, besonders leistungsstarke Schüler wählten sogar bis zu drei Angebote (BÖTTCHER 1994). In einer Gruppe 'Gleichgesinnter' über ein mathematisches Problem nachzudenken, Geschichten zu schreiben, im Chor zu singen oder die Herausforderungen im Sport für sich anzunehmen, bereitete den Kindern und Jugendlichen nach eigenen Aussagen auch viel Freude. Nach STEFFENS/BARGEL (1988) tragen neben Lern- und Leistungsaspekten sowie Aspekten des sozialen Klimas auch außerunterrichtliche Freizeitangebote in beträchtlichem Maße zur Qualität und Akzeptanz einer Schule bei.

Zwei Jahre nach Einführung des neuen Schulsystems in Thüringen interessierte uns daher, ob entsprechende Traditionen fortgesetzt wurden oder ob es einen Wandel auch auf diesem Gebiet gibt. Aus diesem Grund wurden Schulleiter sowie Schüler, Eltern und Lehrer zu folgendem befragt: Welche Freizeitangebote für Schüler gibt es an Thüringer Grundschulen, Regelschulen und Gymnasien, und wie nehmen die Schüler freiwillige Angebote innerhalb, aber auch außerhalb der Schule an?

In einem ersten Abschnitt werden Vorstellungen und Wünsche von Schülern und Eltern bezüglich außerunterrichtlicher Angebote ihrer Schule dargestellt. Aus objektiven Gründen kann Schule nicht alle diese Erwartungen erfüllen, deshalb wollten wir von Schulleitern in Thüringen wissen, welche konkreten Angebote für Schüler in ihrer Schule vorhanden sind und wie diese von den Schülern genutzt werden. Außerdem haben Lehrer ihre Gründe angeführt, außerunterrichtliche Veranstaltungen anzubieten oder auf ein solches Angebot zu verzichten.

Damit Schule zum Lebensraum für Schüler werden kann, sollten sich alle an Schule Beteiligten um ein vielseitiges und interessantes Schulleben bemühen. Wie es damit an Thüringer Grundschulen, Regelschulen und Gymnasien bestellt ist, wird im zweiten Abschnitt an ausgewählten Aspekten wie Schulfest, Schülerzeitung u. ä. gezeigt. Entsprechende Ergebnisse der Thüringer Untersuchung werden im Vergleich zu der Studie von BAUMERT/LESCHINSKY (1985) dargestellt.

In einem dritten Abschnitt soll der Frage nachgegangen werden, welche schulischen bzw. nicht-schulischen Angebote Kinder und Jugendliche in ihrer unterrichtsfreien Zeit tatsächlich präferieren. Das Interesse der Schüler an einer entsprechenden Tätigkeit hängt auch von der ihnen zur Verfügung stehenden Zeit ab. Zu den schulischen Anforderungen am Nachmittag, die das Zeitbudget von Kindern und Jugendlichen im wesentlichen bestimmen, zählen ELSKEMPER-MADER/LEDIG/DE RIJKE (1991) neben dem Nachmittagsunterricht die regelmäßig anfallenden Hausaufgaben, den Nachhilfeunterricht oder die Schulaufgabenhilfe sowie die Zeit für den täglichen Schulweg. Auf zwei dieser Aspekte – den zeitlichen Aufwand für den täglichen Schulweg Thüringer Schüler und die Hausaufgabenbelastung – wird in einem Exkurs eingegangen.

1 Außerunterrichtliche Aktivitäten – Vorstellungen und Wünsche von Eltern und Schülern

1.1 Bedeutung von außerunterrichtlichen Aktivitäten bei Eltern und Schülern

Eltern, danach befragt, welche Elemente des alten Schulwesens sich ihrer Meinung nach bewährt haben, geben den Freizeitangeboten in der Schule mit 67 % einen vorderen Rangplatz. Gegenwärtige Veränderungen, die schulischen Freizeitangebote betreffend, sehen etwa die Hälfte der befragten Eltern, insbesondere Regelschuleltern der 5. und 7. Klassen, als ein großes Problem an. Über 40 % der befragten Schüler schätzen die Situation ähnlich ein. Ein Teil verbalisiert diese Meinung z.B. durch folgende Aussage: „Es müßte mehr Freizeitangebote an unserer Schule geben!“

Eltern und Schüler der 11. Klassen wurden außerdem gefragt, wie wichtig ihnen u. a. „mehr kulturelle Anregungen" und „mehr sportliche Freizeitangebote" bei der weiteren Entwicklung der Schule sind. Danach halten zwei Drittel der befragten Schüler und Eltern solche Angebote für wichtig. Die entsprechenden Aussagen der Erfurter Pilotstudie „Schulstrukturwandel in Thüringen" werden damit bestätigt, „daß die Schülerinnen und Schüler in ihrer Schule nicht nur einen unterrichtlichen Lernort, sondern einen Lebensraum sehen, in dem Bedingungen und Möglichkeiten für Unterricht und Freizeitgestaltung zu schaffen sind" (SCHMIDT/WEISHAUPT 1993, S. 118).

Selbst bei Überlegungen zur Wahl der Schulart für das eigene Kind äußern über die Hälfte der befragten Eltern, daß sie für ihre Entscheidung auch das Freizeitangebot der Schule berücksichtigten. Dieser Aspekt ist für Regelschuleltern (70 %) bedeutsamer als für Gymnasialeltern (50 %).

Die getroffenen Aussagen zusammenfassend, wünscht sich die Mehrzahl der Eltern und der Schüler Freizeitangebote in der Schule. Sinnvollen Tätigkeiten nachzugehen, die den Beteiligten auch Spaß machen und die der Akzeptanz der Schule dienen, aber auch die Sorge um den weiteren Bestand existierender Arbeitsgemeinschaften und Kurse werden ebenfalls als Begründungen dafür genannt (vgl. BÖTTCHER/PLATH/WEISHAUPT 1995).

1.2 Angebote, die sich Eltern ergänzend zum Unterricht wünschen

Welche Art Freizeitangebote für ihre Kinder präferieren nun speziell die Eltern? Um Antwort auf diese Frage zu erhalten, wurden den Eltern 14 Antwortmöglichkeiten vorgegeben. Anhand einer vierstufigen Skala konnten sie entscheiden, welche Nachmittagsangebote aus ihrer Sicht wichtig bzw. unwichtig sind. Da die Meinungen von Grundschuleltern und Eltern weiterführender Schulen übereinstimmen, ist ihr Antwortverhalten bezüglich der Wichtigkeit ergänzender schulischer Angebote in der *Abbildung 1* zusammengefaßt. In der Erfurter Pilotstudie (vgl. SCHMIDT/WEISHAUPT 1993) führten Informatik/Computerkurse (90 %) und Mathematik/Naturwissenschaften (84 %) die Rangreihe der Elternerwartungen an Freizeitangebote in der Schule an. Vergleichbare Aussagen lassen sich ebenfalls in unserer thüringenweit durchgeführten Erhebung feststellen.

Als Ergänzung zum obligatorischen Unterricht ihrer Kinder erachten die befragten Thüringer Eltern Informatik, Sprachkurse, Mathematik sowie Umwelt und Sport für wichtig. Der Wunsch nach Sprachkursen rückt mit 81 % in der Thüringer Erhebung sogar vom vierten (78 % in der Erfurter Pilotstudie)

Abbildung 1:
Angebote, die sich Eltern ergänzend zum Unterricht ihrer Kinder wünschen
(*Prozentangaben der zusammengefaßten Kategorien „sehr wichtig" und „wichtig"*)

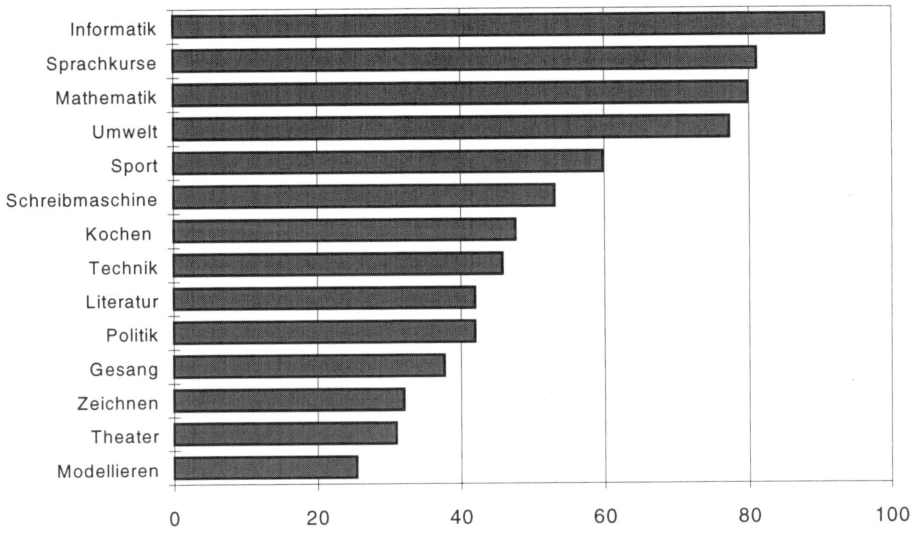

auf den zweiten Rangplatz. Die Kreativität fördernden, musisch-künstlerischen Tätigkeitsbereiche wie Theater, Gesang und Zeichnen nehmen demgegenüber in beiden Erhebungen hintere Rangplätze ein.

Eltern wünschen sich für ihre Kinder eher Angebote in solchen Bereichen, in denen sie selbst Defizite festgestellt haben (z.B. Informatik und Sprachkenntnisse). Sportliche Betätigung spielt mit fast 60 % für Eltern ebenfalls eine wichtige Rolle. Der Wunsch der Eltern, z.B. nach einer 'Mathematik-Arbeitsgemeinschaft', könnte damit erklärt werden, daß dieses Fach mit der Veränderung des Mathematikabschlusses 1962 innerhalb der DDR-Schule eine hohe Wertigkeit besaß.

2 *Ergebnisse der Schulleiterbefragung*

Am Beispiel von 236 Schulen soll im folgenden dargestellt werden, welche besonderen Veranstaltungen, Aktivitäten und Einrichtungen das Leben dieser Schulen prägen. Außerdem wurden die Schulleiter danach befragt, welche schulischen Freizeitangebote in ihrer Schule existieren und wie diese von den Schülern genutzt werden.

Nach Aussage der Schulleiter gibt es an den meisten Schulen mehrere außerunterrichtliche Angebote (vgl. auch BAUMERT/LESCHINSKY 1985; ROEDER 1992). „Haben sich Schulleiter und Kollegium erst einmal zu einem außercurricularen Angebot entschlossen, so erhöhen sich mit zunehmenden Lehrer- und Schülerzahlen die Gestaltungsmöglichkeiten" (BAUMERT/LESCHINSKY 1985, S. 19).[1] Gegenüber Grundschulen gilt dieser Zusammenhang im Sekundarschulbereich jedoch nur in abgeschwächter Form. Die Autoren führen die höheren schulischen Belastungen älterer Schüler im Vergleich zu Grundschülern ebenso als Begründung an wie die Möglichkeit dieser Jugendlichen, aus einem insgesamt breiteren Angebot in und besonders außerhalb der Schule auswählen zu können. Ältere Schüler brauchen für ihre Entwicklung ebenfalls Kontakte zu sozialen Gruppen außerhalb der Schule (vgl. PIAGET 1986).

2.1 Zu Besonderheiten innerhalb des Schullebens

Das Leben außerhalb des Unterrichts stellt sich an den meisten dieser Schulen sehr vielfältig dar: jährlich mindestens ein Schulfest, Theateraufführungen sowie weitere kulturelle und sportliche Aktivitäten. Die einzelnen Schularten vergleichend, nehmen die Grundschulen einen vorderen Platz ein. „Daß viele Grundschulen regelmäßige Schulfeste ausrichten, wird man wohl in Zusammenarbeit mit der spezifischen Aufgabe bringen können, die Kinder schrittweise und mit besonderer Sorgfalt aus Familie und Spiel in die Welt formaler Organisation und gezielter Arbeit überzuleiten" (BAUMERT/LESCHINSKY 1985, S. 16).

Wird nach der Existenz von Fördervereinen und nach der Herausgabe einer Schülerzeitung an Thüringer Schulen gefragt, zeigen sich ähnliche Ergebnisse wie bei BAUMERT/LESCHINSKY (1985). Etwa ein Drittel der in die Befragung einbezogenen Schulen verfügt über einen Förderverein bzw. über eine Schülerzeitung. Den größten Anteil weisen hierbei die Gymnasien auf. Als mögliche Erklärungen können Alterseffekte bezüglich der beteiligten Schüler, aber auch Effekte, die sich aus den Lehrer- und Schülerzahlen ergeben, herangezogen werden. Gegenüber der Grundschule haben beispielsweise Schüler und Lehrer des Gymnasiums ein größeres Interesse, Traditionen der eigenen Schule über einen Schulverein zu entwickeln.

Wie *Tabelle 1* zeigt, bemühen sich Thüringer Lehrer und Schüler um ein attraktives Schulleben. An fast allen Schulen sind Schulfeste ein Höhepunkt

---

[1] Über alle Schulformen hinweg konnten BAUMERT/LESCHINSKY eine Korrelation zwischen Schulgröße und Angebotsbreite ($r = .32$) nachweisen.

innerhalb des Schuljahres. Einen Förderverein, eine Schulzeitung oder Projekte gibt es an jeder dritten Schule. Fördervereine und Schulzeitungen sind eher eine Domäne der Gymnasien (drei von vier Gymnasien haben sie), Projekte eine solche der Grund- und Regelschulen (jede dritte führt sie durch). Theateraufführungen, Talentwettbewerbe, Tage der offenen Tür finden eher selten statt, Schulpartnerschaften sind an Thüringer Schulen eine Ausnahme. Das Sportfest, das an der Polytechnischen Oberschule (POS) einen festen Platz im Jahresplan hatte, ist gegenwärtig nur noch an jeder vierten Schule zu finden, eher an Grund- und Regelschulen als an Gymnasien. Wenn Theaterveranstaltungen besucht werden, dann eher an Grundschulen, wenn Talentwettbewerbe stattfinden, dann eher an Gymnasien.

Tabelle 1:
Aktivitäten an Thüringer Schulen (*Angaben in Prozent; durch die Möglichkeit der Mehrfachnennungen ergeben sich insgesamt mehr als 100 %*)

	Insgesamt (N=236)	*Grundschule (N = 125)*	*Regelschule (N = 78)*	*Gymnasium (N = 33)*
Schulfest	89	93	86	82
Förderverein	33	18	38	73
Projekte	32	31	35	30
Schülerzeitung	31	12	37	85
Sportfest	25	30	22	12
Theater	8	10	4	6
Talentwettbewerb	8	8	4	15
Tag der offenen Tür	6	8	4	3
Schulpartnerschaft	4	3	4	6

In ihrer Studie von 1985 bestätigen BAUMERT/LESCHINSKY den Spitzenreiter: an über 88 % der Gymnasien existiert ein Förderverein.

Der niedrige Anteil von Tagen der offenen Tür an Grundschulen könnte dadurch erklärt werden, daß die Öffnung der Schule für interessierte Eltern und Kinder in der Regel mit dem Schulfest verbunden ist (vgl. BÖTTCHER/PLATH/WEISHAUPT 1995).

Ein Ost-West-Vergleich nach Schulart, bezüglich Schulfest, Schulzeitungen und Förderverein (vgl. *Abbildung 2*), basierend auf den Daten (West) von

Abbildung 2:
Vergleich einzelner Aktivitäten nach Schulart Ost und West
(*Angaben in Prozent*)

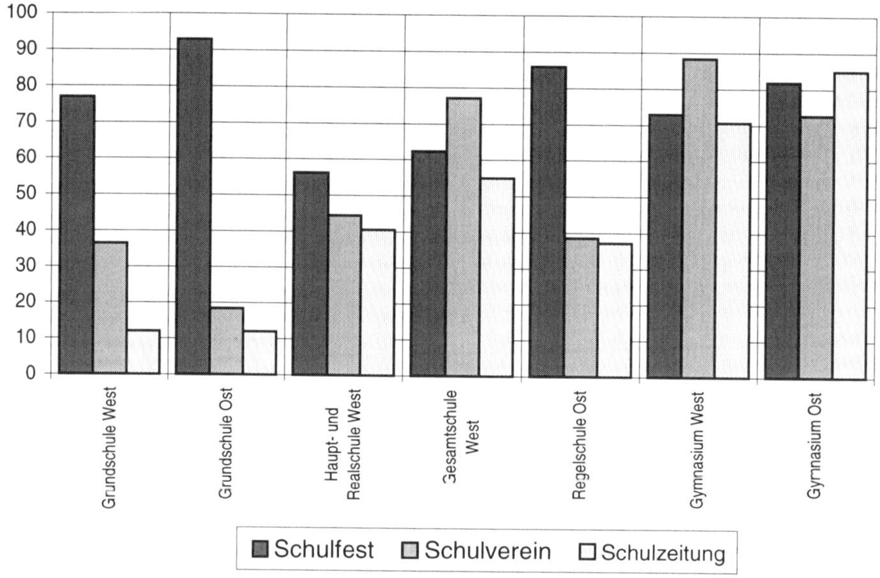

BAUMERT/LESCHINSKY (1985) und unserer Erhebung, zeigt, daß in Thüringer Schulen versucht wurde, bestimmte Traditionen zu bewahren (z.B. Schulfeste in der Grundschule und in der Regelschule) und gleichzeitig neue Impulse zur Gestaltung eines interessanten Schullebens aufzugreifen (z.B. Schulzeitung und Schulförderverein an Regelschulen und Gymnasien).

Fördervereine in Schulen aller drei Schularten entstanden erst nach 1989. Der Anteil der Schulen, die einen solchen gegründet haben, ist gegenüber den vergleichbaren Schulen im Westen gegenwärtig noch geringer. Die Schwierigkeiten beim Finden von Sponsoren, aber auch von Eltern und 'Freunden der Schule', die bereit und in der Lage sind, die jeweilige Schule in verschiedener Hinsicht zu unterstützen, wird von Schulleitern verschiedentlich als Erklärung hierfür angeführt. Letztlich hängt es jedoch vom Engagement der Lehrer, Schüler und Eltern einer Schule ab, welche Traditionen und besonderen Aktivitäten sich an einer Schule ausbilden (vgl. BÖTTCHER/PLATH/WEISHAUPT 1995).

Während des Schuljahres prägen neben dem obligatorischen Unterricht und entsprechenden zur Tradition der Schule gehörenden Veranstaltungen die an-

Tabelle 2:
Zuordnung der Arbeitsgemeinschaften in unserer Erhebung

Struktur nach *BAUMERT/LESCHINSKY*	*eigene Kategorienliste*
sportliche AG's	Sport
musikalische AG's	Gesang, Chor, Instrumente, Tanz
musisch-expressive AG's	Zeichnen, Grafik, Modellieren, Plastik, Theater, Kabarett
sprachliche und politische AG's	Literatur, Philosophie, Politik, Sozialwissenschaften
praktische und beruflich orientierte AG's	Technik, Modellbau, Umwelt, Ökologie
naturwissenschaftlich-technische AG's	Informatik, Computer, Mathematik, Naturwissenschaften

gebotenen Arbeitsgemeinschaften das Schulleben. Hierzu wurden die Schulleiter anhand einer offenen Frage um Auskunft gebeten. Um die gewonnenen Ergebnisse vergleichen zu können, haben wir die Kategorienliste der Thüringer Untersuchung der sechs Bereiche umfassenden Struktur von Arbeitsgemeinschaften nach BAUMERT/LESCHINSKY (1985) zugeordnet (vgl. *Tabelle 2*).

Die *Abbildung 3* zeigt, welche Typen von Arbeitsgemeinschaften nach Aussagen der Schulleiter an den einzelnen Schulen anzutreffen sind.

Nach BAUMERT/LESCHINSKY bestehen „im Durchschnitt zwischen drei und vier Arbeitsgemeinschaftstypen an jeder Schule, der ja meist auch ein schmales Quantum vom Deputat ihrer Lehrkräfte oder auch zusätzliche wiederum eher gering bemessene Geldmittel formell für diesen Zweck zur Verfügung gestellt sind“ (1985, S. 17).

Die von uns untersuchten Thüringer Grundschulen weisen durchschnittlich vier Angebote auf. Dabei tritt jedoch eine Spannweite von 1 bis zu 13 Angebot(en) unter den Schulen auf. Durchschnittlich entspricht die Zahl der Teilnehmer 32 % der Schülerzahl einer Grundschule[2] (BAUMERT/LESCHINSKY: 30 %).

2 Die angeführten Summenwerte berücksichtigen nicht eine Teilnahme der Schüler an mehreren Angeboten, so daß der angegebene Prozentwert über dem Prozentsatz der tatsächlichen Beteiligung der Schüler liegen kann.

Abbildung 3:
Angebotsstruktur entsprechender Arbeitsgemeinschaftstypen nach Schulart (*Angaben in Prozent*)

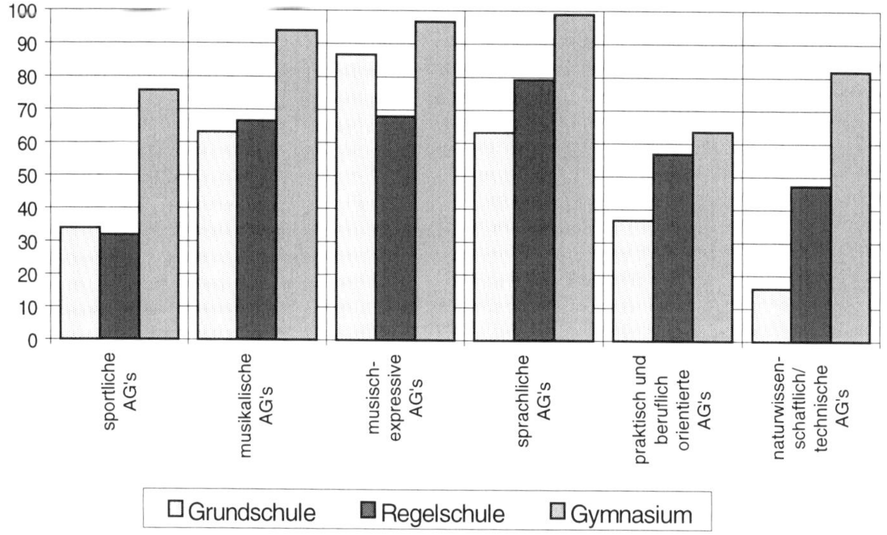

In den Regelschulen werden durchschnittlich 4 Arbeitsgemeinschaften angeboten. Die Anzahl der Angebote streut von 1 bis zu 9. Die Zahl der Teilnehmer entspricht etwa 20 % der Schülerzahl einer Regelschule.

An Gymnasien können Schüler im Durchschnitt unter 8 Angeboten wählen; hier streut die Angebotsbreite von 3 bis zu 13. Im Durchschnitt beträgt die Zahl der Teilnehmer 21 % der Schülerzahl eines Gymnasiums gegenüber 28 % bei BAUMERT/LESCHINSKY.

Der Schwerpunkt außerunterrichtlicher Angebote an Schulen aller Schularten liegt im musikalischen, musisch-expressiven und sprachlichen Bereich. Zu den traditionell existierenden Interessengruppen, wie dem Chor, kommen jetzt die Theatergruppe, das künstlerische Gestalten, Sprach- und Tanzkurse hinzu. Es folgen die praktisch und beruflich orientierten Arbeitsgemeinschaften, die vielfältige Aktivitäten einschließen. Dazu gehören Basteln, Waldpflege, Arbeiten an einem Biotop, technischer Modellbau u.a. Die Mathematik-Arbeitsgemeinschaft, der Schachzirkel oder Computerkurse (naturwissenschaftlich-technische Arbeitsgemeinschaften) finden sich insbesondere in Gymnasien und Regelschulen. Der Anteil der Schulen, die sportliche Arbeitsgemeinschaften anbieten, ist gegenüber der DDR-Schule zurückgegangen. Mit über 70 % nimmt das Gymnasium heute den vorderen Platz ein. Im Vergleich zur Erhebung von BAUMERT/LESCHINSKY (1985), die an über 90 % der befragten Gymnasien sportliche Arbeitsgemeinschaften feststellen konnten, ist der Anteil jedoch deutlich geringer (vgl. *Abbildung 6*). Sportliche Betätigung der Kinder und Jugendlichen wird jetzt häufig über die neu entstandenen Vereine organisiert. Für die Sportvereine stellen die Schulen auch ihre Räumlichkeiten zur Verfügung (vgl. BÖTTCHER/PLATH/WEISHAUPT 1995).

Die *Abbildungen 4*, *5* und *6* zeigen die Angebotsstruktur der Thüringer Grundschulen, Regelschulen und Gymnasien im Vergleich zu den entsprechenden Schularten der Erhebung von BAUMERT/LESCHINSKY (1985).

Die Ergebnisse der drei nachfolgenden Abbildungen zusammenfassend, kann festgestellt werden, daß tradierte Angebote, wie naturwissenschaftlich/technische Arbeitsgemeinschaften, in den Thüringer Schulen ihre Bedeutung behalten haben. Im Bereich sprachlicher Arbeitsgemeinschaften deutet sich eine Reaktion der Schule auf die geäußerten Bedürfnisse an (vgl. 1.1).

Abbildung 4:
Vergleich der Angebotsstruktur Grundschule West und Ost
(*Angaben in Prozent*)

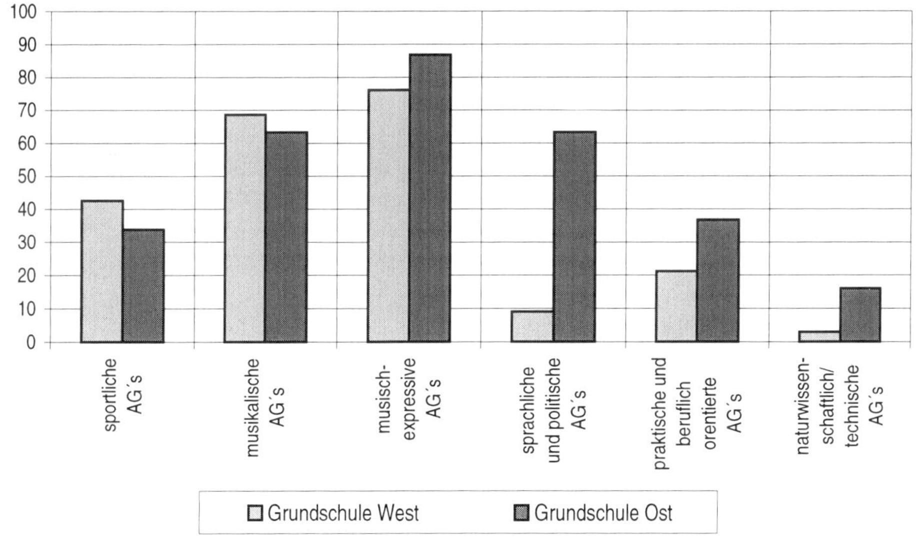

Abbildung 5:
Vergleich der Angebotsstruktur der Regelschule Ost mit den Mittelwerten der Haupt- und Realschule sowie Gesamtschule (West) (*Angaben in Prozent*)

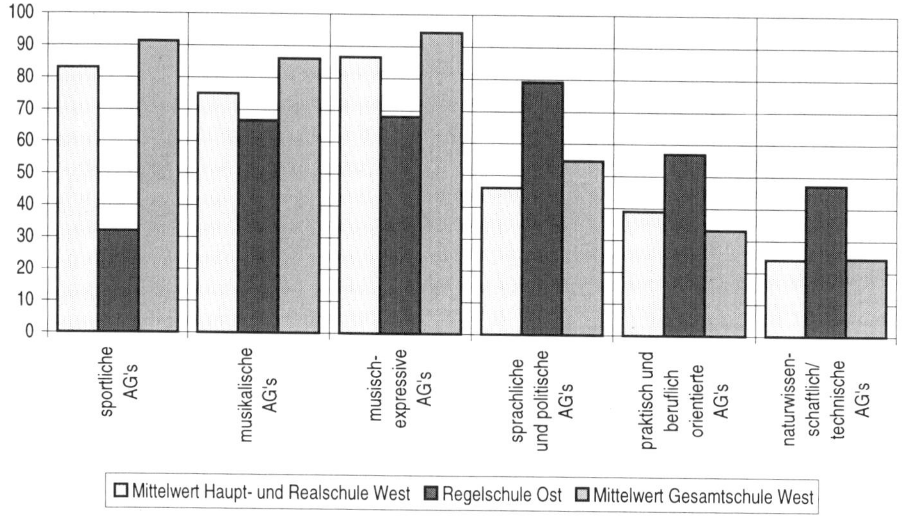

Abbildung 6:
Vergleich der Angebotsstruktur Gymnasium West und Ost (*Angaben in Prozent*)

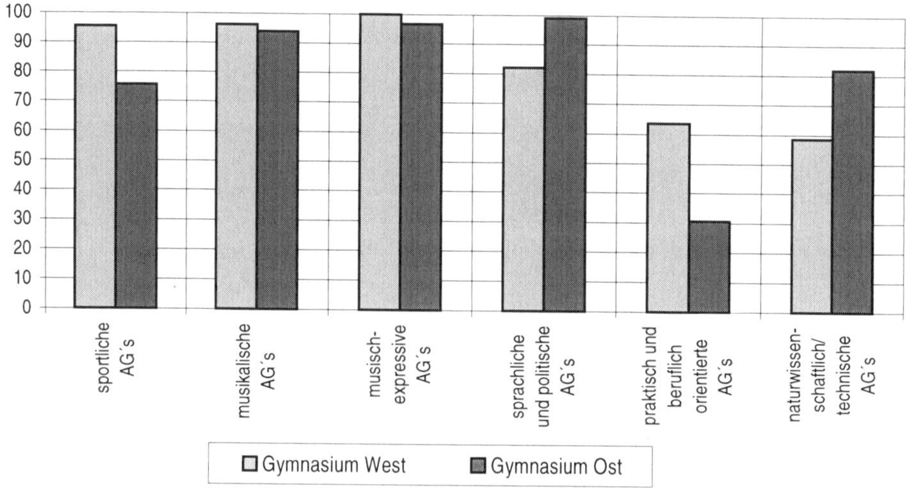

Theater bzw. Laienspiel, Tanz u.a. haben einen festen Platz an den untersuchten Thüringer Grundschulen. Dagegen werden praktische und beruflich orientierte Aktivitäten an Thüringer Regelschulen – im Vergleich zu den entsprechenden Schulen West – häufiger angeboten.

Am ähnlichsten in Ost und West sind die Angebotsstrukturen für das Gymnasium – mit einer Ausnahme: beruflich orientierte Aktivitäten überwiegen an Gymnasien (West), naturwissenschaftlich/technische an Thüringer Gymnasien. Ursachen dafür können in der Tradition der DDR-Schule liegen, aber auch im vorhandenen unterschiedlichen Ausstattungsgrad für beruflich orientierte Arbeitsgemeinschaften.

2.2 Freizeitangebote aus der Lehrerperspektive

Neben Schülern, Eltern und Schulleitern wurden die Lehrer zum Themenbereich 'Freizeitangebote in der Schule' befragt. Zum überwiegenden Teil sind es die Lehrer, die die entsprechenden Interessengruppen leiten. Deshalb haben wir die Lehrer zunächst danach gefragt, für wie wichtig sie Freizeitangebote in der Schule halten. Unabhängig von der Schulart meinen über 90 % der Lehrer, daß diese Angebote für Schüler sehr wichtig bzw. wichtig sind. Damit schätzen Lehrer deren Bedeutung höher ein als Eltern.

64 % der befragten Lehrer führen Gründe an, eine Arbeitsgemeinschaft durchführen zu wollen. Die Gründe, die hinter dieser Aussage stehen, sind sehr verschieden. Sie konnten zu folgenden fünf Motiven zusammengefaßt werden:

1. Der Lehrer will damit **interessierte und begabte Kinder fördern** und Freizeitinteressen wecken.
2. Der Lehrer will seinen Schülern ein Angebot zur **sinnvollen Freizeitgestaltung** unterbreiten.
3. Der Lehrer hat **persönliches Interesse** an einem speziellen Sachgebiet.
4. Die Arbeitsgemeinschaft dient dem **Erreichen des Pflichtstundensolls** des Lehrers; sie ist zugleich Bestandteil seiner Tätigkeit an der Schule.
5. Der Lehrer meint, über eine Arbeitsgemeinschaft seine Schüler besser kennenlernen zu können, die **sozialen Beziehungen** zwischen ihm und den Kindern, aber auch unter den Schülern **fördern** zu können.

46 % der Gymnasiallehrer, 36 % der Regelschullehrer und 30 % der Grundschullehrer präferieren die erste Aussage. Schülern ein Angebot zur sinnvollen Freizeitgestaltung zu unterbreiten, halten noch 26 % der Grundschullehrer, 18 % der Regelschullehrer und 9 % der Gymnasiallehrer für wichtig.

Obwohl deutlich geringer eingeschätzt, sehen 10 % der Gymnasiallehrer und der Regelschullehrer sowie 9 % der Grundschullehrer darin eine Möglichkeit, ihr Pflichtstundensoll auszuschöpfen. Noch 9 % der Regelschullehrer, 8 % der Gymnasiallehrer und 6 % Grundschullehrer meinen, über die Tätigkeit in einer Arbeitsgemeinschaft die Schüler besser kennenzulernen.

Weiterhin wollten wir von den Lehrern wissen, ob sie grundsätzlich bereit wären, zusätzlich zu ihrem eigenen Unterricht Veranstaltungen am Nachmittag durchzuführen, und wenn ja, welche sie dann anbieten würden. 67 % der befragten Lehrer wären grundsätzlich dazu bereit. Welche Bereiche sie bevorzugen würden, ist *Tabelle 3* zu entnehmen.

Tabelle 3:
Mögliche Freizeitangebote der Lehrer (*Angaben in Prozent*)

Freizeitangebote	*Lehrer Grundschule (N=538)*	*Lehrer Regelschule (N=514)*	*Lehrer Gymnasium (N=268)*
sportliche AG's	14	11	8
musikalische AG's	8	3	2
musisch-expressive AG's	16	8	8
sprachliche und politische AG's	3	2	8
praktische und beruflich orientierte AG's	6	11	4
naturwissenschaftliche/technische AG's	3	11	13
Projekte	0	0	1
Klassenveranstaltungen, Exkursionen	1	2	2

In der Grundschule würden Lehrer danach vorrangig sportliche sowie musisch-expressive Interessengruppen anbieten. Sportliche und eher praktisch orientierte Angebote würden Lehrer der Regelschule favorisieren. Der Schwerpunkt, den Lehrer an Gymnasien setzen, liegt auf den naturwissenschaftlichen Angeboten.

Obwohl außerunterrichtliche Angebote von den Lehrern nicht erbracht werden müssen, engagieren sie sich dafür. Dies läßt sich sicherlich aus der Tradition der DDR-Schule erklären, in der Arbeitsgemeinschaften einen festen Bestandteil des Schulalltages darstellten – sie wurden größtenteils auch vergütet. Auch nach dem Schulstrukturwandel sind Thüringer Lehrer nicht nur von der Bedeutung außerunterrichtlicher Angebote überzeugt, über die Hälfte der befragten Lehrer (Grundschullehrer: 71 %, Regelschullehrer: 58 %, Gymnasiallehrer: 59 %) haben auch die Verantwortung für eine Arbeitsgemeinschaft übernommen. Da diese Angebote für Schüler der Profilierung der Schule dienen, haben die einzelnen Schulen entsprechende selbstbestimmte Verbindlichkeiten entwickelt. Zwischen dem Prozentsatz der Lehrer, die ihre Bereitschaft zur Übernahme einer Arbeitsgemeinschaft erklärt haben, und dem Anteil, der gegenwärtig eine leitet, gibt es jedoch kaum einen Unterschied.

Die *Abbildung 7* gibt das Antwortverhalten der Lehrer auf die offen gestellte Frage wieder, welche Arbeitsgemeinschaften sie zum Erhebungszeitraum leiten.

Sportliche sowie musisch-expressive Veranstaltungen wurden zum Erhebungszeitpunkt am häufigsten angeboten. Daneben unternahmen Lehrer noch recht viel mit der eigenen Klasse (z.B. Klassenfahrten, Veranstaltungen auf Klassenbasis, Discos u.ä.). Nur wenige Lehrer boten dagegen naturwissenschaftlich-technische, praktisch und beruflich orientierte oder sprachliche Arbeitsgemeinschaften an.

Abbildung 7:
Veranstaltungen, die Lehrer im Schuljahr 1992/93 angeboten haben
(*absolute Angaben zur Zahl der Veranstaltungen*)

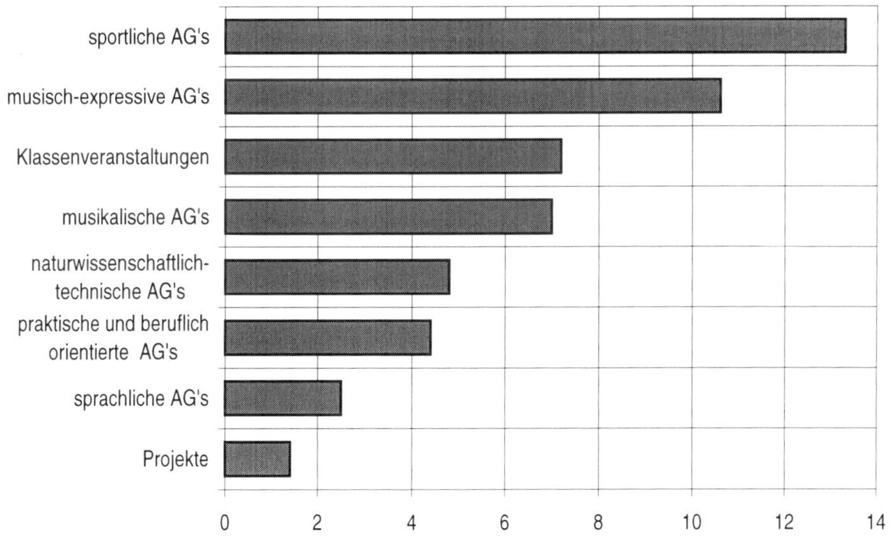

Danach befragt, warum sie nicht bereit sind, selbst eine Arbeitsgemeinschaft zu übernehmen, gaben Lehrer als häufigste Gründe an: die fehlende Honorierung (finanziell oder in Form beruflicher Wertschätzung; 67 % der Grundschullehrer, 63 % der Regelschullehrer und 77 % der Gymnasiallehrer). Als weiterer Grund wird der gegenüber früher größer gewordene Streß in der Schule angeführt, so daß es nicht möglich ist, etwas Zusätzliches anzubieten. In die Vorbereitung und Durchführung entsprechender Veranstaltungen muß der einzelne Lehrer Zeit und Arbeitskraft investieren. Außerdem wird das Problem der 'gerechten Verteilung' von Arbeitsaufgaben der Lehrer angeführt.[3] Die eher schlechte finanzielle, aber auch materielle Ausstattung, um entsprechende Angebote zu realisieren, wurde von Lehrern ebenfalls als Begründung angeführt.

Um mit allen Beteiligten ein interessantes Schulleben gestalten zu können, müssen sich Schulleiter und Kollegium erst einmal für ein außercurriculares Angebot entschlossen haben. Gleichzeitig müssen einige organisatorische Fragen an den Schulen sichergestellt sein. Lehrer, die inhaltlich in der Lage sind, entsprechende Angebote zu unterbreiten, bekommen in Thüringen einen Anteil aus dem der Schule insgesamt zur Verfügung gestellten Ermäßigungsstundendeputat. ELSKEMPER-MADER/LEDIG/RIJKE halten es in diesem Zusammenhang für sehr wichtig, daß an der jeweiligen Schule „der Eindruck herrschen muß, daß solche zusätzlichen Aktivitäten erwünscht sind und von den Kindern gerne angenommen werden" (1991, S. 626).

3 *Freizeitaktivitäten von Schülern*

Im Rahmen unserer Untersuchung „Schule in Thüringen im Wandel" wurden Schüler der Regelschule und des Gymnasiums auch nach ihren Freizeitaktivitäten innerhalb und außerhalb der Schule befragt. Wir wollten wissen, welche schulischen, aber auch welche außerschulischen Angebote von ihnen genutzt werden.

Zunächst soll in einem Exkurs auf zwei Aspekte schulischer Belastung eingegangen werden, die Auswirkungen auf das Freizeitverhalten von Kindern und Jugendlichen haben können: die Hausaufgaben und die Zeit für den täglichen Schulweg.

---

3 1993 lag der Anteil an Reservestunden höher, deshalb hatte ein Teil der Lehrer außerunterrichtliche Veranstaltungen auch im Rahmen ihres Pflichtstundensolls anbieten können. In einem solchen Fall wurde diese Tätigkeit entlohnt.

3.1 Exkurs: Schulische Belastungen am Beispiel des täglichen Schulwegs und der anfallenden Hausaufgaben

Als ein erster Aspekt soll der tägliche Schulweg betrachtet werden. Drei Viertel der befragten Gymnasialschüler (73 %) und 91 % der Regelschüler benötigen dafür bis zu einer halben Stunde. Die Anzahl der Gymnasiasten, die bis zu einer Stunde und mehr jeden Morgen zur Schule unterwegs sind, ist mit 26 % ebenfalls hoch. Diesen Schülern wird durch den täglichen Schulweg sehr viel Zeit für Freizeitbeschäftigungen genommen. Sie erhöht sich dadurch, daß viele Schüler z.B. an Busabfahrtszeiten gebunden sind, die entscheidend sein können für die Teilnahme bzw. Nichtteilnahme an außerunterrichtlichen Angeboten.

Zu den schulischen Anforderungen am Nachmittag gehören ebenfalls die zeitlichen Belastungen durch die Erledigung von Hausaufgaben. Deshalb haben wir die Schüler gebeten, ihre durchschnittliche Hausaufgabenbelastung einzuschätzen (vgl. *Tabelle 4*). Das nachfolgend dargestellte Ergebnis ist auf dem 1 %-Niveau signifikant.

Tabelle 4:
Vergleich der durchschnittlichen Belastung durch Hausaufgaben bei Regelschülern und Gymnasiasten (*Angaben in Prozent*)

	N=	*bis halbe Stunde*	*bis zu 1 Stunde*	*1 bis 2 Stunden*	*2 bis 3 Stunden*	*mehr als 3 Stunden*
RS Kl. 5	1208	52,7	39,6	6,3	1,0	0,3
GY Kl.5	1169	26,6	57,3	13,6	1,9	0,7
RS Kl. 7	1194	38,2	46,8	12,0	1,5	1,6
GY Kl.7	1098	14,6	51,2	29,6	3,6	1,0
RS Kl. 9	850	37,2	41,2	17,9	1,8	1,8
GY Kl. 9	722	10,7	38,3	37,8	10,8	2,4
GY Kl. 11	551	8,6	23,6	41,8	20,5	5,4

Der Vergleich der prozentualen Häufigkeiten in *Tabelle 4* zeigt, daß die Gymnasialschüler der Sekundarstufe I in der Regel mehr Zeit für die Erledigung ihrer Hausaufgaben benötigen als die Regelschüler. In der Sekundarstufe II des Gymnasiums liegt die zeitliche Beanspruchung durch die Hausaufgaben nochmals deutlich höher.

Mit steigender Klassenstufe driftet die zeitliche Belastung für die Erledigung der Hausaufgaben, die die Schüler der unterschiedlichen Schularten für sich wahrnehmen, auseinander. So meinen beispielsweise 78 % der Regelschüler der Klasse 9, daß sie täglich mit maximal einer Stunde Hausaufgabenzeit auskommen. Am Gymnasium sind es nur 49 % der befragten Schüler der 9. Klassenstufe; weitere 49 % planen dagegen am Tag 1 bis 3 Stunden für die Erledigung schriftlicher und mündlicher Aufgaben ein (bei den Regelschülern sind es nur 20 %, wobei der größte Anteil 1 bis 2 Stunden für die Arbeiten benötigt). Das freie Zeitbudget für Gymnasialschüler ist daher knapp bemessen.

Abbildung 8:
Hausaufgaben ungestört erledigen können (*Angaben in Prozent*)

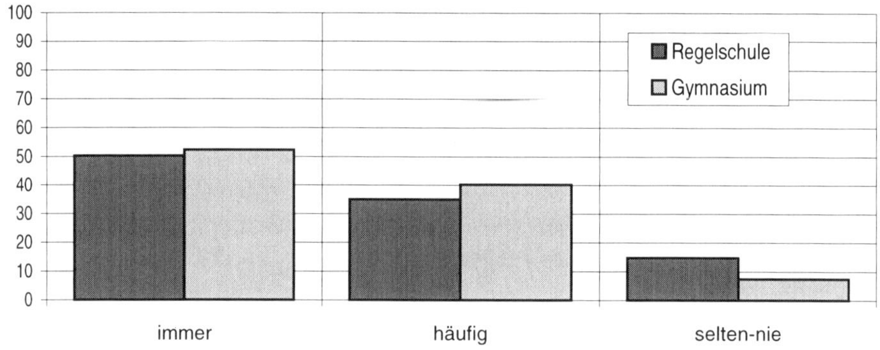

Etwa die Hälfte aller Schüler bejahen die Frage, ob sie ungestört Hausaufgaben erledigen können. Unter den wenigen Schülern, die dies nach eigenen Angaben 'selten oder nie' tun können, sind häufiger Regelschüler als Gymnasiasten (vgl. *Abbildung 8*).

Mögliche 'Störfaktoren' hierbei können u.a. die eigenen Geschwister, notwendige häusliche Verpflichtungen oder das Fehlen eines eigenen Zimmers sein. Wir stellten deshalb an alle Schüler die Frage, ob sie über ein eigenes Zimmer verfügen. Danach haben von den 6.694 Befragten 80 % ein eigenes Zimmer. Eine Schülerbefragung in Sachsen-Anhalt ergab einen ähnlichen Wert (75 %) (vgl. KRÜGER et al. 1995). Da es bei den Aussagen der Regelschüler und Gymnasiasten kaum Unterschiede gibt, können die räumlichen Bedingungen in der elterlichen Wohnung als möglicher Hinderungsgrund, ungestört Hausaufgaben zu erledigen, eher ausgeschlossen werden.

Weiterhin interessierte uns die Frage, ob der einzelne Schüler bei der Hausaufgabenerledigung Hilfe braucht. Die meisten Schüler (92 %) benötigen nach eigenen Angaben dabei selten oder nie Hilfe. Dabei gibt es keine bedeutsamen Unterschiede zwischen Regelschülern und Gymnasiasten.

Im Anschluß an diese Frage wurden fünf potentielle Personen bzw. Personengruppen vorgegeben, die bei den Hausaufgaben helfen können. Die Schüler sollten diejenigen nennen, die im Bedarfsfall bei den Hausaufgaben helfen würden.

Abbildung 9 zeigt, daß Eltern für die meisten Kinder die wichtigsten Ansprechpartner sind, wenn sie einmal Hilfe brauchen. Dieser Anteil verringert sich mit dem Alter der Kinder. Statt dessen sind ihnen zunehmend Freunde bei der Erfüllung schwieriger Hausaufgaben behilflich (vgl. HARTUP 1976). Als Helfer spielen die Geschwisterkinder eine eher untergeordnete Rolle. Sie sind in der 5. Klasse noch von Bedeutung, die dann aber ständig zurückgeht.

Abbildung 9:
Wenn Du mit Deinen Hausaufgaben nicht zurechtkommst, wer hilft Dir dann?
(*Angaben in Prozent; RS-HS – Regelschüler in hauptschulabschlußbezogenen, RS-RS – Regelschüler in realschulabschlußbezogenen Klassen*)

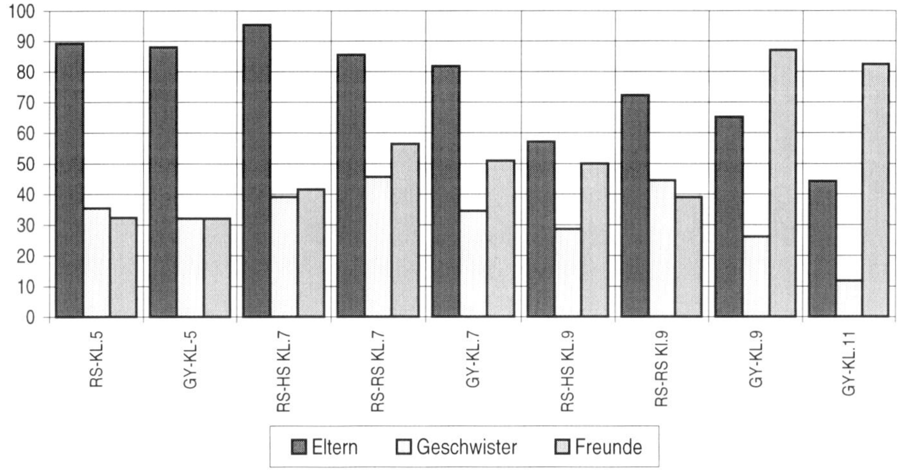

Bezüglich der schulischen Anforderungen kann zusammenfassend festgestellt werden, daß die Schüler neben dem Unterricht durch den Schulweg und die Hausaufgaben am Nachmittag zeitlich stark belastet sind. Im Gegensatz zu ELSKEMPER-MADER/LEDIG/DE RIJKE (1991) verdeutlichen die Thüringer Gymnasialschüler in ihren Antworten eine erhöhte schulische Beanspruchung gegenüber Gleichaltrigen an der Regelschule.

Ungeachtet der täglichen Belastungen zusätzlich zum obligatorischen Unterricht wünschen sich Schüler noch vielfältige interessante Angebote an ihren Schulen (vgl. Abschnitt 1). Dies könnte auf eine Tradition der Polytechnischen Oberschule der ehemaligen DDR zurückgehen, die Schüler als bewahrenswert ansehen, aber auch auf fehlende bzw. nicht bezahlbare außerschulische Angebote hinweisen, die Schüler gerne nutzen möchten.

3.2 Freizeitangebote aus Schülerperspektive

Im nachfolgenden soll der Frage nachgegangen werden, welche außerunterrichtlichen bzw. außerschulischen Angebote Thüringer Schüler für sich nutzen. Diese Frage war als eine offene Frage im Fragebogen gestellt.

Zunächst wurden die Schüler um Auskunft darüber gebeten, an wieviel Wochentagen sie sich auch nachmittags in der Schule aufhalten. Danach ist etwa die Hälfte der Schüler an einem – 30 % an zwei Tag(en) – nachmittags in der Schule; am häufigsten wurde Unterricht am Nachmittag als Grund angegeben: 50 % der Schüler, die sich zu dieser Frage äußerten, haben einmal und 28 % zweimal wöchentlich nachmittags Unterricht (34 % aller befragten Schüler machten dazu keine Angaben).

Ein weiterer Grund, warum sich Kinder und Jugendliche nachmittags in der Schule aufhalten, kann die Teilnahme an freiwilligen schulischen Angeboten sein. MERKENS/KIRCHHÖFER verweisen in diesem Zusammenhang auf eine dramatische Entwicklung in Ostberlin, die ihrer Meinung nach „vielleicht vorübergehenden Charakter“ (1993, S. 947) trägt. „Waren es dort 1990/91 noch 37 % (vgl. KIRCHHÖFER/MERKENS/STEINER 1991), die regelmäßig eine schulische Arbeitsgemeinschaft besuchten, so betrug dieser Anteil 1991/92 nur noch 16 %. Im Vergleich dazu Westberlin: 1990/91 = 40 %, 1991/92 = 36 %“ (MERKENS/KIRCHHÖFER 1993, S. 947). Im Sommer 1993 ist der Anteil Thüringer Schüler, die sich für eine schulische Interessengruppe entschieden haben, noch geringer. Nur ungefähr 10 % der befragten Schüler nutzen in der Regel einmal wöchentlich freiwillige Angebote in ihrer Schule, 30 % der Befragten üben nicht-schulische Aktivitäten aus.

Unabhängig vom besuchten Schultyp läßt sich feststellen, daß die Schüler nicht-schulische Freizeitaktivitäten gegenüber schulischen bevorzugen (vgl. *Tabelle 5*).

Tabelle 5:
Anteil der Schüler nach Schulart, der an schulischen und nicht-schulischen Aktivitäten teilnimmt (*Angaben in Prozent*)

	Teilnahme an schulischen Aktivitäten	*Teilnahme an nicht-schulischen Aktivitäten*
Regelschule	7,5	23,6
Gymnasium	11,4	35,7

Der Anteil der Gymnasiasten, die außerhalb der Schule eine Aktivität ausüben, ist deutlich höher als der der Regelschüler. Er ist vergleichbar mit den Ergebnissen der Berliner Studie von MERKENS/KIRCHHÖFER, die besagen, daß „für Ostberlin 47 %, für Westberlin 49 % der Schüler" angeben, daß sie einer nicht-schulischen, institutionell gebundenen Freizeitaktivität nachgehen. „Der relativ hohe Anteil von Schülern, die trotz sich verschlechternder Bedingungen und ohne zentrale Förderung eine Aktivität angeben, spricht dafür, daß diese Schüler, unterstützt durch die Eltern, sich institutionelle Anbindungen suchen und sich z.T. umorientieren" (1993, S. 942).

Die *Abbildungen 10* und *11* geben darüber Auskunft, in welchem Maße Schüler unterschiedlicher Schularten die angebotenen Arbeitsgemeinschaftstypen

Abbildung 10:
Schüler nach Schulart und Häufigkeit der Teilnahme an Angeboten **in** der Schule (*absolute Angaben*)

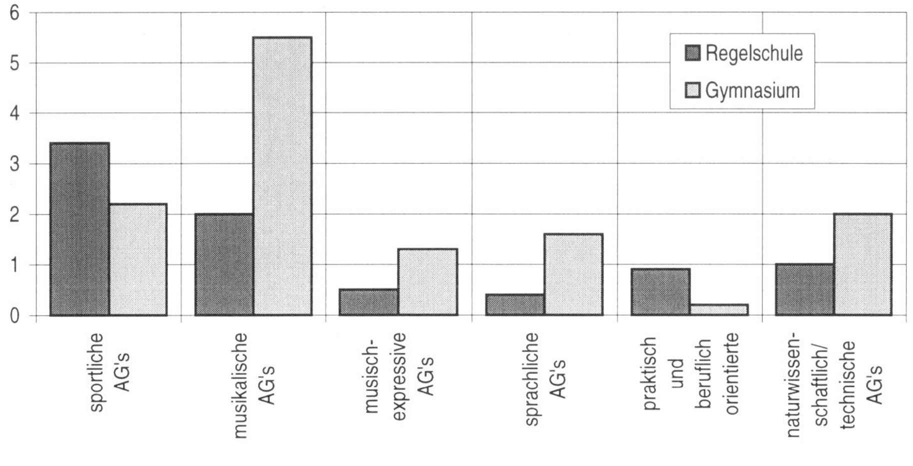

Abbildung 11:
Schüler nach Schulart und Häufigkeit der Teilnahme an Angeboten **außerhalb** der Schule (*absolute Angaben*)

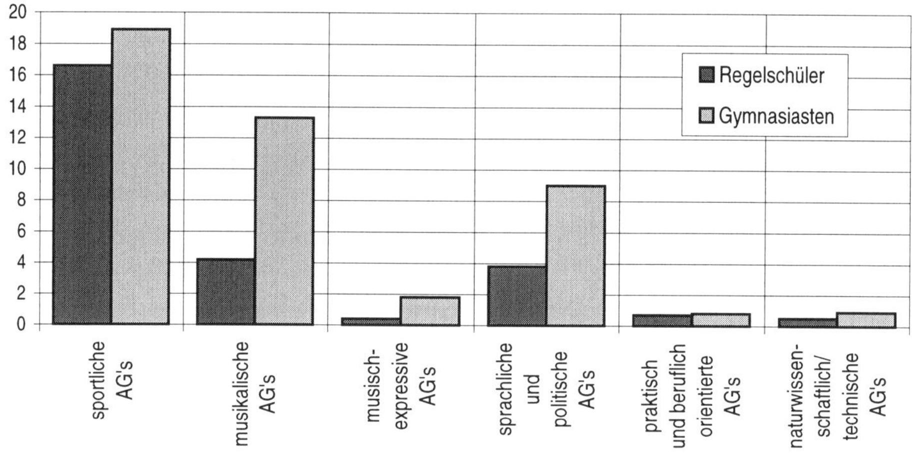

innerhalb und außerhalb der Schule nutzen. MERKENS/KIRCHHÖFER fanden im Ergebnis ihrer Untersuchung keine Bestätigung für ihre Hypothese, „Unterschiede zwischen Freizeitaktivitäten in Abhängigkeit vom besuchten Schultyp feststellen zu können“ (1993, S. 943). Dies gilt für die Thüringer Stichprobe eher nicht.

Schüler der Regelschule nutzen im Durchschnitt **ein** schulisches Angebot. Innerhalb der Schule favorisieren sie unterschiedliche sportliche Arbeitsgemeinschaften, musikalische Angebote, wie z.B. den Chor oder die Instrumentalgruppe. Gymnasiasten haben sich in der Regel ebenfalls für ein Angebot in ihrer Schule entschieden. Schüler, die an einer Arbeitsgemeinschaft teilnehmen, nennen am häufigsten musikalische Aktivitäten, gefolgt von sportlichen und naturwissenschaftlich/technischen Angeboten. Beim Vergleich der freiwilligen Angebote innerhalb der Schule läßt sich weiterhin feststellen, daß Regelschüler eher an praktischen oder beruflich orientierten Arbeitsgemeinschaften interessiert sind, Gymnasiasten wählen häufiger naturwissenschaftlich-technische Arbeitsgemeinschaften (vgl. auch Abschnitt 1). Auch hierbei gilt die alte Weisheit: Angebot schafft Nachfrage.

Obwohl schulisch stärker belastet, nehmen Gymnasiasten häufiger als Regelschüler auch nicht-schulische Angebote wahr. Von den 36 % Gymnasiasten, die sich außerhalb der Schule betätigen, gehen zwei Drittel einem Angebot nach, und ein Drittel übt zwei und mehr Aktivitäten aus. Die 24 % der Regelschüler, die nicht-schulischen Freizeitaktivitäten nachgehen, nutzen im Durchschnitt ein Angebot. Sportliche Freizeitbeschäftigungen werden von allen Schülern präferiert (vgl. auch LEDIG 1992). Diese Angebote (in der ehemaligen DDR wurde der Förderung der sportlichen Betätigung von Kindern und Jugendlichen besondere Aufmerksamkeit geschenkt) scheinen ihre Attraktivität bisher kaum verloren zu haben, obwohl eher traditionelle Aktivitäten durch neue Angebote Konkurrenz erhielten. Musikalische Arbeitsgemeinschaften werden ebenfalls häufig gewählt. Hierzu gehören in der Mehrzahl Kinder und Jugendliche, die z.B. in einer der vielen neugegründeten Musikschulen ein Instrument erlernen wollen, was in der ehemaligen DDR nur für leistungsorientierte Schüler möglich war. Eine dritte Gruppe bilden die sprachlichen Arbeitsgemeinschaften, in denen die Schüler neben den üblichen Sprachen, wie Englisch, Russisch und Französisch, weitere Fremdsprachen erlernen können (z.B. Italienisch oder Spanisch). Aufgrund der neuen Reisefreiheiten, aber auch unter Berücksichtigung künftiger beruflicher Chancen lohnt es sich jetzt, eine zusätzliche Sprache zu erlernen.

Abbildung 12 verdeutlicht, wofür sich speziell die Mädchen bzw. die Jungen unserer Stichprobe entschieden haben.

Abbildung 12:
Nutzung freiwilliger Angebote durch Mädchen und Jungen innerhalb und außerhalb der Schule (*Angaben in Prozent*)

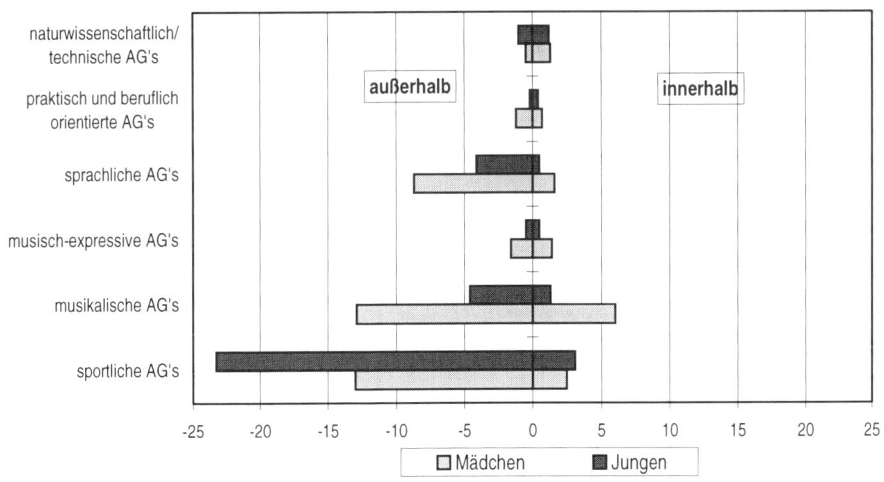

Der Vergleich nach Geschlecht zeigt, daß Mädchen häufiger als Jungen institutionalisierte Freizeitangebote in der Schule wahrnehmen. Bemerkenswert ist, daß nicht-schulische sportliche Angebote von Jungen und Mädchen am häufigsten genutzt werden. Dennoch erweist sich Sport als ein besonderes Interessengebiet der Jungen. Von den Mädchen werden neben den sportlichen auch noch musikalisch-kreative oder sprachliche Angebote relativ häufig besucht. Die Mädchen sind auch in solchen Freizeitgruppen zuhause, die traditionell eher den Jungen zugeordnet werden: z.B. naturwissenschaftlich-technische Arbeitsgemeinschaften. Die Gruppe der praktisch und beruflich orientierten Arbeitsgemeinschaften setzt sich bei den Mädchen dagegen nur aus den Bereichen 'Stenografie/Schreibmaschine' und 'Hauswirtschaft' zusammen. Technikangebote, wenn sie denn vorhanden sind, werden von ihnen nicht genutzt. In dieser Hinsicht unterscheiden sich Thüringer Schüler kaum von anderen Jugendlichen in der Bundesrepublik (vgl. NISSEN 1992). Die gewonnenen Ergebnisse weisen auf deutliche geschlechtsspezifische Unterschiede des Freizeitverhaltens hin.

Bezogen auf die *Abbildung 12* sollte auch folgende Aussage von MERKENS/KIRCHHÖFER bedacht werden: „In Ost- wie auch in Westberlin fallen über 50 % der Nennungen auf Schüler, die mindestens zwei Freizeitaktivitäten belegen, was längerfristig auf eine Polarisierung im Freizeitbereich zwischen Schülern, die keiner institutionell gebundenen Freizeitaktivität nachgehen, und solchen, die mehrere ausüben, deuten könnte" (1993, S. 943).

4 Fazit

Lehrer, Schüler und Eltern wissen um die Bedeutung von Freizeitangeboten in der Schule. Insbesondere Eltern äußern den Wunsch, daß entsprechende Traditionen der DDR-Schule auch in den neuen Schularten fortgesetzt werden. Die Angebotsvielfalt an Freizeitaktivitäten ist für die Entscheidung, welche Schule das Kind künftig besuchen wird, nach Aussagen der Eltern ebenfalls bedeutsam. Den Aussagen der Schulleiter ist zu entnehmen, daß sie ebenfalls um diese Problematik wissen. Die Attraktivität einer Schule in der Region wird einerseits durch eine qualitative Unterrichtsgestaltung und entsprechende Lernergebnisse der Schüler erreicht, andererseits strahlen interessante Veranstaltungen einer Schule, wie Schulfeste, Theateraufführungen oder sportliche Erfolge der Schüler auf unterschiedlichen Ebenen, in die Region aus. Dies wiederum kann die Entscheidung von Eltern stützen, ihr Kind gerade in diese Schule zu schicken. In einer Zeit, in der die Schülerzahlen aufgrund der rückläufigen Geburtenzahlen bald sinken werden und die Existenz von einzelnen Schulen zur Disposition steht, ist das positive Image einer Schule in der Region für ihr Fortbestehen nicht unbedeutend.

Eine Aufgabe des Schulleiters ist es jetzt, die an der Schule unterrichtenden Lehrer zu gewinnen, mit den Schülern interessante Aktivitäten durchzuführen. Lehrer selbst geben zwei Begründungen für ihr eigenes Engagement auf diesem Gebiet an: Sie wollen Interessen und Neigungen bei Kindern und Jugendlichen wecken oder ihren Schülern Hilfen für eine sinnvolle Freizeitgestaltung geben. Auch eigene Hobbys bewegen Lehrer, selbst eine Arbeitsgemeinschaft in der Schule anzubieten. Die Gründe, sich als Lehrer gegen die Leitung einer Arbeitsgemeinschaft zu entscheiden, müssen ebenfalls ernst genommen werden. Veränderte Anforderungen in ihrem Fachunterricht, gestiegenes Pflichtstundensoll, Streß in der Schule, aber auch die Frage der Bezahlung entsprechender Leistungen werden als Gründe von Lehrern angeführt. In Gesprächen und Diskussionsrunden wurde andererseits auch angesprochen, ob Lehrer mit der Durchführung ihres Unterrichts nicht genügend zu tun hätten und Freizeitaktivitäten von anderen Personen übernommen werden müßten. Für die Schulen hat sich der notwendige Bustransport der Schüler als ein weiterer Hinderungsgrund erwiesen.

Betrachtet man die Aussagen der Schüler über ihre eigenen außerunterrichtlichen Aktivitäten, so haben sie sich deutlicher, als von uns erwartet, aus der Schule heraus verlagert. Um diesen Aspekten in Thüringen weiter nachgehen zu können, sollten Freizeitgewohnheiten von Kindern und Jugendlichen, aber auch ihre Vorstellungen und Wünsche darüber sowie tatsächliche Möglichkeiten, die die Region bietet, genauer erforscht werden.

Literatur

BAUMERT, J./LESCHINSKY, A.: Bestandsaufnahme: Schulleben. Ergebnisse einer Schulleiterbefragung. In: Schulmanagement 16 (1985), H. 5, S.15-22.

BÖTTCHER, I.: Lebenswelt sprachlich unterschiedlich begabter Kinder. Frankfurt/a.M. 1994.

BÖTTCHER, I./PLATH, M./WEISHAUPT, H.: Die Regelschule in Thüringen – Drei Schulporträts. ThILLM Materialien, H. 11. Arnstadt 1995.

CHALUPSKY, J./HOFFMAN, A.: Lernen in der Schule. Zum Verhältnis von unterrichtlichen und außerunterrichtlichen Angeboten in ostdeutschen Schulen. In: BÜCHNER, P./KRÜGER, H.-H. (Hrsg.): Aufwachsen hüben und drüben. Opladen 1991, S. 149-162.

ELSKEMPER-MADER, H./LEDIG, M./DE RIJKE, J.: Die Rolle der Schule im Freizeitverhalten der Kinder – Was bietet Schule für die Freizeit? In: Zeitschrift für Pädagogik 37(1991), H. 4, S. 619-641.

HARTUP, W.W.: Peer interaction and the behavioral development of the individual child. In: SCHOPLER, E./REICHLER, R.J. (Eds.): Psychopathology and child development. New York 1976.

HOFFMANN, A.: Jugend und Schule. In: FRIEDRICH, W./GRIESE, H. (Hrsg.): Jugend und Jugendforschung in der DDR. Opladen 1991, S.46-58.

KRÜGER, H.-H./KABAT VEL JOB, O. et al.: Aufwachsen in Sachsen-Anhalt – erste Ergebnisse einer Befragung von 11- bis 16-jährigen Schülern und Schülerinnen. In: ZENTRUM FÜR SCHULFORSCHUNG UND FRAGEN DER LEHRERBILDUNG (ZSL) (Hrsg.): Diskurse zu Schule und Bildung. H. 2. Halle/Saale 1994.

LEDIG, M.: Vielfalt oder Einfalt - Das Aktivitätenspektrum von Kindern. In: DEUTSCHES JUGENDINSTITUT (Hrsg.): Was tun Kinder am Nachmittag? – Ergebnisse einer empirischen Studie zur mittleren Kindheit. Weinheim/München 1992, S. 31-74.

MERKENS, H./ KIRCHHÖFER, D.: Gemeinsamkeiten und Unterschiede in der Freizeit Ost- und Westberliner Schüler. In: Zeitschrift für Pädagogik 39 (1993), H. 6 , S. 931-951.

NISSEN, U.: Raum und Zeit in der Nachmittagsgestaltung von Kindern. In: DEUTSCHES JUGENDINSTITUT (Hrsg.): Was tun Kinder am Nachmittag? – Ergebnisse einer empirischen Studie zur mittleren Kindheit. Weinheim/München 1992, S.127-170.

PIAGET, J.: Die Psychologie des Kindes. München 1986.

ROEDER, P. M.: Spielräume im Schulalltag. In: BELLER, E. K. (Hrsg.): Berlin und Pädagogische Reformen. Berlin 1992, S. 103-127.

SCHMIDT, F.-H./WEISHAUPT, H.: Freizeitangebote an der Schule zwischen Bedarf und Realität. In: FORSCHUNGSGRUPPE SCHULSTRUKTURWANDEL: Schulstrukturwandel in Thüringen – Ergebnisse einer Befragung von Schülern, Eltern und Lehrern in der Stadt Erfurt. Erfurt 1993, S. 107-124.

HORST WEISHAUPT

Zur Situation der Regelschule

Die Regelschule, an der der Haupt- und Realschulabschluß erworben werden können, gilt als das „Herzstück" der neuen Schulstruktur in Thüringen. Dies nicht nur, weil etwa zwei Drittel der Schüler der Sekundarstufe I die Regelschule besuchen, sondern vor allem, weil Thüringen mit dieser Schulart die in den alten Ländern in getrennten Schulen unterrichteten Haupt- und Realschüler zusammenfaßt. Damit beschreitet Thüringen – ähnlich wie Sachsen-Anhalt und Sachsen – einen Weg in der Organisation der Sekundarstufe I, der aus der unfruchtbaren Konfrontation zwischen dreigliedrigem Schulsystem und Gesamtschule herausführen soll. Bildungssoziologische, schulplanerische und ökonomische Überlegungen machen dieses Modell eines Schulverbundes auch in den alten Ländern zunehmend attraktiv (s. HOLTAPPELS/ RÖSNER 1994).

Die Regelschule in Thüringen hat besondere Entwicklungsprobleme zu lösen. Lehrer dieser Schulart können sich bei ihrer pädagogischen Arbeit nicht an westdeutschen Vorbildern orientieren, wenn von den Erfahrungen mit integrierten Haupt-Realschulklassen in Hamburg abgesehen wird (STRUCK 1977). Diese Erfahrungen aus einer großstädtischen, westdeutschen Region sind kaum auf die Verhältnisse eines Flächenstaates wie Thüringen übertragbar. Dazu tragen zusätzlich Unterschiede in den rechtlichen Rahmenbedingungen und in der relativen Bedeutung der Schularten für das Schulsystem der beiden Länder in der Sekundarstufe I bei.

Die besonderen Anforderungen an die Regelschule ergeben sich aus folgenden Merkmalen:

– schulorganisatorische Vorgaben

Die 5. und 6. Klassen der Regelschule differenzieren nicht nach Bildungsgang. Anschließend können abschlußbezogene Klassen gebildet oder der Unterricht in einem Kern-Kurs-System durchgeführt werden. Es bestehen Schulen, die sich für eine der beiden Formen entschieden haben oder beide Formen in unterschiedlichen Jahrgängen nebeneinander praktizieren. Im Schuljahr 1993/94 gingen in der 7. und 8. Jahrgangsstufe über 40 % der Regelschüler in integrativ geführte Klassen. Im 9. Schuljahr verringerte sich dieser Anteil auf 25 % (s. *Tabelle 1*). Werden abschlußbezogene Klassen an den Schulen gebildet, dann befinden sich wesentlich mehr Schüler in den zum Realschulabschluß führenden Klassen als in den Klassen, die zum Hauptschulabschluß führen. Teilweise ist dieser Effekt auf die niedrigeren Klassenfrequenzen der hauptschulabschlußbezogenen Klassen (15,2 Schüler je Klasse) gegenüber den realschulabschlußbezogenen Klassen (19,6 Schüler je Klasse) zurückzuführen, die sich aus unterschiedlichen Klassenmeßzahlen ergeben.

Tabelle 1:
Schüler im Schuljahr 1993/94 in der 7. bis 9. Klasse der Regelschule nach der Art der Klassenbildung (*in v. H.*)

Klassenstufe	*Schüler (in v. H.) in ...* *abschlußbezogenen Klassen* *Hauptschule*	*Realschule*	*integrativ geführten Klassen*	*Insgesamt absolut*
7. Klassenstufe	21	34	45	20848
8. Klassenstufe	19	38	43	21217
9. Klassenstufe	23	52	25	20941

Quelle: Thüringer Landesamt für Statistik: Statistischer Bericht. Allgemeinbildende Schulen in Thüringen 1993, S. 32.

Nach dem 5. und 6. Schuljahr besteht die Möglichkeit, von der Regelschule zum Gymnasium zu wechseln. Damit sind Korrekturen der Übergangsentscheidung nach der Grundschule für „Spätentwickler" möglich. Zunehmend wechseln aber auch Schüler des Gymnasiums zur Regelschule, wenn auch die relativen Anteile sehr gering sind. Von den Abgängern wechselte etwa ein Drittel in die 10. Klasse der Regelschule mit dem Ziel des Erwerbs des am Gymnasium nicht erhältlichen Realschulabschlusses[1].

Ein besonderer Belastungsfaktor ergibt sich für Schüler und Eltern aus der Einstufung in die Kursniveaus bzw. das Abschlußniveau am Ende des 6. Schuljahrs und die im 7. und 8. Schuljahr halbjährlich vorgesehene Umstufung der Schüler zwischen den Kursniveaus in den leistungsdifferenzierenden Fächern oder den Klassen nach Abschlußniveau. Nur bei Höherstufungen haben die Eltern ein Mitwirkungsrecht. Die Umstufungen sind starr an geforderte Notendurchschnitte und Mindestnoten in den Hauptfächern gebunden.

[1] Durch einen Erlaß haben die Gymnasiasten seit 1995 die Möglichkeit, sich als Externe an der Realschulabschlußprüfung an Regelschulen zu beteiligen.

– die inhaltliche Profilierung der Regelschule

Parallel zur organisatorischen Umstrukturierung der Schulen begann die Erprobung neuer Unterrichtsinhalte – zum Teil in neuen Fächern: Wirtschaft-Umwelt-Europa, Wirtschaft und Technik, Wirtschaft und Recht, Sozialkunde, Religion und Ethik. Zunächst gab es als Orientierungshilfen für den Unterricht der Lehrer „Vorläufige Lehrplanhinweise“, seit dem Schuljahr 1993/94 werden die „Vorläufigen Lehrpläne“ erprobt. Grundlage der Lehrpläne bildeten neue Stundentafeln, die teilweise die Fächer neu gewichteten.

Mit der inhaltlichen Neubestimmung wurden zugleich Fragen nach der methodischen Gestaltung des Unterrichts aufgeworfen. Die „Leistungsspitze“ fehlt überwiegend in den Klassen der Regelschule. Eine leistungsgerechte Unterrichtsgestaltung für relativ leistungshomogene Lerngruppen ergibt sich daraus als neue Anforderung für die Lehrer, die zuvor in den leistungsheterogenen Klassen der POS unterrichtet hatten. In den Kursgruppen für Hauptschüler und den Hauptschulklassen stellt sich dies als besonderes Problem dar.

Unter Berücksichtigung dieser spezifischen Entwicklungsbedingungen der Regelschule sollen in diesem Beitrag auf der Grundlage von Ergebnissen der 1993 durchgeführten Befragung zum Schulstrukturwandel in Thüringen einige Aspekte der Situation der Regelschule behandelt werden. Dabei wird die Regelschule vor allem im Vergleich zum Gymnasium untersucht. Folgende Fragen stehen im Vordergrund der Analysen:

- die Abschlußerwartungen und die darüber hinausreichenden Bildungsaspirationen von Schülern und Eltern,
- die Erwartungen der Eltern an die Schwerpunkte der pädagogischen Arbeit in dieser Schulart,
- die sozialen Bedingungen für den Unterricht in der Regelschule in der Wahrnehmung der Lehrer.

Mit diesen Ergebnissen sollen einige Erwartungen und Erfahrungen beschrieben und als Ausgangsbedingungen für die innere Weiterentwicklung der Regelschule in Thüringen erfaßt werden.

Die nicht unbelastete Ausgangssituation für die innere Entwicklung der Regelschule wird deutlich an der Benotung der neuen und der alten Schularten durch Lehrer, Schüler und Eltern (vgl. den Beitrag von WEISHAUPT in diesem Band). Die Regelschule wird von allen Schularten am schlechtesten beurteilt und Hauptschulklassen an Regelschulen werden nochmals schlechter benotet als die Regelschule insgesamt. Immerhin bewerten Lehrer der Regelschule diese besser als die Oberstufe der POS (s. *Tabelle 2*), während die Schüler der Regelschule und deren Eltern auch der Oberstufe der POS eine bessere Note geben als der Regelschule.

Tabelle 2:
Benotung der neuen und alten Schularten durch Lehrer, Schüler und Eltern
(*Anteil der Noten 1 „sehr gut" und 2 „gut"*)

Schulart	*Lehrer*			*Schüler*		*Eltern*		
	Grund-schule	*Regel-schule*	*Gym-nasium*	*Regel-schule*	*Gym-nasium*	*Grund-schule*	*Regel-schule*	*Gym-nasium*
Grundschule	82,2	76,6	64,8	69,2	77,9	83,5	83,8	74,6
Regelschule	53,8	53,9	33,9	59,3	51,8	62,4	69,1	55,2
Gymnasium	65,1	47,4	71,8	44,9	80,6	74,5	71,0	77,6
Gesamtschule	70,1	56,9	53,8	47,9	57,3	71,8	66,2	61,5
POS (Klasse 1 – 4)	78,8	82,1	84,9	67,5	77,1	84,4	83,2	84,8
POS (Klasse 5 – 10)	49,5	46,7	40,7	62,3	69,1	71,1	76,4	69,5
EOS	54,8	53,6	54,6	56,3	71,7	65,8	67,3	66,8

Auf die inhaltliche Profilierung der Regelschule als berufsorientierte Schulart kann diese schlechte Bewertung nicht zurückgeführt werden, denn die beruflichen Schulformen der Sekundarstufe II werden teilweise sogar besser benotet als das Gymnasium. Insofern wäre zu erwarten, daß die Schulart, die auf berufliche Schulen und berufliche Bildung vorbereitet, ähnlich gut beurteilt wird, wie die beruflichen Schulen selbst.

Andere Ursachen dürften deshalb für die schlechtere Bewertung der Regelschule ausschlaggebend sein: die Unsicherheit über das Profil der Schulart und die dort angebotenen Abschlußmöglichkeiten. Hinzu kommt die Ablehnung eines gegliederten Schulsystems durch die Mehrheit der Eltern der Regelschule (siehe den Beitrag von WEISHAUPT in diesem Band).

Im Rahmen der Untersuchung zum schulstrukturellen Wandel in Thüringen wurden mehrere Fragen zu den angesprochenen Zusammenhängen an Lehrer, Schüler und Eltern gerichtet, die es erlauben, Problemfelder der Entwicklung der Regelschule zu markieren.

1 *Ausbildungswünsche von Schülern und Eltern*

Welche Ausbildungswünsche verbinden die Eltern von Regelschülern mit der Schulausbildung ihrer Kinder? Fast alle Eltern von Regelschülern, aber auch nahezu 70 % der Eltern von Gymnasiasten wünschen sich, daß ihr Kind einen Lehrabschluß erwirbt (s. *Abbildung 1*).

Weiterhin sollen die Regelschüler, wie auch die Gymnasiasten, gute Schulleistungen haben und Probleme kritisch durchdenken können. Bei drei Viertel der Eltern von Regelschülern (und immerhin noch 55 % der Eltern von Gymnasiasten) besteht der Wunsch, daß das Kind handwerkliche und praktische Fähigkeiten entwickelt. Regelschuleltern ist auch die baldige finanzielle Unabhängigkeit der Kinder ein Anliegen (49 %). Immerhin wünschen sich 20 % der Regelschülereltern und nur 68 % der Eltern von Gymnasiasten den Erwerb einer Studienberechtigung für ihr Kind. Zu 8 % sollen die Regelschüler nach Meinung ihrer Eltern in jedem Fall studieren, eine Absicht, die auch nur 31 % der Eltern von Gymnasiasten verfolgen. Aus diesen Ergebnissen ist die große Wertschätzung einer berufsorientierten Ausbildung bei allen Eltern ablesbar. Die im Ost-West-Vergleich niedrige Tendenz der Eltern von Gymnasiasten in den neuen Ländern, für ihr Kind ein Studium oder gar ein

Abbildung 1:
Wieviel Wert legen Sie darauf, daß Ihr Kind ...
(*Anteil der Elternantworten „sehr großen“ und „großen“*)

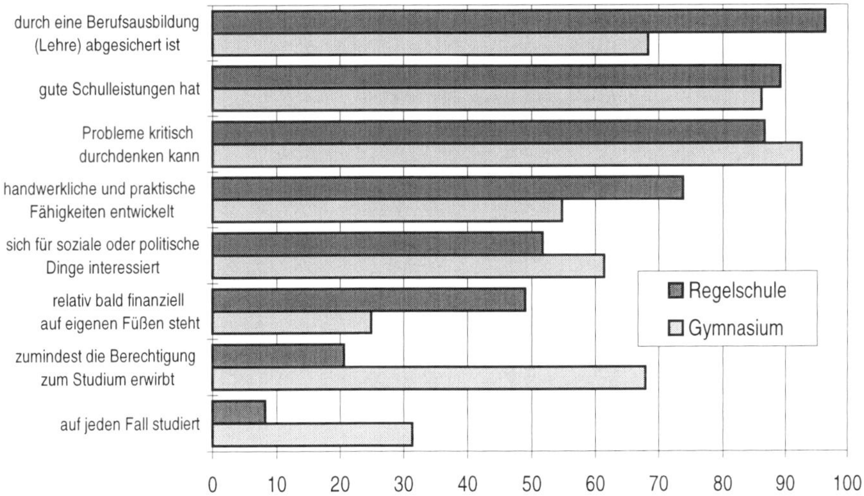

Universitätsstudium anzustreben, ergab auch die IFS-Umfrage 1993 (IFS-UMFRAGE 1993, S. 23). Dadurch wird eine studienpropädeutische Profilierung der gymnasialen Oberstufe fragwürdig. Andererseits trifft die Berufsorientierung der Regelschule nicht das Ausbildungsinteresse der gesamten Elternschaft. Mindestens ein Fünftel der Eltern von Regelschülern wünschen den Erwerb einer Studienberechtigung für ihr Kind.

Unterstrichen werden die genannten Aspekte durch die Antworten auf die Frage, ob nach der Schule eine Lehre, ein Studium oder die Verbindung von Lehre und Studium angestrebt wird. *Abbildung 2* zeigt die Ergebnisse im Vergleich zwischen Schüler- und Elternmeinungen. In den Antworten auf diese Frage wünschen sich 25 % (Schüler) bzw. 29 % (Eltern) von Schülern im Realschulzweig der Regelschule ein Studium – die Eltern überwiegend die Kombination von Studium und Lehre. Auch hier sind wieder die Antworten der Gymnasiasten interessant: Weniger als 40 % der Schüler und Eltern sind allein auf ein Studium festgelegt, fast die Hälfte der Eltern und ein Drittel der Schüler wünschen die Kombination von Lehre und Studium. Nur eine Lehre streben 16 Prozent der Eltern und fast 30 Prozent der Schüler an!

Diese Antworttendenz stimmt ebenfalls mit zwei Ergebnissen der IFS-Umfrage 1993 überein (IFS-UMFRAGE 1993, S. 24-25): Vor die Wahl gestellt, ob ein Schüler das Abitur ablegen oder sofort eine attraktive Lehre beginnen soll,

Abbildung 2:
Welche Ausbildung soll sich an die Schule anschließen? (*Prozentvergleich der Antworten von Eltern und Schülern des 7. und 9. Schuljahres*)

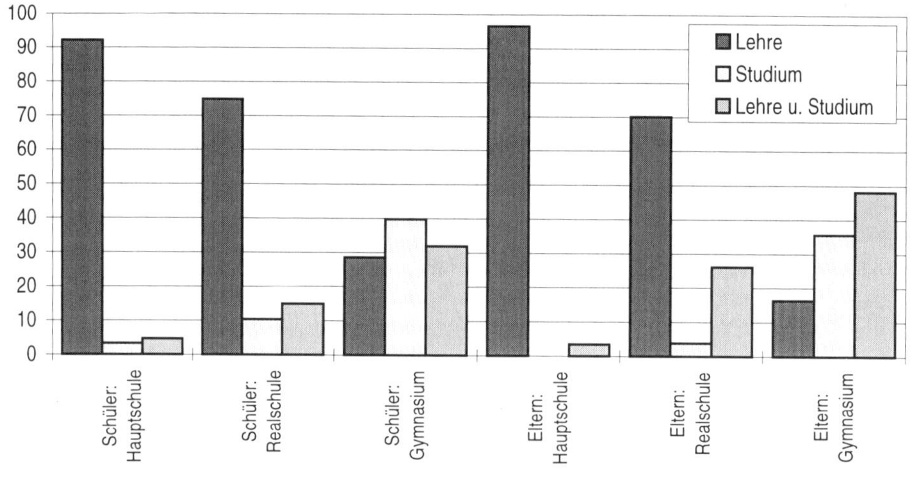

empfehlen in Westdeutschland 68 % und in Ostdeutschland nur 55 % der Schülereltern das Abitur. Etwas abgeschwächt zeigen sich die gleichen Unterschiede in der Empfehlung von Schülereltern, wenn ein Abiturient zwischen einer interessanten Lehre und einem Studium entscheiden soll (West: 51 % Studium, Ost: 45 % Studium).

Diese Unterschiede in den Ausbildungspräferenzen der Eltern zwischen alten und neuen Bundesländern sind vor dem Hintergrund der völlig anderen Arbeitsmarkt- und Einkommensstruktur in der DDR zu interpretieren (siehe den Beitrag von FICKERMANN in diesem Band).

Die Schüler und ihre Eltern wurden im Rahmen unserer Befragung nicht nur allgemein nach ihren Bildungsaspirationen befragt, sondern auch konkret nach dem in Aussicht genommenen weiteren Bildungsweg.

Abbildung 3 stellt den in Aussicht genommenen Schulabschluß von Eltern mit Schülern im 7. und 9. Schuljahr dar. Eltern von Hauptschülern streben überwiegend den qualifizierten Hauptschulabschluß an, fast 40 % den Realschulabschluß und einige sogar die Fachhochschulreife und das Abitur. Ein Viertel der Eltern von Realschülern wünschen einen über den Realschulabschluß hinausgehenden Schulabschluß; ein Ergebnis, das mit den Angaben

Abbildung 3:
Einmal unabhängig, welche Schule Ihr Kind gegenwärtig besucht: Welchen Schulabschluß wünschen Sie sich für Ihr Kind? (*Prozentangaben für Eltern von Schülern des 7. und 9. Schuljahres*)

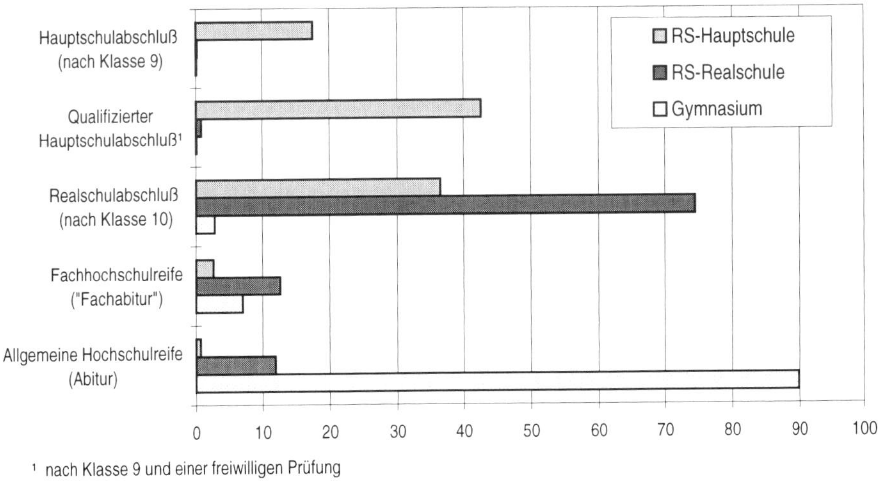

in *Abbildung 2* korrespondiert. Von diesen Eltern wünscht jeweils die Hälfte die Fachhochschulreife und das Abitur für ihr Kind. Bei den Eltern von Gymnasiasten weichen die allgemeinen Bildungsaspirationen deutlicher von den konkreten Schulabschlußwünschen ab. Nur 10 % der Eltern von Gymnasiasten streben für ihr Kind kein Abitur an: 7 % planen die Fachhochschulreife und 3 % den Realschulabschluß für ihr Kind. Wenn für Gymnasiasten eine Lehre angestrebt wird, dann erst nach dem Abitur.

Für die schulische Ausbildung in der Sekundarstufe II stehen neben dem Gymnasium die Vollzeit-Schularten des beruflichen Schulwesens zur Verfügung. Welche dieser Schulen wollen die Schüler in der Sekundarstufe II besuchen?[2]

Wie *Abbildung 4* zeigt, ist für Hauptschüler der Weg in die Lehre ebenso selbstverständlich wie für Gymnasiasten der Weg in die gymnasiale Oberstufe; jeweils drei Viertel wählen den erwartungsgemäßen Anschluß. Nur der geringere Anteil der Hauptschüler, die einen Realschulabschluß anstreben

Abbildung 4:
Am Ende der Regelschule und in Klasse 9 des Gymnasiums steht für Dich die Entscheidung für eine weiterführende Schule an. Welche Schule willst Du dann besuchen? (*Prozentverteilung der Antworten von Schülern im 7. und 9. Schuljahr*)

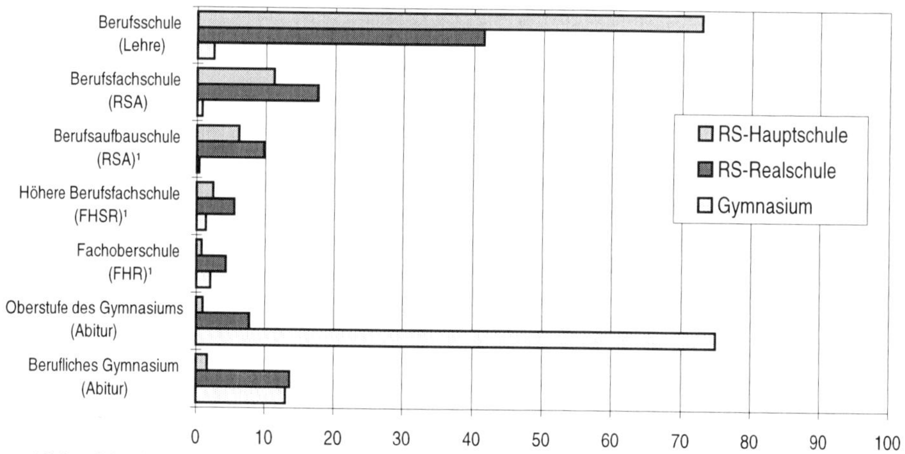

¹ Neben Schulabschlüssen haben die Schüler die Möglichkeit, berufliche Qualifikationen zu erlangen.

---

2 Dieser Abschnitt basiert auf den Schülerantworten, da sie die Frage vollständiger beantwortet haben. In der Tendenz stimmen die Schülerangaben mit den Angaben der Eltern überein.

(s. *Abbildung 3*), will sofort auf eine Berufsfachschule wechseln. Der größere Anteil kennt entweder nicht die nach dem Hauptschulabschluß möglichen Bildungswege oder er strebt ebenfalls zunächst eine Lehre an.

Bemerkenswert ist, daß 13 % der Gymnasiasten zu einem beruflichen Gymnasium wechseln möchten, um dort das Abitur zu erwerben. Die Gymnasiasten mit dem Ziel der Fachhochschulreife beabsichtigen zu gleichen Teilen den Wechsel zur Berufsfachschule und Fachoberschule.

Am differenziertesten sind die weiteren Ausbildungsabsichten der Realschüler. Sie wollen nur zu 50 % eine Lehre beginnen (wenn die Berufsaufbauschule mitgerechnet wird). Die andere Hälfte der Realschüler strebt eine vollzeitschulische Ausbildung nach der Regelschule an: 21 % möchten in das berufliche Gymnasium und die gymnasiale Oberstufe wechseln, gut ein Viertel auf Berufsfachschulen und Fachoberschulen.

Vor dem Hintergrund der Ausbildungsinteressen der Schüler erscheint die Differenzierung der beruflichen Schulformen in der Sekundarstufe II in hohem Maße fraglich. Wünschenswert wäre eine curriculare Verzahnung der beruflichen Vollzeitschulen, um sie zu einer gleichwertigen Alternative zur gymnasialen Oberstufe auszubauen. Damit würde die Regelschule eine berufsorientierte Fortführung in der Sekundarstufe II erhalten, die den weiterführenden schulischen Ausbildungsinteressen der Absolventen der Regelschule mit Realschulabschluß besser gerecht werden könnte.

Für auf die Regelschule aufbauende vollzeitschulische Ausbildungsgänge spricht nicht zuletzt die hohe soziale Selektivität des Zugangs zur Regelschule und zum Gymnasium (siehe den Beitrag von FICKERMANN in diesem Band). Sie läßt vermuten, daß an der Regelschule einerseits ausreichende „Begabungsreserven" für einen zum Abitur führenden berufsorientierten Bildungsgang vorhanden sind. Andererseits ist aufgrund der sozialen Herkunft dieser Schüler zu erwarten, daß sich die Eltern dieser Schüler eine beruflich orientierte Ausbildung wünschen.

Die Unterschiede in der sozialen Zusammensetzung der Schüler in der Regelschule und dem Gymnasium lassen auf unterschiedliche Orientierungen der Eltern auch in anderen Fragen als dem angestrebten Ausbildungsniveau für ihr Kind schließen. Um diese Überlegung weiter zu verfolgen, wird nachfolgend die Perspektive von den schulischen Aspirationen auf die innerschulischen Bedingungen gewechselt.

2 *Innerschulische Bedingungen der Regelschule*

Aus den Antworten auf die Frage, was den Eltern bei der Wahl einer Schulart wichtig ist, werden „kulturelle" Unterschiede zwischen Regelschule und Gymnasium bereits sichtbar (*s. Abbildung 5*). Eltern von Regelschülern haben diffusere Entscheidungskriterien als Eltern von Gymnasiasten. Demgegenüber konzentrieren sich die Antworten der Eltern von Gymnasiasten auf drei Punkte: den erreichbaren Abschluß, das Leistungsvermögen des Kindes und dessen eigenen Wunsch. Eltern von Regelschülern nennen auch häufig die Schulwegbedingungen und die finanzielle Belastung als wichtige Entscheidungsgründe.

An den unprofilierten Antworten der Eltern von Regelschülern läßt sich ein im Vergleich zu den Eltern von Gymnasiasten niedrigeres pädagogisches Selbstbewußtsein ablesen. Eltern von Regelschülern haben im übrigen noch stark

Abbildung 5:
Was ist Ihnen grundsätzlich wichtig bei der Wahl einer Schulart?
(*Anteil der Antworten „sehr wichtig"*)

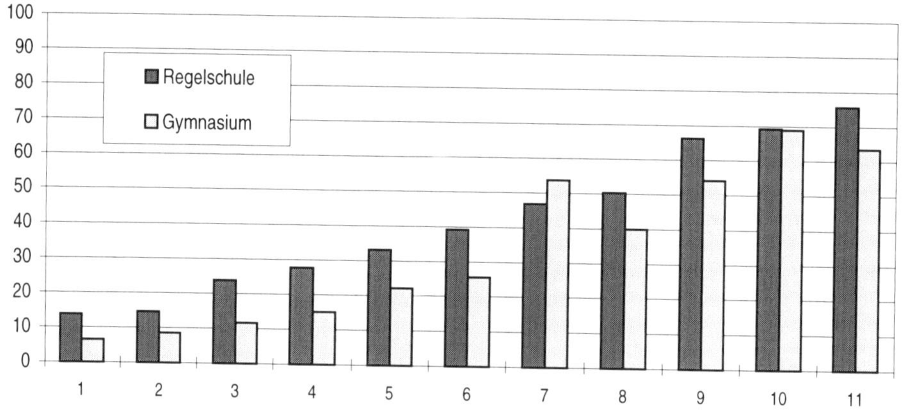

(1) die soziale Zusammensetzung der Schüler
(2) das allgemeine Aussehen der Schule
(3) das außerschulische Freizeitangebot der Schule
(4) ob uns der Schulbesuch finanziell belastet
(5) daß das Kind mit Schulfreunden zusammen ist
(6) die Entfernung der Schule vom Wohnort
(7) was das Kind selbst möchte
(8) die Erreichbarkeit der Schule mit Nahverkehrsmitteln
(9) der Leistungstand meines Kindes
(10) der an dieser Schule erreichbare Abschluß
(11) ob das Kind den Schulabschluß schafft

an Ordnung und Disziplin orientierte Erziehungsvorstellungen (siehe den Beitrag von SCHIMUNEK in diesem Band).

Über die sozialen Voraussetzungen und Erziehungsvorstellungen der Eltern von Regelschülern wird das Lernklima in dieser Schulart in spezifischer Weise geprägt. Resultieren daraus besondere Probleme für die Lehrer?

Danach befragt, ob sich aus dem schulstrukturellen Wandel für sie eher Vor- oder Nachteile ergeben haben, antworten Regelschullehrer als einzige Lehrergruppe nicht mehrheitlich positiv (siehe den Beitrag von WEISHAUPT in diesem Band). Diese schlechtere Bewertung durch Regelschullehrer ist vielleicht darauf zurückzuführen, daß sie formal die gleiche Qualifikation haben, wie die Gymnasiallehrer, bei der Auswahl für das Gymnasium aber nicht berücksichtigt wurden. Nur ein Viertel der Gymnasiallehrer unterrichtete zuvor an einer EOS.

Die Regelschullehrer unterliegen auch einem größeren Zwang zur Umqualifizierung, d. h. der Anpassung der Unterrichtsinhalte an die veränderten Bedingungen und der Nachqualifikation für ein neues Unterrichtsfach. Ein Viertel der Regelschullehrer erwarb 1993 die Lehrbefähigung für ein weiteres Fach, während es von den Lehrern am Gymnasium nur 16 % und von den Grundschullehrern nur 18 % sind (siehe den Beitrag von KÖHLER in diesem Band).

Wie die Antworten in der *Abbildung 6* zeigen, führen vermutlich aber auch Schwierigkeiten im Umgang mit den Schülern zu der nur wenig positiven Bilanz des Schulstrukturwandels durch die Regelschullehrer. Sie sehen sich an ihren Schulen erhöhten pädagogische Anforderungen konfrontiert. Nahezu 70 % der Regelschullehrer klagen über ein mangelndes Interesse der Schüler an Schule und Unterricht. Außerdem belastet sie in weit höherem Maße als ihre Kolleginnen und Kollegen an Grundschulen und Gymnasien die mangelnde Disziplin der Schüler und die geringe Unterstützung durch die Eltern.

Auf Fragen zur eigenen Unterrichtspraxis (s. *Abbildung 7*) geben die Regelschullehrer ebenfalls häufiger an, Schwierigkeiten zu haben, sei es mit der Disziplin der Schüler, mit einzelnen schwierigen Schülern oder dem Unterrichtserfolg.

Auch in Bezug auf die Klasse, in der die Befragten Klassenlehrer sind, äußern sich die Regelschullehrer deutlich negativer als die Lehrer der anderen beiden erfaßten Schularten (s. *Abbildung 8*). Sie sehen ihre Klasse eher als wenig engagiert an, in der viele Störungen vorkommen und in der auch das soziale Miteinander zwischen den Schülern zu wünschen übrig läßt.

Abbildung 6:
Welche der folgenden Probleme, die an Schulen auftreten können, sind auch an Ihrer Schule eine Belastung für die tägliche schulische Arbeit?
Dies ist an meiner Schule ein größeres Problem ... (*Anteil der Antworten 1 und 2 auf einer fünfstufigen Skala von 1 = großes bis 5 = kein Problem*)

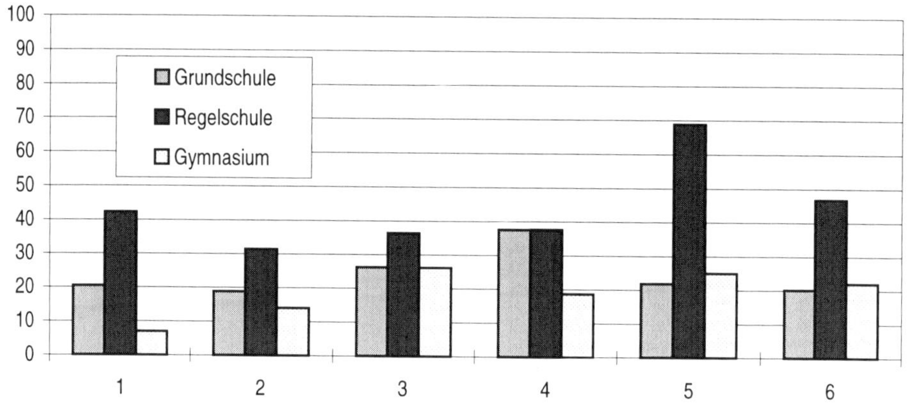

(1) mangelnde Disziplin der Schüler
(2) ungenügende fachliche Beratung durch Psychologen etc.
(3) zu wenig Angebote für unterschiedliche Schülerinteressen
(4) zu wenig Möglichkeiten zur Förderung lernschwacher Schüler
(5) mangelndes Interesse der Schüler an Schule und Unterricht
(6) zu wenig Unterstützung durch die Eltern

Abbildung 7:
Bitte geben Sie an, wie diese Angaben auf ihre Unterrichtspraxis zutreffen.
(*Anteil der Antworten: das trifft auf mich voll und ganz zu*)

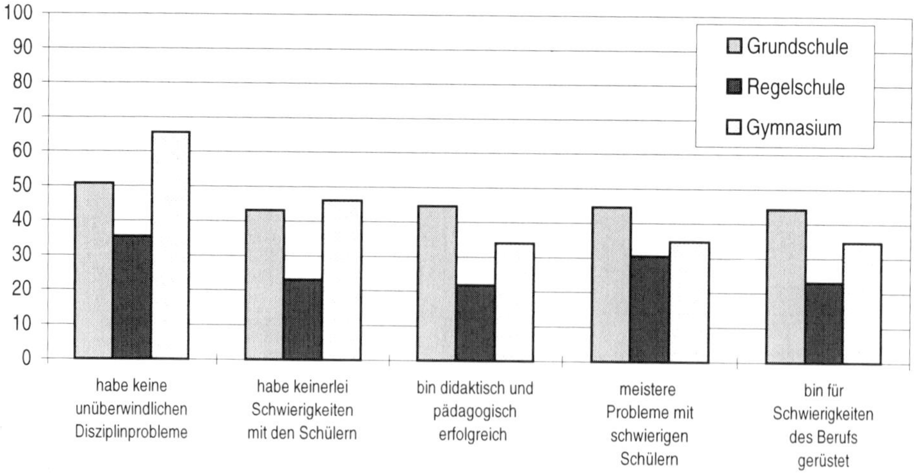

Abbildung 8:
Beantworten Sie nun bitte einige Fragen in Bezug auf die Klasse, in der Sie Klassenlehrer sind oder in der Sie überwiegend unterrichten!
(Anteil der Antworten „völlig" und „überwiegend richtig")

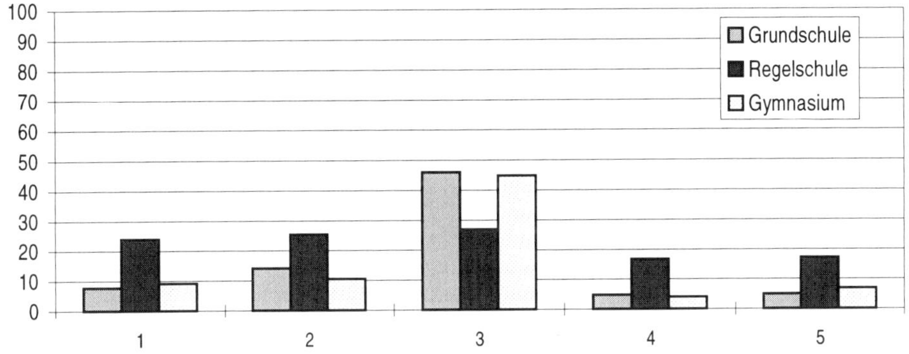

(1) Die mangelnde Hilfsbereitschaft der Schüler untereinander ist in dieser Klasse erschreckend.
(2) Wenn in dieser Klasse ein Schüler einen Mitschüler Schaden zufügt, so herrscht viel Schadenfreude.
(3) Eine so engagierte und interessierte Klasse wie diese hatte ich bisher selten.
(4) In dieser Klasse wird während des Unterrichts besonders viel Unfug getrieben.
(5) Gerade diese Klasse ist im Unterricht auffallend teilnahmslos.

Aus den genannten Daten ergibt sich der Eindruck, daß Lehrer der Regelschule in stärkerem Maße pädagogisch gefordert sind und sich häufiger pädagogischen Situationen nicht gewachsen fühlen als ihre Kollegen in Grundschulen und Gymnasien.

3 *Schlußfolgerungen*

Die Regelschule als schulorganisatorische Variante zum dreigliedrigen Schulsystem gerät einerseits durch die Folgeprobleme des nach dem Hamburger Abkommen geforderten Haupt- und Realschulabschlusses in schwierige interne Klärungsprozesse ihrer pädagogischen Arbeit. Ergänzend zu den hier dargestellten Befunden ist in diesem Zusammenhang insbesondere auf die in dem Beitrag von PLATH (in diesem Band) beschriebene Hauptschülerproblematik zu verweisen. Andererseits betrachten Eltern und Lehrer häufig die neue Schulstruktur als eine Verschlechterung im Vergleich zur POS und versagen der Regelschule innerlich die Unterstützung (siehe den Beitrag von

WEISHAUPT in diesem Band). Zumindest ist es noch 1993 für viele schwierig, sich von vertrauten, bejahten Vorstellungen zu lösen.

Unter diesen Bedingungen zeigen die Ergebnisse unserer Untersuchung, daß die Berufsorientierung der Regelschule breite Unterstützung in der Elternschaft findet. Zugleich ist es aber wichtig, über die Regelschule auch den Zugang zur Hochschulreife offen zu halten. Ein zweigliedriges Schulsystem bis zur Hochschulreife hätte in Thüringen – nach der Erfahrung mit dem DDR-Schulwesen – eine breitere soziale Basis als in Westdeutschland und sollte als Entwicklungsperspektive verfolgt werden. Dafür wäre es notwendig, die Vielfalt der Vollzeit-Schularten des beruflichen Schulwesens in einem Kurssystem aufgehen zu lassen.

Das Engagement der Lehrer für die weitere Entwicklung der Regelschule wird entscheidend von ihrer arbeits- und besoldungsrechtlichen Behandlung abhängen. Gleich qualifiziert wie ihre Kollegen am Gymnasium müssen sie sich mit ungleich schwierigeren pädagogischen Bedingungen an den Schulen auseinandersetzen. Diese Aufgabe bewältigen die Regelschulen – wie vertiefende Untersuchungen an einigen Regelschulen zeigen (BÖTTCHER/PLATH/WEISHAUPT 1995) – teilweise bereits mit großem Erfolg. Über die einheitliche Besoldung der Regelschul- und Gymnasiallehrer wird gegenwärtig noch eine gleiche Wertschätzung dieser Arbeit zum Ausdruck gebracht. Wird diese Gemeinsamkeit im Blick auf westdeutsche Besoldungsstrukturen verlassen, dann dürfte die Unterstützung der Regelschule durch die dort unterrichtenden Lehrer teilweise in Resignation umschlagen. Das wäre aber eine Entwicklung, die nicht nur im Blick auf die Regelschule in Thüringen, sondern auch auf die zweigliedrige Sekundarstufe I als Modell für die Schulentwicklung in den alten Bundesländern möglichst vermieden werden sollte.

Literatur

BÖTTCHER, I./PLATH, M./WEISHAUPT, H.: Die Regelschule in Thüringen – Drei Schulporträts. ThILLM Materialien. Arnstadt 1995.

HOLTAPPELS, H.-G./RÖSNER, E.: Schulen im Verbund. In: ROLFF, H.-G. u.a. (Hrsg.): Jahrbuch der Schulentwicklung. Bd. 8. Weinheim 1994, S. 57-98.

IFS-UMFRAGE: Die Schule im Spiegel der öffentlichen Meinung. Ergebnisse der achten IFS-Repräsentativbefragung der bundesdeutschen Bevölkerung. In: ROLFF, H.-G. u.a. (Hrsg.): Jahrbuch der Schulentwicklung. Bd. 8, Weinheim 1994, S. 13-55.

STRUCK, P.: Kombinierte Haupt- und Realschulklassen in Hamburg. In: Zeitschrift für Pädagogik 23 (1977) 1, S. 129-141.

BERNHARD MIERSWA/FRANZ-PETER SCHIMUNEK

Konvergenzen und Divergenzen – aus der Sicht von Eltern und ihren Kindern

0. *Einleitung*

Wie nehmen die Beteiligten und vorrangig Betroffenen die neue Schule in Thüringen als Ganzes und im Detail wahr? Diese Fragen standen schon an anderen Stellen dieses Sammelbandes zur Diskussion (s. die Beiträge von FICKERMANN, KÖHLER, PLATH, WEISHAUPT und SCHIMUNEK in diesem Band). Ergänzend zu den dort dargestellten Ergebnissen geht es in diesem Beitrag um einen ganz speziellen Aspekt: die differenzierte Analyse der Antworten von Personen, die eine Gemeinsamkeit verbindet – die Zugehörigkeit zu einer Familie. Diese spezifische Auswertung wird unter folgenden Fragestellungen vorgenommen:

- Inwieweit stimmen die Aussagen und Meinungen von Eltern mit denen ihrer eigenen Kindern überein?
- Bei welchen Bereichen und Variablen der Befragung gibt es gravierende Abweichungstendenzen in einer bestimmten Richtung?
- Gibt es bei den Übereinstimmungen und Abweichungen altersabhängige, geschlechtstypische und schulartspezifische Tendenzen und stehen diese möglicherweise im Zusammenhang mit dem Sozialstatus der Befragten?

Die aufgeworfenen Fragen machen den Doppelcharakter der Analyse sichtbar, einmal geht es um eher forschungsmethodische Fragen – wer ist, bei welchen Bereichen, glaubwürdiger, möglicherweise auch auskunftsbereiter und -fähiger? Das berührt das Problem der Validität der Befragung. Dieser Aspekt steht im Mittelpunkt des ersten Teils. Ein weiterer, eher inhaltlicher Gesichtspunkt ist die Suche nach den Ursachen für Übereinstimmungen und Abweichungen in Gestalt der Wirksamkeit entwicklungspsychologischer und soziologischer Beziehungen. Entsprechende Analysen werden im zweiten Teil dargestellt.

Möglich wurde diese Auswertung durch die konzeptionelle Anlage der Erhebung zum Forschungsprojekt „Schulstrukturwandel in Thüringen“. Sie erfolgte so, daß die Antworten eines einzelnen Schülerfragebogens denen der Eltern dieses Schülers direkt zugeordnet werden konnten[1]. Das in der Fußnote beschriebene Vorgehen sicherte die notwendige Anonymität. *Tabelle 1* informiert über die Rücklaufquoten der zuordnungsfähigen Fragebogen in Abhängigkeit von Klassenstufen und Schularten. Dabei ist zu beachten, daß, entsprechend eigenen Angaben, der Elternfragebogen zu 51 % nur von Müttern, zu 11 % nur von Vätern und zu 35 % von beiden Elternteilen ausgefüllt wurde.

Tabelle 1:
Rücklauf zuordnungsfähiger Eltern- und Schülerfragebogen

	Regel-schule	*in % der insgesamt befragten Regelschüler*	*Gymnasium*	*in % der insgesamt befragten Gymnasiasten*	*insgesamt*	*in % der insgesamt befragten Schüler*
Klasse 5	508	42,1	835	71,4	1343	56,5
Klasse 7	518	43,3	758	69,0	1276	55,7
Klasse 9	237	27,9	413	57,2	650	41,3
Klasse 11			329	59,7	329	59,7
	1263	38,8	2335	66,0	3598	53,0

(Chi-Quadrat = 199.759, p = 0.1 %)

Die signifikanten Unterschiede in der *Tabelle 1* werden einmal durch den überproportionalen Anteil der Beteiligung von Schülern und Eltern der Gymnasien verursacht, zum anderen existieren Disproportionen bei der Verteilung in den Klassenstufen. Die gemeinsame Beteiligung von Schülern und deren Eltern in Klasse 9 ist deutlich niedriger als in den Klassen 5 und 7, sie steigt

[1] Jeder Schülerfragebogen erhielt eine sechsstellige Code-Nummer mit Angaben für die Schule (die ersten beiden Ziffern von links beginnend), die Klassenstufe (dritte Stelle von links) und die Schülernummer (restliche drei Ziffern); Jedem Schülerfragebogen wurde ein Elternfragebogen mit der gleichen Code-Nummer beigefügt. Der Elternfragebogen kam in einen Briefumschlag, der an den Schülerfragebogen angeheftet wurde. Die Schülerbefragung wurde als schriftliche Gruppenbefragung – in der Regel im Klassenverband – durchgeführt. Dazu erhielten die Schüler ihren Fragebogen mit dem angehefteten Umschlag (mit dem Elternfragebogen). Nach dem Ausfüllen und der Abgabe ihres Fragebogens wurden die Schüler aufgefordert, den Briefumschlag mit dem Fragebogen für die Eltern mit nach Hause zu nehmen. Die Eltern wurden – zusätzlich zu dem beigefügten Anschreiben für die Eltern – über die Schüler gebeten, den Fragebogen ausgefüllt im verschlossenen Umschlag den Schülern wieder in die Schule mitzugeben. Nach einem angemessenen Zeitraum – in der Regel 14 Tage bis drei Wochen und in einigen Fällen nach einer Erinnerung über den Schulleiter der Schule bzw. Klassenleiter – wurden die verschlossenen Umschläge an den Schulen abgeholt.

in Klasse 11 des Gymnasiums wieder an. Bei der Auswertung müssen diese Beziehungen beachtet werden.

Bei der Darstellung der Ergebnisse beschränken wir uns nur auf die Bereiche und Merkmale des Fragebogens, die sowohl bei den Schülern aller bzw. der meisten Klassenstufen und deren Eltern direkt vergleichbar sind. Im einzelnen handelt es sich dabei um folgende Bereiche und Fragen:

- Angaben zur Schule/Klasse, zum Schulweg, zum Geschlecht und zu den Geschwistern;
- Informationen zur Ausbildung und Berufsstruktur der Eltern (schulische und berufliche Ausbildung sowie die derzeitige berufliche Tätigkeit der Eltern);
- Einschätzung der Beliebtheit der Schule und der Klasse;
- Bewertung/Einschätzung der neuen (und teilweise alten) Schularten;
- Bilanz zum neuen Schulsystem;
- Aussagen über den angestrebten Schulabschluß/die angestrebte weiterführende Schule und zur Sicherheit, diesen Abschluß zu erreichen;
- Bewertung der Zukunftsangst der Schüler und Angst der Eltern um die Zukunft ihrer Kinder (außer Schüler der Klasse 5);
- Bewertung von bestimmten Eigenschaften als Zielkategorien der Persönlichkeitsentwicklung durch die Eltern und Schüler.

1 Forschungsmethodische Anmerkungen zum Familienvergleich

Die Angaben zur Person (Schule/Klasse, Geschlecht, Geschwister) bieten eine direkte Kontrollmöglichkeit der Zuverlässigkeit der Angaben. Zwar erhielten die Eltern die Aufforderung, ihre Antworten auf das Kind zu beziehen, von dem sie den Fragebogen erhalten hatten, es ist jedoch nicht auszuschließen, daß die Eltern dennoch bei der Beantwortung der Fragen ein Geschwisterkind im Blick hatten, dessen schulische Probleme ihnen vielleicht stärker am Herzen lagen. Ein Vergleich der Angaben der Eltern zum Geschlecht mit denen der Schüler ergab beispielsweise nur einen Korrelationskoeffizienten von $r = 0{,}95$, vergleichbare Abweichungen zeigten sich bei den Antworten bei der Frage nach der Klassenstufe.

In einem ersten Analyseschritt wurden die Paare ausgesondert, bei denen solche Abweichungen beim Geschlecht und der Klassenstufe auftraten. Dies führte zu einer korrigierten Datei mit einem neuen Stichprobenumfang von n = 3434 (95,4 % der ursprünglichen Stichprobe der zuordnungsfähigen Fragebogen). Unterschiedliche Angaben zum Schulweg wurden dagegen vernachlässigt, hier können subjektive Schätzungen in 5 Minuten durchaus zu abweichenden Ergebnissen führen. So stimmen die Angaben der Eltern sowie ihrer Töchter und Söhne zum Schulweg nur zu rund 60 % überein. Vergröbert man das Raster von 5 auf 10 Minuten, so wächst der Anteil übereinstimmender Angaben auf 73 %, fast drei „Paare" von vier haben dann die gleiche „innere Uhr". Wenn diese Angaben etwas mit Erfahrung zu tun haben, müßten sich Unterschiede in den verschiedenen Altersstufen zeigen. *Tabelle 2* zeigt die Gemeinsamkeiten und Unterschiede in Abhängigkeit von Klassenstufe, Schulart und Geschlecht der Schüler:

Tabelle 2:
Übereinstimmende Angaben zum Schulweg (*Angaben in Prozent*)

Klassenstufen		*Schulart*		*Geschlecht*	
5	53	Regelschule	59	weiblich	64
7	64	Gymnasium	64	männlich	55
9	64				
11	73				

Es bestätigt sich die Altersabhängigkeit der Schulwegschätzungen, die prozentuale Übereinstimmung wächst von Klasse 5 bis Klasse 11 um immerhin 20 %, bis Klasse 9 ist dieser Zuwachs unabhängig von Schulart und Geschlecht. Die dennoch vorhandenen Abweichungen zwischen Gymnasiasten und Regelschülern haben vermutlich etwas mit der Leistungsfähigkeit zu tun und sind vor allem in den Klassen 5 und 7 gravierend, um in Klasse 9 weitgehend zu verschwinden. Schwer zu erklären sind hingegen die geschlechtsspezifischen Unterschiede bei der Beantwortung dieser Frage. Sie existieren unabhängig von der Schulart auf allen Klassenstufen.

Bei der Angabe der Geschwisterzahl stimmen Schüler und ihre Eltern mit 96 % recht gut überein (vgl. MEULEMANN/WIEKEN-MAYSER 1984). Die 4 %-ige „Dunkelziffer" kann zwei Ursachen haben:

- Die Fragestellung wurde nicht eindeutig interpretiert (Sie lautete: „Ich habe/Das Kind hat noch ... Geschwister"), die Nachfrage nicht weniger Schüler bei der Durchführung der Befragung offenbarte Unsicherheiten einiger Schüler, sie wollten sich selbst mitzählen.

– Einigen Schülern sind möglicherweise Geschwister aus dem Blickfeld geraten, die nicht mehr im elterlichen Haushalt leben. Dafür spricht, daß bei Schülern der Klasse 5 der Grad an Übereinstimmung mit ihren Eltern 97 % beträgt, in Klasse 11 dagegen nur noch 95 % (hier ist die Wahrscheinlichkeit größer, daß es Geschwister gibt, die schon länger „außer Haus" und damit nicht immer unmittelbar im Bewußtsein präsent sind).

Da in der empirischen Schulforschung der soziale Status der Eltern oft über die Schüler erfaßt wird, ist der Vergleich der Eltern- und Schülerantworten zur Schulbildung und Berufsposition von besonderem Interesse. Eine niedrige Zuverlässigkeit der Schülerangaben könnte diese Befragungsstrategie in Frage stellen. *Tabelle 3* zeigt die Übereinstimmungen der Angaben zum Schulabschluß und beruflichem Status der Eltern für alle Schüler und getrennt nach Mädchen und Jungen.

Tabelle 3:
Prozentuale Übereinstimmung bei den Angaben zum Schul- und Berufsabschluß sowie zur beruflichen Tätigkeit der Eltern

	Mutter	*Vater*
Schulabschluß – alle Schüler	82	81
– Schülerinnen	85	82
– Schüler	79	79
Berufsabschluß – alle Schüler	69	73
– Schülerinnen	71	74
– Schüler	68	71
Berufstätigkeit – alle Schüler	81	87
– Schülerinnen	82	89
– Schüler	79	85

Während bei den Schulabschlüssen und der beruflichen Tätigkeit eine gute Übereinstimmung zwischen den Angaben der Eltern und ihren Kindern zu konstatieren ist, sinkt sie bei den Berufsabschlüssen deutlich ab. Diese bessere Übereinstimmung bei der Einstufung nach dem Schulabschluß gegenüber der bei den Berufsabschlüssen ist wohl der Vielgestaltigkeit beruflicher Abschlüsse geschuldet, die dann eher zu Einstufungsunsicherheiten geführt hat. Schwerer zu erklären ist dagegen der Effekt, daß beim Schulabschluß eine etwas höhere Übereinstimmung mit den Müttern aufgetreten ist, bei den beruflichen Abschlüssen ist jedoch die Übereinstimmung mit den Vätern deutlich größer. Interessant ist, daß die Übereinstimmungen eine deutliche Beziehung zum Geschlecht der Schüler aufweisen: Mädchen kennen sich in den familiären Verhältnissen signifikant besser aus als Jungen. Entgegen anderslautenden Beteuerungen (z.B. BERTRAM 1989) sind traditionelle Rollenvorstellungen der Geschlechter durch 40 Jahre DDR kaum durchbrochen worden – auch nicht in den verschiedenen Schularten.

Die Abweichungen zwischen Eltern und Kindern zeigen eine eindeutige Tendenz: Schüler trauen ihren Eltern eher einen höheren Schul- und Berufsabschluß zu als einen niedrigeren (*Tabelle 4*, s. BAUER/LANGENHEIM/SCHORK 1984, S. 243). Diese Einschätzung hat vielleicht etwas mit einer Anerkennung der Eltern durch die Kinder zu tun. Genau umgekehrt ist diese Beziehung bei den Angaben zur real ausgeübten beruflichen Tätigkeit. Hier sind es die Eltern, die nach ihren Angaben häufiger berufstätig sind.

Tabelle 4:
Die prozentuale Abweichungen bei den Angaben zur schulischen und beruflichen Entwicklung der Eltern (jeweils erste Zeile Angaben für Mütter)

	Eltern höher/mehr	*Eltern niedriger/weniger*
Schulabschluß		
– Mütter	2	16
– Väter	2	17
Berufsabschluß		
– Mütter	6	24
– Väter	6	20
Berufstätigkeit		
– Mütter	12	8
– Väter	**9**	2

Erstaunlich ist, daß jeder fünfte Schüler bei der Berufstätigkeit seiner Mutter von den Eltern abweichende Angaben gemacht hat. Diese Differenz ist nicht nur auf mangelndes Interesse zurückzuführen, sondern hat vielleicht etwas mit bestehenden Zuordnungsschwierigkeiten (z.B. „halbtags“/“ganztags“, s. SCHIMUNEK in diesem Band) zu tun. Die Angaben zur Arbeitslosigkeit liegen bei den Schülern höher als bei den Eltern (*Tabelle 5*) und führen zu dem Problem, wem man mehr glauben schenken kann und darf. Die durchweg höhere Angabe der Kinder zur Arbeitslosigkeit ihrer Eltern gegenüber denjenigen der Mütter und Väter kann möglicherweise mit Schamgefühlen der Eltern erklärt werden – es müssen in diesem sensiblen Bereich nicht unbedingt die Schüler sein, die nicht ganz korrekte Angaben machen.

Tabelle 5:
Die Angaben zur Arbeitslosigkeit der Eltern im Vergleich (*Angaben in Prozent*)

	Arbeitslosigkeit	
	der Mutter	*des Vaters*
Schüler	16,3	6,0
Eltern	15,5	5,2
Mikrozensus 1993 (Thüringen)	13,0	6,8

Offizielle Arbeitslosenquote (Frauen und Männer) nach Statistischem Jahrbuch für Thüringen im Juni 1993 (Erhebungszeitraum): 15,4 %.

Unterschiede bei der Bewertung der familiären Situation bzw. den Übereinstimmungen in diesem Bereich treten auch zwischen Regelschülern und Gymnasiasten auf. Gymnasiasten stimmen mit ihren Eltern deutlich mehr überein als Regelschüler. Der darüber hinaus bestehende Unterschied bei der Nennung des Schulabschlusses von Regelschülermüttern und -vätern kann damit zusammenhängen, daß Eltern von Regelschülern sich mehr als Gymnasialeltern in der Situation des Getrenntlebens befinden, der Vater dort eher außerhalb des unmittelbaren Gesichtskreises des Kindes geraten ist (die Korrelation zwischen den Angaben der Regelschülereltern und -schülern liegt mit 0,55 deutlich unter dem Wert für Eltern von Gymnasiasten und deren Kindern (0,75). Sowohl in der korrigierten Stichprobe der zuordnungsfähigen Eltern- und Schülerfragebogen als auch in der gesamten Elternstichprobe beträgt der Anteil Alleinerziehender in der Regelschule 12 %, am Gymnasium 10 %).

Insgesamt zeigen diese Ergebnisse zu den personalen Rahmenbedingungen einen ausreichenden Grad an Übereinstimmung, so daß von der Zuverlässigkeit der Fragebogenantworten ausgegangen werden kann[2]. Nach diesen eher

[2] Auf ein methodisches Problem sei in diesem Zusammenhang hingewiesen: Bei der Verwendung von Schätzskalen ist es sinnvoll, auch Abweichungen von einer Skalenstufe in den Vergleich einzubeziehen (die Grenzen zwischen „sehr gern“ und „gern“ usw. können fließend sein und hängen mitunter nicht nur von den zu bewertenden Sachverhalten, sondern auch vom Verständnis des Bewerters von „viel“ usw. ab: „viel“ kann „manchmal“ „wenig“ sein, s. SCHIMUNEK/ZEDLER 1996).

methodischen Vorbemerkungen werden nun für die ausgewählten Variablen und Bereiche – ausgehend von den eingangs formulierten Fragestellungen – die Gemeinsamkeiten und Abweichungen im Detail analysiert. Dabei werden – soweit sie bei den jeweiligen Bereichen eine Rolle spielen – alters-, geschlechts-, schulart- und schichtspezifische Effekte mit einbezogen.

2 *Gemeinsamkeiten und Unterschiede in den Wertungen zwischen Eltern und ihren Kindern – Gibt es eindeutige Abweichungsrichtungen?*

Es war zu erwarten, daß der Grad an Übereinstimmung bei den eher subjektiv gefärbten Einschätzungen nicht in diesem Maße auftritt, wie bei den zuvor behandelten Variablen, die Fakten erfragen und deshalb übereinstimmender beantwortet werden sollten. Zunächst soll ein Überblick gegeben werden, wie die Korrelationen zwischen Eltern und Kindern bei den verschiedenen Variablen aussehen. Die folgende *Übersicht 1* macht anhand der berechneten Korrelationen auf Gemeinsamkeiten bei den objektiven Angaben aufmerksam. Gleichzeitig verdeutlicht sie die Unterschiede gerade bei den eher subjektiven Wertungen.

Die höchsten Korrelationen bestehen in der Tat bei den „harten" Daten. Etwas niedriger sind die korrelativen Beziehungen bei den Angaben zur schulischen und beruflichen Entwicklung der Eltern, überraschend auch der hohe Gleichklang bei den angestrebten Schulabschlüssen. Mit Abstand folgen die Koeffizienten zum Wohlbefinden in der Schule und in der Klasse, bei den reinen Bewertungsfragen gehen sie erwartungsgemäß noch weiter zurück.

Ausgehend von dieser Übersicht bietet es sich an, die einzelnen Variablen zu bündeln und die mit mittlerer und niedriger Übereinstimmung im Komplex zu behandeln. Solche Komplexe sind:

- die sozialklimatischen Variablen des Wohlbefindens in der Schule und in der Klasse;
- die Bewertungen der unterschiedlichen Schularten unter Einschluß der Bilanz zum Schulwandel;
- der Bereich der „Wichtigkeit" von Erziehungszielen;
- positive und negative Erwartungen an die Zukunft.

Diese Bereiche, vor allem diejenigen, bei denen die Antworten über Schätzskalen erfolgten, wurden nach typischen Abweichungstendenzen durchgesehen, indem mit Hilfe eines speziell entwickelten Abweichungsmaßes untersucht

Übersicht 1:
Korrelationen zwischen den Eltern- und Schülerangaben

Variable/Bereiche mit ... hoher Übereinstimmung		*mittlerer bzw. niedriger Übereinstimmung*	
Schulweg	0,84	Beliebtheit Schule	0,47
Geschwisterzahl	0,93	Beliebtheit Klasse	0,52
Schulabschluß Mutter	0,70	Bewertung Grundschule	0,18
Schulabschluß Vater	0,70	Bewertung Regelschule	0,17
Berufsabschluß Mutter	0,74	Bewertung Gymnasium	0,20
Berufsabschluß Vater	0,77	Bewertung Gesamtschule	0,25
Berufstätigkeit Mutter	0,83	Bilanz des Wandels	0,28
Berufstätigkeit Vater	0,83	Sicherheit Schulabschluß	0,29
angestrebter Abschluß	0,79	Angst um Zukunft des Kindes	0,21
		Wichtigkeit von Eigenschaften (gemittelt)	0,10

wurde, ob sich bei einzelnen Fragen solche typische Abweichungstendenzen im Antwortverhalten von Eltern und Kindern nachweisen lassen. Dieses Maß wurde über folgende Formel berechnet:

$$A = \frac{(\overline{E}_i - \overline{S}_i) \cdot 100}{k_j}.$$

Die Berechnung der Differenzen orientierte sich an der Polarisierung der Skalen: positive Differenzen signalisieren deshalb immer eine bessere/höhere Bewertung durch die Eltern, negative eine höhere Einstufung durch die Schüler. Die Normierung mittels Division durch die Anzahl der verwendeten Skalenstufen k ermöglicht die Vergleichbarkeit der Fragen mit verschiedener Anzahl von Skalenstufen (drei- bis siebenstufig). Die *Übersicht 2* zeigt die berechneten Abweichungswerte der einzelnen Variablen, Werte größer/gleich 2 sind in der Übersicht fettgedruckt und ergaben mittels Überprüfung durch den t-Test signifikant abweichende Bewertungen.

Mit wenigen Ausnahmen werten die Eltern überwiegend positiver bei den Meinungs- und Einstellungsfragen als ihre Kinder. Polarisiert sind die Meinungen zum Wohlfühlen in der Schule und in der Klasse. Keine eindeutigen

Übersicht 2:
Abweichungskoeffizienten für die verschiedenen Variablen

Beliebtheit Schule	**6,73**	Selbständigkeit	**8,00**
Beliebtheit Klasse	**- 2,67**	Selbstvertrauen	**3,10**
Bewertung Grundschule	0,17	gute Umgangsformen	**7,71**
Bewertung Regelschule	1,59	Durchsetzungsvermögen	**4,26**
Bewertung Gymnasium	1,87	Schulleistungen	0,84
Bewertung Gesamtschule	**3,74**	Verantwortungsbewußtsein	**7,28**
Bewertung Unterstufe POS	**3,24**	Kritikfähigkeit	**10,54**
Bewertung Oberstufe POS	0,81	Verständnis für andere	**4,07**
Bewertung EOS	- 0,80	Fleiß	**7,37**
Bewertung BmA	- 0,65	Kreativität	**6,80**
Bilanz des Wandels	1,64	Disziplin	**10,05**
Sicherheit Schulabschluß	**9,35**	Zukunftsangst	**14,70**

Tendenzen sind bei der Bewertung der verschiedenen Schularten auszumachen, mal neigt sich das Pendel in die eine, mal in die andere Richtung bei insgesamt recht niedrigen Abweichungskoeffizienten. Eindeutig ist das Ergebnis dagegen bei der Bewertung der vorgegebenen Zieleigenschaften, sie werden von den Eltern generell als bedeutsamer und wichtiger eingestuft, was zum Teil die niedrigen Korrelationskoeffizienten zwischen beiden Personengruppen mit erklärt. Die höchsten Abweichungen zwischen Eltern und ihren Kindern wurden bei der Einschätzung zukünftiger Aussichten gefunden: Die Eltern blicken, bezogen auf ihre Kinder, generell optimistischer in die Zukunft als ihre eigentlich von der Zukunft „betroffenen" Kinder. Diesem allgemeinen Ergebnis soll nun im Detail weiter nachgegangen werden.

2.1 Gemeinsamkeiten und Unterschiede bei der Bewertung des Wohlfühlens in der Klasse und in der Schule

Unabhängig von der differenzierten Analyse der Bedingungen für das Wohlfühlen an Thüringer Schulen – sie wurde an anderer Stelle vorgenommen (s. PLATH in diesem Band) – bringt der Vergleich der Aussagen von Schülern und Eltern zum Wohlbefinden durchaus abweichende Sichten zum Ausdruck, so daß wiederum die Frage entsteht, wie solche unterschiedlichen Wahrnehmungen zustande kommen. Seitens der Eltern setzt die Beantwortung dieser

Frage Einfühlungsvermögen voraus, das Vermögen, sich in die Innenwelt ihrer Kinder hineinversetzen zu können, um dann – unabhängig von ihrer eigenen ganz spezifischen Sicht und möglicherweise Erinnerung an die eigene Schulzeit – das Wohlbefinden ihrer eigenen Kinder bewerten zu können.

Bezüglich der Einschätzung des **Wohlfühlens in ihrer Schule** stimmen Eltern und Kinder zu 63 % überein, bei der Einschätzung der **Situation in ihrer Klasse** wächst diese Übereinstimmung auf 70 %. Dieses Ergebnis bringt wohl die Tatsache zum Ausdruck, daß den Schülern ihre Klasse naturgemäß näher liegt als die gesamte Schule, sie zu Hause eher über Erlebnisse in der Klasse berichten. Analysiert man die prozentualen Abweichungen im Antwortverhalten, so bestätigt sich der mittels Abweichungskoeffizient gefundene systematische Trend:

- Eltern schätzen das Wohlfühlen ihrer Kinder in der Schule zu 31 % besser ein als ihre Kinder, dagegen nur zu 7 % schlechter;
- Bei der Bewertung des Wohlfühlens in der Klasse liegen die Verhältnisse umgekehrt, nun schätzen 21 % der Schüler ihre Befindlichkeiten positiver ein als die Eltern (10 % negativer).

Während Eltern bei ihrer Einschätzung wohl eher die Institution Schule als Ganzes betrachten, liegt den Schülern das 'Hemd näher als der Rock'[3], wie die nachfolgende *Tabelle 6* zeigt.

Dieses positive Bild erhält leichte Kratzer, wenn man beachtet, daß bei 26 % der Paare die Eltern das Wohlfühlen in der Schule sehr positiv einschätzen, ihre Kinder dagegen sehr negativ (Eltern sehr negativ/Schüler sehr positiv: 4 %). Bezogen auf die Klasse glätten sich die Wogen: Nur noch bei 4 % der

Tabelle 6:
Insgesamt positive Wertungen zu den Fragen nach dem Wohlfühlen in der Schule und in der Klasse, getrennt nach Eltern und deren Kindern (*Angaben in Prozent*)

	Eltern	*Schüler*
Wohlfühlen in der Schule	**67**	46
Wohlfühlen in der Klasse	85	**88**

[3] Dieses Ergebnis wurde in den alten Bundesländern bei der Begutachtung größerer Schulzentren ebenfalls ermittelt, Schüler scheinen sich demzufolge tatsächlich an dem zu orientieren, was ihnen näher liegt, von ihnen unmittelbar(er) erfahren wird (vgl. DITTON/KRECKER 1995).

Paare werten Eltern sehr negativ/Schüler sehr positiv und bei 6 % Eltern sehr positiv/Schüler sehr negativ. Bei keiner anderen Frage konnten so hohe extreme Abweichungen beobachtet werden. Jedoch sollten diese Abweichungen nicht dramatisiert werden, sie sind wohl auch Ausdruck dafür, daß Heranwachsende und Erzieher mit unterschiedlichen Kriterien und Maßstäben das „Wohlfühlen" bewerten.

Das „Wohlfühlen in der Schule" wird eindeutig schulartspezifisch gesehen: Schüler, so wie es die Eltern und ihre Kinder gemeinsam einschätzen, fühlen sich an Gymnasien deutlich wohler als an Regelschulen (*Tabelle 7*).

Tabelle 7:
Zwischen Eltern und Kindern übereinstimmende Bewertungen des Wohlfühlens an der Schule, getrennt noch Schularten und Klassenstufen (*Angaben in Prozent*)

	übereinstimmend positiv	*übereinstimmend negativ*
Regelschule	30	**38**
Gymnasium	**48**	22
Klasse 5	**43**	24
Klasse 7	36	**34**
Klasse 9	**47**	28
Klasse 11	**48**	22

Gleichzeitig enthält die Tabelle entsprechende Angaben differenziert nach den Klassenstufen. Auch hier zeigt sich ein eindeutiges Ergebnis: Schüler in Klasse 7 – unabhängig von der Schulart – fühlen sich weniger wohl an der Schule als in den anderen Klassenstufen.

Schon zu DDR-Zeiten wurde dieses Alter als „schwierig" eingeschätzt (FRIEDRICH/MÜLLER 1980, KOSSAKOWSKI 1987). Bedingt durch die einsetzende Pubertät mit sich und der Welt uneins, fühlen sich die betreffenden Schüler deutlich weniger wohl in der Schule als diejenigen der anderen Klassenstufen. Der gegenüber den Klassenstufen 9 und 11 abfallende Wert in Klasse 5 ist vermutlich auf den Übergang an eine neue Schule zurückzuführen.

Bezogen auf das „Wohlfühlen in der Klasse" existieren zwar Abweichungen zwischen den Klassenstufen, diese zeigen jedoch *keine* systematische bzw. lineare Abhängigkeit. Beim „Wohlfühlen in der Schule" wächst dagegen die Übereinstimmung in der Tat von Klasse 5 bis Klasse 9 an, um dann in Klasse

11 wieder leicht abzusinken (in Klasse 11 könnten zwei Ursachen eine Rolle spielen, erstens eine entwicklungspsychologisch plausible wachsende „Schulmüdigkeit" und zweitens die mit der Einführung der gymnasialen Oberstufe in Thüringen zum Zeitpunkt der Befragung verbundene Umstrukturierung des Schulbetriebes durch Auflösung der gewohnten Klassenstrukturen, die zu veränderten Anforderungen geführt haben kann).

Auffällig an *Tabelle 8* ist die Tatsache, daß Eltern „Wohlfühlen in der Schule" generell über- und „Wohlfühlen in der Klasse" dagegen unterschätzen, und zwar in allen Klassenstufen. Offensichtlich haben Erwachsene bei der Bewertung von Schule eher die gesamte Institution einschließlich der Rahmenbedingungen im Auge. Schülern dagegen scheint die Klasse wichtiger zu sein. Diese Überschätzung des Wohlfühlen an der Schule durch die Eltern und die niedrigere Bewertung des Wohlfühlens in der Klasse gilt unabhängig von der Schulart. Eltern von Gymnasien überschätzen zu 30 % und Regelschülereltern zu 32 % das Wohlfühlen ihrer Kinder an der jeweiligen Schule.

Tabelle 8:
Übereinstimmungen und Abweichungen zwischen Eltern und ihren Kindern bei der Bewertung von „Wohlfühlen in der Schule" und „Wohlfühlen in der Klasse" in Abhängigkeit von der Klassenstufe (*Angaben in Prozent*)

	Eltern gleich Schüler	*Eltern bewerten höher*	*Schüler bewerten höher*
Wohlfühlen in der Schule			
Klasse 5	58	35	7
Klasse 7	64	31	6
Klasse 9	70	24	6
Klasse 11	67	26	7
Wohlfühlen in der Klasse			
Klasse 5	67	12	**22**
Klasse 7	73	9	**18**
Klasse 9	69	10	**21**

Die Schulklasse ist also der soziale Raum, der unmittelbar und überwiegend positiv erlebt wird. Diese letzte Aussage gilt weitgehend für Mädchen und Jungen, geschlechtsspezifische Differenzen brechen erst auf der Ebene der Schule auf. Während es nämlich bezogen auf die Situation in der Klasse kaum

Unterschiede gibt bei den Gemeinsamkeiten in den Wertungen, treten bei der Gesamtbewertung der Schule schon Unterschiede auf (*Tabelle 9*):

Tabelle 9:
Übereinstimmungen und Abweichungen bei den Angaben zum Wohlfühlen in der Schule und Klasse getrennt nach Schülerinnen und Schülern (*Angaben in Prozent*)

	Schülerinnen	*Schüler*
Wohlfühlen in der Schule		
Eltern positiv/Kind positiv	**45**	37
Eltern negativ/Kind negativ	25	**33**
Eltern positiv/Kind negativ	26	26
Eltern negativ/Kind positiv	4	5
Eltern positiver	28	**32**
Wohlfühlen in der Klasse		
Eltern positiv/Kind positiv	84	85
Eltern negativ/Kind negativ	6	5
Eltern positiv/Kind negativ	6	6

Mädchen werten
- übereinstimmender mit ihren Eltern,
- eher gemeinsam positiv,
- deutlich weniger gemeinsam negativ.

Die „braven“, „pflegeleichte(re)n“ Mädchen scheinen – wie ihre Eltern – die Institution Schule eher zu akzeptieren als die „schwierige(re)n“ Jungen. Diese unterschiedlichen Sichtweisen haben Folgen für andere Bereiche (s.u., z.B. im Bereich der Sicherheit, den angestrebten Schulabschluß zu erreichen).

2.2 Gemeinsamkeiten und Unterschiede bei der Bewertung der verschiedenen Schularten und der Bilanz des Schulwandels

Die bereits konstatierte Tendenz, daß das „Eigene“ bzw. „Nähere“ eher (und positiver) bewertet wird, setzt sich bei den **Wertungen für die verschiedenen Schularten** fort: Die eigene Schulart wird in der Regel positiver bewertet, Ausnahme: Die Grundschule erfährt von allen eine gemeinsame, überwiegend positive Bewertung (s. *Tabelle 10*).

Tabelle 10:
Gemeinsame positive Zensuren (Noten 1 und 2) von Eltern und Schülern für verschiedene Schularten in Abhängigkeit der Schulartzugehörigkeit (*Angaben in Prozent*)

	gemeinsame positive Bewertung an	
	Regelschulen	*Gymnasien*
Grundschule	59	64
Regelschule	45	34
Gymnasium	34	67
Gesamtschule	39	42

Die generell gute Bewertung der Grundschule könnte eine Erklärung finden im menschlichen Vermögen des Vergessenkönnens, man erinnert sich in der Regel nur noch an das Positive der Vergangenheit – handelt es sich bezogen auf die Grundschule um den „Feuerzangenbowlen-Effekt"? Der Erfolg des Werkes (SPOERL 1933) erklärt sich wohl aus diesem Mechanismus.

Unabhängig davon schneidet in der Tat die eigene Schulart besser ab als alle anderen (möglichen) – Ausnahme: die Selbstbewertung des Gymnasium liegt noch leicht über der Bewertung für die Grundschule. Die Berücksichtigung geringfügiger Abweichungen in den Wertungen führt in der Regel zu einer ungefähren Verdopplung der Übereinstimmung, sie wächst bei der Grundschule auf über 80 %, bei der Regelschule auf 79 %, beim Gymnasium auf 76 %, bei der Gesamtschule immerhin auch auf 68 %.

Betrachtet man Übereinstimmungen und positive Bewertungen der Grundschule im Altersspektrum, so ist deutlich ein Zuwachs in den gleichen Sichten von Eltern und Schülern ab Klasse 9 zu beobachten. Trennt man die positiven Einschätzungen ab, so zeigt sich, daß die „Fans" der Grundschule sowohl bei Eltern als auch bei den Schülern in Klasse 5 zu finden sind (*Tabelle 11*).

Die besten Noten erreicht die Grundschule in der Klassenstufe 5 – sowohl von Eltern und Schülern getrennt als auch übereinstimmend. Die Umstellungsschwierigkeiten und notwendige Neuorientierungen lassen die Grundschule in einem besseren Licht erscheinen. Gleichzeitig nehmen ab Klasse 7 die negativen Wertungen für die Grundschule sowohl von Eltern als auch von Schülern deutlich zu.

Der Trend, daß die Befragten bereit waren, die eigene Schulart einzuschätzen und sich kein Urteil über etwas anzumaßen, was sie nicht kennen, wird in den

Tabelle 11:
Die Bewertung der Grundschule durch Eltern und Kinder auf verschiedenen Klassenstufen (*Angaben in Prozent – positive Wertungen: Noten 1 und 2 zusammengefaßt*)

		Bewertung der Grundschule		
Klassenstufe	*Eltern gleich Schüler*	*davon Eltern und Schüler positiv*	*davon Eltern positiv*	*davon Schüler positiv*
5	39	**66**	**79**	**81**
7	39	58	76	72
9	48	65	77	80
11	**47**	57	71	73

relativ hohen Ausfallquoten sichtbar (39 % bei der Bewertung der Grundschule, 38 % beim Gymnasium und sogar 47 % bei der Regelschule, hier macht sich die „Gymnasiallastigkeit" der Stichprobe gravierend bemerkbar).

Analysiert man die Abweichungen in den Reaktionen, so schlägt das Pendel in der Regel überwiegend gleichmäßig nach beiden Richtungen aus (bei einem gleichzeitigen hohen Anteil von „teils/teils"-Einstufungen, dadurch entstehen die im Vergleich zu anderen Bereichen relativ niedrigen Abweichungskoeffizienten). Nur bei folgenden Schularten werten Eltern überwiegend positiver als ihre Kinder:

- Regelschule-Hauptschulteil: 41 % der Eltern positiver als ihre Kinder gegenüber 29 % positiveren Angaben der Kinder (Abweichungskoeffizient: 2.26 zugunsten der Eltern).
- Das Gymnasium wird von 43 % der Eltern positiver bewertet, nur 24 % der Schüler werten positiver als ihre Eltern.
- Ebenso wird die Gesamtschule gesehen: 36 % der Eltern positiver, demgegenüber erteilen 28 % der Schüler ihr eine höhere Note (dabei ist zu beachten, daß vielen Schülern die „Gesamtschule" weitgehend unbekannt ist, die Eltern wohl eher die aktuelle Diskussion darüber in der Presse verfolgt haben).

Die Bewertung der verschiedenen Schularten ist abhängig vom Status der Eltern. *Tabelle 12* zeigt diese Abhängigkeit bei der Bewertung der Schularten und zwar den Anteil der Eltern, der die jeweilige Schule besser als ihre Kinder bewertet hat. Dabei zeigt sich, daß Eltern mit geringeren Schulabschlüssen in der Regel den Schulen insgesamt höhere Noten erteilen als ihre Kinder.

Ausnahmen: Der Realschulteil der Regelschule erhält von den Eltern mit mittlerem Status und die Kursklassen von statushöheren Eltern eine deutlich abweichend bessere Bewertung als von den anderen Eltern. Dahinter könnte sich das Denken verbergen, einen „Aufstieg durch Bildung" für möglich zu halten.

Tabelle 12:
Höhere Bewertung verschiedener Schularten durch Eltern mit unterschiedlichem Schulabschluß (*Angaben in Prozent*)

		Abschluß der Eltern	
Eltern von Kindern der	*niedrig*	*mittel*	*hoch*
Grundschule	**34**	30	25
Regelschule	**35**	32	29
Kursklassen	37	36	**38**
Hauptschulteil	**41**	40	32
Realschulteil	30	**33**	29
Gymnasium	**31**	28	23
Gesamtschule	**40**	39	33

Bei der **Bewertung der neuen beruflichen Schulen** steigen die Missing-Werte auf fast zwei Drittel der Stichprobe, so daß eine differenzierte Auswertung nach bestimmten Teilstichproben auf Grund der fehlenden Fallzahlen nicht mehr sinnvoll ist. Bei den Paaren, die eine Bewertung vorgenommen haben, liegt die Übereinstimmung mit geringen Schwankungen in etwa bei 50 %, also generell höher als bei den anderen Schularten. Das liegt vermutlich daran, daß diejenigen, die zu den Berufsschulen Stellung genommen haben, sich stärker über die verschiedenen Möglichkeiten informiert, vielleicht auch eher mit ihren Kindern über die einzelnen Varianten gesprochen haben, so daß dadurch die Übereinstimmung überproportional anwächst.

Ähnlich wie bei den allgemeinbildenden Schularten fällt die Bilanz bei der „**Bilanzfrage**" aus, der Frage, ob das neue Schulsystem insgesamt eher Vor- oder eher Nachteile gebracht hat. An der Spitze bei der Übereinstimmung stehen die Gymnasiasten mit ihren Eltern (49 %, bei Berücksichtigung der Abweichungen um einen Skalenwert steigt diese Übereinstimmung sogar auf 88 %). Mit einem Abstand von 10 % folgen die Regelschüler mit ihren Eltern. 26 % der „Paare" ziehen eine gemeinsame positive, immerhin 8 %

eine gemeinsame negative Bilanz. Einen relativ hohen Anteil erreichen auch die extrem unterschiedlichen Wertungen: 7 % Eltern positiv/Schüler negativ, 4 % Eltern negativ/Schüler positiv.

Betrachtet man die Bilanz zum Schulwandel unter dem Blickwinkel der verschiedenen Klassenstufen, so ergeben sich aus der folgenden *Tabelle 13* einige, schwer zu erklärende Tendenzen.

Tabelle 13:
Übereinstimmungen und Abweichungen bei der Bewertung der Bilanz zum Schulwandel in verschiedenen Klassenstufen (*Angaben in Prozent*)

	Klassenstufe			
	5	*7*	*9*	*11*
Eltern gleich Kind	39	47	54	51
Eltern positiv/Kind positiv	4	8	12	11
Eltern negativ/Kind negativ	24	26	29	30
Eltern positiv/Kind negativ	7	3	3	3
Eltern negativ/Kind positiv	4	8	8	10

Der Anteil derjenigen Eltern, die mit ihren Kindern eine gemeinsame positive Bilanz ziehen, wächst zwar um 7 % von Klasse 5 bis 11 an, um etwa den gleichen Betrag wächst jedoch auch der Teil der befragten Eltern, die mit ihren Kindern bis in Klasse 11 zu einer gemeinsamen negativen Bilanz kommen. Das ist dort wohl mit der bereits geschilderten Einführung des Kurssystem in der gymnasialen Oberstufe zu Beginn des Schuljahres, an dessen Ende die Befragung stattfand, zu erklären. Gegenläufig ist dagegen die Verteilung der extrem abweichenden Einschätzungen. In Klasse 5 überwiegt die extrem positive Sicht der Eltern, die dann in den anderen Klassenstufen auf 3 % zurückgeht. Man geht wohl nicht fehl in der Annahme, daß dies genau die Eltern betrifft, deren Kinder nun ab Klasse 5 am Gymnasium sind. Genau umgekehrt verläuft die Entwicklung bei den Paaren, wo die Schüler anfangs die extrem positivere Sicht haben.

Die unterschiedlichen Sichten auf die Schularten münden in die schulartspezifische Bilanz des Wandels. Gymnasiasten und ihre Eltern ziehen diese Bilanz übereinstimmender und positiver (*Tabelle 14*).

Tabelle 14:
Übereinstimmungen und Abweichungen bei der Bilanz des Schulwandels, getrennt nach Schularten (*Angaben in Prozent*)

	Regelschule	*Gymnasium*
Eltern gleich Kind	39	**49**
Eltern positiv/Kind positiv	13	**33**
Eltern negativ/Kind negativ	**13**	6
Eltern positiv/Kind negativ	7	7
Eltern negativ/Kind positiv	6	4

2.3 Gemeinsamkeiten und Unterschiede bei der Bewertung von Erziehungszielen

Bei der Wertung der **Bedeutsamkeit von Erziehungszielen** brechen Gegensätze zwischen den Generationen auf. Mit einer Ausnahme messen die Eltern allen ausgewählten Zieleigenschaften eine höhere Bedeutung zu als ihre Kinder (*Tabelle 15*).

Tabelle 15:
Abweichungen zwischen Eltern und Kindern bei der Bewertung von Zieleigenschaften (*Angaben in Prozent*)

	Eltern halten für wichtiger	*Schüler halten für wichtiger*
Selbständigkeit	**39**	6
Selbstvertrauen	**23**	11
Gute Schulleistungen	29	**35**
Verantwortungsbewußtsein	**39**	12
Gute Umgangsformen	**43**	15
Durchsetzungsvermögen	**32**	21
Kritikfähigkeit	**42**	18
Verständnis für andere	**33**	22
Fleiß	**42**	18
Kreativität	**40**	26
Disziplin	**47**	21

Nur die schulischen Leistungen hält ein Teil Schüler in Abhängigkeit vom Alter (und zwar in den unteren Klassenstufen, hier beträgt die positive Abweichung bei den Schülern sogar 37 %) für wichtiger als ihre Eltern. Die Korrelationen in diesem Bereich sind sehr niedrig, sie sind noch niedriger als bei der vergleichbaren Erhebung von LUKESCH-TOMAN/HELMKE (1979) und führen zu hohen Abweichungskoeffizienten. Bezogen auf die Wertestruktur (s. SCHIMUNEK in diesem Band) läßt sich dabei jedoch kein eindeutiger Trend ausmachen, sowohl Repräsentanten traditionalistischer Werte („Disziplin“) als auch solche des „Wertewandels“ (KLAGES 1993, z.B. „Selbständigkeit“ bzw. „Kritikfähigkeit“) werden von den Eltern als wesentlich wichtiger angesehen als von den eigenen Kindern.

Die Abhängigkeit der Wertestruktur vom Alter, versinnbildlicht durch die Einschätzung der Wichtigkeit bestimmter Persönlichkeitseigenschaften, zeigt die nachfolgende *Tabelle 16* – es würde den Erkenntnissen der Entwicklungspsychologie widersprechen, wenn sich diese Trends nicht zeigen würden.

Tabelle 16:
Korrelationen zwischen Eltern und ihren Kindern bei der Bewertung von Zieleigenschaften

	Klassenstufe			
	5	*7*	*9*	*11*
Selbständigkeit	-.01	.05	.12	.12
Selbstvertrauen	.01	.05	.17	.12
Gute Schulleistungen	.07	.10	**.20**	**.28**
Verantwortungsbewußtsein	.04	.12	.11	**.20**
Gute Umgangsformen	.06	.14	.14	**.28**
Durchsetzungsvermögen	.09	.06	.08	.13
Kritikfähigkeit	.07	.11	.11	.14
Verständnis für andere	.09	.10	.14	.18
Fleiß	.07	.14	**.23**	**.24**
Kreativität	.06	.07	**.22**	.19
Disziplin	.12	.15	**.23**	**.37**
gesamt	.06	.10	.16	**.20**

Korrelationen größer bzw. gleich 0,20 sind in der Tabelle **fett** gedruckt.

Sichtbar wird das stetige Hineinwachsen der Heranwachsenden in die Wertewelt der Erwachsenen – bei gleichzeitigem Wandel dieser Werte (s. SCHIMUNEK in diesem Band), eine Tendenz, die in beiden Schularten existiert – Gemeinsamkeit in der Bewertung sagt noch nichts über Akzeptanz oder Ablehnung dieser Werte aus, Gemeinsamkeit kann auch bedeuten, daß man sich in der Ablehnung der jeweiligen Eigenschaft einig ist.

Faßt man die anzustrebenden Erziehungsziele als Beseitigung von vorhandenen Defiziten auf (was schon „vorhanden“ ist, braucht nicht mehr „entwikkelt“ zu werden), so zeigen sich deutliche Unterschiede zwischen Mädchen und Jungen. In der folgenden *Tabelle 17* sind die Angaben für die Eigenschaften enthalten, denen die Eltern eine größere Wichtigkeit beimessen, getrennt nach Mädchen und Jungen. Nur beim „Durchsetzungsvermögen“ und der „Kritikfähigkeit“ sehen die Eltern für die Mädchen einen deutlich noch höheren Bedarf als bei Jungen. Die in *Tabelle 17* vorgestellten Relationen bleiben erhalten, wenn die Abweichungen ohne die Schüler der Klasse 11 berechnet werden.

In der Tat scheint vor den Eltern von Jungen, so wie es die Eltern selbst sehen, noch ein gewaltiger Berg von Erziehungsarbeit zu stehen.

Tabelle 17:
Anteil der Eltern in Prozent, die die Eigenschaften für wichtiger halten, getrennt nach Mädchen und Jungen

	Mädchen	*Jungen*
Selbständigkeit	38	**41**
Selbstvertrauen	22	**24**
Gute Schulleistungen	29	28
Verantwortungsbewußtsein	39	40
Gute Umgangsformen	42	**45**
Durchsetzungsvermögen	**35**	27
Kritikfähigkeit	**48**	46
Verständnis für andere	28	**41**
Fleiß	40	**45**
Kreativität	39	**42**
Disziplin	46	**50**

Betrachtet man die Gewichtung der Erziehungsziele in Abhängigkeit von der Schulart, so zeigen sich beachtliche Unterschiede im Vergleich zwischen Regelschülern und Gymnasiasten und ihren Eltern (*Tabelle 18*).

Tabelle 18:
Eltern, die die Eigenschaften für wichtiger halten als ihre Kinder, getrennt nach Eltern von Regelschülern und Gymnasiasten (*Angaben in Prozent*)

	Regelschule	*Gymnasium*	*ohne Klasse 11*
Selbständigkeit	39	39	**41**
Selbstvertrauen	**24**	22	22
Gute Schulleistungen	27	**29**	27
Verantwortungsbewußtsein	**41**	38	39
Gute Umgangsformen	44	43	43
Durchsetzungsvermögen	**34**	31	30
Kritikfähigkeit	**50**	40	**47**
Verständnis für andere	**39**	30	30
Fleiß	40	**43**	**42**
Kreativität	**43**	39	40
Disziplin	45	**48**	**47**

Deutlich wird dabei das Überwiegen des Empfindens von „Defiziten“ bei Regelschülereltern im Vergleich mit ihren Kindern, jedoch auch bei Eltern von Gymnasiasten wird, nach dieser These, ein „Fehlen“ bemängelt. Neben der größeren Orientierung an Selbständigkeit sind es Fleiß und Disziplin, die diese Eltern stärker für wichtiger halten. Verständlich hingegen ist, daß Eltern von Gymnasiasten noch stärker als Regelschülereltern gute Schulleistungen einfordern.

Bezieht man fairerweise diesen Vergleich nur auf die Schüler der Klassen 5, 7 und 9 des Gymnasiums, in der Regelschule gibt es die Klasse 11 nicht, so ergeben sich leichte Verschiebungen: Eltern erwarten von ihren Kindern am Gymnasium mehr Selbständigkeit und Kritikfähigkeit. Der steigende Anteil der Eltern, die bei allen Gymnasiasten, also unter Einbeziehung der Klasse 11, bessere Schulleistungen, mehr Fleiß und Disziplin erwarten, bringt vermutlich deren Sorge um den erfolgreichen Abschluß zum Ausdruck, landläufig verbunden mit der Floskeln, daß die Schüler sich nun „am Riemen reißen müßten“.

Deutlichere Unterschiede existieren dagegen bei der Bewertung der Wichtigkeit von Persönlichkeitseigenschaften durch Eltern mit unterschiedlichen Schulabschlüssen. Diese Unterschiede lassen sich durch folgende Tendenzen beschreiben:

- Mit Ausnahme der Selbständigkeit werden alle Eigenschaften von Eltern mit niedrigem Status und ihren Kindern **gleicher** bewertet als von den anderen Eltern und deren Kindern.
- Statusniedrige Eltern werten noch mehr in Richtung größerer Wichtigkeit als ihre Kinder und die anderen Eltern.
- Kinder aus Elternhäusern mit hohem Status weichen von ihren Eltern eher in Richtung **höherer** Wichtigkeit ab als die anderen Schüler.

2.4 Gemeinsamkeiten und Unterschiede beim angezielten Schulabschluß und der Bewertung von Zukunftsangst

Die Übereinstimmung zwischen Eltern und Kindern bezüglich des **angestrebten Schulabschlusses** ist mit 80 % recht hoch. Die Abweichung bei den Schularten von immerhin 23 % Differenz zwischen Regelschule (67 %) und Gymnasium (90 %) erklärt sich vermutlich aus der Bandbreite der Abschlußmöglichkeiten, die die Regelschule bietet. Interessant ist die Tatsache, daß sich Schüler insgesamt zu 13 % einen höheren Abschluß wünschen, als es ihre Eltern beabsichtigen. Demgegenüber stehen nur 7 % der Eltern, die mehr wollen als die Schüler.

Nicht ganz so konform gehen Eltern und Kinder bei der Einschätzung der **Sicherheit, den angestrebten Schulabschluß** auch **zu erreichen.** Insgesamt 54 % der „Pärchen" sind gleicher Meinung (Regelschule: 50 %, Gymnasium: 57 %). Diese Übereinstimmung insgesamt wächst auf 74 %, wenn die Skalenstufen „sicher" und „sehr sicher" zusammengefaßt werden (Regelschule: 69 %, Gymnasium: 77 %). Betrachtet man diese Differenzen genauer, so fällt auf, daß die Eltern die Sicherheit des Schulabschlusses optimistischer einschätzen als ihre Kinder. Diese Werte untersetzen damit die hohen Abweichungskoeffizienten bei dieser Frage: 36 % der Regelschülereltern und immerhin auch 34 % der Eltern der Gymnasiasten sind sich bezüglich des Schulabschlusses sicherer als ihre Kinder.

Mit zunehmendem Alter nähern sich die Bewertungen an. Der „Blick" der Schüler auf die Realitäten wird zudem gekennzeichnet durch einen größeren Realismus für die Möglichkeiten eines anzustrebenden Schulabschlusses: Noch 16 % der Schüler in Klasse 5 streben einen höheren Abschluß an als es ihre Eltern wollen. Dieser Anteil sinkt auf 13 % in Klasse 7 und landet in Klasse 9 mit 8 % bei einer Größenordnung, auf der in etwa die Eltern auf allen Klassenstufen einen höheren Schulabschluß anstreben als ihre Kinder (Klasse 5: 7 %, Klasse 7: 8 %, Klasse 9: 7 % – es sind also weniger die Eltern, die nach den Sternen greifen wollen). Während insgesamt 35 % der Eltern sich sicherer sind bezüglich des angestrebten Schulabschlusses (Klasse 5: 34 %, Klasse 7: 34 %, Klasse 9: 37 %), nimmt die Unsicherheit der Eltern von Klassenstufe zu Klassenstufe ab (Klasse 5: 13 %, Klasse 7: 10 %, Klasse 9 % der Eltern unsicherer als ihre Kinder).

Die oben etwas sehr flapsig vorgenommene Einstufung von den Mädchen als „pflegeleicht" scheint unter Eltern weit verbreitet zu sein: die Eltern sind sich bei ihren Töchtern wesentlich sicherer bezüglich des angestrebten Schulabschlusses (Mädchen: 38 % sicherer, Jungen nur 29 %).

Beide Befragtengruppen wurden darüber hinaus nach ihrer eigenen **Zukunftsangst** befragt, die Eltern zusätzlich nach Befürchtungen bzw. positiven Erwartungen für die Zukunft ihrer Kinder. Der von den Eltern geäußerte Optimismus bei der Sicherheit des Schulabschlusses der Mädchen überträgt sich jedoch nicht auf eventuelle Befürchtungen für die Zukunft der Schülerinnen: 65 % der Eltern von Jungen blicken optimistischer in die Zukunft als ihre Sprößlinge, immerhin auch 55 % der Eltern von Mädchen – trotz der medienwirksam verbreiteten Darstellung von der „Entfeminisierung" der Arbeitswelt im Osten.

Betrachtet man die aufgetretenen Übereinstimmungen bei der Bewertung von Zukunftsängsten, so tun sich zwischen den Generationen tiefe Gräben auf: Nur 17 % der zugeordneten Eltern und Schüler stimmen in ihren Angaben überein (unter Berücksichtigung benachbarter Skalenwerte steigt die Übereinstimmung zwar, mit 46 % liegt der Übereinstimmungsgrad noch unter 50 %). Diese Prozenzwerte illustrieren den hohen Abweichungskoeffizienten bei dieser Frage. Nach Schularten getrennt, gibt es keine Unterschiede bei den Übereinstimmungen. Aus dem Vorzeichen des Koeffizienten wird sichtbar: Die Eltern blicken optimistischer in die Zukunft als ihre eigenen Kinder, wie die nachfolgende Übersicht bestätigt:

Eltern mit optimistischerer Zukunftserwartung (für die Kinder):	58 %
Eltern mit pessimistischerer Zukunftserwartung (für die Kinder):	24 %
Eltern extrem positiv/Kinder extrem negativ:	10 %
Eltern extrem negativ/Kinder extrem positiv:	2 %

Der früher der Jugend gewöhnlich zugeschriebene Optimismus (FRIEDRICH/MÜLLER 1980, KOSSAKOWSKI 1987) scheint den Schülern in Thüringen abhanden gekommen zu sein. Vielleicht hängt das bei der älteren Generation hier und heute mit einer gewissen Resignation zusammen, sein Leben nicht noch einmal „von vorn" beginnen zu können und sich mit den derzeitigen Bedingungen abfinden zu müssen (die Eltern befinden sich in der überwiegenden Mehrzahl in dem für den Arbeitsmarkt schwierigen Alter von 40 und aufwärts). Der nachwachsenden Generation jedoch werden alle Chancen eingeräumt.

Der oben erwähnte Gegensatz zwischen Eltern und ihren Kindern hinsichtlich ihrer Erwartungen und Zukunftsängste zeigt deutlich altersspezifische Züge, wie die nachfolgende *Tabelle 19* zeigt.

Tabelle 19:
Abweichungen zwischen Eltern und Kindern bei den Erwartungen an die Zukunft (*Angaben in Prozent*)

	Eltern optimistischer	*Schüler optimistischer*
Klasse 7	61	22
Klasse 9	59	25
Klasse 11	49	30

Anfängliche Ängste bei den Schülern vor dem „großen Unbekannten" werden relativiert, und zunehmend kommt im Jahr 1993 doch so etwas wie jugendliche Unbekümmertheit zum Durchbruch.

Diese Wertungen schlagen bei der Bewertung zukünftiger Aussichten zu Buche (*Tabelle 20*). Zwar existieren beim Grad der Übereinstimmung der Bewertung von Zukunftsangst zwischen Regelschülern und ihren Eltern einerseits sowie Gymnasiasten und deren Eltern andererseits keine Unterschiede in den generellen Übereinstimmungen, jedoch sind gravierende Abweichungen zu beobachten, wenn man die Richtungen der Wertungen beachtet. Gleichgültig, ob diese Ängste einen realen Hintergrund haben oder nicht, wenn ich um mein Kind weniger Angst haben muß, wenn es das Abitur in der Tasche hat, dann werde ich doch (fast) alles daran setzen, daß mein Kind diesen Bildungsweg einschlagen kann, um ihm nicht die Zukunft zu verbauen.

Tabelle 20:
Befürchtungen für die Zukunft, getrennt nach Schularten

	Regelschule	*Gymnasium*
Eltern/Schüler große Befürchtungen	**19**	13
Eltern/Schüler geringe Befürchtungen	5	**10**
Eltern hohe/Schüler geringe Befürchtungen	1	2
Eltern geringe/Schüler hohe Befürchtungen	**14**	8
Eltern weniger Befürchtungen	9	**15**
Eltern mehr Befürchtungen	**49**	35

Zieht man ein sicherlich vorläufiges Resümee, so bleibt festzuhalten:

- Die Antworten der befragten Schüler können insgesamt als zuverlässig eingeschätzt werden, soweit es sich um objektivierbare Angaben handelt. Sie haben bei den Meinungsfragen von den Eltern durchaus abweichende Ansichten (sie haben sicherlich auch ein Recht darauf!), wobei diese Abweichungen die durchaus „normale“ Tendenz haben, sich mit wachsendem Alter den „Werten“ der Erwachsenenwelt immer mehr anzunähern. Diese anhand der Querschnittvergleiche nachgewiesene Annäherung vollzieht sich bei einigen Bereichen eher allmählich, bei anderen ist ein deutlicher Sprung anzumerken. Diese „Sprünge“ liegen bei den ausgewählten Variablen und Bereichen eher zwischen der Klassenstufe 7 und 9, weniger zwischen 5 und 7, wie das nach den gängigen Phasenmodellen der Entwicklungspsychologie (älteres Schul**kind** und **Jugend**alter, z.B. OERTER/MONTADA 1982) zu erwarten gewesen wäre.
- Traditionelles Geschlechterrollenverständnis ist durch 40 Jahre DDR kaum im Denken der Beteiligten verändert worden, und sollten solche Änderungen zumindest zeitweilig im Bewußtsein der Beteiligten vorhanden gewesen sein (s. BERTRAM 1989), so sind sie sehr schnell auf den Boden der gesamtdeutschen Realitäten zurückgeholt worden. Insofern wird wohl auch in dieser Hinsicht die DDR eine „Fußnote der Geschichte“ (Heym auf der Demonstration am 4. 11. 1989 auf dem Ost-Berliner Alexanderplatz) bleiben. Dieses Rollenverständnis drückt sich in einer stärkeren Bindung der Mädchen an die und in der Familie aus, aber auch darin, daß sie weniger „Defizite“ bezogen auf die Zielvorstellungen der Eltern aufweisen als Jungen.

- In nahezu allen Bereichen der untersuchten Befragungsergebnisse sich deutliche Unterschiede im übereinstimmenden und abweichenden Antwortverhalten bei Regelschülern und Gymnasiasten und deren Eltern zeigten.
- Die relativ geringen Einflüsse des sozialen Status (im Gegensatz zu beispielsweise DECHMANN/RYFFEL 1995), hier gemessen an Bildungs- und Berufsabschlüssen, auf den noch nicht abgeschlossenen Prozeß der gesellschaftlichen Neustrukturierung hindeuten. Gerade das übliche Kriterium der Ausbildungsabschlüsse (der Eltern) ist in den neuen Bundesländern – zumindest zum Zeitpunkt der Erhebung – wohl noch nicht scharf genug, da vor allem Hochschulabsolventen mit einer Entwertung ihrer Abschlüsse zu rechnen hatten (vgl. SCHMITZ 1995). Nur bei der Bewertung verschiedener Schularten ließen sich gravierende Unterschiede feststellen.

Literatur

BAUER, A./LANGENHEIM, H./SCHORCK, B.: Kinder als Informanten? Eine empirische Untersuchung über die Zuverlässigkeit der Schichteinordnung der Eltern durch Schüler aus der 4. Klasse. In: MEULEMANN, H./REUBAND, K.-H. (Hrsg): Soziale Realität im Interview: Empirische Analysen methodischer Probleme. Frankfurt a.M./ New York 1984, S. 241 – 250.

BERTRAM, B. (Ltg.): Typisch weiblich – Typisch männlich? Berlin 1989.

DECHMANN, B./RYFFEL C.: Soziologie im Alltag. Weinheim und Basel 1995.

DITTON, H./KRECKER, L.: Qualität von Schule und Unterricht. Empirische Befunde zu Fragestellungen und Aufgaben der Forschung. In: Zeitschrift für Pädagogik, (4)1995, S. 507 – 529.

FRIEDRICH, W./MÜLLER, H. (Hrsg.): Zur Psychologie der 12 – bis 22jährigen. Berlin 1980.

KLAGES, H.: Traditionsbruch als Herausforderung. Frankfurt/New York 1993.

KOSSAKOWSKI, A. (Hrsg.): Psychische Entwicklung der Persönlichkeit im Kindes- und Jugendalter. Berlin 1987.

KRECH, D./CRUTCHFIELD, R. S. et al.: Grundlagen der Psychologie. Weinheim 1992.

LUKESCH-TOMAN, M./HELMKE, A.: Gesamtschule und dreigliedriges Schulsystem in Nordrhein-Westfalen – Einschätzungen und Sichtweisen der Eltern. Paderborn/München/Wien/Zürich 1979.

MEULEMANN, H./WIEKEN-MAYSER, M.: Kategorien der Sozialstatistik und Alltag der Familie. Die Übereinstimmung von Gymnasiasten des 10. Schuljahres mit ihren Eltern in Angaben zur Struktur und sozialen Position der Familie. In: MEULEMANN, H./ REUBAND, K.-H. (Hrsg.): Soziale Realität im Interview: Empirische Analysen methodischer Probleme. Frankfurt a.M./New York 1984, S. 241 – 250.

OERTER, R./MONTADA, L.: Entwicklungspsychologie. München/Wien/Baltimore 1982.

SCHIMUNEK, F.-P.: Wandel durch Annäherung? Zur Sicht Erfurter Lehrer auf den Umbruch im Bildungswesen in Thüringen. In: WEISHAUPT, H./ZEDLER, P. (Hrsg.): Schulstrukturwandel in Thüringen. Ergebnisse einer Befragung von Schülern, Eltern und Lehrern in der Stadt Erfurt. Erfurt 1993, S. 49 – 72.

SCHIMUNEK, F.-P./ZEDLER, P.: Die heilige Neugier. Weinheim (in Vorbereitung).

SCHMIDT, H.: Ein Kapitel „Dialektik der Aufklärung". Zur Ambivalenz der DDR-Gesellschaft. In: THOMAS, H. (Hrsg.): Abbruch und Aufbruch. Berlin 1992. S. 19 – 35.

SCHMITZ, M.: Wendestreß. Die psychosozialen Kosten der Einheit. Berlin 1995.

SPOERL, H.: Die Feuerzangenbowle. Düsseldorf 1933.

ZIMBARDO, P.G.: Psychologie. Heidelberg/New York/Tokyo 1983.

Horst Weishaupt/Gabriele Köhler

Schulleitung auf dem Weg zur Gestaltung einer neuen Schulstruktur

In Überlegungen zur Schulgestaltung und -entwicklung nimmt der Schulleiter stets eine hervorgehobene Stellung ein (s. z.B. Baumert 1989; Steffens/Bargel 1993, S. 89ff). Aus den Forschungen zur Schulentwicklung und Schulleitung sind uns die Schwierigkeiten dieser Aufgabe in einem konsolidierten, sich kontinuierlich entwickelnden Schulsystem vertraut. In Erweiterung dieser Befunde ist zu vermuten, daß die weitreichende Strukturveränderung des Schulsystems in den neuen Ländern im Prozeß der Wiedervereinigung neue Problemkonstellationen entstehen ließ und neue Lösungsansätze gesucht werden müssen, um Prozesse der Organisationsgestaltung in den Schulen voranzutreiben. Dies um so mehr, als die Position des Schulleiters in besonderem Maße von diesen Veränderungsprozessen erfaßt wurde. Deshalb ist es notwendig, Ergebnisse zur gegenwärtigen Situation der Schulleiter vor dem Hintergrund des Wandels der Schulleitung in den letzten Jahren zu beschreiben.

1 Veränderungen in der Stellung des Schulleiters im Prozeß der Wende

In der DDR war bei der Leitung und Organisation einer Schule, für die der Schuldirektor verantwortlich war, die Arbeit der Lehrer auf die Ziele der kommunistischen Erziehung zu lenken, das Kollektiv der Pädagogen zu festigen und zu mobilisieren, den pädagogischen Prozeß effektiv zu gestalten und alle an der Erziehung beteiligten Kräfte durch kontinuierliche Tätigkeiten zu vereinen (Pädagogik 1978, S. 355). In der „Verordnung über die Sicherung einer festen Ordnung an den allgemeinbildenden polytechnischen Oberschulen" vom 29.11.1979 wurde die Verantwortlichkeit des Direktors für die „politische, pädagogische und schulorganisatorische Leitung der Schule" fixiert. Daraus ergaben sich dann vorrangige Aufgaben wie z.B. „die politisch-ideologische, fachwissenschaftliche und pädagogisch-methodische Anleitung der Lehrer und Erzieher zur planmäßigen Gestaltung ihrer Bildungs- und Erziehungsarbeit, die konkrete Planung, sachkundige Kontrolle und exakte Analyse der Bildungs- und Erziehungsarbeit, ihrer Ergebnisse und Bedingungen ...". Der Direktor „entwickelt und führt, gestützt auf die Kraft der Schulparteiorganisation der SED und in enger Zusammenarbeit mit der

Schulgewerkschaftsorganisation, das einheitlich handelnde Pädagogenkollektiv" (VERORDNUNG 1979, S. 436). Die Befähigung für die Tätigkeit des Direktors einer Oberschule oder Sonderschule wurde über eine einjährige Zusatzausbildung am Institut für Leitung und Organisation (ILO) in Potsdam erlangt, die Kurse in Marxismus-Leninismus, Leitung und Organisation des Bildungs- und Erziehungsprozesses an der Schule, Pädagogik und Psychologie beinhaltete. Daneben wurden die Direktoren durch die in größeren Abständen – meist zwischen den Pädagogischen Kongressen – durchgeführten „Zentralen Direktorenkonferenzen" politisch angeleitet. In gesonderten Beiheften der Zeitschrift Pädagogik „für Leiter im Volksbildungswesen" wurden darüber hinaus von der Akademie der Pädagogischen Wissenschaften Leitungshilfen für Direktoren herausgegeben.

Als mit der Wende im Herbst 1989 eine radikale Loslösung von den „wegweisenden und allgegenwärtigen" Vorschriften der SED auch für die Schule eingeleitet wurde, gerieten „Schulfunktionäre" („Leitungskader": Schulräte und Direktoren) aus unterschiedlichen Gründen unter den Druck der Öffentlichkeit, der Eltern oder ihrer eigenen Kollegen. Sie waren als Repräsentanten des sozialistischen Gesellschaftssystems Angriffen oppositioneller Gruppen ausgesetzt. Das hatte vielerorts ihren Rücktritt zur Folge. Mitunter stellten Direktoren schon zu dieser Zeit die „Vertrauensfrage" und schieden dann freiwillig aus dem Amt oder standen, nach der Abstimmung gestärkt und erstmals auch durch ihre Kollegen demokratisch legitimiert, weiter dem Kollegium ihrer Schule vor.

Die seit November 1989 immer wieder erhobenen Forderungen (sie reichten von „alle Direktoren müssen weg" bis zur Variante „die Direktoren sollen die Vertrauensfrage stellen") führten vielerorts dazu, daß sich die „Runden Tische für Bildung" dieser Frage annahmen und jeweils eigene Verfahren zur Legitimation der Direktoren „kreierten". Das hatte zur Folge, daß es sowohl unterschiedliche Wahlmodi als auch Anforderungen an die Kompetenzen des neu zu wählenden Direktors gab, sich an manchen Schulen dadurch verunsicherte Direktoren mehrmals zur Abstimmung stellten und damit zusätzlich Unruhe in den Schulalltag gebracht wurde. Denn Berufungen und Abberufungen von Schuldirektoren waren nur auf der Grundlage des bis dato noch geltenden DDR-Rechts auf Vorschlag des Schulrates durch den Rat des Kreises sowie durch Bestätigung der zuständigen Volksvertretung möglich.

Nach den Wahlen zur Volkskammer der DDR am 18.3.1990 gab es ab Mitte April im Ministerium für Bildung und Wissenschaft einen Wechsel in der Leitung (Minister Meyer) und neue bildungspolitische Leitlinien. Ebenso wurde die Schulaufsicht ausgetauscht, indem neue Dezernenten für Bildung bzw. Leiter von Schulämtern in den Städten nach den Kommunalwahlen, die am 6.5.1990 stattfanden, noch bis zum Ende des Schuljahres 1989/90 berufen wurden.

Zugleich erließ der Ministerrat der DDR einen Beschluß zur Abberufung und Ernennung der Direktoren. Damit wurde der Minister für Bildung und Wissenschaft beauftragt, eine Regelung über die Neuberufung der Schuldirektoren vorzulegen, um eine demokratische Legitimation ihrer Arbeit zu gewährleisten. Um die künftigen Länder bei der Herausbildung neuer Verwaltungsstrukturen zu unterstützen, folgten diesem „Auftaktbeschluß" unmittelbar die „Verordnungen des Ministerrates der DDR vom 30. Mai 1990 über Mitwirkungsgremien und Leitungsstrukturen im Schulwesen sowie zur Bildung einer vorläufigen Schulaufsichtsbehörde". Erstmalig wurden in der DDR Stellen für Direktoren *ausgeschrieben* und neue Maßstäbe nicht nur für das Verfahren der Ernennung von Direktoren, sondern auch für die Eignung der Bewerber formuliert. Zu den Bewerbungsunterlagen gehörten sogar „konzeptionelle Vorstellungen über die Tätigkeit als Direktor der Schule, für die die Bewerbung erfolgt" (MITTEILUNG 1990, S. 2). Dies war wohl auch historisch einmalig, denn in keiner der in den nachfolgenden Jahren veröffentlichten Stellenausschreibungen von Schulleitern wurde diese Forderung wiederholt.

Daß die Stellenausschreibung und die Ernennung der Direktoren zeitlich mit der Bildung von neuen Schulaufsichtsbehörden zusammenfiel, macht die Komplexität, aber auch die Kompliziertheit deutlich. Nicht nur für die Schulleiter, sondern gleichzeitig auch für jene, die die Bewerbungen der Schulleiter entgegennahmen und kompetente Entscheidungen zu treffen hatten, waren neue Aufgabenfelder zu bewältigen.

In der VORLAGE Nr. 106/90 des Ministeriums für Bildung und Wissenschaft, die zu Beginn des Schuljahres 1990/91 verfaßt wurde, stellte der Leiter der Abteilung Allgemeinbildende Schulen fest, daß der Prozeß der demokratischen Legitimation von Direktoren und stellvertretenden Direktoren im wesentlichen abgeschlossen ist. Mit dem 31.8.1990 waren beispielsweise im „Bezirk Erfurt von 19 EOS-Direktoren 17", im „Kreis Bad Langensalza von 14 Direktoren der allgemeinbildenden zehnklassigen Oberschule 12 erstmalig eingesetzt". Die Direktoren erhielten ihre Ernennungsurkunden kurz vor Beginn des neuen Schuljahres. „Insgesamt kann gewertet werden, daß die Direktoren nicht nur demokratisch legitimiert sind, sondern auch eine Verjüngung erreicht wurde und in der Regel fachlich und pädagogisch erfolgreich arbeitende Lehrer als Direktoren ernannt wurden" (VORLAGE, S. 5).

Für die Schulleiter ergab sich eine Fülle von neuen Anforderungen im Hinblick auf die Profilierung der Schule, für den Unterricht hinsichtlich der Anwendung der modifizierten Stundentafeln und der vorläufigen Rahmenlehrpläne und auf die Zusammenarbeit mit den Mitwirkungsgremien. Im Vergleich zur DDR-Schule qualitativ neue Aufgaben, die ein hohes Maß an Flexibilität erforderten, waren für die Schulleitungen darüber hinaus:

- die Beratung von Schülern, Lehrern und Eltern, z.B. im Hinblick auf die Bildungsweg- und Schullaufbahnentscheidung,
- die Fort- und Weiterbildung der Lehrer (bisher durch ein verpflichtendes und starres Kurssystem geregelt),
- die Meisterung des Schulbuchbestellwesens.

Als im Spätherbst 1990 die Länder gegründet wurden und das Schulwesen auch in den neuen Bundesländern unter deren Kulturhoheit fiel, verabschiedete Thüringen als erstes der neuen Bundesländer am 25. März 1991 das „Vorläufige Bildungsgesetz", auf dessen Grundlage eine umfassende Neustrukturierung des gesamten Bildungssystems eingeleitet wurde.

Nach einem Jahr der Arbeit als Direktor einer POS bzw. EOS war für alle Direktoren klar: sie mußten sich für die zu Schuljahresbeginn 1991/92 neu entstehenden allgemeinbildenden Schularten Grundschule, Regelschule und Gymnasium auch neu bewerben. Darüber hinaus wurden für die jetzt erstmals selbständigen Grundschulen Schulleiter gebraucht (s. ergänzend *Tabelle 4* mit Kommentar auf S. 245).

Die Erhöhung der Zahl der zum Abitur führenden schulischen Einrichtungen im Vergleich zur EOS bewirkte einen erweiterten Bedarf an Gymnasien. Die „Funktionsstellen Schulleiterinnen/-leiter" für die „neu errichteten staatlichen Grund-, Regel-, Sonderschulen, Gymnasien und berufsbildenden Schulen sowie den bisherigen Fachschulen Thüringens" wurden Ende Mai 1991 ausgeschrieben (GEMEINSAMES AMTSBLATT, S. 26).[1]

---

[1] Die vom Thüringer Kultusministerium geforderten Voraussetzungen für die Bewerbung der Schulleiter waren detaillierter als jene vor Jahresfrist vom DDR-Ministerium formulierten. Gleichgeblieben ist das Bekenntnis zur freiheitlich demokratischen Grundordnung, auch wenn sich nun nach der Vereinigung auf das Grundgesetz berufen werden konnte. Für die Schulleiter von staatlichen Schulen wurde ein pädagogischer Fachschul-, Hochschul- oder Universitätsabschluß vorausgesetzt, der dem Lehramt für die jeweilige Schulart entsprach. So wurde für die Grundschulen der Abschluß einer pädagogischen Fachschule (eines Institutes für Lehrerbildung), für Regelschulen ein pädagogischer Hochschul- oder Universitätsabschluß in der Regel in zwei Fächern gefordert. Das bedeutete u.a., daß Grundschullehrer nunmehr ihre eigene Schulart leiten konnten, daß Lehrer mit dem Fach Polytechnik (fortan nur als Einfachausbildung an-

Die Entscheidung über die Besetzung der Stellen wurde dann nach Vorschlag der Schulämter im Kultusministerium getroffen. Eine Regelung, die über jene des Vorjahres hinausging und auch eher den Gepflogenheiten der alten Bundesländer nahekam. Im Jahre 1990 war es der Kreisschulrat, der nach Anhörung des kommunalen Schulträgers und der Schulkonferenz einen der Kandidaten zum Direktor der Schule ernannte.

Insgesamt stand der Prozeß der Umstrukturierung des Schulwesens und damit ebenso die Ernennung der Schulleiter wiederum unter Zeitdruck. Die Bewerbungen sollten bis zum 12. Juni 1991 im zuständigen Schulamt eingereicht worden sein, so daß für die Entscheidungsfindung wenig Zeit blieb.

In der Stadt Erfurt z.B. erhielten die künftigen Schulleiter der neugebildeten Grund- und Regelschulen sowie Gymnasien am letzten Schultag des Schuljahres 1990/91 vom Schulamt ihr Bestätigungsschreiben. Zumeist erst in den Sommerferien erreichten die Schulleiter dann die Listen der Lehrer, die an ihrer Schule tätig werden sollten. Dabei war der Einfluß der neuen Schulleiter auf die Zusammensetzung ihres künftigen Lehrerkollegiums relativ gering: einige wenige – ca. fünf – Lehrer durften beispielsweise in der Stadt Erfurt durch den Schulleiter ausgewählt werden.

In einem Interview mit dem damaligen Landesschulrat des Landes Thüringen[2] wurden die Schwierigkeiten deutlich, die mit diesem Prozeß der Umstrukturierung verbunden waren. Einerseits kamen die Vorschläge für die neuen Schulleiter aus der Lehrer- oder Schulkonferenz, teils haben mehrere Bewerber vor versammelten Gremien gegeneinander kandidiert. Es gab aber andererseits auch Schulen, wo es gar keinen Bewerber gab, weil Kollegen erst einmal abgewartet haben, wie die Entwicklung verläuft. So ist es auch vorgekommen, daß Schulen kurze Zeit keinen Schulleiter hatten, weil sich niemand für dieses Amt gefunden hat.[3]

---

erkannt) allerhöchstens und wohl nur in Ausnahmefällen Schulleiter von Regelschulen, nicht aber von Gymnasien werden konnten.

2 Die Amtszeit des Landesschulrates erstreckte sich von Juni bis Dezember 1990.

3 Die Aufgaben der Schulleitung in Thüringen wurden nicht durch das Vorläufige Bildungsgesetz geregelt, sondern in den jeweiligen vorläufigen Schulordnungen für die Grundschule, für die Regelschule, für Gymnasien im Abschnitt IV „Schulleitung, Lehrer, Lehrerkonferenz" fast gleichlautend fixiert. In bezug auf die Ernennung von Schulleitern wurde darin geregelt, daß vom Kultusministerium im Benehmen mit dem Schulträger ein Schulleiter bestellt wird (VORLÄUFIGE SCHULORDNUNG 1991, S. 399). Erst im Thüringer Schulgesetz vom 6. August 1993 wurde das Verfahren zur Ernennung der Schulleiter per Gesetz geregelt.

2 Bedingungen für die Schulleitung 1993

Vor diesem Hintergrund wurden im Rahmen der Untersuchung „Schule in Thüringen im Wandel" auch Schulleiter befragt. Sie sollten Auskunft geben über die Zahl der Lehrer, Schüler, Räume, über organisatorische Regelungen, die Arbeitsbedingungen an ihrer Schule und den Ruf der Schule. Im Hinblick auf ihre eigene Person wurde insbesondere erfragt, wie sie ihre Aufgabe als Schulleiter sehen. Die in dem Schulleiterfragebogen ebenfalls enthaltenen Fragen zu außerunterrichtlichen Angeboten sind im Beitrag von BÖTTCHER in diesem Band dargestellt.

Insgesamt erhielten 244 Schulleiter von Grundschulen, Regelschulen und Gymnasien Fragebogen, von denen 236 auswertbar zurückgesendet wurden. Der Vergleich zwischen der Gesamtzahl der Schulen und Schüler der einzelnen Schularten in Thüringen zeigt (s. *Tabelle 1*), daß die Gymnasien zu fast 30 Prozent und Grund- und Regelschulen zu knapp 20 Prozent in die Befragung einbezogen wurden.

Während bei der Regelschule die Schulgröße der befragten Schulen mit der durchschnittlichen Schülerzahl der nicht befragten Schulen übereinstimmt, sind die in die Erhebung einbezogenen Grundschulen und Gymnasien durchschnittlich größer als die nicht einbezogenen.

Alle Grundschulen haben einen Hort, den mehr als die Hälfte (ca. 56 %) der Grundschüler besuchen.

Tabelle 1:
Vergleich zwischen den in die Befragung einbezogenen Schulen und den Schulen insgesamt in Thüringen 1993

Schulart	*Schulen insgesamt*	*Antwortende absolut*	*Schulen in v. H.*	*Durchschnittliche Schülerzahl nicht befragte Schulen*	*Durchschnittliche Schülerzahl befragte Schulen*
Grundschule	708	125	18	183	219
Regelschule	406	78	19	304	290
Gymnasium	112	33	29	714	833

Die Grundschulen haben durchschnittlich 13 Lehrer; dabei streut die Größe des Kollegiums zwischen 4 und 35 Lehrern. An den Regelschulen arbeiten durchschnittlich 23 Lehrer (zwischen 12 und 49) und an den Gymnasien 54 (zwischen 27 und 90). Das Durchschnittsalter der Kollegien ist nach den Angaben der Schulleiter zwischen den Schularten nur wenig unterschiedlich. Es beträgt an den Grundschulen 41,7 Jahre, den Regelschulen 40,8 und den Gymnasien 40,2 Jahre.

Die Umorganisation des Schulwesens – von POS und EOS zu einer gegliederten Schulstruktur mit Grundschule, Regelschule und Gymnasium – führte, wie einleitend bereits beschrieben, zur Auflösung aller Kollegien und der Zuteilung der Lehrer zu den neuen Schularten. Wie die *Tabelle 2* zeigt, blieben an den Grundschulen häufig Teilkollegien der ehemaligen POS zusammen, zu denen in 40 % der Schulen nur wenige Lehrer hinzukamen. Nur in einem Viertel der Fälle bestehen die Grundschulen zu mehr als der Hälfte aus neuen Lehrern. Auch die Kollegien der Regelschulen setzen sich nur zu einem Viertel überwiegend aus Lehrern zusammen, die zuvor an anderen Schulstandorten unterrichteten. Aber nur bei 20 % der Regelschulen liegt der Anteil neuer Lehrer unter 10 %.

Tabelle 2:
Anzahl der Schulen nach Schulart und dem Anteil der Lehrer, die mit der Umorganisation des Schulwesens die Schule wechselten.

Schulart	*Anzahl der Schulen*	*unter10 %*	*bis 49 %*	*mehr als die Hälfte*
Grundschule	125	40.0	35.2	24.8
Regelschule	78	20.5	55.1	24.4
Gymnasium	33	3.0	6.1	90.9
Insgesamt	236	28.4	37.7	33.9

Völlig anders ist die Situation der Kollegien an den Gymnasien, die sich fast ausnahmslos mehrheitlich aus Lehrern von anderen Schulstandorten zusammensetzen.

Mit der Umorganisation der Schulen war oft verbunden, daß einzelne Klassen in andere Gebäude ausgelagert oder daß in einem Schulgebäude zwei Schulen untergebracht werden mußten. Die Prozentwerte der *Tabelle 3* lassen er-

Tabelle 3:
Anteil der Schulen mit ausgelagerten Klassen oder einer organisatorischen Verbindung mit einer anderen Schule

	Organisatorische Bedingungen				
	keine Angabe	*weder/ noch*	*ausgel. Klassen*	*organisat. Verbindg.*	*beides*
Grundschule	2	50	12	42	19
N = 125	1.6%	40.7%	9.8%	34.1%	15.4%
Regelschule	3	39	7	16	13
N = 78	3.8%	52.0%	9.3%	21.3%	17.3%
Gymnasium	1	12	15	1	4
N = 33	3.0%	37.5%	46.9%	3.1%	12.5%
Insgesamt	6	101	34	59	36
N = 236	2.5%	43.9%	14.8%	25.7%	15.7%

kennen, daß ein Viertel der Grund- und Regelschulen Klassen auslagern mußten, von den Gymnasien sind es sogar drei Fünftel der Schulen (jeweils Addition der Spalten 3 und 5). Organisatorisch mit anderen Schulen verbunden ist die Hälfte der Grundschulen (entweder hat eine Grundschule eine oder mehrere Außenstellen oder es befindet sich im Gebäude der Grundschule ebenfalls eine Regelschule), sind zwei von fünf Regelschulen und jedes sechste Gymnasium. Etwa 15 % der Schulen in allen Schularten sind sowohl mit ausgelagerten Klassen als auch mit einer schulorganisatorischen Verbindung belastet. Nur etwa 40 % der Grundschulen und Gymnasien und die Hälfte der Regelschulen haben nicht mit diesen schulorganisatorischen Erschwernissen zu kämpfen.

Mit diesen schwierigen Voraussetzungen für die Entwicklung und Gestaltung der Schulen müssen im übrigen fast ausnahmslos Schulleiter zurechtkommen, die erst mit der Wende diese Funktion übernahmen (s. *Tabelle 4*). Interessant ist, daß die 1990 neu eingesetzten Schulleiter mit der Umorganisation des Schulwesens zum Schuljahr 1991/92 überwiegend die Leitung von Regelschulen und Gymnasien übernahmen und die Mehrzahl der Rektoren von Grundschulen erst zu diesem Zeitpunkt in die Schulleiterfunktion wechselten. Das lag vor allem darin begründet, daß in der DDR Direktoren der POS zum größten Teil Oberstufenlehrer waren. Der Direktor hatte in der Regel zwei Stellvertreter, von denen in der Stellvertreterfunktion für außerunterrichtliche Tätigkeit nicht selten Unterstufenlehrer tätig waren. Deshalb

Tabelle 4:
Schulleiter nach Schulart und Jahr der Übernahme dieser Stelle (*Angaben in v. H.*)

	Anzahl der Schulen	*Seit wann Schulleiter?*			
		vor1990[1]	*1990*	*1991*	*1992 und später*
Grundschule	125	6,4	10,4	78,4	4,8
Regelschule	78	6,4	57,7	32,1	3,8
Gymnasium	33	3,0	51,5	42,4	3,0

1 einschließlich: ohne Angabe

kam die Mehrzahl der Rektoren von Grundschulen erst nach der Umstrukturierung zum Schuljahr 1991/92 in eine Schulleiterfunktion.

Die Lehrerinnen wurden bei der Schulleiterauswahl deutlich benachteiligt. Während in Thüringen unter den Grundschullehrern 90 %, den Regelschullehrern 70 % und den Gymnasiallehren 67 % weiblich sind, beträgt der Frauenanteil unter den befragten Schulleitern 80 % bei den Grundschulen, 31 % bei den Regelschulen und nur 6 % bei den Gymnasien.

Die Schulleiter von Grund- und Regelschulen sind durchschnittlich 44 Jahre alt, die der Gymnasien 47 Jahre. Nach Geschlecht gibt es keine Unterschiede des Durchschnittsalters.

Die Schulleiter wurden – über diese Fakten zu ihrer Person und den Rahmenbedingungen ihrer Arbeit hinaus – nach drei Aspekten befragt:

- nach der Selbstdefinition ihrer Rolle als Schulleiter,
- nach der Relevanz unterschiedlicher Problembereiche ihrer Arbeit und
- nach der Außenwirksamkeit der Schule.

Nachfolgend werden diese Ergebnisse dargestellt und mit den Merkmalen Alter und Geschlecht des Schulleiters, Schulart, Lehrerzusammensetzung (s. *Tabelle 2*) und den schulorganisatorischen Bedingungen (s. *Tabelle 3*) an der Schule in Beziehung gesetzt.

2 *Selbstdefinition der Schulleiterrolle*

Analysen der Schulleitertätigkeit zeigen, daß Schulleiter ständig wechselnden Anforderungen gegenüberstehen. Ohne große formale Kompetenzen, sie sind meist keine Dienstvorgesetzten ihrer Lehrer (Ausnahmen bilden die Gymnasien und die beruflichen Schulen), müssen sie dennoch eine Schule führen und gegenüber der übergeordneten Schulverwaltung vertreten. Präsenz und Gesprächsbereitschaft sind unter diesen Handlungsbedingungen ihre zentralen Führungsmittel. In den Gesprächen müssen sie eine Balance halten zwischen den unterschiedlichen Anforderungen, die an sie herangetragen werden. Mit welchem Selbstverständnis versuchen die Schulleiter diese Erwartungen zu erfüllen und unterschiedlichen Interessen gerecht zu werden?

In einer repräsentativen Schulleiterbefragung 1984 wurde auch nach dem Selbstverständnis des Schulleiters gefragt (BAUMERT/LESCHINSKY 1986a, 1986b). Diese Fragestellungen haben wir in unseren Schulleiterfragebogen in gekürzter Form übernommen. Dadurch werden Vergleiche zwischen den beiden Befragungen möglich.

Tabelle 5 gibt darüber Auskunft, an welchen Prinzipien sich die Schulleiter unserer Befragung orientieren. Den Schulleitern ist sehr wohl bewußt, daß es für die Bewältigung ihrer beruflichen Aufgaben nicht ausreicht, sich auf ihre formale Autorität zu berufen. Vorbildliches pädagogisches Handeln und Fingerspitzengefühl im Umgang mit Kollegen sind ihre wichtigsten Handlungsorientierungen. Dann sehen sie sich in der Pflicht bei der Entwicklung gemeinsamer pädagogischer Grundsätze an den Schulen, zugleich halten sie es aber für erforderlich, Aufgaben zu delegieren und darüber die Kollegen in die Verantwortung für die ganze Schule einzubinden. Ebenfalls als wichtig sehen die Schulleiter die Durchsicht der Klassenbücher der Lehrer, die Sicherstellung guter Arbeitsbedingungen an der Schule und die Unterstützung der Lehrer bei Konflikten mit Eltern und Schülern an. Differenziert man die Ergebnisse nach Schulart, dann ergeben sich nur bei der Bewertung des letzten Items (14) Unterschiede, die sich aus dem hervorgehobenen Status der Gymnasien innerhalb der Verwaltungshierarchie ergeben. Zwischen Schulleiterinnen und Schulleitern gibt es keine Unterschiede im beruflichen Selbstverständnis, wenn man davon absieht, daß Schulleiterinnen sich häufiger eine Verwaltungsausbildung wünschen.

In Schulen mit neu zusammengesetzten Kollegien und mit ausgelagerten Klassen fühlen sich die Schulleiter in besonderem Maße verantwortlich, auf

Tabelle 5:
Prinzipien des Schulleiterhandelns : „In wie weit stimmen die folgenden Feststellungen mit Ihren Erfahrungen als Schulleiter überein?"; (*Dies trifft zu; Skala von 1 = völlig bis 4 = gar nicht*)

	Erfahrungen als Schulleiter	*eigene Befragung*	*Baumert/ Leschinsky*
(2)	Ansehen und Autorität des Schulleiters ruhen auf tönernen Füßen, wenn sie nicht durch eigenes vorbildliches pädagogisches Handeln begründet sind	1,17	1,25
(1)	In der täglichen Praxis ist die Fähigkeit des Schulleiters, sich mit Fingerspitzengefühl um ein gutes soziales Klima zu kümmern, wichtiger als alle Weisungsbefugnis	1,48	1,21
(3)	Es hängt maßgeblich vom Schulleiter ab, ob das Kollegium gemeinsame pädagogische Grundsätze (z.B. Verhaltensregeln, Maßstäbe zur Leistungsbeurteilung) entwickelt und anwendet	1,61	1,75
(8)	Um die Kollegen in die Verantwortung für die Schule einzubinden, sollte ein Schulleiter möglichst viele Aufgaben delegieren	1,67	1,70
(9)	Die regelmäßige Durchsicht von Klassenbüchern ist eine wichtige Informations- und Kontrollmöglichkeit für den Schulleiter	1,72	1,91
(7)	Eine Verwaltungsausbildung des Schulleiters würde die erfolgreiche Leitung der Schule sichtbar erleichtern	1,81	1,97
(5)	Ein Schulleiter muß zu allererst für gute Arbeitsbedingungen der Kollegen sorgen, damit seine Schule reibungslos funktioniert	2,00	1,92
(13)	Die formalen Befugnisse des Schulleiters reichen aus, um sich auch in schwierigen Zeiten im Kollegium durchzusetzen	2,06	2,25
(4)	Um der Geschlossenheit und inneren Handlungsfähigkeit des Kollegiums willen muß der Schulleiter Lehrer grundsätzlich gegenüber Schülern und Eltern stützen	2,07	2,38
(10)	Die Einflußmöglichkeiten des Schulleiters hängen wesentlich davon ab, ob er sich auf einen engeren Kreis von Lehrern seines besonderen Vertrauens stützen kann	2,32	2,42
(11)	Ein Schulleiter darf keine Schwäche zeigen, da diese allzu leicht ausgenutzt wird	2,37	2.91
(14)	Der Schulleiter ist eher die unterste Instanz der Schulaufsicht als die Spitze der Selbstverwaltung der Schule	2,50	3,14
(12)	Außerhalb von dienstlichen Beurteilungen und Lehramtsprüfungen sollte der Schulleiter auf Unterrichtsbesuche weitgehend verzichten	3,16	2,76
(6)	Wenn der Schulleiter die Schulaufsicht nur davon überzeugt, daß an seiner Schule alles glatt läuft, kann er ohne Behelligung tun und lassen, was er will	3,26	2,64

die Entwicklung und Anwendung gemeinsamer pädagogischer Grundsätze zu achten. Bedeutsam für einzelne Aspekte des Schulleiter-Selbverständnisses ist auch die Schulgröße (unabhängig von der Schulart). Schulleiter kleiner Schulen halten es für wichtiger als ihre Kollegen in großen Schulen, keine Schwächen zu zeigen und die Lehrer gegenüber Eltern und Schülern in Schutz zu nehmen. Auch sehen sie sich eher als unterste Instanz der Schulaufsicht und nicht als Spitze der Selbstverwaltung der Schule. Im Hinblick auf den Ausgleich von Interessen der Kollegen an der Schule und der Schulaufsicht scheint die Position des Schulleiters kleiner Schulen besonders belastet zu sein. Demgegenüber beklagen die Schulleiter großer Gymnasien eher unzureichende formale Befugnisse.

Interessant sind auch die Einflüsse des Alters auf das Selbstverständnis der Schulleiter. Mit zunehmendem Alter legen sie mehr Wert darauf, für gute Arbeitsbedingungen der Kollegen zu sorgen und sich auf einen Kreis von Lehrern des besonderen Vertrauens stützen zu können. Die erste Aussage trifft vor allem auf Leiter von Grundschulen, die zweite auf Leiter von Gymnasien zu. Junge Schulleiter von Regelschulen lehnen es häufiger ab als ihre älteren Kollegen, Unterrichtsbesuche neben den dienstlichen Beurteilungen durchzuführen.

Auffällig ist bei dem Vergleich der Ergebnisse der eigenen Erhebung mit den Befunden von BAUMERT/LESCHINSKY[4], daß die Bedeutung der Prinzipien zwischen den Schulleitern in den neuen Ländern und den Schulleitern in den alten Ländern kaum differiert (s. *Tabelle 5*). Dieses Ergebnis läßt darauf schließen, daß es so etwas wie „schulleiterspezifische" Handlungsorientierungen gibt, die zudem von den in Thüringen fast ausnahmslos erst seit kurzem in ihrer Funktion tätigen Schulleitern schnell übernommen wurden.

Die von BAUMERT/LESCHINSKY (1986a, 1986b) faktorenanalytisch ermittelten Dimensionen der Schulleitertätigkeit lassen sich jedoch nicht durch unsere Daten bestätigen. Dies ist teilweise darauf zurückzuführen, daß von den 25 Items dieser Untersuchung nur 14 übernommen wurden. Dies ist aber auch als Hinweis darauf zu verstehen, daß sich in den Einschätzungen unterschiedliche berufsbiographische Einflüsse auswirken, die zu unterschiedlichen Antwortmustern und inhaltlichen Bezügen zwischen den Antworten führen.

---

4 Der Vergleich wurde durch die Bereitstellung unveröffentlichter Daten durch Jürgen Baumert ermöglicht, dem wir dafür sehr danken. – Auch bei dieser Untersuchung gab es zwischen den Schulleitern nach Schulform keine systematischen Unterschiede in den Handlungsorientierungen.

Einige charakteristische Unterschiede ergeben sich in bezug auf jene Items der Befragung, die das Verhältnis zwischen Schulleiter und Schulaufsicht widerspiegeln (Item 6/14). Thüringer Schulleiter haben ein anderes Leitungsverständnis als ihre altbundesdeutschen Kollegen; sie sehen sich eher als unterste Instanz der Schulaufsicht, weniger als die Spitze der Selbstverwaltung an ihrer Schule. Das schätzen vor allem die Schulleiter an Grundschulen mit einem kleinen Kollegium, dessen Zusammensetzung sich auch nach der Wende kaum veränderte (vgl. *Tabelle 2*) so ein. Sie gehen eher von einem kollegialen Verständnis aus und haben weniger Regelungsbedarf in der Selbstverwaltung ihrer Schule. Regelschulleiter und Schulleiter an Gymnasien unterscheiden sich in diesem Punkt signifikant von ihren Kollegen an den Grundschulen: an den großen Gymnasien, deren Kollegien nicht selten 60 bis 70 Lehrer umfassen, legen die Schulleiter Wert auf die Herausbildung von Handlungskompetenzen zur Selbstverwaltung ihrer Schule.

Daß der Schulleiter um der Geschlossenheit und inneren Handlungsfähigkeit des Kollegiums willen mehr als seine West-Kollegen eine Schutzfunktion gegenüber „seinen" Lehrern ausübt, ist möglicherweise noch der DDR-Tradition geschuldet (Item 4). Vor der Wende war das reale Mitwirkungsrecht sowohl der Eltern als auch der Schüler eingeschränkter, die Einflußnahme auf schulische Prozesse gering. Vor allem bei Vorkommnissen, die über den Kreis des Unterrichts bzw. der Schule hinausgingen, trat diese Schutzfunktion des Schulleiters, der sich dann vor das einheitlich handelnde Pädagogenkollektiv stellte, besonders hervor.

Gegenseitige Hospitationen wurden in der DDR-Schule häufig praktiziert und im Normalfall nicht als Ausdruck direktorialer Kontrolle verstanden. Sie fanden unabhängig von schulaufsichtlichen Vorgaben statt. Unsere Ergebnisse lassen deshalb vermuten, daß Thüringer Schulleiter Unterrichtsbesuche eher als Hilfe für die Entwicklung gemeinsamer pädagogischer Grundsätze und eines guten sozialen Klimas nutzen (vgl. hier auch die Zustimmung zu Item 12 und 3).

Die Faktorenanalyse der von uns erhobenen Items führte zu vier Faktoren (s. *Tabelle 6*).[5] Der erste Faktor bezieht sich auf die Leitungsverantwortung des Schulleiters gegenüber dem einzelnen Lehrer. Er ist noch relativ verwandt mit dem 3. Faktor der Faktorenstruktur von BAUMERT/LESCHINSKY.

---

[5] BAUMERT/LESCHINSKY (1986b) wählten für die Bestimmung der Faktoren eine oblique Rotation. Hier wurden orthogonale Faktoren nach dem Varimax-Kriterium bestimmt, die sich von der Faktorenlösung mit einem schiefwinkligen Rotationsverfahren nur unwesentlich unterscheiden.

Tabelle 6:
Faktorenstruktur der Prinzipien des Schulleiterhandelns (*Varimax-Rotation*)

	Variablenname	*Faktorenladungen* *1.*	*2.*	*3.*	*4.*	h^2
(11)	Keine Schwäche zeigen	.69			.20	.54
(4)	Lehrer gegenüber Schülern und Eltern stützen	.61				.39
(5)	Für gute Arbeitsbedingungen der Kollegen sorgen	.59		.22		.42
(3)	Pädagogische Grundsätze entwickeln und anwenden	.59	-.24		-.28	.51
(9)	Regelmäßig Klassenbücher durchsehen	.46		-.32	-.35	.46
(14)	Unterste Instanz der Schulaufsicht		.64			.42
(7)	Verwaltungsausbildung für erfolgreiche Leitung		.54			.32
(10)	Kreis von Vertrauten zur Stützung	.39	.50			.44
(8)	Vieles delegieren für Verantwortung der Kollegen		.48	-.24		.32
(12)	Keine Unterrichtsbesuche außer Beurteilungen			.66		.48
(13)	Formale Befugnisse ausreichend			.57		.38
(6)	Schulaufsicht überzeugen		.41	.47		.42
(1)	Fingerspitzengefühl wichtiger als Weisungsbefugnis			.33	-.69	.59
(2)	Ansehen durch vorbildliches pädagogisches Handeln		.23		-.66	.51
	Anteil der erklärten Varianz	13.9	11.3	9.9	9.2	44.3

Ähnlichkeit zwischen den beiden Lösungen besteht ebenfalls bei dem 4. Faktor, der die vorbildhafte Haltung des Schulleiters charakterisiert. Der zweite Faktor beschreibt das Verhältnis von Leitung und Delegation, von direktorialer Gestaltung und Unterstützung durch das Kollegium. Der dritte Faktor spricht das Verhältnis von zuständigkeitsorientierter und überzeugungsorientierter Leitung an, er thematisiert das Verhältnis von objektiver Leitungsschwäche des Schulleiters qua formaler Kompetenzen und den Leitungsmöglichkeiten über die informelle Beeinflussung der Schulaufsicht wie der Lehrer der Schule.

3 *Problembereiche der Schulleitertätigkeit*

Der Fragebogen an die Schulleiter enthielt eine umfangreiche Liste zu Problemfeldern ihrer täglichen Arbeit. Die vorgegebenen Aussagen bezogen sich

- auf Aspekte der pädagogischen Gestaltung und Profilierung der Schule,
- auf schulorganisatorische und administrative Aspekte,
- auf die materiellen und curricularen Voraussetzungen für den Unterricht
- und auf den Gebäudezustand und die verfügbaren finanziellen Mittel.

Tabelle 7 zeigt, daß die größten Probleme für die Schulen die unzureichende Finanzausstattung und der Zustand der Gebäude und Unterrichtsräume darstellen. Die beklagte unzureichende Fachraumausstattung ist vor allem ein Problem der Grund- und Regelschulen. Unterrichtsmittel und Lehrpläne als weitere wichtige Voraussetzungen für einen qualifizierten Unterricht tauchen aber erst im unteren Teil der Problemliste auf. Ein Problem für die Grundschulen bildet noch die Existenzsicherung des Hortes.

Aspekte der pädagogischen Gestaltung des Schullebens und der Profilierung der Schule finden sich im mittleren Bereich der Problemliste. Diese Fragen werden nicht als von so unmittelbarer Bedeutung erlebt wie die materiellen Defizite. Dennoch sehen die Schulleiter beachtenswerte Problemzonen, die teilweise zwischen den Schularten unterschiedlich gewichtet werden. (Sofern beachtenswerte Unterschiede zwischen den Schularten bestehen, sind die schulartspezifischen Mittelwerte in *Tabelle 7* enthalten). Disziplinprobleme von Schülern werden vornehmlich von den Direktoren der Regelschulen als Problem registriert; sie beklagen auch am ehesten eine unzureichende Zusammenarbeit mit den Eltern. Die Entwicklung gemeinsamer pädagogischer Leitlinien wiederum wird von Regelschulen und Gymnasien als wichtiger angesehen, als von den Schulleitern der Grundschulen.

Schulorganisatorische und administrative Aspekte der Schulleitung werden als die am wenigsten gravierenden Probleme wahrgenommen. Bei dieser Einschätzung muß bedacht werden, daß die staatliche Schulaufsicht sich zum Zeitpunkt der Befragung noch im Aufbau befand und einige Aufgaben noch nicht zureichend wahrnehmen konnte. Diese Situation wurde von den Schulen aber nicht als Erschwernis für ihre pädagogische Arbeit empfunden. Die günstige Lehrerversorgung der Schulen, die indirekt aus den geringen Problemen zu diesem Aspekt herauszulesen ist, spiegelt noch eine Übergangsphase wider, die bald der Vergangenheit angehören wird, wenn die geplanten Sparmaßnahmen im Landeshaushalt umgesetzt werden.

Tabelle 7:
Einschätzung von Problembereichen des Schulleiterhandelns. (*Die Mittelwerte; Skala von 1 = sehr großes Problem bis 5 = kein Problem*)[1]

	Problembereiche	*GS*	*RS*	*GY*	*Insgesamt*
(9)	unzureichende Finanzausstattung				1,99
(1)	der bauliche Zustand des Schulgebäudes				2,66
(2)	der Zustand der Klassenräume				2,82
(3)	die Ausstattung mit Mobiliar				2,83
(5)	die Ausstattung der Fachräume	3,12	3,20	2,21	3,01
(15)	Unklarheiten schulrechtlicher Vorgaben bei Konflikten				3,13
(18)	Verbesserung des Schullebens				3,46
(22)	Entwicklung eines pädagogischen Profils der Schule				3,46
(16)	Aufgabe oder Verlust des Hortes	2,80	4,74	5,00	3,48
(6)	personelle/sachliche Ausstattung des Sekretariats				3,64
(23)	Disziplinprobleme bei Schülern	3,77	3,25	4,09	3,64
(4)	Versorgung mit Büchern und Unterrichtsmaterialien				3,67
(12)	unzureichende Vorgaben durch die Lehrpläne				3,73
(21)	Entwicklung gemeinsamer pädagogischer Leitlinien im Kollegium	3,96	3,46	3,52	3,73
(11)	zu starre Vorgaben für die Schulorganisation				3,74
(19)	Anerkennung in der Öffentlichkeit				3,79
(20)	Zusammenarbeit mit den Eltern	4,08	3,58	4,09	3,92
(13)	Zusammenarbeit mit dem Schulträger				3,94
(7)	Hausmeisterversorgung				4,04
(17)	zu starke Reglementierung des Schulalltags				4,20
(8)	zu wenig Reinigungspersonal				4,47
(14)	Zusammenarbeit mit der Schulaufsicht				4,48
(10)	Zu wenig Lehrer an meiner Schule				4,54

[1] Die Mittelwertunterschiede nach Schularten sind nur dargestellt, wenn sie statistisch signifikant sind.

Haben schulorganisatorische Merkmale, neben der Schulart, Einfluß auf die Probleme an den Schulen? Auffällig ist, daß an Schulen mit ausgelagerten Klassen die Fachraumausstattung zu einem größeren Problem wird. Ausgelagerte Klassen führen aber auch dazu, daß Schulleiter die Disziplin der Schüler weniger als ein Problem wahrnehmen.

Die Disziplin der Schüler wird an Regelschulen mit steigender Schülerzahl als zunehmendes Problem erlebt. Zugleich wird es von den Regelschulleitern mit steigender Schulgröße als schwieriger angesehen, gemeinsame pädagogische Leitlinien innerhalb des Kollegiums zu entwickeln. Es sind folglich nur einzelne Aspekte der Problemwahrnehmung an den Schulen, die von spezifischen schulorganisatorischen Bedingungen einzelner Schulen abhängig sind. Dominant für die Problemwahrnehmung der Schulleiter sind die materiellen Bedingungen der Schulen und die bildungspolitische Situation im Land.

4 Außenwirksamkeit der Schule

Die neu gebildeten Schulen mußten erst wieder Orientierungspunkte für ihre pädagogische Arbeit finden und sich um Ansehen bei den Eltern und in der Öffentlichkeit bemühen. Dabei konnte die Grundschule an die Wertschätzung der Unterstufe der POS durch die Eltern anknüpfen (s. den Beitrag von WEISHAUPT zur Bewertung des schulstrukturellen Wandels in diesen Band). Auf das Gymnasium richteten sich insoweit positive Erwartungen der Eltern und der Öffentlichkeit, als mit ihm die restriktiven Zugangsbedingungen zum Abitur durch die EOS überwunden wurden. Allerdings lehnten die Eltern mehrheitlich die frühe Selektion bereits nach der 4. Klasse ab. Die Regelschule als neue Schulart hatte von Anfang an gegen eine negativ eingestellte Öffentlichkeit anzuarbeiten, die die Regelschule mit dem Schlagwort der „Restschule" belegte und ihr erhöhte pädagogische Probleme voraussagte.

Unter diesen Bedingungen ist es nicht verwunderlich, daß die Regelschule nach Auskunft der Schulleiter im Vergleich zur Grundschule und dem Gymnasium einen schlechteren Ruf bei den Eltern und in der Öffentlichkeit genießt (s. *Tabelle 8*). Auch kann es nicht überraschen, daß die Regelschulen nicht in gleicher Weise von der Qualität ihrer pädagogischen Arbeit überzeugt sind wie die beiden anderen Schularten. Andererseits sind die Differenzen keineswegs so gravierend, so daß von den Angaben der Schulleiter auf eine doch weitgehend erfolgreiche Tätigkeit geschlossen werden kann. Offensichtlich ist es den Regelschulen schnell gelungen, Vorurteile abzubauen und Bedenken zu zerstreuen.

Tabelle 8:
„Wie würden Sie die Qualität der pädagogischen Arbeit und den Ruf Ihrer Schule bei Eltern und in der Öffentlichkeit einschätzen?" (*Mittelwerte; Skala von 1 = sehr gut bis 4 = weniger gut*)

	Schulart	*GS*	*RS*	*GY*
(1)	die Qualität der pädagogischen Arbeit	2.18	2.51	2.31**
(2)	den Ruf bei den Eltern	2.34	2.53	2.10**
(3)	den Ruf in der Öffentlichkeit	2.45	2.60	2.10*

Signifikanzniveau: * = 5 %-Niveau ** = 1 %-Niveau

Diese Einschätzung der schulischen Situation variiert nicht danach, ob die Schule mit einer anderen räumlich verbunden ist, ausgelagerte Klassen hat oder ob das Kollegium unterschiedlich zusammengesetzt ist (Anteil neuer Lehrer an der Schule). Bedeutsam für die Bewertung der Schule ist einzig die Schulgröße. Die Rektoren von Regelschulen beurteilen die Qualität der pädagogischen Arbeit mit zunehmender Schulgröße schlechter. Direktoren von Gymnasien bewerten den Ruf der Schule bei den Eltern und in der Öffentlichkeit mit steigender Schulgröße ungünstiger.

Die Aussagen der Leiter von Regelschulen lassen an mehreren Stellen der Ergebnisbeschreibung erkennen, daß sie sich in besonderem Maße um die innere Entwicklung dieser neuen Schulart Gedanken machen und daß sie Problemfelder sehen, die schulgestaltend bearbeitet werden müssen. Sie charakterisieren damit vielleicht am sinnfälligsten den Typ des neuen Schulleiters, der eine schwierige Aufgabe nach der Wende übernommen hat, aber die Gelegenheit sieht, am Aufbau eines neuen Schulsystems mitzuwirken (s. WEISHAUPT/BÖTTCHER/PLATH 1994). Unsere Daten lassen darauf schließen, daß die Schulleiter diese Aufgabe mit Selbstbewußtsein und Idealismus wahrnehmen.

Literatur

BAUMERT, J.: Schulleitung in der empirischen Forschung. In: ROSENBUSCH, H. S./WISSINGER, J. (Hrsg.): Schulleiter zwischen Administration und Innovation. (Schulleiter-Handbuch, Bd. 50. Braunschweig 1989, S. 52 – 63.

BAUMERT, J./LESCHINSKY, A.: Zur Rolle des Schulleiters. In: Schulmanagement 17 (1986a) H. 6, S.18 – 24.

BAUMERT, J./LESCHINSKY, A.: Berufliches Selbstverständnis und Einflußmöglichkeiten von Schulleitern. Ergebnisse einer Schulleiterbefragung. In: Zeitschrift für Pädagogik 32 (1986b) H.2, S. 247 – 266.

GEMEINSAMES AMTSBLATT des Thüringer Kultusministeriums und des Thüringer Ministeriums für Wissenschaft und Kunst Nr. 2 vom 24. Mai 1991.

MITTEILUNG des Ministeriums für Bildung und Wissenschaft: Ausschreibung der zu besetzenden Stellen als Direktoren von Schulen. In: DLZ 25/90, S. 2.

PÄDAGOGIK. Volk und Wissen, Berlin 1978.

STEFFENS, U./BARGEL, T.: Erkundungen zur Qualität von Schule. Neuwied 1993.

VERORDNUNGEN des Ministerrates der DDR vom 30. Mai 1990 über Mitwirkungsgremien und Leitungsstrukturen im Schulwesen sowie zur Bildung einer vorläufigern Schulaufsichtsbehörde. In: DLZ 23/90, S. 5.

VERORDNUNG über die Sicherung einer festen Ordnung an den allgemeinbildenden polytechnischen Oberschulen – Schulordnung vom 29.11.1979. In : Gesetzblatt der DDR, Teil I, Nr. 44, S. 433 – 443.

VERORDNUNG über die Pflichten und Rechte der Lehrkräfte und Erzieher der Volksbildung und Berufsbildung – Arbeitsordnung für pädagogische Kräfte vom 29.11.1979. In: Gesetzblatt der DDR, Teil I, Nr. 44, S. 444 – 447.

VORLAGE Nr. 106/90. In: Bundesarchiv Potsdam, Bestand DR4, Akte 1592

VORLÄUFIGE SCHULORDNUNG für die Grundschule vom 10.09.1991. In: Gesetz- und Verordnungsblatt für das Land Thüringen Nr. 21/1991, S. 395 – 410

WEISHAUPT, H./BÖTTCHER, I./PLATH, M.: Schulleitung und Schulgestaltung – am Beispiel von drei Regelschulen in Thüringen. In: Zeitschrift für Bildungsverwaltung 9(1994), H. 3, S. 5 – 19

FRANZ-PETER SCHIMUNEK

Pleiten, Pech und Pannen – Impressionen von der Vorbereitung und Durchführung der Erhebung

„Schule in Thüringen im Wandel", eine Studie, die im Frühsommer 1992 an 11 Erfurter Schulen durch die Befragung von 1945 Schülern, 765 Eltern und 49 Schulleitern und Lehrern realisiert wurde, wäre eine Episode geblieben, wenn die erhaltenen Informationen nicht auch im „flachen Land" bzw. vor, hinter sowie im „großen Wald" überprüft worden wären. Und während noch an den Formulierungen des ersten Abschlußberichtes gefeilt wurde, begann das Pläneschmieden für die zweite Phase der Untersuchung – wann, wo, wie und mit wem, mit welchen Mitarbeitern, welchen Lehrern, Schülern und Eltern, an welchem(n) Ort(en) und mit welchen Erhebungsinstrumenten. Für die Lehrerbefragung mußte ein geeigneter Fragebogen entwickelt, die für Schüler und Eltern überarbeitet werden. Damit die Untersuchung rechtzeitig und nicht wie in Erfurt in die letzte(n) Schulwoche(n) fällt, mußten diese Vorarbeiten gründlich geplant und koordiniert werden, von der Vorlage der Fragebogenentwürfe bis hin zur Auswahl der Schulen. Doch auch gründliche Planung kann durch die Wechselfälle des Alltags, durch neue Ideen empfindlich durcheinander kommen. Gerade bei der Konstruktion eines Fragebogens sind nicht immer „viele Jäger des Hasen Tod", wird der Brei nicht immer mit steigender Zahl der Köche genießbarer! Das ministeriell-behördliche Nachdenken über die Genehmigung der Untersuchung dauerte 6 Wochen – die heiße Phase der Untersuchung fiel demzufolge wiederum in die letzten Wochen des Schuljahres – was die Vergleichbarkeit der Ergebnisse mit denen der Erfurter Studie nur erhöhen kann! Außerdem ist es eine weit verbreitete Legende, daß Interviewer bzw. Befragungsleiter den Schulablauf nur stören. Vor allem Schüler waren ganz froh über diese Abwechslung:

> *„Das war nicht schlecht, wir brauchten kein Mathe zu machen ...",*

so der mitunter anzutreffende Kommentar einiger Schüler zur Befragung. Aber auch Lehrer waren manchmal empfänglich für den unerwarteten Freiraum:

> *„Sie kommen doch sicher allein mit den Schülern zurecht, ich muß sowieso noch ..." (Zeugnisse schreiben/Bücherbestellungen vorbereiten ...)*

Doch das ist schon ein anderes Kapitel. Die Schwierigkeiten bei der Planung der Untersuchung resultierten im wesentlichen aus dem verständlichen

Wunsch, so viel wie möglich an Ergebnissen „herauszuholen", den Vergleich mit der vorangegangenen Erfurter Studie zu sichern, aber auch andere Untersuchungen in alten und neuen Bundesländern nicht aus dem Auge zu verlieren. Die konzeptionellen Überlegungen gebaren den Wunsch, Schüler- und Elternaussagen unmittelbar vergleichen zu können, ohne die Anonymität zu verletzen. Gelöst wurde das Problem über Code-Nummern (beginnend mit zwei Ziffern für die ausgewählte Schule), jeweils dieselbe für einen Schüler und dessen Eltern – bei ca. 15.000 Fragebogen eine zeitraubende Aufgabe, zumal in der konkreten Durchführung gesichert werden mußte, daß ein Schüler zwei Fragenbogen (seinen und den für seine Eltern) mit der gleichen Nummer erhielt. Schüler- und Elternfragebogen wurden paarweise zusammengeklammert, der für die Eltern kam zusätzlich in einen Rücksendeumschlag, was den Vorbereitungsaufwand (und die Fehlerquellen!) zusätzlich vergrößerte, den Einsatz aller verfügbaren Kräfte erforderte.

Die Auswahl der Schulen erfolgte nach bewährten Kriterien (Übergangsquoten zum Gymnasium, Schulangebot im Ort, s. KUTHE/SCHIMUNEK in diesem Band). Nach diesen Kriterien gelang es, auch die von Erfurt entlegensten Orte in die Erhebung einzubeziehen. Dadurch wurde das Projekt zwar teuer(er), aber sicherlich auch solider (Denn: Nur ein teures Forschungsprojekt kann wirklich gut sein, vgl. VOGT 1979) und es bot die Möglichkeit für die Befragungsleiter aus den alten und neuen Bundesländern, das Thüringer Land mit all seinen Schönheiten (und Schandflecken) kennenzulernen (die Befragungen wurden im wesentlichen von den Autoren dieses Bandes durchgeführt).

Nachdem alle diese Klippen erfolgreich umschifft und die Termine mit den ausgewählten Schulen telephonisch abgesprochen waren, schlug Ende Juni die große Stunde, begann der Einsatz „vor Ort", „im Feld". Ausgerüstet mit der den Schülerzahlen entsprechenden Anzahl von Fragebogen gingen die Befragungsleiter in die Spur, klopften rechtzeitig vor Unterrichtsbeginn bei den Schulleitern an, stellten sich vor und besprachen das weitere Vorgehen in den Klassen. In der überwiegenden Mehrzahl der Fälle konnten sich die Schulleiter an die telephonischen Absprachen erinnern, einige hatten schon organisatorische Vorbereitungen getroffen, vor allem an den Gymnasien war in der Regel alles stabsmäßig geplant, die Lehrer und Schüler wußten Bescheid. An einigen Schulen genügte ein Blick auf den Stundenplan und schon ging es los,

> *„... als erstes gehen Sie in die Klasse 7b in den Raum 31, 3. Etage, danach in die Klasse 5a, die ist in der zweiten Stunde im Raum 12, 1. Etage. Sie müssen sich aber beeilen, die Pause beträgt nur 5 Minuten ...".*

An einem Gymnasium war diese Planung so gestaltet, daß alle Klassen, verteilt über drei Stockwerke, in einer Unterrichtsstunde (zur gleichen Zeit) befragt werden mußten. Der geplagte Befragungsleiter mußte in dieser Zeit die Fragebogen an die Schüler bringen, seine Erläuterungen geben. Als er der letzten Klasse seine Erläuterungen gab, waren die ersten Klassen bereits fertig, mußten die Bögen eingesammelt werden: ein kostenloses Fitness-Training. Von diesem Ausnahmefall abgesehen, steuerten die Befragungsleiter mit dem Fragebogenstapel für die einzelnen Klassen unter dem Arm die Räume an, wurde auf das Eintreffen von Schülern und Lehrern gewartet. Neugierige Blicke der Schüler, manchmal fragende der Lehrer:

> *„Ach so, Sie wollen eine Schülerbefragung machen, doch, ich erinnere mich, der Direktor hat so etwas angekündigt ..., am besten, Sie sagen den Schülern selbst, was Sie wollen."*

Diese „Eröffnungsgespräche" variierten von:

> *„Sie brauchen mich doch nicht und kommen mit den Schüler allein zurecht..."(s. o.),*

bis zum „Ansichreißen-Wollen" der Befragung,

> *„**Wir** machen heute eine Befragung ..." (Ankündigung der Lehrerin)*

Ähnlich differenziert wie diese „Eröffnung" war das Verhalten der Lehrer während der Befragung, einige hielten sich auch bei Anwesenheit absolut zurück, waren „Luft" für die Schüler, andere versuchten, ihre Neugier zu stillen, den Schülern schon einmal über die Schultern zu schauen. In solchen Fällen schritt der Befragungsleiter sofort ein und versuchte, diese Lehrer anderweitig zu beschäftigen:

> *„Schauen Sie sich mal diesen Fragebogen an ...".*

Oder noch besser:

> *„Vielleicht füllen Sie mal gleich selbst diesen (Lehrer-)Fragebogen aus."*

Eine Lehrerin (Gymnasium in X) war absolut nicht zu bremsen. Dieser mütterliche Typ, besorgt um seine Schüler, glaubte, den Schülern helfen zu müssen. Aber selbst den Schülern war ihre „Hilfe" unangenehm:

> *„Ich zeige Ihnen meinen Fragebogen erst, wenn ich mit allem fertig bin" (Reaktion einer Schülerin auf die neugierigen Blicke der Lehrerin).*

Das war aber die absolute Ausnahme, selbst wenn bei einer Schülerfrage ein Lehrer schneller als der Befragungsleiter „vor Ort" war, bemühten sich diese Lehrer, die Frage entsprechend den Untersuchungsabsichten zu beantworten.

Das unterschiedliche Lehrerverhalten korreliert vermutlich stark mit der Einstellung zu sozialwissenschaftlichen Untersuchungen, manche artikulierten ihre Skepsis, verbunden mit einer Unterschätzung der Schüler:

> *„Das können die(se) Schüler doch gar nicht (wissen)."*
>
> *„Von Befragungen halte ich sowieso nicht viel."*

Andere wiederum hielten solche Untersuchungen für sehr wichtig:

> *„So was müßte 'man' öfter machen."*
>
> *„Wann bekommt man die Ergebnisse zu sehen?"*

Diese Meinungsvielfalt ist ganz normal, auch bei den Schülern reichte die Palette von

> *„Endlich wird einmal auch unsere Meinung gefragt, das finde ich prima",*

bis zu

> *„Das ist alles Quatsch, es ändert sich ja doch nichts."*

Doch zurück zum Ablauf der Untersuchung, den „Pleiten und Pannen". Nach „Murphy's Gesetz" geht alles schief, was schiefgehen kann (PETER/HULL 1989). Ganz so schlimm war es nicht, aber gleich am ersten Tag gab es Probleme: Der Befragungsleiter hatte den Fragebogenstapel einer anderen Schule mitgenommen. Da die Fragebogen nach den von der Schule mitgeteilten Schülerzahlen für die einzelnen Klassenstufen abgezählt waren, ging die Zahl nicht auf, in einer Klasse fehlten plötzlich 6 Fragebogen! Zum Glück war hier die Lehrerin noch anwesend, sofort kopierte sie die fehlenden Fragebogen (Schwierigkeiten bei der Auswertung sind dadurch vorprogrammiert, haben doch nun insgesamt 7 Fragebogen die gleiche Codenummer). Dieser Fehler wiederholte sich auch noch an anderen Schulen, obwohl sich die Befragungsleiter, durch diese Erfahrung klug geworden, gründlich vergewisserten, ob sie auch wirklich die Fragebogen „ihrer" Schule hatten. Wußten die angerufenen Sekretariate nicht genau, wieviel Schüler an ihrer Schule sind, oder haben sich vielleicht Schüler „eingeschmuggelt"?

Dennoch muß das große Entgegenkommen (fast) aller Schulen, Schulleiter und Lehrer betont werden, nicht selten konnten sich die Befragungsleiter nach ihrer anstrengenden Fahrt erst einmal an einer Tasse Kaffee laben, wurde die Teilnahme an der Schulspeisung angeboten:

„Die ist jetzt wirklich viel besser als früher!"
(Kenner der DDR-Verhältnisse wußten das zu schätzen)

Viele Schulen waren auch bereit, entsprechend ihren räumlichen Möglichkeiten Klassen zusammenzulegen, um die Befragung schneller über die Bühne zu bringen.

„Stell Dir vor, es ist Befragung und keiner geht hin": Antwortverweigerungen bei den Schülern waren die absolute Ausnahme, dennoch kam es zu Ausfällen:

„Es tut mir leid, aber die 9b ist heute auf Klassenfahrt."

„Die 5. Klassen sind in einer anderen Schule, da müssen Sie bis zur nächsten Ampelkreuzung, dann rechts, die Hauptstraße. Richtung X, die, warten Sie, vierte oder fünfte Straße links abbiegen, an der übernächsten Kreuzung ist dann das Schulgebäude ...".

„Unsere Parallelklassen sind im Nachbarort, wenn Sie sich beeilen, erwischen Sie die siebten und neunten noch, die fünfte hat sicherlich schon Schulschluß ...".

Ein weiterer Alptraum jedes Befragungsleiters waren die Verkehrsverhältnisse. Start um 5.00 Uhr, 5.05 Uhr Verkehrsfunk des Mitteldeutschen Rundfunks: „Auf der A 4 befindet sich zwischen Apolda und Jena ein Schwerlasttransport, der nicht überholt werden kann ...". Die Anreise zu den Untersuchungsorten war aber meist noch problemlos, bei der Rückfahrt mußte man sich schon auf längere Wartezeiten einrichten (Verkehrsfunk von Radio Thüringen am 22.7.93, 11.05 Uhr: „Zwischen Stadtroda und Jena-Lobeda 20 km Stau wegen Bauarbeiten" – sind das überhaupt 20 km?).

War man dagegen auf Bundes- und Landstraßen angewiesen, erlebte man immer wieder Überraschungen: Nach A Umleitung über X, Y, Z, die Straße nach ... (an der die Schule lag) ist wegen Bauarbeiten gesperrt ... Passierte das dem Befragungsleiter auf einer Fahrt insgesamt dreimal, kam die zeitliche Planung der Fahrt ins Wanken (nach A sind es rund 100 km, das müßte doch in zwei Stunden zu schaffen sein ...) und die fest eingeplante erste Unterrichtsstunde gerät in Gefahr. Manchmal war man gut beraten, bestimmte Bereiche weiträumig zu umfahren, auf Nebenstraßen auszuweichen. Während der Rückfahrt entfaltete sich in einem PKW folgender Dialog:

Mitfahrer: *„Wo sind wir denn jetzt?"*
(Nach 6 Stunden Befragung und monotonem Motorengeräusch etwas eingenickt)

Fahrer: *„In Töttleben."*
Mitfahrer: *„Töttleben? Wo liegt denn das?"*
Fahrer: *„4 km (!) von Erfurt entfernt ..."*

Am Ort angekommen, begann die Suche nach der Schule. Für kleinere Orte gilt für die Zukunft folgende Faustregel: Zentralistische DDR-Plattenschul-(groß)bauten sind meist am Ortsrand (woanders hätten sie auch keinen Platz gehabt!) und in der Regel auch weithin sichtbar, verträumte alte Schulen befinden sich meist in der Nähe der Kirche. Nicht selten war auch in kleineren Orten die Hilfe durch Ortskundige unabdingbar:

> *„Sie wollen zum Gymnasium, ist das die Schule, wo die Großen hingehen?" (Tankwart)*
>
> *„Die Regelschule ist noch gaaaanz weit hinten am Sportplatz ..." (Grundschüler in B; Anmerkung des Autors: Die Schule befand sich etwa 100 m vom „Frageort" entfernt)*

Und das deutsche Gymnasium gilt wieder etwas: „Erst die Arbeit und dann das Vergnügen ...". Im Gymnasium in Z wurde eine Klasse erst zu ihrer geplanten Wanderfahrt entlassen, als die Schüler ihren Fragebogen ausgefüllt hatten. Die Busse eines Reiseunternehmens warteten geduldig, bis die Schüler von dieser Aktion zurückkehrten. Natürlich traf das die meisten Schüler kalt. Ausgerüstet für die Wanderfahrt mit Schirm, Charme und Melone ..., halt, heute wird es wohl heißen müssen: Walkman, Turnschuhen und Baseball-Mütze..., hatten sie kein Schreibzeug am Mann. (Wer schreibt heutzutage noch Briefe, wo doch alles so teuer geworden ist?) Der Lehrer mußte seine eisernen Reserven angreifen, zum Glück hatte ein bekannter Schulbuchverlag gerade ausreichend Werbestifte vorbeigebracht, die Situation war gerettet.

Gerade die Gymnasien lieferten weitere Quellen für Pannen. Durch ihre Größe reichte oft eine PKW-Besatzung für die Durchführung der Befragung nicht aus. Letzte Absprache vor der Abfahrt in Erfurt: Wir treffen uns 7.30 Uhr vor der Schule. Geduldig wartete die eine Besatzung bis kurz vor 8.00 Uhr **vor** der Schule. Inzwischen hatte sich die andere Truppe von **hinten** an die Schule herangearbeitet, die Fragebogenpakete abgeladen und schon mit den ersten Befragungen begonnen.

Die eigentliche Befragung begann mit der Vorstellung des Befragungsleiters, der „Motivationsphase". Wollte er Erläuterungen an der Tafel vornehmen, begann die Suche nach einem Stück Kreide, an einigen Thüringer Schulen wurde so etwas beinahe mit Gold aufgewogen.

Der überwiegende Teil der Schüler stürzte sich bereitwillig an die Aufgabe und stolperte gleich am Anfang über die Frage nach der Postleitzahl des Schulortes. „Rolf", die Fünffingerfigur der Bundespost, sorgte für ein erstes Stagnieren des Ablaufes:

> *„Sollen wir die alte oder die neue Postleitzahl hinschreiben?"*
>
> *„Ich kenne die neue Postleitzahl nicht."*

Nachdem diese erste Klippe erfolgreich umschifft wurde, waren die Schüler kaum noch aufzuhalten, bis sie an die Stelle kamen, wo sie die unterschiedlichen neuen und alten Schularten einschätzen sollten:

> *„Was heißt denn 'poss' (POS)?"*

fragten auch Schüler der Klasse 9, die garantiert noch die „Polytechnische Oberschule" der DDR aus eigenem Erleben kennen müßten.

Danach lief es in der Regel reibungslos bis zur Frage nach der Berufstätigkeit der Eltern:

> *„Meine Mutti ist Lehrerin, ist das ganz- oder halbtags?"*

Das Arbeitstempo der Schüler war ganz unterschiedlich, 99 % schafften es in einer Unterrichtsstunde. Der „Rekord" für das Ausfüllen lag bei 16 Minuten. Gymnasiasten hatten für den Rest der Stunde noch genug zu tun (Hausaufgaben, Vorbereitung auf die nächste Stunde), bei schnellen Regelschülern klappte das nicht:

> *„Hier steht: wöchentlich eine halbe Stunde, eine Stunde, ... für Hausaufgaben, ich mach' aber überhaupt keine, was soll ich dann ankreuzen?" (Frage nach der zeitlichen Belastung durch Hausaufgaben)*

Solche Schüler weiter zu beschäftigen, war oft nicht leicht. Den Hinweis, sich auch einmal den Elternfragebogen anzuschauen, haben zwei Schülerinnen zu wörtlich genommen, sie haben den Elternfragebogen gleich mit ausgefüllt.

Die Stunde neigte sich ihrem Ende, einige Nachzügler schrieben noch fleißig, der Befragungsleiter nahm die ausgefüllten Fragebogen entgegen, verabschiedete sich mit der Bitte an die Eltern, den ausgefüllten Fragebogen bis Anfang der nächsten Woche (damit die Eltern auch wissen, was sie am Wochenende machen können; außerdem ist das Fernsehprogramm auch nicht mehr das, was es früher einmal war) ihren Kindern ausgefüllt und verschlossen mit in die Schule zu geben und verließ mit einem Paket zukünftiger Wissenschaft den Ort des Geschehens, suchte die nächste Klasse. War genügend Zeit, konnten die inzwischen gesammelten Fragebogenstapel schon einmal im Auto verstaut werden. Wenn nach der zweiten Stunde „große Pause“ war, bot sich das ja an. Aber wie soll man mit zwei Armen und zwei Stapeln den Kofferraum öffnen? Richtig, man setzt einen ab, behält den anderen in der linken Hand und öffnet mit der rechten, nachdem man den Autoschlüssel garantiert in der linken Jackentasche gefunden hat, den Kofferraum. Leider war der PKW in der Thüringer Hauptwindrichtung geparkt ... Nach einem 30m-Zwischenspurt waren auch die letzten fliegenden Blätter eingesammelt, konnte der Schüler mit der Nr. 3109131 in die Auswertung einbezogen werden.

Auch die längste Erhebung geht einmal zu Ende. Die Schülerbefragungen waren abgeschlossen, die Elternfragebogen mußten an den Schulen eingesammelt werden. Also „on the road again“ (Glück gehabt, ein viertel Jahr ist fast vorbei und kein Bußgeldbescheid wegen Geschwindigkeitsüberschreitung). Aber auch das Schuljahr ging zu Ende und manche Schulen waren „dicht“. Vor dem Gymnasium in C lümmelte ein einsamer, vermutlich gehbehinderter Schüler:

> *„Heute ist Sportfest, da finden Sie hier niemand. Auch die Sekretärin spielt gerade Volleyball ...“*

Also am nächsten Tag wieder hin. Danach im Institut Sichtung aller Fragebogen, mit dem Ergebnis: Die Fragebogen einer Schule fehlen! Kurzer Anruf in der betreffenden Schule:

> *„... bis 15.00 Uhr ist noch jemand da ...“,*

also Tiefflug nach D im nordöstlichen Ende Thüringens, 14.50 Uhr Ankunft, Suche nach der Schule, hier galt obige Faustregel leider nicht, sie lag ganz versteckt (aber am Stadtrand!) in einer Siedlung mit Einfamilienhäusern inmitten schöner Bäume ...

Ende gut, aber noch nicht alles gut, nun steht die Auswertung bevor, das Waten im Sumpf der „dirty data“ (AGNEW/PYKE 1979).

PS: Der Autor hatte sich zu früh gefreut, zwei Tage vor Ablauf der Frist kam Post von der zentralen Thüringer Bußgeldstelle in Suhl: Sie sind am 27.7. 1993 auf der BAB 9, km ... mit 84 km/h gemessen worden, in diesem Bereich (Baustelle) waren nur 60 km/h erlaubt.

Literatur

AGNEW, W.R./PYKE, N.: The science game. Englewood Cliffs/N.J. 1979.

PETER, L.J./HULL, R.: Das Peter-Prinzip oder die Hierarchie der Unfähigen. Berlin 1989.

VOGT, W.: Der Wiesbadener Kongreß. Berlin 1979

MANFRED KUTHE

Das neue Thüringer Schulsystem: Strukturen, Bildungsnachfrage und Abschlüsse

Am 6. August 1993 trat das Thüringer Schulgesetz in Kraft und löste das vorläufige Bildungsgesetz vom 25. März 1991 ab, mit dem bereits die Weichen für das neue Thüringer Schulwesen gestellt waren. Dieses ersetzte 1991 zu Schuljahresbeginn das alte DDR-Schulsystem mit 856 Polytechnischen Oberschulen (POS), 53 Erweiterten Oberschulen (EOS) und 80 Sonderschulen in Thüringen.

Zum Zeitpunkt der Erhebungen, auf denen die vorangegangenen Darstellungen in diesem Band beruhen, befand sich das neue Thüringer Schulsystem an der Schwelle zum dritten Jahr seines Bestehens; mittlerweile sind fünf Jahre seit dem Schulstrukturwandel vergangen. Es erscheint daher angebracht, eine Bilanz des neuen Schulsystems zu ziehen und dabei gleichzeitig seine grundlegenden Strukturen darzustellen. Dies ist allerdings nur sinnvoll, wenn man allgemeinbildendes und berufsbildendes Schulwesen gemeinsam betrachtet, da nur so die Verzahnungen und wechselseitigen Abhängigkeiten deutlich werden können. Dies betrifft insbesondere die lokale und regionale Schulangebotsstruktur, die Übergänge zu den weiterführenden Schulen der Sekundarstufe I und in die berufsbildenden Schulformen der Sekundarstufe II und den Schulerfolg, d.h. die Qualifikationen, die im allgemeinbildenden und im berufsbildenden Schulsystem erreicht werden.

Die folgenden Ausführungen beruhen auf der amtlichen Schulstatistik, wie sie für die Schuljahre 1991/92 bis 1995/96 als Statistische Berichte vom Thüringer Landesamt für Statistik veröffentlicht worden sind, und den entsprechenden Landesübersichten des Thüringer Kultusministeriums.

Schularten, Bildungswege, Abschlüsse

Rechtliche Grundlagen des Thüringer Schulsystems sind neben der Landesverfassung das Thüringer Schulgesetz (ThürSchulG) in der Fassung vom 6. August 1996, die Thüringer Schulordnung (ThürSchulO) in der Fassung vom 4. Oktober 1994, das Förderschulgesetz (FSG) in der Fassung vom 21. Juli 1992 und die Thüringer Förderschulordnung (ThürFöSchulO) in der Fassung vom 4. Oktober 1994.

Das Thüringer Schulgesetz sieht ein nach Schularten gegliedertes Schulwesen vor. **Schularten** sind Grundschule, Regelschule, Gymnasium, berufsbildenden Schulen, Kolleg und Förderschulen (§ 4 Abs. 1) *(vgl. Abbildung 1)*.

In der Regel mit dem 6. oder 7. Lebensjahr werden die Kinder in die 4-jährige **Grundschule** (§ 4 Abs. 2) eingeschult. Am Ende der Klasse 1 rücken die Schüler ohne Versetzung in die nächste Klassenstufe vor (§ 5 Abs. 2). Kinder, die mit dem normalen Unterricht nicht Schritt halten können, besuchen Diagnose- und Förderklassen (DiaFö 1, 1a und 2), in denen sie die Klassenstufen 1 und 2 in drei Schuljahren durchlaufen (§ 5 Abs. 1). Der Hort als Einrichtung zur Förderung und Betreuung von Schülern vor und nach dem Unterricht ist integraler Bestandteil der Grundschule (§ 10 Abs. 1).

Die **Regelschule** vereint die Bildungsgänge von Hauptschule und Realschule. In den Klassen 5 und 6 wird der Unterricht von den Schülern in allen Fächern gemeinsam besucht. Nach dieser Orientierungsphase wird in den Klassen 7 bis 9 differenziert. Es können entweder auf den Hauptschul- oder auf den Realschulabschluß bezogene Klassen eigenständig nebeneinander geführt oder integrierte Kursklassen mit Fachdifferenzierung in den Kernfächern (Deutsch, Mathematik, 1. Fremdsprache, in Klasse 9 auch Biologie, Chemie und Phsyik) eingerichtet werden. Dabei entspricht Kurs I dem Anforderungsprofil der Hauptschule und Kurs II dem der Realschule (§ 6 Abs. 1). Die Schulkonferenz entscheidet im Benehmen mit dem Schulträger darüber, ob ab Klasse 7 abschlußbezogene Klassen gebildet werden oder ob eine Differenzierung nach Kursen erfolgt (§ 6 Abs. 2).

Der hauptschulische Bildungsgang endet nach erfolgreichem Besuch der Klasse 9 mit dem **Hauptschulabschluß** oder daneben, nach Bestehen einer freiwilligen Prüfung, mit dem **Qualifizierenden Hauptschulabschluß**, der realschulische Bildungsgang nach erfolgreichem Besuch der Klasse 10 und bestandener Prüfung mit dem **Realschulabschluß** (§ 4 Abs. 3). Der Qualifizierende Hauptschulabschluß berechtigt zum Besuch der Klasse 10 Regelschule (§ 6 Abs. 5). Da der hauptschulische Bildungsgang bereits nach Klasse 9 endet, ist die Klasse 10 der Regelschule eine ausschließliche Realschulklasse.

Das **Gymnasium** beginnt mit Klasse 5 (§ 7 Abs. 1) und führt bereits in 8 Schuljahren zum **Abitur nach Klasse 12**. Die Klassen 10 bis 12 bilden die Thüringer Oberstufe. Die Einführungsphase in Klasse 10 wird im Klassenverband, die Qualifikationsphase in Klasse 11 und 12 in halbjährigen Kursen in Grund- und Leistungsfächern unterrichtet (§ 7 Abs. 3). Es gibt 4 Spezialgymnasien, 1 für Musik und 3 für Sport (§ 7 Abs. 5), und Gymnasien mit Spezialzügen für besonders Begabte.

Abbildung 1:
Das neue Thüringer Schulsystem (1995/96)

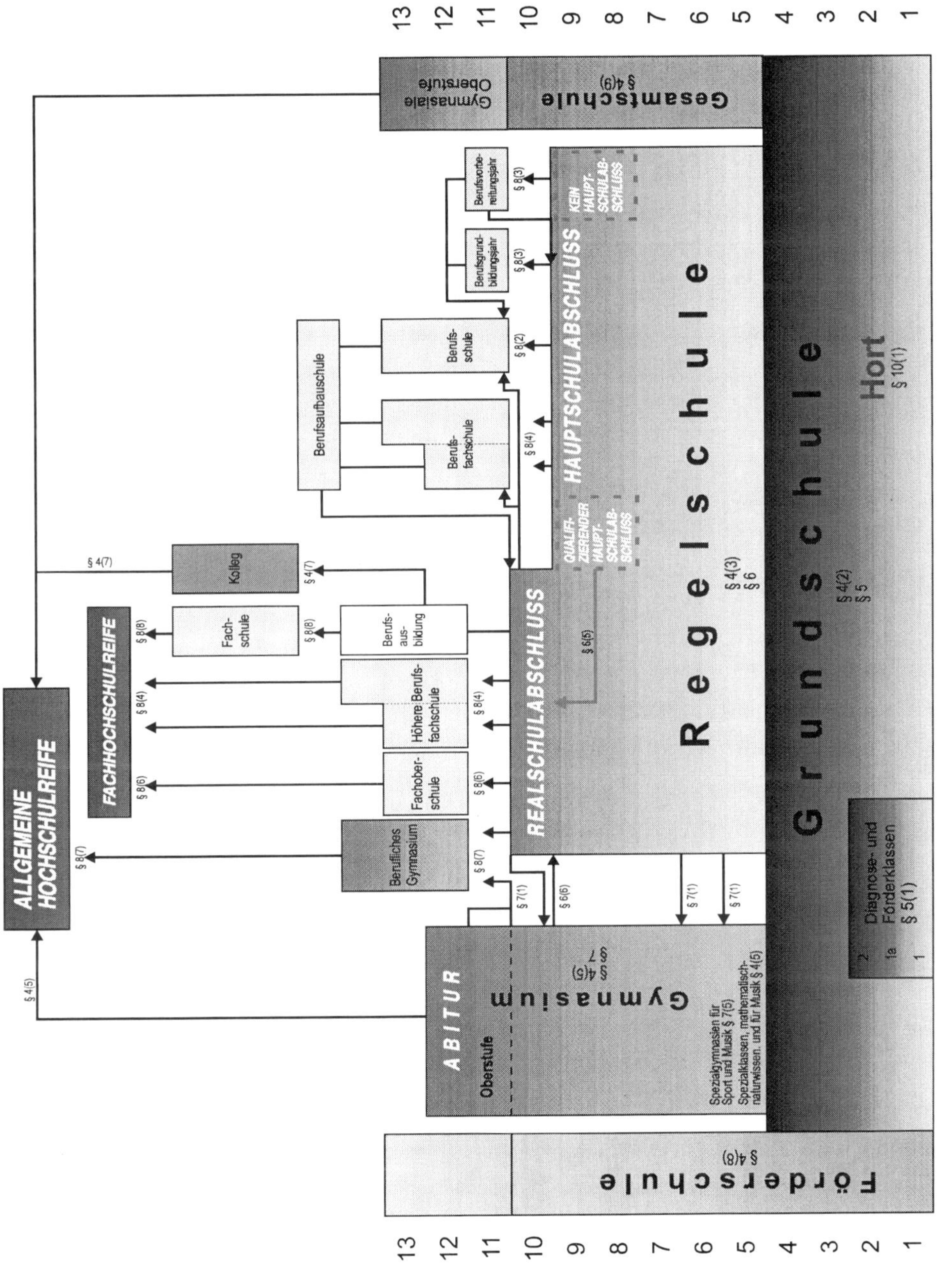

Zu Beginn eines Schuljahres können Schüler nach Erfüllung bestimmter Leistungsvoraussetzungen, auf Empfehlung der Klassenkonferenz oder nach bestandener Aufnahmeprüfung bzw. seit 1996 nach erfolgreichem Probeunterricht nach der Klasse 4 Grundschule sowie **nach Klasse 5, 6 und 10** Regelschule in das Gymnasium übertreten (ThürSchulO § 124). Die Möglichkeit eines späteren Übertritts aus der Regelschule nach Klasse 5, 6 und 10 gewährt eine gewisse **Durchlässigkeit zwischen Regelschule und Gymnasium** zu Beginn und am Ende der Sekundarstufe I.

Die **Leistungsvoraussetzungen** sind erfüllt, wenn in der Grundschule in Deutsch, Mathematik, Heimat- und Sachkunde, in der Regelschule in Deutsch, Mathematik, 1. Fremdsprache (und in Klasse 10 im Wahlpflichtfach) die Note „gut" erreicht wird. Eine Empfehlung ist nötig, wenn in ein oder zwei dieser Fächer nur ein „befriedigend" erreicht wird (ThürSchO § 125), Aufnahmeprüfung bzw. Probeunterricht, wenn Schüler ohne entsprechende Notenvoraussetzungen oder Empfehlung der Schulkonferenz von ihren Eltern für das Gymnasium angemeldet werden (§ 131).

Wer den Anforderungen eines normalen Schulbetriebs nicht genügen kann, wird in einer **Förderschule** unterrichtet. Im Schuljahr 1996/97 sind dies fast 6 Prozent aller Schüler der Jahrgangsstufen 1 bis 10. Weitere 4 Prozent werden zwar an Grund- und Regelschulen unterrichtet, aber zusätzlich durch den Mobilen Sonderpädagogischen Dienst betreut (FSG § 3).

Im Schuljahr 1996/97 gibt es in Thüringen noch **1.257 allgemeinbildende Schulen:** 660 Grundschulen**,** 368 Regelschulen**,** 113 Gymnasien und 102 Förderschulen, 2 kooperative und 3 integrierte Gesamtschulen, 3 Freie Waldorfschulen und (als Schulversuche) 2 Jenaplan-Schulen, 1 Hauptschule und 1 Hermann-Lietz-Schule. Nur **30** allgemeinbildende Schulen sind **in privater Trägerschaft**: 3 Grundschulen, 2 Regelschulen, 5 Gymnasien, die 3 Waldorfschulen und 17 Förderschulen (in der Regel für Geistigbehinderte).

Im beruflichen Schulwesen der Sekundarstufe II werden sechs der sieben berufsbildenden **Schulformen** in unterschiedlicher Bündelung „unter einem Dach" angeboten: die (Teilzeit-)Berufsschule und die Berufsförderschule und – in der Regel als Schulen in Vollzeitform – Berufsfachschule einschl. höherer Berufsfachschule, Fachoberschule, berufliches Gymnasium und Fachschule (ThüSchulG § 8 Abs. 1). Berufsaufbauschulen sind derzeit in Thüringen (noch) nicht eingerichtet.

Die **Berufsschule** führt in Teilzeitunterricht im Rahmen der dualen Berufsausbildung zu beruflichen Qualifikationen. Die Schüler können mit dem Abschluß der Berufsschule einen dem Realschulabschluß gleichwertigen Abschluß erwerben (§ 8 Abs. 2).

Jugendliche **ohne Hauptschulabschluß** gehen ins **Berufsvorbereitungsjahr** und können dort einen dem Hauptschulabschluß gleichwertigen Abschluß erwerben, Jugendliche **ohne Ausbildungsverhältnis** ins **Berufsgrundbildungsjahr** (§ 8 Abs. 3), Jugendliche **mit sonderpädagogischem Förderbedarf** in die **Berufsförderschule** (§ 8 Abs. 9).

Für **Regelschüler mit Hauptschulabschluß** bieten sich drei weiterführende vollzeitschulische Bildungswege an, die auch zu einem dem Realschulabschluß gleichwertigen Abschluß führen:

- die 2- oder 3-jährigen **Berufsfachschulen** (§ 8 Abs. 4) führen zu beruflichen Qualifikationen und Teilqualifikationen;
- die **Berufsaufbauschule** (§ 8 Abs. 5) nach Berufsausbildung in einem 1-jährigen Vollzeit- oder berufsbegleitend in einem 3-jährigen Teilzeitbildungsgang;
- die **Fachschulen** für Agrarwirtschaft und Hauswirtschaft (§ 8 Abs. 8) führen nach abgeschlossener Berufsausbildung oder einschlägiger Berufstätigkeit in einem mindestens 2-jährigen Bildungsgang führen zu einer vertieften beruflichen Weiterbildung.

Für **Regelschüler mit Realschulabschluß** gibt es vier weiterführende vollzeitschulische Bildungsgänge, die zur Fachhochschulreife oder zur allgemeinen Hochschulreife führen:

- Die 2- oder 3-jährigen **Höheren Berufsfachschulen** führen zu einer beruflichen Qualifikation; zusätzlich kann die Fachhochschulreife erworben werden (§ 8 Abs. 4).
- Die 2-jährige **Fachoberschule** führt direkt zur Fachhochschulreife; sie verkürzt sich für Schüler mit abgeschlossener Berufsausbildung auf ein Jahr (§ 8 Abs. 6).
- Die **Fachschule** vermittelt nach einer abgeschlossenen Berufsausbildung oder einschlägiger Berufstätigkeit eine vertiefte berufliche Weiterbildung; zusätzlich kann die Fachhochschulreife erworben werden (§ 8 Abs. 8).
- Das 3-jährige **berufliche Gymnasium** führt zur allgemeinen Hochschulreife (§ 8 Abs. 7).

Im Schuljahr 1996/97 gibt es in Thüringen **120 berufsbildende Schulen**, darunter **54 in privater Trägerschaft** (überwiegend Berufsfachschulen und Fachschulen).

Lehrer

29.000 Lehrerinnen und Lehrer, davon 3.700 an berufsbildenden Schulen, unterrichteten im Schuljahr 1995/96 die 440.000 Thüringer Schülerinnen und Schüler. Das entspricht einer Lehrer-Schüler-Relation von 1 zu 15 (*vgl. Übersicht 1*).

Unter den über **25.400 Lehrern an allgemeinbildenden Schulen** stellen die 9.500 Regelschullehrer die größte Gruppe. Bei 122.000 Haupt- und Realschülern kommen in den Regelschulen 13 Schüler auf einen Lehrer, bei 7.400 Grundschullehrern an der Grundschule 17, bei 5.700 Gymnasiallehrern im Gymnasium 15 Schüler. Mit einer Lehrer-Schüler-Relation von 1 zu 7 an den Förderschulen kommt Thüringen dem besonderen Förderbedarf dieser Schüler entgegen.

Übersicht 1:
Lehrer an Thüringer Schulen nach Schularten (1995/96)
(Vollzeitlehrer und in Vollzeitlehrer umgerechnete Teilzeitlehrer)

Schularten	*Schulen*	*Schüler*	*Lehrer*	*Lehrer pro Schule*	*Schüler pro Lehrer*
Grundschulen	690	128.589	7.435	10.8	17.3
Regelschulen	382	122.064	9.510	24.9	12.8
Gymnasien	114	86.399	5.677	49.8	15.2
Gesamtschulen/Schulversuche	12	4.449	231	19.3	19.3
Förderschulen	102	18.440	2.526	24.8	7.3
Allgemeinbildende Schulen	1.300	359.941	25.379	19.5	14.2
Berufsschulen (incl. BVJ/BGJ/FöBS)	68	60.263	1.922	28.5	31.3
Berufsfachschulen	97	13.259	1.085	11.5	12.2
Fachoberschulen	32	1.869	140	4.3	13.4
Berufliche Gymnasien	23	2.958	273	11.9	10.8
Fachschulen	41	4.782	295	7.2	16.2
Berufsbildende Schulen	120	83.131	3.715	33.0	22.4
Schulen insgesamt	1.420	443.072	29.094	20.5	15.2

Quelle: Eigene Zusammenstellung nach Bundesministerium für Bildung und Wissenschaft: Grund- und Strukturdaten 1996/97, S. 102-105 (Lehrer) und Thüringer Kultusministerium – Abweichungen ergeben sich aus den unterschiedlichen Darstellungen zwischen amtlicher Schulstatistik und BLK-Meldungen.

Zentrale Elemente und grundlegende Probleme

Versucht man, das neue Thüringer Schulwesen kurz zu charakterisieren, lassen sich **vier zentrale Elemente** herauskristallisieren **und vier grundlegende Probleme** der neuen Schulstruktur benennen:

Zentrale Elemente des neuen Thüringer Schulwesens sind:

1. die **Regelschule** als eigenständige Schulart mit der Verbindung von haupt- und realschulischem Bildungsgang;
2. die **Durchlässigkeit des allgemeinbildenden Schulsystem** in den Jahrgangsstufen 5 und 6 sowie nach 10;
3. das **Gymnasium**, das bereits nach 8 Schuljahren zum Abitur führt;
4. die **Thüringer Oberstufe**, die die Oberstufe des Gymnasiums und das berufliche Gymnasium umfaßt und in beiden Schulen zur allgemeinen Hochschulreife führt.

Als **grundlegende Probleme der neuen Schulstruktur** können angesehen werden:

1. die weitgehende Beibehaltung der alten EOS-Standorte als Standorte für die Gymnasien und die sich daraus ergebenden Disparitäten im **Angebot der Gymnasien**;
2. große **regionale Disparitäten im Übergang nach der Grundschule**;
3. große **regionale Disparitäten im Schulerfolg**;
4. große **regionale Disparitäten in Angebot und Nutzung weiterführender Bildungswege** für Regelschüler in der Sekundarstufe II.

Schließlich wird der Ausbau des Thüringer Schulwesens belastet durch einen bisher in der Bundesrepublik einmaligen **Geburtenrückgang**, der seit der Wiedervereinigung dramatische Formen angenommen hat: Von 1990 bis 1994 sind die Geburten von 29.000 auf unter 13.000 gesunken, was einem Rückgang **auf 44 Prozent gegenüber 1990** entspricht, und bis 1996 erst wieder leicht auf 15.000 angestiegen, was immer noch einem Rückgang auf 52 Prozent entspricht. Das neue Thüringer Schulwesen wird durch den absehbaren Schülerrückgang vor Bestandsprobleme nicht unerheblicher Art gestellt, denen die Schulträger meist mit einer Ausdünnung des Schulnetzes entgegentreten wollen. Damit einher ginge eine weitere Zentralierung der Schulangebote, so daß sich die bestehenden regionalen Disparitäten weiter verschärfen würden.

1. Kommunale und regionale Schulangebotsstrukturen

Ende 1996 gab es in Thüringen noch 1.033 Gemeinden. Von diesen waren 434 Schulstandort (42 %):

- In 403 Gemeinden gibt es eine oder (in 74) mehrere Grundschulen,
- in 237 eine oder (in 36) mehrere Regelschulen,
- in 69 Gemeinden ein oder (in 16) mehrere Gymnasien,
- in 59 Gemeinden eine oder (in 25) mehrere Förderschulen,
- in 42 Gemeinden eine oder (in 22) mehrere berufsbildende Schulen,
- in 4 Städten eine oder (in 1) mehrere Gesamtschulen.

Damit haben fast drei Fünftel aller Thüringer Gemeinden keine Schule, nicht einmal eine Grundschule. Das Schulangebot der Gymnasien, Förderschulen und berufsbildenden Schulen ist in der Regel auf die kreisfreien Städte, die (gegenwärtigen und ehemaligen) Kreisstädte und die größeren Städte und Gemeinden in den Landkreisen konzentriert.

Allgemeinbildende Schulen

Für das allgemeinbildende Schulwesen lassen sich 7 Typgruppen kommunaler Schulangebotsstrukturen unterscheiden, die sich zu **drei Haupttypen** zusammenfassen lassen (*vgl. Übersicht 2*): 186 Gemeinden nur mit Grundschule (jede 6. Gemeinde), 179 Gemeinden mit (Grund- und) Regelschule (jede 6.) und 69 Gemeinden mit (Grundschule, Regelschule und) Gymnasium (jede 15.). Mehrfachangebote von Regelschule **und** Gymnasium gibt es nur in 16 größeren Städten.

Seit 1991 hat sich durch die zwischenzeitliche Gebietsreform zwar die Zahl der Gemeinden von 1.694 auf 1.033 verringert, die Zahl der Schulstandorte aber im Saldo nur um 35 (von 469 auf 434). Dabei haben sich jedoch deutliche Verschiebungen zwischen den Typgruppen ergeben. Mit der Gebietsreform und der Aufgabe von Schulstandorten hat die Zahl „unvollständiger“ Schulstandorte (ohne Grundschule, aber mit Schule der Sekundarstufe) zugenommen. Hiervon ist vor allem die Typgruppe (4) „(Grund- und) Regelschule betroffen. Da gleichzeitig die Zahl der Grundschulen um 109 und die der Regelschulen um 89 zurückgegangen ist, hat dies zu insgesamt längeren innerörtlichen wie zwischenörtlichen Pendlerwegen geführt.

Übersicht 2:
Allgemeinbildende Schulangebotsstruktur in den Gemeinden (1991 und 1996)
(2+ = 2+mehr Schulen einer Schulart; G = Grundschulen, RS = Regelschulen, GY = Gymnasien, GE = Gesamtschulen; für den Vergleich wurde die Gebietsreform auf 1991 übertragen)

	Schulangebotsstruktur					*1991*		*1996*	
Typ	*G*	*RS*	*GY*	*GE*	*Kurzcharakteristik*	*absolut*	*in %*	*absolut*	*in %*
(1)	**ohne Schule**								
1	-	-	-	-	ohne Schule	564	54.6	599	58.0
(2)	**ohne Sekundarschule (nur Grundschule)**								
2	1	-	-	-	1 Grundschule (G)	163	15.8	178	17.2
3	2+	-	-	-	2+mehr Grundschulen	9	.9	8	.8
(3)	**ohne Grundschule (nur Regelschule oder Gymnasium)**								
4	-	1	-	-	Regelschule (RS) einfach	13	1.3	29	2.8
5	-	-	1	-	Gymnasium (GY) einfach	1	.1	2	.2
(4)	**ohne Gymnasium (Grund- und Regelschule)**								
6	1	1	-	-	G+RS einfach	178	17.2	128	12.4
7	2+	1	-	-	G mehr-, RS einfach	34	3.3	21	2.0
8	2+	2+	-	-	G+RS mehrfach	5	.5	1	.1
(5)	**ohne Regelschule (Grundschule und Gymnasium)**								
9	1	-	1	-	G+GY einfach	9	.9	7	.7
10	2+	-	1	-	G mehr-, GY einfach	-	-	1	.1
(6)	**vollständig gegliedert (Grundschule, Regelschule und Gymnasium)**								
11	1	1	1	-	G+RS+GY einfach	12	1.2	16	1.5
12	2+	1	1	-	G mehr-, RS+GY einfach	7	.7	8	.8
13	2+	2+	1	-	G+RS mehr-, GY einfach	21	2.0	19	1.8
14	2+	2+	2+	-	G+RS+GY mehrfach	15	1.5	12	1.2
(7)	**vollständig gegliedert und integriert (Grundschule, Regelschule, Gymnasium, Gesamtschule)**								
15	2+	2+	2+	1	G+RS+GY mehr-, GE einfach	1	.1	3	.3
16	2+	2+	2+	2+	alle Schularten mehrfach	1	.1	1	.1
					Gemeinden insgesamt	1.033	100.0	1.033	100.0

Berufbildende Schulen

Im berufsbildenden Schulwesen ist das Angebot strukturbedingt auf nur 42 Standorte konzentriert. Die Situation der berufsbildenden Schulen ist zudem seit 1991 durch Ausbaubestrebungen bei gleichzeitigen Korrekturen des Schulformangebots gekennzeichnet.

Während sich die Zahl der berufsbildenden Schulen insgesamt von 110 auf 120 erhöht hat, hat sich die Zahl der Berufsschulen nach einem anfangs stärkeren Rückgang mittlerweile bei 68 stabilisiert. Durch einen starken Ausbau gekennzeichnet sind Berufsfachschulen (97) und Fachschulen (41). Bei Fachoberschulen (32) und Berufsförderschulen (35) zeigen sich erste Korrekturen im Angebot: Nach einem stärkeren Anstieg bis 1993 ist ihre Zahl mittlerweile wieder gesunken. Stark rückläufig ist auch das Angebot beruflicher Gymnasien (noch 23).

Von besonderem Interesse im berufsbildenden Schulwesen ist das Angebot an beruflichen Schulformen, die es ermöglichen, Abschlüsse, die im allgemeinbildenden Schulwesen nicht erreicht wurden oder erreicht werden können, im berufsbildenden Schulwesen (nach) zu erwerben: Hauptschulabschluß (im Berufsvorbereitungsjahr) und Realschulabschluß (an Berufsschule und Berufsfachschule) sowie die Bildungswege, die zur Fachhochschulreife (Höhere Berufsfachschule und Fachoberschule) und zum Abitur führen (berufliches Gymnasium). Fehlt ein solches Angebot, sind die Möglichkeiten von Schülern eingeschränkt, im berufsbildenden Schulwesen noch den jeweiligen Abschluß nachzuholen oder zu erreichen.

Betrachtet man die gegenwärtigen Schulformangebote der berufsbildenden Schulen in den 5 Stadt- und 17 Landkreisen, so ist festzustellen:

Das Schulformangebot der berufsbildenden Schulen ist vollständig in den kreisfreien Städten; nur in einer fehlt die Berufsförderschule. In allen Landkreisen gibt es mittlerweile (Teilzeit-)Berufsschule und Berufsfachschule, aber nicht überall das Berufsvorbereitungsjahr. Selbst die Berufsförderschule fehlt in 3 Landkreisen, so daß benachbarte Kreise oder kreisfreie Städte das fehlende Angebot kompensieren müssen. Die Fachoberschule fehlt in 6 Landkreisen, in 2 davon auch die Höhere Berufsfachschule, das berufliche Gymnasium in 5 Landkreisen, so daß in der Hälfte der Landkreise (9 von 17) der Weg zur Hochschulreife über das berufliche Schulwesen deutlich eingeschränkt ist.

2. *Übergänge in die Sekundarstufe I*

Am Ende der Grundschule stehen Eltern wie Schüler vor der Wahl des weiteren Bildungsweges in der Sekundarstufe I ab Klasse 5. Auf das Gymnasium übergehen kann jeder Schüler, der die entsprechenden Notenvoraussetzungen aufweist. Wer den Notendurchschnitt nicht erreicht, kann dann noch auf das Gymnasium überwechseln, wenn er eine Empfehlung der abgebenden Grundschule erhält (1992 etwa 3.5 %) oder erfolgreich eine Aufnahmeprüfung bzw. einen Probeunterricht absolviert (1992 nur 0.5 %).

Von den 33.500 Schülern, die 1992 auf eine Schule der Sekundarstufe I übergingen, wählten 62 Prozent die Regelschule und 37 Prozent das Gymnasium. Übergänge auf eine Gesamtschule oder auf eine Förderschule spielten mit weniger als 2 Prozent so gut wie keine Rolle (*vgl. Übersicht 3*). **Seit 1993** hat sich das Übergangsverhalten deutlich gewandelt: Der Anteil der Grundschüler, die auf die **Regelschule** überwechselten, ist auf **66 Prozent** angestiegen; analog sank der Übergang auf das **Gymnasium** auf **31 Prozent**. Erst seit 1995 ist ein gewisser Wiederanstieg des Übergangs zum Gymnasium zu verzeichnen (1997 auf fast 34 %).

Übersicht 3:
Übergänge von der Grundschule in die Sekundarstufe I (1992-1995)

aus der Grundschule gingen zu Schuljahresende ...		*in Klasse 5 von ...*					
		Regelschule	*Gymnasium*	*Gesamtschule*	*Förderschule*	*Sonstige Schule*	*Insgesamt*
*1991/**92***	*absolut*	20.895	12.495	205	96	59	33.486
	in %	***62.3***	***37.3***	*.6*	*.3*	*.2*	*100.0*
1992/**93**	*absolut*	22.005	10.305	345	152	75	32.882
	in %	***66.9***	***31.3***	*1.0*	*.5*	*.2*	*100.0*
*1993/**94***	*absolut*	21.216	9.982	322	175	74	31.769
	in %	***66.8***	***31.4***	*1.0*	*.6*	*.2*	*100.0*
*1994/**95***	*absolut*	21.787	10.274	557	226	70	32.914
	in %	***66.2***	***31.2***	***1.7***	*.7*	*.2*	*100.0*

Auffällig ist der starke Rückgang im Übergang zum Gymnasium zwischen 1992 und 1993. Zwei Jahre nach Einführung des neuen Schulsystems scheint eine Korrektur der Bewertung (Notengebung und Empfehlungen) stattgefunden zu haben, denn der Rückgang im Übergangsverhalten findet sich an allen Schulen in allen Regionen (Städten wie Gemeinden), unabhängig von der Lage der Grundschulen und ihrem Umfeld.

Geschlechtsspezifische Differenzen beim Übergang

Es bestehen **erhebliche geschlechtsspezifische Differenzen** beim Übergang zum Gymnasium *(vgl. Übersicht 4)*:

Mädchen wählen weit häufiger das Gymnasium als weiterführenden Bildungsweg als Jungen. Die Unterschiede zwischen Mädchen und Jungen betrugen 1992 fast 14 Prozentpunkte. 1993 lagen sie noch bei 10 Prozentpunkten, d.h. die Zäsur im Übergang auf das Gymnasium hat sich offensichtlich bei den Mädchen stärker ausgewirkt als bei den Jungen.

Übersicht 4:
Übergänge von der Grundschule nach Geschlecht (Mädchen und Jungen) (1992 - 1994)

aus der Grundschule gingen in Klasse 5 von ...	*absolut*	***1992*** *in %*	*absolut*	***1993*** *in %*	*absolut*	***1994*** *in %*
- Regelschule	9.271	55.1	9.987	61.8	9.805	62.7
- Gymnasium	7.413	44.0	5.960	36.9	5.618	35.9
- Gesamtschule	105	.6	175	1.1	164	1.0
- Förderschule	51	.3	40	.2	50	.3
Mädchen insgesamt	**16.841**	**100.0**	**16.162**	**100.0**	**15.637**	**100.0**
- Regelschule	11.773	68.6	12.093	72.3	11.559	71.3
- Gymnasium	5.188	30.2	4.345	26.0	4.364	26.9
- Gesamtschule	99	.6	170	1.0	158	1.0
- Förderschule	104	.6	112	.7	125	.8
Jungen insgesamt	**17.164**	**100.0**	**16.720**	**100.0**	**16.206**	**100.0**

Regionale und soziale Distanzen zum Gymnasium

Bereits **1992** bestand zwischen den Kreisen ein **Stadt-Land-Gefälle** von 12 Prozentpunkten, denn in den kreisfreien Städten gingen im Durchschnitt 46 Prozent, in den Landkreisen aber nur 34 Prozent der Grundschüler auf das Gymnasium über. Zwischen der Stadt Jena mit der höchsten (53 %) und dem Landkreis Greiz mit der niedrigsten Übergangsquote (27 %) lagen sogar **26 Prozentpunkte**. Die Spannweite zwischen den kreisfreien Städten betrug 10, die zwischen den Landkreisen 14 Prozentpunkte. Alle Stadtkreise lagen deutlich über dem Landkreis mit der höchsten Übergangsquote.

Dieses Stadt-Land-Gefälle hat sich bis **1996** nicht nur erhalten, die **Spannweiten** sind sogar noch größer geworden. Sie betragen mittlerweile **32 Prozentpunkte zwischen den Kreisen** insgesamt, 15 Prozentpunkte zwischen den kreisfreien Städten und 16 zwischen den Landkreisen *(vgl. Übersicht 5).* Seit 1993 hat der Landkreis Hildburghausen den niedrigsten Übergang, die Universitätsstadt Jena den höchsten.

Übersicht 5:
Spannweiten des Übergangs auf das Gymnasium zwischen den Kreisen (1992 bis 1996)

		Übergang auf das Gymnasium in Prozent				
		1992	***1993***	***1994***	***1995***	***1996***
Thüringen		37	32	31	30	32
Kreise insgesamt	Minimum	27	22	22	19	19
	Maximum	53	51	44	44	51
	Spannweite	**26**	29	22	25	**32**
Stadtkreise	Minimum	43	32	32	29	36
	Maximum	53	51	44	44	51
	Spannweite	10	19	12	15	15
Landkreise	Minimum	27	22	22	19	19
	Maximum	41	35	34	32	35
	Spannweite	14	13	12	13	16

Differenziert man nach den einzelnen **Grundschulen**, ist der Übergang auf das Gymnasium noch weit unterschiedlicher: Jede achte Grundschule gehörte 1992 zu denen mit einem Übergang von unter 20 % auf das Gymnasium, 1994 war es schon jede fünfte. Und wies 1992 noch jede dritte Grundschule einen Übergang von über 40 % auf, so traf dies 1994 nur noch auf jede fünfte zu (*vgl. Übersicht 6*).

Übersicht 6:
Grundschulen nach der Höhe des Übergangs auf das Gymnasium (1992-1994)

Grundschulen mit einem Übergang von ...		***1992***		***1993***		***1994***
	Grund-schulen	*in %*	*Grund-schulen*	*in %*	*Grund-schulen*	*in %*
bis 9 %	25	3.4	34	4.5	27	3.8
10 bis 19 %	73	9.9	116	15.3	114	16.2
20 bis 29 %	183	24.9	241	31.8	218	30.9
30 bis 39 %	203	27.7	206	27.2	216	30.6
40 bis 49 %	161	21.9	123	16.2	105	14.9
50 bis 59 %	69	9.4	28	3.7	24	3.4
60+mehr %	20	2.7	9	1.2	1	.1
Insgesamt	734	100.0	757	100.0	705	100.0
Minimum		1.6		3.3		2.0
Durchschnitt		37.1		31.1		31.1
Maximum		80.0		75.0		61.5
Spannweite		78.4		71.7		**59.5**

Seit 1993 ist eine Verringerung der **Spannweiten** im Übergang auf das Gymnasium zu verzeichnen: von fast 80 auf knapp **60 Prozent**; d.h. es findet ein gewisser Angleichungsprozeß zwischen den Grundschulen statt, indem sich der Anteil von Grundschulen mit hohen Übergangsquoten (40+mehr %) verringert, während der Anteil von Grundschulen mit niedrigen Übergangsquoten (unter 20 %) konstant bleibt.

Die Spannweite des Übergangs von den einzelnen Grundschulen auf das Gymnasium liegt in allen drei Jahren bei weit über 50 Prozent; sie reicht von Grundschulen in den ländlichen Landesteilen und in den vom sozialen Status her niedrigeren Stadtarealen, aus denen weniger als 10 Prozent der Kinder auf ein Gymnasium überwechseln, bis hin zu großstädtischen Grundschuleinzugsbereichen mit einem Übergang von 60 Prozent und mehr.

Als Ursache für diese extremen Spannweiten im Übergangsverhalten zwischen den Grundschulen ist zum einen die soziale Schichtung der Grundschuleinzugsbereiche, also eine soziale Distanz der dort lebenden Wohnbevölkerung zum Gymnasium, zum anderen das Vorhandensein oder das Fehlen eines Gymnasiums am Wohnort, also eine regionale Distanz, zu vermuten (s. auch FICKERMANN in diesem Band).

Dabei läßt sich die **regionale Distanz** belegen: Aus den Gemeinden, die kein Gymnasium am Ort haben, gehen gut 30 Prozent der Grundschüler auf ein Gymnasium über, egal, ob eine Regelschule am Ort vorhanden ist oder nicht, aus den Gemeinden mit Gymnasium dagegen fast 40 Prozent. Danach wirkt sich das Fehlen eines Gymnasiums am Wohnort bzw. in regionaler Nähe mit einem Unterschied von durchschnittlich **10 Prozent** auf das Übergangsverhalten aus (*vgl. Übersicht 7*).

FICKERMANN (1996) belegt für Mecklenburg-Vorpommern ebenfalls jeweils einen deutlichen Rückgang der Übergangsquote, wenn das Gymnasium mehr als 5 bzw. 15 Kilometer vom Wohnort entfernt liegt.

Übersicht 7:
Übergang auf das Gymnasium
nach der örtlichen Schulangebotsstruktur der Gemeinden (1994)

Örtliche Schulangebotsstruktur: Gemeinden mit ...	*Übergang auf das Gymnasium in Prozent*
- nur Grundschule	31.1
- Grund- und Regelschule	30.1
- Grundschule, Regelschule, Gymnasium	**39.5**

3. Hauptschüler, Realschüler und Gymnasiasten

Ein zentraler Aspekt der neuen Thüringer Schulstruktur ist die im Schulgesetz garantierte **Durchlässigkeit des allgemeinbildenden Schulsystems** in der Sekundarstufe I. Sie läßt sich ablesen an den Schülerbewegungen zwischen den Schularten.

Schulwechsel in der Sekundarstufe I

Die stärksten **Austauschprozesse** in der Sekundarstufe I finden **zwischen Regelschule und Gymnasium** statt. Ein Teil der Regelschüler geht noch nach Klasse 5, 6 und 10 ins Gymnasium, während insbesondere aus den Klassenstufen 8 und 9 Gymnasiasten zur Regelschule oder zur Gesamtschule wechseln. Wir haben diese Zu- und Abgänge aus der Sicht der Regelschule und aus der Sicht des Gymnasiums für die Jahre 1991 bis 1995 dokumentiert (*vgl. Übersichten 8 und 9*).

Zumindest 1992 hat ein nicht unerheblicher Anteil von Regelschülern (4 %) auch nach der Grundschule noch den Sprung ins Gymnasium geschafft: 7 Prozent nach Klasse 5 und 9 Prozent nach Klasse 6 (*vgl. Übersicht 8*). Bezogen auf die Gymnasiasten der jeweiligen Klassenstufe waren dies 13, 18 und 10 Prozent in den Klassen 5, 6 und 10 (*vgl. Übersicht 9*).

Hier machen sich Übergangsregelungen nach Einführung des neuen Schulsystems bemerkbar, denn bereits 1993 sind diese Anteile deutlich gesunken: nur noch 1 Prozent der Regelschüler wechseln insbesondere nachträglich zum Gymnasium, je 3 Prozent jedoch nach Klasse 5 und 6 (*vgl. Übersicht 8*). Gleichzeitig haben sich die Abgänge aus dem Gymnasium zu Regelschule und Gesamtschule verdoppelt: zwar stieg die drop-out-Quote nur von 1 auf 2 Prozent, aber der drop-out vor allem ab Klasse 7 ist auf über 2 Prozent angestiegen und erreicht für die Klassenstufe 9 sogar 4 Prozent (*vgl. Übersicht 9*).

Seit 1994 hat sich dieser Trend fortgesetzt: Die Übergänge **aus der Regelschule zum Gymnasium** insgesamt haben sich bei **1 Prozent** eingependelt. Während der Übergang nach Klasse 5 und 6 kontinuierlich auf 2 Prozent zurückgegangen ist, ist der Übergang nach Klasse 10 leicht auf 1.5 Prozent gestiegen (*vgl. Übersicht 8*). Der **Abgang** aus dem Gymnasium **zu Regelschule und Gesamtschule** hat mittlerweile **fast 3 Prozent** erreicht, vor allen aus den Klassen 8 und 9 (*vgl. Übersicht 9*).

Übersicht 8:
Schulwechsel zwischen Regelschule und Gymnasium (1991-1995)

(von Klasse)	*Regel-schüler*	*Zugänge aus GY*	*in %*	*Abgänge zum GY*	*in %*	*Regel-schüler*	*aus Klasse*
	(1991)		% '92		% '91	1992	
						22.130	5
(5)	23.449	12	.1	1.207	**7.2**	21.944	6
(6)	24.543	84	.4	2.257	**9.2**	21.540	7
(7)	22.855	72	.3	372	1.6	21.774	8
(8)	22.395	70	.3	1.031	4.6	20.182	9
(9)	17.744	93	.7	281	1.6	13.481	10
(10)	14.653				23.1	% Hauptschulabgänger	
(Kl 5-10)	**125.639**	**552**	**.5**	**5.643**	**4.5**	**121.051**	**Kl 5-10**
	(1992)		% '93		% '92	1993	
						23.538	5
(5)	22.130	155	.7	771	**3.6**	21.269	6
(6)	21.944	197	1.0	624	**2.8**	20.548	7
(7)	21.540	235	1.1	12	.1	21.217	8
(8)	21.774	286	1.4	4	.0	20.941	9
(9)	20.182	385	**2.7**	178	.9	14.388	**10**
(10)	13.481				29.6	% Hauptschulabgänger	
(Kl 5-10)	**121.051**	**1.262**	**1.0**	**1.589**	**1.3**	**122.221**	**Kl 5-10**
	(1993)		% '94		% '93	1994	
						22.783	5
(5)	23.538	820	**3.6**	822	**3.5**	22.563	**6**
(6)	21.269	426	**2.1**	426	**2.0**	20.570	**7**
(7)	20.548	20	.1	20	.1	20.807	8
(8)	21.217	25	.1	25	.1	20.939	9
(9)	20.941	280	**1.8**	281	**1.3**	15.163	**10**
(10)	14.388				27.3	% Hauptschulabgänger	
(Kl 5-10)	**122.221**	**1.572**	**1.3**	**1.574**	**1.3**	**122.825**	**Kl 5-10**
	(1994)		% '95		% '94	1995	
						22.761	5
(5)	22.783	81	.4	552	**2.4**	21.933	6
(6)	22.563	182	.8	420	**1.9**	21.484	7
(7)	20.570	309	**1.5**	8	.0	20.623	**8**
(8)	20.807	536	**2.6**	20	.1	20.795	**9**
(9)	20.939	413	**2.9**	309	**1.5**	14.468	**10**
(10)	15.163				30.9	% Hauptschulabgänger	
(Kl 5-10)	**122.825**	**1.527**	**1.3**	**1.309**	**1.1**	**122.064**	**Kl 5-10**

Übersicht 9:
Schulwechsel zwischen Gymnasium und Regelschule *(1991 - 1995)*

(von Klasse)	*Schüler*	*Zugänge aus RS*	*in %*	*Abgänge nach RS+GE*	*in %*	*Schüler*	*aus Klasse*
	(1991)		% '92		% '91	1992	
						12.510	5
(5)	11.099	1.699	**13.3**	97	.9	12.796	**6**
(6)	9.909	2.257	**18.5**	73	.7	12.212	**7**
(7)	10.047	372	3.6	70	.7	10.317	8
(8)	8.850	1.031	**10.6**	93	1.1	9.689	**9**
(9)	8.974	281	3.1	221	**2.5**	8.972	10
(10)	7.568						
(Kl 5-10)	**56.447**	**5.640**	**8.5**	**552**	**1.0**	**66.496**	**Kl 5-10**
	(1992)		% '93		% '92	1993	
						10.825	5
(5)	12.510	744	**5.7**	162	1.3	13.058	**6**
(6)	12.796	624	**4.7**	200	1.6	13.170	**7**
(7)	12.212	12	1.0	242	2.0	11.822	8
(8)	10.317	4	.0	288	2.8	9.972	9
(9)	9.689	178	**1.9**	400	**4.1**	9.340	**10**
(10)	8.972						
(Kl 5-10)	**66.496**	**1.562**	**2.3**	**1.292**	**1.9**	**68.187**	**Kl 5-10**
	(1993)		% '94		% '93	1994	
						10.076	5
(5)	10.825	820	**7.1**	89	.8	11.596	**6**
(6)	13.058	426	**3.2**	186	1.4	13.285	**7**
(7)	13.170	20	.2	315	2.4	12.718	8
(8)	11.822	25	.2	544	**4.6**	11.081	9
(9)	9.972	281	**2.9**	427	**4.3**	9.674	**10**
(10)	9.340			2	.0		
(Kl 5-10)	**68.187**	**1.572**	**2.3**	**1.563**	**2.3**	**68.430**	**Kl 5-10**
	(1994)		% '95		% '94	1995	
						10.274	5
(5)	10.076	548	**5.2**	61	.6	10.528	**6**
(6)	11.596	420	**3.5**	170	1.5	11.875	**7**
(7)	13.285	8	.1	332	2.5	12.847	8
(8)	12.718	20	.2	713	5.6	11.746	9
(9)	11.081	309	**2.9**	438	**4.0**	10.632	10
(10)	9.674			7	.1		
(Kl 5-10)	**68.430**	**1.305**	**1.9**	**1.745**	**2.5**	**67.902**	**Kl 5-10**

Für das neue Thüringer Schulsystem ist somit ein Rückgang der Durchlässigkeit festzustellen. Zwar kommen nach wie vor 4 bis 5 Prozent der Gymnasiasten nach der 5. und 6. Klasse und 3 Prozent nach Klasse 10 aus der Regelschule, aber die Getrenntheit der beiden Bildungsgänge hat insgesamt zugenommen. Ein einmal eingeschlagener Bildungsweg nach der Grundschule wird damit im allgemeinbildenden Schulwesen zunehmend weniger korrigiert.

Durchlaufquoten durch die allgemeinbildenden Schulen

Setzt man pro Klassenstufe die Schüler des Folgejahres ins Verhältnis zu den Schülern des Vorjahres in der vorangegangenen Klassenstufe, läßt sich bestimmen, wieviel Prozent der Schüler einer Klassenstufe die nächste Klassenstufe erreichen. Multipliziert man die Quotienten von Jahrgangsstufe zu Jahrgangsstufe miteinander, ergibt sich die Durchlaufquote von der Eingangsklasse (= 100 %) bis zur Abschlußklasse. Dabei bleiben Wiederholer und Schulwechsler unberücksichtigt, so daß es sich nur um einen rein rechnerischen Wert handelt, der den tatsächlichen Durchläufen nur angenähert ist.

Die Abschlußklasse 4 der **Grundschule** erreichen (rein rechnerisch) 94 Prozent der Schüler der Eingangsklasse 1. Dabei verringern sich die Quoten kontinuierlich von Klassenstufe zu Klassenstufe, am stärksten beim Wechsel von Klasse 2 zu Klasse 3. Von der Eingangsklasse 5 der **Regelschule** erreichen die Klassenstufe 9 (rein rechnerisch) noch 93 Prozent, die Klassenstufe 10 noch 65 Prozent, was nahezu dem Realschüleranteil zu Beginn der Klasse 10 entspricht. Der stärkste Rückgang ergibt sich beim Wechsel von Klasse 6 nach Klasse 7. Im **Gymnasium** erreichen von den Schülern aus Klasse 5 92 Prozent die Eingangsklasse 10 der Thüringer Oberstufe, 89 Prozent die Abschlußklasse 12 und 86 Prozent machen schließlich Abitur. Während die Quoten im Gymnasium bis Klasse 7 ständig ansteigen, fallen sie ab Klasse 8 bis 10 deutlich, in der Oberstufe dann nur noch geringfügig.

Wiederholer im allgemeinbildenden Schulwesen

Im Schuljahr 1995/96 wiederholten insgesamt 7.250 Schüler im allgemeinbildenden Schulwesen eine Klassenstufe; das entspricht einem Anteil von **2 Prozent** *(vgl. Übersicht 10).*

Seit 1992 sind sowohl die absoluten Zahlen wie die Quoten der **Wiederholer** insgesamt **rückläufig** (von 2.4 auf 2.0 %). Vor allem für Regelschule und

Übersicht 10:
Wiederholer in den allgemeinbildenden Schulen (1992-1995)
(in Prozent aller Schüler der jeweiligen Schulart)

		Grund-schule	*Regel-schule*	*Gym-nasium*	*Förder-schule*	*Ins-gesamt*
1992	absolut	1.937	5.544	224	678	8.383
	in %	*1.4*	*4.6*	*.3*	*4.6*	*2.4*
1993	absolut	1.944	5.143	259	735	8.164
	in %	*1.5*	*4.2*	*.3*	*4.5*	*2.3*
1994	absolut	1.644	4.365	515	634	7.226
	in %	*1.2*	*3.6*	*.6*	*3.7*	*2.0*
1995	absolut	1.809	4.118	675	579	7.253
	in %	*1.4*	*3.4*	*.8*	*3.2*	*2.0*

Förderschule ist ein Rückgang von 4.6 auf 3.4 bzw. 3.2 Prozent zu verzeichnen. In der Grundschule ist die Wiederholerquote im Grunde gleich niedrig geblieben (bei 1.4 %).

Als „schwierige" Klassenstufen erweisen sich in der Grundschule die Klassen 2 und 3, in der Regelschule die Klassen 5, 6 und 8, in der Förderschule die Klassen 2, 5 und 6 und im Gymnasium vor allem die Kursklassen 11 und 12 der Thüringer Oberstufe, gefolgt von den Klassen 8 und 10. Trotzdem bleiben die **Wiederholerquoten im Gymnasium** nach wie vor vergleichsweise **niedrig**, auch wenn seit 1994 ein gewisser Anstieg zu verzeichnen ist: von nur 0,3 auf nur 0,8 Prozent. Auffallend ist, daß die Abgängerquote zur Regelschule weit höher ist als die Sitzenbleiberquote. Bei schulischen Schwierigkeiten am Gymnasium wird den Schülern und Eltern gleich ein Schulwechsel angeraten und nur in Ausnahmefällen versucht, Leistungsdefizite durch eine Klassenwiederholung auszugleichen.

Wählen Schüler das Gymnasium, wenn sie nicht bereits in der Unter- oder Mittelstufe abgehen, ist ihnen der Schulerfolg – sogar ohne Klassenwiederholung – relativ sicher, denn höchstens 3 Prozent der Schüler in den Klassen 5 bis 9 verlassen das Gymnasium und gut 95 Prozent der Klasse 9 gehen in die Oberstufe. Wählen Schüler die Regelschule, können sie eine Hochschulzugangsberechtigung nur noch über die berufsbildenden Schulen erreichen, wenn sie nicht nach dem Regelschulabschluß in die Klasse 10 des Gymnasiums (1.5 % der Regelschüler Klasse 10) übergehen wollen, das sie am Ende der Grundschule nicht gewählt haben.

Integration von Haupt- und Realschülern in der Regelschule

Aufschluß über die Integration von Haupt- und Realschülern in den Klassen 7 bis 9 der Regelschule gibt *Übersicht 11.* Ausgewiesen wird der Anteil der Schüler in diesen drei Klassenstufen, die integrierte und schulartbezogene Klassen des hauptschulischen und des realschulischen Bildungsganges besuchen.

Übersicht 11:
Integration und Segregation in den Klasse 7 bis 9 der Regelschule (1992-1996)

Jahr *Klasse*	*Schüler insgesamt*	*davon besuchten ...* *Hauptschul-klassen absolut*	*in %*	*Realschul-klassen absolut*	*in %*	*Integrierte Klassen absolut*	*in %*
Kl-7	21.540	3.538	16.4	6.454	30.0	11.558	53.7
Kl-8	21.774	3.366	15.5	8.148	37.4	10.260	47.1
Kl-9	20.182	3.554	17.6	8.370	41.7	8.258	40.9
1992 (7-9)	63.496	10.448	**16.5**	22.972	**36.2**	30.076	**47.4**
Kl-7	20.848	4.386	21.0	7.106	34.1	9.356	44.9
Kl-8	21.217	4.033	19.0	8.139	38.4	9.045	42.6
Kl-9	20.941	4.794	22.9	10.840	51.8	5.307	25.3
1993 (7-9)	63.006	13.213	**21.0**	26.085	**41.4**	23.708	**37.6**
Kl-7	20.570	5.366	26.1	9.377	45.6	5.827	28.3
Kl-8	20.807	5.146	24.7	9.144	43.9	6.517	31.3
Kl-9	20.739	6.088	29.1	11.761	56.2	3.090	14.8
1994 (7-9)	62.316	16.600	**26.6**	30.282	**48.6**	15.434	**24.8**
Kl-7	21.461	5.608	26.1	11.004	51.3	4.849	22.6
Kl-8	20.590	5.433	26.4	10.741	52.2	4.416	21.4
Kl-9	20.759	6.494	31.3	12.036	58.0	2.229	10.7
1995 (7-9)	62.790	17.535	**27.9**	33.781	**53.8**	11.494	**18.3**
Kl-7	20.976	5.638	26.9	11.098	52.9	4.240	20.2
Kl-8	21.587	5.576	25.8	12.229	56.6	3.782	17.5
Kl-9	20.900	6.447	30.8	12.937	61.9	1.516	7.3
1996 (7-9)	63.463	17.661	**27.8**	36.264	**57.1**	9.538	**15.0**

Der **Integrationsgrad von Haupt- und Realschülern** in den Klassenstufen 7 bis 9 der Regelschule betrug 1992 fast die Hälfte, denn 47 Prozent aller Schüler dieser Klassenstufen besuchten integrierte Klassen. Am höchsten war er in Klasse 7 mit 54 Prozent. Mit zunehmendem Alter der Schüler sank er über 47 Prozent (Klasse 8) auf 41 Prozent (Klasse 9). Gleichzeitig nahm der Anteil der Haupt- und Realschüler in abschlußbezogenen Klassen mit zunehmender Klassenstufe zu, leicht für den hauptschulischen (von 16 auf 18 %), stark für den realschulischen Bildungsgang (von 30 auf 42 %).

Bis 1996 hat der **Integrationsgrad in der Regelschule** deutlich **abgenommen**, denn nur noch 15 Prozent aller Schüler der Klassenstufen 7 bis 9 besuchen integrierte Klassen, aber 28 Prozent Hauptschul- und 57 Prozent Realschulklassen. Weiterhin zeigen sich deutliche Unterschiede zwischen Klassenstufen: So beträgt der Anteil von Schülern in Hauptschulklassen in der Jahrgangsstufe 9 noch 31 Prozent, der von Schülern in Realschulklassen 62 Prozent, während der Anteil von Schülern in integrierten Klassen 7 Prozent beträgt.

Die Integration von Haupt- und Realschülern scheint damit – wenn sie nicht ausschließlich dazu dient, durch die Bildung von abschlußbezogenen Klassen den Lehrerbedarf zu erhöhen – ein besonderes Problem des Unterrichts in der Regelschule in Bezug auf die Abschlußqualifizierung zu sein.

Hauptschüler und Realschüler in der Regelschule

Wie hoch sind nun die Anteile von Hauptschülern und Realschülern in der Thüringer Regelschule? Für die Jahre 1994 bis 1996 lassen sich die Anteile in den Klassen 7 bis 9 über eine Sonderauswertung der amtlichen Schulstatistik für die integrierten Klassen bestimmen. Trennkriterium für Haupt- und Realschüler in integrierten Klassen sind die Unterrichtsfächer Wirtschaft und Technik (Hauptschüler) und Wirtschaft und Recht (Realschüler) (*vgl. Übersicht 12*).

Danach ist der **Anteil von Hauptschülern in den Klassen 7 bis 9** in etwa **gleich**, mit erhöhten Anteilen in der Abschlußklasse 9, sank allerdings seit 1994 kontinuierlich von 34 auf 31 Prozent. In Regelschulen mit integrierten Klassen ist der Anteil von Hauptschüler um 4 Prozent niedriger als in Regelschulen mit abschlußbezogenen Klassen. Diese Tendenz hat sich 1996 deutlich verstärkt: 20 Prozent Hauptschüler in Schulen mit integrierten gegenüber 32 Prozent in Schulen mit abschlußbezogenen Klassen.

Übersicht 12:
Hauptschüler in den Klassenstufen 7 bis 9 der Regelschule (1994-1996) nach abschlußbezogenen und integrierten Klassen

Jahr Klasse	Schüler insgesamt	Haupt-schüler insgesamt	in %	in abschlußbezogenen Klassen Haupt-schüler	in %	in integrierten Klassen Haupt-schüler	in %
Klasse 7	20.595	7.081	34.4	5.366	36.4	1.715	29.3
Klasse 8	20.831	7.099	34.1	5.146	36.0	1.953	30.0
Klasse 9	20.939	7.275	34.7	6.088	34.1	1.187	38.4
1994 (7-9)	62.365	21.455	**34.4**	16.600	**35.4**	4.855	**31.4**
Klasse 7	21.507	7.001	32.6	5.608	36.3	1.393	28.6
Klasse 8	20.646	6.715	32.5	5.418	33.5	1.297	29.0
Klasse 9	20.819	7.374	35.4	6.484	35.0	890	38.9
1995 (7-9)	62.972	21.090	**33.5**	17.510	**34.1**	3.580	**30.8**
Klasse 7	20.976	6.504	31.0	5.638	33.7	866	20.4
Klasse 8	21.587	6.236	28.9	5.576	31.3	660	17.5
Klasse 9	20.900	6.915	33.1	6.447	33.3	468	30.9
1996 (7-9)	63.463	19.655	**31.0**	17.661	**32.8**	1.994	**20.9**

4. *Qualifikationen und Weiterqualifikationen im Thüringer Schulwesen*

Qualifikationen werden über die von den Schulentlassenen erreichten Abschlüsse gemessen. Geschieht dies schulartspezifisch, können die erreichten Qualifikationen als Schulerfolg der jeweiligen Schulart interpretiert werden (Haupt-, Realschulabsolventen und Abiturienten im allgemeinbildenden Schulwesen). Im berufsbildenden Schulwesen ist von besonderem Interesse, wie hoch der Anteil von Schülern ist, die hier (noch) einen allgemeinbildenden Schulabschluß erreichen (Nach- und Weiterqualifikation).

In *Übersicht 13* sind die **Schulentlassenen aus den allgemeinbildenden Schulen nach Schularten** (Regelschule, Gymnasium, Förderschule) und erreichtem Abschlußniveau differenziert.

Übersicht 13:
Schulentlassene aus allgemeinbildenden Schulen (1992 bis 1995): Schulerfolg nach Schulart und erreichter Qualifikation
(*Angaben in Prozent aller Schulentlassenen der jeweiligen Schulart*)

	Sekundarstufe I			*Sekundarstufe II*	*Insgesamt*	
Schulentlassene aus dem Schuljahr	*ohne Hauptschulabschluß*	*mit Hauptschulabschluß*	*mit Realschulabschluß*	*mit Abitur*	*absolut*	*in %*
1991/92	2.307	6.364	12.433	4.210	25.314	100.0
in Prozent	***9.1***	***25.1***	***49.1***	***16.6***	***100.0***	
- Regelschulen	6.9	31.6	61.5	-	19.776	78.1
- Gymnasien	.3	-	4.0	95.7	4.401	17.4
- Gesamtschulen	21.4	29.8	48.8	-	84	.3
- Förderschulen	90.6	6.2	3.2	-	1.002	4.0
1992/93	3.015	7.249	12.369	5.983	28.616	100.0
in Prozent	***10.5***	***25.3***	***43.2***	***20.9***	***100.0***	
- Regelschulen	8.5	33.8	57.7	-	20.976	73.3
- Gymnasien	1.4	-	1.8	96.9	6.112	21.4
- Gesamtschulen	10.6	17.9	46.3	25.2	246	.9
- Förderschulen	91.2	6.0	2.8	-	1.242	4.3
1993/94	4.053	6.361	13.243	6.866	30.523	100.0
in Prozent	***13.3***	***20.8***	***43.4***	***22.5***	***100.0***	
- Regelschulen	10.6	28.9	60.5	-	21.485	70.4
- Gymnasien	2.8	-	.7	96.5	6.989	22.9
- Gesamtschulen	7.5	12.9	44.0	35.6	348	1.1
- Förderschulen	93.7	4.2	2.0	-	1.641	5.4
1994/95	3.861	6.868	14.639	8.308	33.676	100.0
in Prozent	***11.5***	***20.4***	***43.5***	***24.7***	***100.0***	
- Regelschulen	8.7	29.2	62.1	-	22.981	68.2
- Gymnasien	2.8	-	1.3	95.8	8.577	25.5
- Gesamtschulen	5.5	9.8	59.7	25.1	347	1.0
- Förderschulen	93.3	4.9	1.8	-	1.712	5.1

1992 betrug der Anteil der Schüler, die die allgemeinbildenden Schulen ohne Hauptschulabschluß verließen, 9 Prozent: 6 Prozent der Regelschüler und 90 Prozent der Förderschüler. Jeder vierte Schulabgänger (25 %) erreichte den Hauptschulabschluß (in der Regel nach Klasse 9), jeder dritte Regelschüler und 6 Prozent der Förderschüler, nur wenige einen qualifizierten Hauptschulabschluß, fast die Hälfte aller Schulentlassenen (49 %) den Realschulabschluß (nach Klasse 10 der Regelschule), 16 Prozent im Gymnasium das Abitur.

1995 war der Anteil der Schüler, die die allgemeinbildenden Schulen **ohne Hauptschulabschluß** verließen, auf **12 Prozent** gestiegen: 9 Prozent der Regelschüler, 3 Prozent der Gymnasiasten und 93 Prozent der Förderschüler. 20 Prozent der Schulabgänger verließen die Schule mit dem Hauptschulabschluß, die Hälfte davon mit qualifizierendem Hauptschulabschluß, 44 Prozent mit Realschulabschluß und 25 Prozent mit Abitur.

Seit 1992 ist somit eine deutliche Zunahme der Schüler zu verzeichnen, die die allgemeinbildenden Schulen ohne Hauptschulabschluß verlassen: von 9 auf 12 Prozent (1993 sogar 13 Prozent). Dagegen ist der Anteil von Regelschülern mit Hauptschulabschluß leicht zurückgegangen: von 31 auf 29 Prozent, während der Anteil von Regelschülern mit Realschulabschluß nach wie vor bei über 60 Prozent liegt. Unter den Schulentlassenen hat vor allem der Anteil von Abiturienten stark zugenommen: von 17 auf 25 Prozent.

Nutzung des erreichten allgemeinbildenden Abschlusses

Wie nutzen nun die Schüler ihren im allgemeinbildenden Schulwesen erreichten Abschluß?

Abgänger und Absolventen der Regelschulen und Förderschulen setzen – ebenso wie ein (kleiner) Teil der Abiturienten – ihren weiteren Bildungsweg im berufsbildenden Schulwesen fort, während der überwiegende Teil der Abiturienten ein Studium aufnimmt. Im berufsbildenden Schulwesen bündeln sich damit alle Abschlußniveaus, wenn auch durch die schulformspezifische Ausrichtung eine deutliche Verteilung der Schülerströme nach der Eingangsqualifikation stattfindet.

Schüler der berufsbildenden Schulen mit dem Abschluß **der Schule für Lernbehinderte** (4 %) besuchen zu 80 Prozent die Berufsförderschule und zu 11 Prozent das Berufsvorbereitungsjahr; nur jeder zehnte absolviert eine Lehre. **Schüler ohne Hauptschulabschluß** (4 %) gehen zu 39 Prozent in die

Berufsförderschule und zu 27 Prozent ins Berufsvorbereitungsjahr; jeder dritte dieser Gruppe absolviert eine Lehre.

Schüler an beruflichen Schulen **mit Hauptschulabschluß** (24 %) absolvieren zu 78 Prozent eine Lehre, 18 Prozent besuchen die Berufsfachschule. Der Trend zur Berufsfachschule ist dabei steigend.

Von den **Schülern mit Realschulabschluß** (57 %) absolvieren fast zwei Drittel eine Lehre, die Hälfte aller **Schüler mit Fachhochschulreife** (1 %) und fast drei Viertel aller **Abiturienten** (9 %) an berufsbildenden Schulen.

Ein Problem jedes berufsbildenden Schulwesens zeigt sich auch in Thüringen: die Teilzeit-Berufsschule wird von Schülern recht unterschiedlicher Eingangsqualifikation besucht; das Spektrum reicht von Schülern ohne Hauptschulabschluß (3 %) über Schüler mit Hauptschul- (30 %) und Realschulabschluß (56 %) bis zu Schülern, die bereits eine Hochschulzugangsberechtigung erworben haben (11 %).

Sieht man von den 11 Prozent Schülern der Berufsbildenden Schulen ab, die 1995 mit der Hochschulzugangsberechtigung sequentiell doppelt qualifizierend eine Schulart des berufsbildenden Schulwesens besuchten, und läßt gleichzeitig die Fachschüler unberücksichtigt, wird die **Funktion des Berufsbildenden Schulwesens für die weiteren Bildungswege von Regelschülern in der Sekundarstufe II** deutlicher:

Die Haupt-Bildungswege für Hauptschüler und Realschüler in der Sekundarstufe II sind die (Teilzeit-) Berufsschule, wenn sie einen Ausbildungsvertrag haben, oder die (Vollzeit-) Berufsfachschule, wenn ihnen derselbe fehlt. Durch den anhaltenden Lehrstellenmangel ist die Nachfrage nach beruflichen Vollzeit-Schulen gestiegen. Ihr Besuch ist in der Regel mit einer Verbesserung der im allgemeinbildenden Schulwesens erreichten Qualifikation verbunden. Hauptschüler nutzen die Berufsfachschule zunehmend, um noch den Realschulabschluß zu erwerben, Realschüler die Fachoberschule (und die Höhere Berufsfachschule), um die Fachhochschulreife, und das berufliche Gymnasium, um das Abitur zu erlangen.

Trotz eines Anteils von 11 Prozent Abiturienten unter den Schülern beruflicher Schulen ist die Studierwilligkeit unter den Schülern mit Hochschulzugangsberechtigung hoch (ca. 70 %).

Aus der jährlichen **Abiturientenbefragung** läßt sich für **1994** festhalten, daß 59 Prozent der Befragten ein Studium aufnehmen wollen (47 Prozent unmittelbar nach dem Erwerb der Hochschulreife und 13 Prozent im Anschluß an eine anderweitige Ausbildung), 17 Prozent haben keine Studienabsicht. Dabei ist die Studienabsicht der Befragten mit Fachhochschulreife insgesamt (85 %) wie direkt nach der Hochschulreife (76 %) deutlich höher als die der Abiturienten. 23 Prozent der Befragten sind sich zum Zeitpunkt der Befragung noch unschlüssig, was sie nach dem Erwerb der Hochschulreife machen wollen.

Nach- und Weiterqualifikationen im berufsbildenden Schulwesen

Vom Bildungsauftrag her kommt den beruflichen Schulformen eine Nach-, Weiter- oder Höherqualifikationsfunktion zu. Der Qualifikationserfolg der beruflichen Schulen wird über die **Schulentlassenen** nach der Art der erreichten (allgemeinbildenden) Qualifikation gemessen.

Danach verlassen – mit steigender Tendenz – mittlerweile **15 Prozent** der Schüler die berufsbildenden Schulen, **ohne** den **Abschluß** der besuchten Schulform zu erreichen. Am höchsten sind die Anteile der Nicht-Qualifizierten im Berufsvorbereitungsjahr (41 %) und in der Berufsförderschule (31 %), die die weiterführenden Bildungswege für Schüler ohne (Hauptschul-)Abschluß darstellen. Offensichtlich gelingt es auch dem berufsbildenden Schulwesen nicht, einen beachtenswerten Anteil dieser Schüler nachzuqualifizieren.

Auf der anderen Seite verbessern mittlerweile fast 19 Prozent der Schüler an berufsbildenden Schulen ihre im allgemeinbildenden Schulwesen erreichte Qualifikation: 4 Prozent qualifizieren sich mit dem Hauptschulabschluß nach, 5 Prozent mit dem Realschulabschluß, 4 Prozent mit dem Abitur – und 5 Prozent absolvieren die Fachchochschulreife, die nur im berufsbildenden Schulwesen erworben werden kann.

Somit qualifiziert sich jeder fünfte Schüler an berufsbildenden Schulen nach oder weiter. Für diese Nach- oder Weiterqualifikation haben sich für jeden allgemeinbildenden Schulabschluß bestimmte Bildungswege, vertreten durch eine oder mehrere berufliche Schulformen, herauskristallisiert: für Schüler, die den Hauptschulabschluß nachholen, das Berufsvorbereitungsjahr und die Berufsförderschule, für Schüler, die den Hauptschulabschluß haben und den Realschulabschluß erwerben wollen, die Berufsfachschule, für Schüler, die bereits den Realschulabschluß haben und die Fachhochschulreife erwerben wollen, die Fachoberschule, und für Schüler, die erst nach dem Realschulabschluß das Abitur erwerben wollen, das berufliche Gymnasium.

Übersicht 14:
Qualifikationen im allgemeinbildenden,
Nach- und Weiterqualifikationen im berufsbildenden Schulsystem (1994/95)
(*Angaben in Prozent für die Schulentlassenen aus allgemein-* ***und*** *berufsbildenden Schulen*)

	Abschlußqualifikation				
Besuchte Schulart	*Haupt-schul-abschluß*	*Real-schul-abschluß*	*Fach-hoch-schul-reife*	*Abitur*	*Insgesamt*
- Regelschule	84.6	89.2	-	-	20.982
- Gymnasium	-	.7	-	87.5	8.336
- Gesamtschule	.4	1.3	-	.9	328
- Schulversuche	.5	.1	-	-	55
- Förderschule	1.1	.2	-	-	114
Allgemeinbildendes Schulwesen insgesamt	6.868	14.639	-	8.308	29.545
- *in % aller Abschlüsse*	***19.8***	***42.1***	***.0***	***23.9***	***85.8***
- in Prozent der Spaltensumme	*86.6*	*91.5*	-	*88.4*	
- Berufsschule	.4	-	-	-	33
- Berufsvorbereitungsjahr	**7.7**	-	-	-	612
- Berufsgrundschuljahr	.6	-	-	-	45
- Berufsförderschule	**4.7**	-	-	-	369
- Berufsfachschule	-	**8.5**	.9	-	1.376
- Fachoberschule	-	-	**83.2**	-	1.187
- Fachschule	-	-	10.3	-	147
- Höhere Berufsfachschule	-	-	5.5	-	79
- Berufliches Gymnasium	-	-	-	**11.6**	1.085
Berufsbildendes Schulwesen insgesamt	1.059	1.363	1.426	1.085	4.933
- *in % aller Abschlüsse*	***3.0***	***4.0***	***4.1***	***3.1***	***14.2***
- in Prozent der Spaltensumme	*13.4*	*8.5*	*100.0*	*11.6*	
Abschlüsse insgesamt	7.927	16.002	1.426	9.393	34.748
- *in % aller Abschlüsse*	***22.8***	***46.1***	***4.1***	***27.0***	***100.0***
- in Prozent der Spaltensumme	*100.0*	*100.0*	*100.0*	*100.0*	

Insgesamt wurden 1995 bereits 14 Prozent aller (allgemeinbildenden) Abschlüsse an berufsbildenden Schulen erreicht: jeder siebte Hauptschulabschluß, jeder zwölfte Realschulabschluß, jedes neunte Abitur und jede Fachhochschulreife (*vgl. Übersicht 14*). Das deutet auf eine wachsende Kompensationsfunktion des berufsbildenden Schulwesens in Bezug auf die Qualifikationen hin, die im allgemeinbildenden Schulwesen nicht erreicht wurden.

5. *Ausblick*

Das Thüringer Schulsystem weist einige grundlegende Probleme auf. Neben einem Stadt-Land-Gefälle im Schulangebot bestehen nach wie vor erhebliche soziale und regionale Einflüsse auf den Übergang zum Gymnasium. Mit dem Rückgang der anfänglichen Durchlässigkeit des allgemeinbildenden Schulwesens einher geht eine verstärkte Trennung von Regelschule und Gymnasium, so daß ein einmal eingeschlagener Bildungsweg nach der Grundschule im allgemeinbildenden Schulwesen eher selten korrigiert wird. Das gibt dem Ausbau der Bildungsgänge im berufsbildenden Schulwesen der Sekundarstufe II ein größeres Gewicht für eine Korrektur einmal eingeschlagener Bildungswege.

In der Regelschule hat sich als „zentraler" Abschluß der Realschulabschluß durchgesetzt. Der anfänglich hohe Integrationsgrad von Haupt- und Realschülern weicht allerdings zunehmend abschlußbezogenen, eigenständigen Haupt- und Realschulklassen.

Auf dem Gymnasium ist der Schulerfolg bis in die Oberstufe sehr hoch: Höchstens 1 Prozent der Gymnasiasten wiederholen eine Klasse und durchschnittlich 93 Prozent des 9. Jahrganges wechseln in die Oberstufe. Als Hürde für den Gymnasialerfolg zeichnen sich die 7. bis 9. Klassen ab.

Im berufsbildenden Schulwesen werden mittlerweile 14 Prozent aller allgemeinbildenden Abschlüsse abgelegt: Damit verbessert fast jeder siebte Schüler nachträglich seine im allgemeinbildenden Schulwesen erreichte Qualifikation im berufsbildenden Schulwesen, jeder achte sogar bis zur Hochschulzugangsberechtigung.

Infolge des starken Geburten- und damit Schülerrückgangs wird das sich noch konsolidierende Schulwesen allerdings schon wenige Jahre nach der Neuorganisation vor Bestandsprobleme nicht unerheblicher Art gestellt. Die beabsichtigte wie die absehbare Reaktion der Schulträger, der Halbierung der Schülerzahlen mit einer Reduzierung des Schulbestandes entgegenzutreten, werden zu einer Verschärfung der Disparitäten im Standortangebot aller Schularten führen.

Die aus dem künftigen Schüleraufkommen zu bedenkenden Konsequenzen für das bisherige Standortnetz der Schulen aller Schularten, das bisherige Unterrichtsangebot und den Personalbestand der Schularten werden gravierend sein: Die bereits gegenwärtig schon nicht mehr in allen Regionen gegebene Wohnortnähe der Schulen wird in Zukunft weiter abnehmen. Erhöhte Pendleranteile bereits unter den Grundschülern sind die Folge. Eigenständige, auf den Hauptschulabschluß bezogene Klassen in der Regelschule dürften ebenso selten werden wie gymnasiale Oberstufen mit einem breiten Leistungskursangebot sowie ein regional und sektoral differenziertes Angebot weiterführender beruflicher Schulformen. Große Probleme wird auch die regionale Versorgung mit sonderpädagogischen Einrichtungen bereiten (KUTHE/ZEDLER 1995).

Die anstehenden Probleme, die der Schülerrückgang in den nächsten 10 bis 20 Jahren für alle Schularten mit sich bringen wird, erfordern unorthodoxe Maßnahmen, um eine Welle von Schulschließungen vor allen in den Landkreisen zu verhindern. Sie können nur in einer gemeinsamen Aktion aller Beteiligten – der Eltern, der Lehrer, der Schulträger, der Schulaufsicht, der Tarifpartner und der Bildungspolitiker – gelöst werden.

Literatur und Quellen

BUNDESMINISTERIUM FÜR BILDUNG, WISSENSCHAFT, FORSCHUNG UND TECHNOLOGIE: Grund- und Strukturdaten 1996/97. Bonn 1996.

FICKERMANN, D.: Konsequenzen des Schulformwahlverhaltens und der demographischen Entwicklung für die Schulentwicklung in Mecklenburg-Vorpommern. In: KRÜGER, H.H./HELSPER, W./WENZEL, H. (Hrsg.): Schule und Gesellschaft im Umbruch. Weinheim 1996.

KUTHE, M./ZEDLER, P: Entwicklung der Thüringer Grundschulen. Gutachten im Auftrag des Thüringer Kultusministeriums. Erfurt 1995.

THÜRINGER KULTUSMINISTERIUM:
- Thüringer Förderschulgesetz (FSG) vom 21. Juli 1992
- Thüringer Förderschulordnung (ThürFöSchulO) vom 4. Oktober 1994
- Thüringer Schulgesetz (ThürSchulG) vom 6. August 1996
- Thüringer Schulordnung (ThürSchulO) vom 4. Oktober 1994

THÜRINGER LANDESAMT FÜR STATISTIK:
- Allgemeinbildende Schulen in Thüringen 1991, 1992, 1993, 1994, 1995.
- Berufsbildende Schulen in Thüringen 1992, 1993, 1994, 1995.
- Studien- und Berufswünsche in Thüringen 1991, 1992, 1993, 1994.